Kunst-Reiseführer in der Reihe DuMont Dokumente

Zur schnellen Orientierung – die wichtigsten Orte Schlesiens auf einen Blick:

(Auszug aus dem ausführlichen Ortsregister)

In der vorderen Umschlagklappe: Übersichtskarte Schlesien / Śląsk

In der hinteren Umschlagklappe: Stadtplan Breslau / Wrocław

Reinhold Vetter

Schlesien

Deutsche und polnische Kulturtraditionen in einer europäischen Grenzregion

DuMont Buchverlag Köln

Umschlagvorderseite: Breslau/Wrocław, Rathaus
Umschlagklappe vorn: Breslau/Wrocław, Kirche des Namens Jesu (ehem. Jesuitenkirche), Barockorgel
Umschlagrückseite: Liegnitz/Legnica, St. Peter und Paul und sog. Altes Rathaus
Frontispiz Seite 2/3: Breslau/Wrocław, Oder mit Dominsel. Stahlstich, um 1850

Die Deutsche Bibliothek – CIP-Einheitsaufnahme

Vetter, Reinhold:
Schlesien : deutsche und polnische Kulturtraditionen in einer europäischen Grenzregion / Reinhold Vetter. – Köln : DuMont, 1992
(DuMont-Dokumente : DuMont-Kunst-Reiseführer)
ISBN 3-7701-2690-4

Satz und Druck: Rasch, Bramsche
Buchbinderische Verarbeitung: Bramscher Buchbinder Betriebe

Printed in Germany ISBN 3-7701-2690-4

Inhalt

Kunstgeschichtliche und andere **Fachbegriffe**, die im Text erscheinen, werden auf den Seiten 305–309 erläutert.
Vorschläge für **Kurzaufenthalte** befinden sich auf den Seiten 315/16.

Vorwort

Während seines Staatsbesuches in Deutschland im Frühjahr 1992 sagte der polnische Staatspräsident Lech Wałęsa bei einem Empfang auf Schloß Augustusburg in Brühl: »Die Geschichte der deutsch-polnischen Beziehungen ist in großem Maße eine Geschichte der Durchdringung und Angleichung, der Wanderung von Menschen und Ideen. Zum Beispiel die Geschichte des deutschen Siedlungswesens in Polen. Die Ankömmlinge aus dem Westen brachten ihre zivilisatorischen Errungenschaften und ihre Fähigkeiten mit, die sie in den Dienst des sie gastlich empfangenden Landes stellten. Auf polnischen Boden strömten nicht nur Kaufleute und Handwerker, sondern auch Künstler. Die deutsche Kultur hat einen bedeutenden Beitrag zur polnischen geleistet. Und umgekehrt.«

Zum ersten Mal seit dem Zweiten Weltkrieg äußerte ein führender polnischer Politiker in aller Öffentlichkeit solche Gedanken, die gerade auch für Schlesien von großer Bedeutung sind. Denn Schlesien steht seit tausend Jahren unter deutschen wie polnischen Einflüssen, hier vermischten sich Sprache und Kultur, wechselten die Bevölkerungsmajoritäten in Städten und Dörfern von polnisch zu deutsch und umgekehrt, standen Kirchen mal deutschen Protestanten, mal polnischen Katholiken zur Verfügung. Wałęsas Botschaft lautete: Polen wie Deutsche müssen z. B. Schlesien in seiner historischen und gesellschaftlichen Gesamtheit zur Kenntnis nehmen und ein für allemal aufhören mit der Idealisierung des Kampfes um das Deutschtum und das Polentum, in dem die einen den anderen die jeweils beweisbaren Kulturleistungen streitig machen.

Natürlich wird es noch lange so sein, daß historische Phänomene zwischen deutschen und polnischen Historikern und Kunsthistorikern umstritten sind. Aber das liegt in der Natur der Sache. Ebenso wird es Kritiker dieses Buches geben, denen es wahlweise zu wenig ›polnisch‹ oder zu wenig ›deutsch‹ ist.

Seit der Ratifizierung der deutsch-polnischen Verträge über gute Nachbarschaft und freundschaftliche Zusammenarbeit sowie über die völkerrechtliche Anerkennung der polnischen Westgrenze kommt Schlesien politisch mehr und mehr zur Ruhe. Polnische wie deutsche Kommunalpolitiker in den Stadt- und Kreisräten insbesondere der Wojwodschaft Oppeln konzentrieren sich auf die gemeinsame Bewältigung drängender Alltagsprobleme wie den Bau von Kläranlagen, die Ausbesserung von Straßen und die Erweiterung des Sprachunterrichts, anstatt dem alten Volkstumskampf neue Nahrung zu geben. Werden diese Bemühungen fortgesetzt, dann kann Schlesien zu einer der ersten ›Euro-Regionen‹ in diesem Teil Europas werden. Bis dahin ist es aber noch ein weiter Weg, wie die großen wirtschaftlichen und ökologischen Probleme zeigen.

Bei der Fülle der erhalten gebliebenen Kunstdenkmäler waren Auswahl und Begrenzung auch in diesem umfangreichen Buch notwendig. Wer als deutscher Schlesier 1945 sein Land verließ oder verlassen mußte und jetzt erstmals wiederkommt, sollte bei der Betrachtung von Kunstdenkmälern und der Bewertung ihres Zustands in Rechnung stellen, was dieses Land in den letzten 50 Jahren erlebt hat: Krieg und nachfolgende Verwüstungen, Vertreibung und Neuansiedlung, ideologische Verblendung und realsozialistische Schlamperei, Kalten Krieg und Entspannungspolitik, ökonomische und ökologische Krisen. Um so mehr verdient das immer wieder vorgetragene Bemühen polnischer Kunsthistoriker, Architekten und Restauratoren um den Erhalt von Kunstdenkmälern Beachtung.

Die Gliederung des Kunst-Reiseführers stützt sich auf die aktuellen politisch-administrativen Gegebenheiten, ohne historische Schlüsselgebiete und kulturgeschichtlich homogene Räume aus den Augen zu verlieren. Erfaßt wurde der historische Raum Schlesiens innerhalb der heutigen polnischen Grenzen, also nicht jene Gebiete, die nun in der Tschechoslowakei und in Deutschland liegen.

Sprachlich wurden die deutschen Namen von Städten und Flüssen, von Straßen und Plätzen, von Kunstdenkmälern und Exponaten in den Vordergrund gestellt, die polnischen Namen angefügt. Dies entspricht auch der inzwischen von maßgebenden polnischen Politikern geübten Praxis, wenn sie sich in deutscher Sprache etwa über Schlesien äußern. Janusz Reiter, der polnische Botschafter in Deutschland, spricht bei seinen öffentlichen Auftritten von Breslau und nicht von Wrocław, von Schlesien und nicht von Śląsk. In Polen ist es natürlich umgekehrt.

Reinhold Vetter

Geschichte, Kunst und Kultur

Der Begriff ›Schlesien‹ in Vergangenheit und Gegenwart

›Schlesien‹ ist heute in erster Linie ein historischer, kulturgeschichtlicher und geographischer, weniger aber ein staatlich-politischer und administrativer Begriff. Die Verwaltungsneugliederung Polens im Jahre 1975 verwischte endgültig die Grenzen der alten preußischen Provinz Schlesien mit den übrigen Teilen des heutigen Polens. Die damals geschaffenen Wojwodschaften Grünberg/ Zielona Góra, Lissa/ Leszno, Kalisz, Tschenstochau/ Częstochowa, Kattowitz/ Katowice und Bielitz-Biala/ Bielsko-Biała vereinigen heute Gebiete beiderseits der alten schlesischen Nord- und Ostgrenze. Andere, vormals Schlesien zugehörigen Regionen sind heute Staatsgebiet Deutschlands (ein Teil der Oberlausitz) und der Tschechoslowakei (das Hultschiner Ländchen). Auf dem historischen Gebiet Schlesiens liegen auch die Wojwodschaften Breslau / Wrocław, Liegnitz / Legnica, Hirschberg / Jelenia Góra, Waldenburg / Wałbrzych und Oppeln / Opole.

Politisch wird der Begriff ›Schlesien‹ nur noch dann, wenn er in schädliche deutsch-polnische Auseinandersetzungen hineingezogen wird. Nach der Ratifizierung der deutsch-polnischen Verträge über die Grenze an Oder und Neiße sowie über gute Nachbarschaft und freundschaftliche Zusammenarbeit sind derartige Auseinandersetzungen allerdings nur noch als Rückzugsgefechte zu werten. Glücklicherweise ist für lange Zeit absehbar, daß daraus keinerlei völkerrechtlich-staatliche Konsequenzen folgen werden.

Natürlich lebt Schlesien/ Śląsk weiter in regionalen Charakteristika wie Oberschlesisches Industriegebiet / Górnośląski Okręg Przemysłowy, in den Bezeichnungen für wissenschaftliche Einrichtungen wie Schlesisches Institut / Instytut Śląski in Oppeln/ Opole, bei den Namen kultureller Gruppen wie dem Gesangs- und Tanzensemble ›Śląsk‹.

Schlesien ist die Heimat von Menschen mit sehr unterschiedlichen Schicksalen. Dazu zählen die vielen Deutschen, die nach dem Zweiten Weltkrieg vertrieben wurden oder in den Westen gingen, ebenso wie diejenigen, die in Polen/Schlesien blieben und heute wieder offen entsprechend ihrer deutschen Identität leben können. Dazu gehören auch die polnischen Oberschlesier, die staatlich-politisch immer für Polen votierten und gleichzeitig auf die Eigenständigkeit Schlesiens verwiesen. Schließlich jene Polen, deren Familien nach 1945 aus

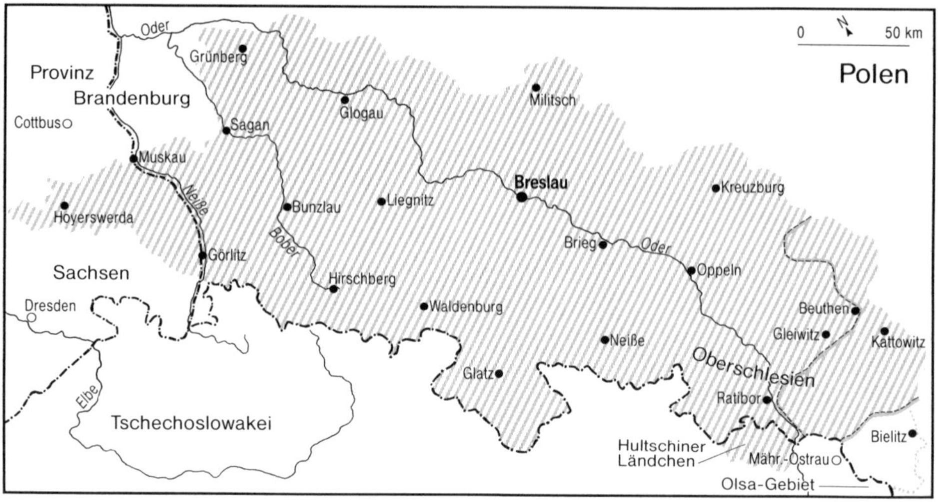

Die ehemalige preußische Provinz Schlesien (Grenzen von 1918 bzw. 1938)

den ehemaligen polnischen Ostgebieten (etwa Lemberg/ Lwów) kamen und in Schlesien angesiedelt wurden.

Diese unterschiedlichen Schicksale wurzeln nicht zuletzt in der Tatsache, daß sich Schlesien in staatlicher und nationaler Hinsicht stets in einer exponierten Randlage befand, wie die wechselnde Zugehörigkeit zu Polen, Böhmen, Österreich, Preußen und Deutschland beweist. So wurde es wiederholt zur Verschiebemasse in den strategischen Zügen der Mächtigen dieses Kontinents, zuletzt in den Potsdamer Verhandlungen. Schlesien hatte aber auch ebenso eine Schlüsselfunktion inne, war immer auch ein Mittler zwischen West und Ost, Nord und Süd, Ort der Begegnung und Verbindung, des Brückenschlags. So hatte es Einflüsse von allen Seiten aufgenommen und ebenso Anregungen in alle Richtungen gegeben.

Die in diesem Kunst-Reiseführer beschriebenen Kunstdenkmäler liegen auf dem Gebiet mit dem Ausgangsdatum 1.10.1938, also der damaligen preußischen Provinz Schlesien, der polnischen Wojwodschaft Schlesien/Województwo Sląskie und einem Teil Österreich-Schlesiens – gegliedert nach den heutigen Verwaltungsgrenzen Polens.

Geographie, historische Verkehrsadern

Geographisch ist das mit dem Namen Schlesien umschriebene Territorium vor allem Einzugsgebiet der oberen und mittleren Oder/Odra sowie deren Nebenflüssen (rechtsseitig: Ruda, Bierawka, Klodnitz/Kłodnica, Malapane/Małapanew, Stober/Stobrawa, Wiede/ Widawa, Bartsch/Barycz; linksseitig: Hotzenplotz/Osobłoga, Glatzer Neiße/Nysa

Kłodzka, Ohle/Oława, Lohe/Ślęza, Weistritz/Bystrzyca, Katzbach/Kaczawa, Bober/Bóbr mit Queis/Kwisa.

Während die Oder gleichsam die Achse des Landes bildet, stellen die Gebirge im Süden und Südwesten eine natürliche Grenze dar. An seiner Südostecke lehnt sich Schlesien an die westlichen Beskiden an, entlang der Südwestgrenze an den parallel zur Oder verlaufenden, vorwiegend aus Gesteinen wie Granit und Schiefer bestehenden Gebirgszug der Sudeten (vom Isergebirge/Góry Izerskie bis zum Altvatergebirge / Pradziad.

Der Gebirgszone ist ein Hügelland vorgelagert, ein mit Löß bedeckter fruchtbarer Landstreifen, der sich von Ruda in Oberschlesien bis zur Oberlausitz hinzieht. Das anschließende Flachland wird nur von zwei sanften Höhenzügen unterbrochen: dem St. Anna-Berg/Góra Św. Anny in Oberschlesien und dem Zobten/Ślęża in Niederschlesien.

Durch seine geographische Lage war Schlesien schon seit der Vorzeit ein verkehrsreiches Durchgangsland. Die Verbindung zu den Nachbarländern schuf in erster Linie das Landstraßennetz, weniger die Oder, die bis ins 18. Jh. hinein keine nennenswerte Bedeutung als Wasserweg hatte. Eine wichtige Rolle im Mittelalter spielte die sogenannte ›Hohe Straße‹, eine Ost-West-Verbindung, die vom Unterrhein bis zum Schwarzen Meer führte und dabei auch das schlesische Gebirgsvorland durchkreuzte. Gleichzeitig liefen alle von Norden (Danzig/Gdańsk, Thorn/Toruń, Posen/Poznań, Stettin/Szczecin) kommenden Straßen in

Landschaft bei Hirschberg/Jelenia Góra

Bei Neustadt/Prudnik

Breslau/Wrocław zusammen, wo sie die ›Hohe Straße‹ kreuzten und dann den Pässen nach Böhmen und Mähren zustrebten. Erinnert sei auch an die Bernsteinstraße, die zur Römerzeit von der Ostsee durch Schlesien nach Süden führte.

Kelten, Germanen, slawische Landnahme

Die archäologischen Funde im schlesischen Raum reichen in die Ältere Steinzeit zurück. Von da an zeigt sich, daß die geographischen Bedingungen dieser Region immer wieder neue Bevölkerungsgruppen zur Ansiedlung veranlaßten: in der Jüngeren Steinzeit bäuerliche Gruppen der Bandkeramiker-Kultur aus dem mittleren Donaugebiet, in der Kupferzeit Angehörige der Streitaxt-, Glockenbecher- oder schnurkeramischen Kultur aus dem Gebiet des heutigen Südrußland, um die Mitte des 15. Jh. v. Chr., also in der Bronzezeit, Gruppen der Hügelgräberkultur und später der Urnenfelder-Kultur, beide aus dem ungarischen Raum. Vermutlich war der Zobten/Ślęża im 12. Jh. v. Chr. erstmals Ort einer Kultstätte. Für die Mittlere und Jüngere Bronzezeit gibt es Bemühungen der Wissenschaft, archäologisch erkennbare Kulturen mit bestimmten ethnischen Gruppen genauer in Verbindung zu bringen, etwa Vergleiche zwischen illyrischen und venetischen Gruppen an der adriatischen

Küste und der Bevölkerung im Raum Schlesiens zu ziehen. Derartige Versuche sind aber ebenso umstritten wie Theorien speziell polnischer Forscher, die Träger der sogenannten Lausitzer Kultur als Urslawen zu klassifizieren, die später, nach jahrhundertelanger Unterdrückung durch germanische Stämme, wieder zur Geltung gekommen wären. Auf jeden Fall nachgewiesen ist der Einfall skythischer Stämme um die Mitte des letzten Jahrtausends v. Chr., die aber nicht wirklich seßhaft wurden.

Die im 4. Jh. vor Chr. aus Böhmen und Mähren eingewanderten keltischen Stämme waren es, die den Zobten als Kultstätte ausbauten. Für das Gebiet um den Zobten wird auch vermutet, daß hier ein *oppidum*, eine stadtartige keltische Ansiedlung gelegen hat, eine zweite im Bereich des Kreises Leobschütz/Głubczyce. Die Siedlungsgebiete der Kelten, so nimmt man an, haben vor allem links der Oder gelegen. Diese *oppida*, überhaupt die Fähigkeit, das Stammesleben in den jeweiligen Siedlungsgebieten zu organisieren, und auch ihre technischen Fertigkeiten waren die vorwärtsweisenden Errungenschaften, die von den Kelten nach Schlesien gebracht wurden.

Schon im 2. Jh. v. Chr. war die Existenz der Kelten gefährdet, um 100 vor Chr. mußten sie dann endgültig unter germanischem Druck nach Süden abziehen.

Die sich hier niederlassenden Germanen tauchen in den antiken Quellen als ›Lugier‹ auf, rechneten sich aber wohl selbst den Wandalen zu. Archäologisch spricht man von der Oder-Warthe-Gruppe oder der Przeworsker Kultur. Eine der wandalischen Gruppen waren die Naharnavalen, die das Heiligtum auf dem Zobten kontrollierten. Ihnen folgten die Silinger, deren Name ab dem 4. Jh. n. Chr. für alle in Schlesien siedelnden Wandalen galt. Die Germanen entwickelten Handwerk und Handel, wobei zunächst keltische, später auch römische Einflüsse (Keramik, Schmuck, Waffen u. a.) eine Rolle spielten. Zeugnis dieser für den schlesischen Raum wichtigen Zeit des wirtschaftlichen und kulturellen Aufschwungs sind die steinernen Fürstengräber von Sakrau/Zakrzów (s. S. 134).

Etwa um 500 scheint das silingische Königtum untergegangen zu sein, vor allem als Folge des Einfalls der Hunnen und der Abwanderung einzelner Stammesgruppen nach Westen.

Ab der Mitte des 6. Jh. übernahmen slawische Stämme die Siedlungsplätze der Silinger, die vor allem aus dem Osten und Süden nach Schlesien einwanderten. An diese Zeit erinnern geographische Bezeichnungen wie der ursprüngliche Name der in die Oder mündenden Lohe, nämlich Sclenza, Slenze, heute wieder Ślęża, und auch der des Zobten, nämlich Slenz, später mons Silencii, heute wieder Ślęża. Diese Bezeichnungen führt man in der Regel auf den Namen der Silinger zurück, der sich dann später auf den des slawischen Stammes der Slensane und von diesem wiederum auf den Namen des Landes (lat. Silesia, poln. Śląsk) übertrugen. In polnischen wissenschaftlichen Arbeiten wird ein Bezug dieser ursprünglichen Namen zum slawischen Ślęg = Nässe hergestellt.

Hinweise über slawische Stammesgebiete in Schlesien lieferte erstmals die Völkertafel des sog. Bayerischen Geographen Mitte des 9. Jh. Darin werden einzelne *regiones* erwähnt: die der Dedosize im Nordwesten, der Slensane im mittleren Schlesien, der Opolane im Südosten und der Golensize im Süden. In der Bestätigungsurkunde Kaiser Heinrichs IV. für das Bistum Prag von 1086 tauchen dann auch die Boborane (im Flußgebiet des Bober) und die

Trebowane (nordwestlich vom späteren Breslau) auf. Der Bayerische Geograph erwähnt außerdem jeweils eine Anzahl von *civitates* für die einzelnen Stammesgebiete: kleine Siedlungen mit einer Burg als Mittelpunkt. Zentren der einzelnen Stammesgebiete waren Hauptburgen, um die herum Märkte und Niederlassungen von Handwerkern entstanden. Die Hauptburg der Dedosize befand sich in Glogau, die der Opolane in Oppeln und die der Golensize im späteren mährischen Grätz. Für die Boborane wird als Standort Bunzlau angenommen, für die Trebowane möglicherweise Liegnitz, für die Slensane Nimptsch und später Breslau. Eine politisch herausragende Stellung gewann mehr und mehr das Gebiet der Slensane, was auch in der Übertragung des Namens auf das ganze Land seine Konsequenz hatte. Das Gebiet der Golensize gehörte wahrscheinlich im 9. Jh. zum Großmährischen Reich. Man nimmt an, daß sich nach und nach Gemeinsamkeiten politischer und gesellschaftlicher Natur zwischen den slawischen Stämmen Schlesiens entwickelt haben, ohne die ihre im Jahre 1000 erfolgte kirchliche Zusammenfassung im Bistum Breslau wohl nicht von langer Dauer gewesen wäre.

Anfang des 10. Jh. gerieten weite Teile Schlesiens unter böhmischen Einfluß. Der Přemyslide Vratislav (894–921) eroberte Mittelschlesien links der Oder und veranlaßte wohl auch die Gründung von Breslau als Grenzfestung, die seinen Namen erhielt (Vratislavia). Sein Sohn Boleslav (935–972) war möglicherweise der Namensgeber für Bunzlau (Boleslavia). Er eroberte die Gebiete der Boborane und der Opolane und beherrschte aller Wahrscheinlichkeit nach auch das Dedosize-Gebiet. Aus Böhmen erfolgten sicher erste Missionierungsversuche nach Schlesien. Desgleichen wurde das Land in dieser Zeit dem internationalen Handel angeschlossen.

Der böhmische Einfluß auf Schlesien geriet allerdings immer stärker in Gefahr durch die ostwärts gehenden Bestrebungen Kaiser Ottos I. 971 schenkte er der bischöflichen Kirche von Meißen den Zehnten von ›Diedesa‹, also des Gebiets der Dedosize, 996 bestimmte er die Oder von der Quelle abwärts zur Ostgrenze des Meißener Bistums, dem damit ein großes Gebiet Schlesiens unterstellt werden sollte.

Schlesien als Teil des polnischen Staates, polnisch-böhmische Auseinandersetzungen um Schlesien, die schlesischen Piasten

Nach 970 wandten sich auch die Machthabenden des zuvor entstandenen polnischen Staates unter Herzog Mieszko I. Schlesien zu. Mieszko I. hatte 966 das Christentum angenommen. Als erstes geriet das Gebiet der Dedosize unter polnischen Einfluß, später unter Mieszkos Nachfolger Bolesław Chrobry (992–1025) auch das der Opolane und Golensize. Als dann im Jahre 1000 eine selbständige polnische Kirchenprovinz eingerichtet wurde, trug man den neuen Grenzen des polnischen Staates Rechnung: zur Kirchenprovinz Gnesen/Gniezno kam auch ein Bistum Breslau. Bolesław Chrobry konnte zeitweise seine Macht über Schlesien hinaus auf Böhmen, Mähren, die Niederlausitz und einen Teil der Mark Meißen ausdehnen.

Herzog Bolesław Chrobry bei der Einnahme Kiews, 1018

Doch diese Macht hatte nicht lange Bestand. Nach dem Tode von Bolesław nutzte der böhmische Herzog Břetislav I. (1034–55) innere Streitigkeiten Polens, um Schlesien wieder zu besetzen. In einem Beutezug nach Gnesen in Großpolen eignete er sich sogar die Gebeine des hl. Adalbert an, eines böhmischen Adligen, der 997 im Pruzzenland den Märtyrertod gestorben war, und brachte sie über Schlesien nach Prag. Um 1050 geriet der größte Teil Schlesiens dann wieder unter polnischen Einfluß, mit der Maßgabe allerdings, daß Tribute an Böhmen zu entrichten waren, was immer wieder zu kriegerischen Auseinandersetzungen führte. Erst der Glatzer Pfingstfriede von 1137 brachte eine sichere Grenze gegenüber Böhmen-Mähren und damit eine gewisse Stabilität für Schlesien.

Die polnische Machtausübung wurde gesichert durch die Stationierung polnischer Besatzungen in den schlesischen Burgen und durch die Einführung der polnischen Kastellansverfassung, mit der die alte Gebietsorganisation der slawischen Stämme abgelöst wurde.

Weitreichende Folgen auch für Schlesien hatte die 1138 beim Tode des Herzogs Bolesław III. Krzywousty testamentarisch festgelegte Senioratsverfassung, durch die die vier Söhne des Herzogs jeweils ein Teilgebiet erhielten. Im Falle Schlesiens war dies der Senior Władysław II. Später stellte sich heraus, daß schon dieses Datum den Beginn einer Sonderentwicklung Schlesiens markierte, die schließlich in eine Lösung von Polen und in das Entstehen neuer Abhängigkeiten mündete.

Władysław II. (1138–46) gilt als Stammvater einer selbständigen schlesischen Piastendynastie, die sich aber ihrerseits im Laufe der Zeit wiederum aufspaltete. Der letzte schlesische Piast starb 1675. Die Auseinandersetzungen zwischen Władysław II. und dem Adel, insbesondere dem einflußreichen Kastellan von Breslau, Peter Wlast, führten 1146 zu seinem Sturz und seiner Vertreibung aus Schlesien. Kaiser Friedrich I. Barbarossa setzte aber 1163 durch, daß die drei Söhne von Władysław II. ihr Erbe, eben Schlesien, übertragen bekamen. Sie wurden allerdings zu besonderen Tributzahlungen gegenüber dem Kaiser verpflichtet, obgleich das Land weiterhin in die polnische Senioratsverfassung eingebunden war. Polens Bolesław IV. Kędzierzawy hatte vorher die Wiederherstellung der Lehnsabhängigkeit seines Landes vom Römischen Reich anerkannt.

Auf Initiativen von Peter Wlast gehen zwei Klostergründungen in Schlesien zurück: die des Augustiner-Chorherrenstifts auf dem Zobten (später auf die Sandinsel in Breslau verlegt), und die der Benediktinerabtei St. Vinzenz in Breslau.

Die 1172 nach dem Tod von Bolesław IV. Kędzierzawy auf Veranlassung des deutschen Kaisers vollzogene Teilung Schlesiens führte dann zur Entstehung zweier eigenständiger schlesischer Fürstenhäuser. Der älteste Sohn von Władysław II., Bolesław Wysoki (1163–1201) erhielt mit Breslau, Liegnitz und Oppeln den bedeutsameren Teil und verwaltete anschließend außerdem mit Sagan, Glogau und Crossen das Gebiet des jüngsten Sohnes Konrad, der sich dem Beruf des Geistlichen zuwandte. Der Anteil des zweitältesten Sohnes Mieszko nahm sich mit Ratibor und Teschen zunächst eher bescheiden aus. Allerdings erhielt er um 1178 auf Veranlassung des neuen polnischen Seniors Kazimierz II. Beuthen, Nikolai und Auschwitz. Außerdem gelang es ihm 1201, das Oppelner Land zu besetzen. Der in Breslau inzwischen regierende Fürst Heinrich I. verzichtete schließlich auf Oppeln und stimmte im Vertrag vom 25.11. 1202 auch zu, daß zwischen den Fürstenhäusern in Breslau und Ratibor fortan kein Erbrecht mehr bestehen sollte. Die in Mittel- und Niederschlesien ab da regierenden Piasten nannten sich auch weiterhin Herzöge von Schlesien, die in Oberschlesien Herzöge von Oppeln. Hier könnten die Ursprünge für die spätere Sonderentwicklung von ›Oberschlesien‹ liegen.

Die deutsche Besiedlung Schlesiens

Breslaus slawischer Fürst, Herzog Heinrich I. von Schlesien (1201–38), Sohn von Bolesław Wysoki, beteiligte sich einerseits recht aktiv an polnischen Machtkämpfen und Erbauseinandersetzungen, in deren Verlauf es ihm gelang, sein Herrschaftsgebiet über Nieder- und Mittelschlesien hinaus auf Teile Großpolens und des Krakauer Landes auszudehnen. Andererseits begründete die 1202 erfolgte Aufhebung der polnischen Senioratsverfassung die staatsrechtliche Unabhängigkeit der beiden schlesischen Herzogtümer von Polen. Allerdings existierte auch danach noch ein gewisses Bewußtsein der Zusammengehörigkeit aller ehemaligen polnischen Teilgebiete, begründet in der Vergangenheit und den fortbestehenden verwandtschaftlichen Beziehungen.

Der Nachfolger Heinrichs I., Heinrich II. (der Fromme), regierte nur drei Jahre, bevor er 1241 in der Schlacht gegen die Mongolen bei Wahlstatt/Legnickie Pole fiel. Er konnte noch die Einheit des mittel- und niederschlesischen Herrschaftsgebietes bewahren, während unter seinen Nachkommen fortwährende Teilungen erfolgten. 1248/51 begründete Bolesław II. das Herzogtum Liegnitz, Konrad I. das Herzogtum Glogau, Heinrich III. behielt Breslau. In der nächsten Generation kamen weitere Teilungen: Löwenberg und Jauer schieden von Liegnitz, Schweidnitz und Münsterberg von Löwenberg-Jauer, Oels von Glogau. Ähnliches ereignete sich in Oberschlesien: Die vier Söhne Władysław I., einem Enkel Mieszkos I., begründeten die Teilherzogtümer Oppeln, Cosel-Beuthen, Ratibor und Teschen. In der nächsten Generation zerfiel das Oppelner Herzogtum in Oppeln, Falkenberg und Groß-Strehlitz, Cosel-Beuthen in Cosel, Beuthen und Tost, Teschen in Teschen und Auschwitz.

Diese Teilungen waren nicht selten Ergebnis kriegerischer Auseinandersetzungen, in die auch außerschlesische Kräfte aus Polen und Böhmen eingriffen. Ein weiteres Mal zeigte sich, wie Schlesien in das Spannungsverhältnis zwischen diesen beiden Mächten geriet. Die Überwindung der innerpolnischen Teilungen durch den Sieg der kleinpolnischen Piasten, die ein neues Königreich Polen begründeten, schuf dann aber Klarheit. Die schlesischen Länder lösten sich endgültig von polnischem Einfluß, suchten aber angesichts ihrer Zersplitterung und damit verbundener Schwäche die Anlehnung an die böhmische Krone.

Die deutsche Besiedlung Schlesiens und die damit verbundenen wirtschaftlichen, rechtlichen und sozialen Veränderungen verliefen weitaus kontinuierlicher als die geschilderte politische Entwicklung. Schlesien war um 1200 ein besonders in den Ebenen fruchtbares, aber gleichzeitig dünn besiedeltes Land. Ansiedlungen bestanden in der Regel aus wenigen Bauernhöfen, meistens rund um einen Weiler gruppiert. Gleichzeitig waren die Kastellansburgen Zentren der Verwaltung, des Handwerks und des Handels sowie der Kirche. Das freigelegte slawische Oppeln kann hier als Beispiel dienen. Einige dieser Zentren, die wichtigsten und größten Ansiedlungen, waren schon Städte mit internationalen Handelsverbindungen, so die Fürstenresidenzen Breslau, Liegnitz, Oppeln und Ratibor.

Hl. Hedwig (um 1174–1238), Schutzpatronin Schlesiens

Heinrich I. von Schlesien gab die ersten entscheidenden Anregungen zur Einwanderung deutscher Siedler, wobei er insbesondere von seiner Gemahlin, Hedwig von Andechs-Meran, unterstützt wurde. Dazu zählt auch die Stiftung des ersten Nonnenklosters in Trebnitz 1203, das mit Zisterzienserinnen aus Bamberg besetzt wurde (s. S. 137).

Anfangs waren unter den Einwanderern auch Wallonen, so die Augustiner-Chorherren aus Arrouaise in Flandern, die sich am Zobten niederließen, wallonische Weber in Breslau und wallonische Bauern rund um Breslau, Ohlau und Namslau. Die systematische Ansiedlung von Deutschen begann dann im ersten Jahrzehnt des 13. Jh.

Dabei ging es vor allem um die Schaffung neuer bäuerlicher Siedlungen. In der Regierungszeit Heinrichs I. (1201–38) entstand eine ganze Anzahl von Bauerndörfern am Westrand Schlesiens, später auch rund um Breslau, Liegnitz und Frankenstein. In der Regel erfolgte die Ansiedlung auf herzoglichem Boden, der dafür zur Verfügung gestellt wurde. Ausgedehnte Ländereien gingen auch an geistliche Einrichtungen wie die Zisterzienser aus Leubus und Heinrichau, die Zisterzienserinnen aus Trebnitz, die Augustiner-Chorherren aus Naumburg/Bober, vom Breslauer Sandstift und aus Kamenz sowie später an die Johanniter (rund um Striegau), die Templer (um Klein-Oels) sowie den Deutschen Ritterorden (um Reichthal).

Heinrich I. bemühte sich außerdem um die Ansiedlung deutscher Bergleute, damit die vorhandenen Bodenschätze wie Gold und Silber besser genutzt werden konnten. Immerhin sind die beiden Bergbauorte Goldberg (1211) und Löwenberg (1217) die ältesten nachgewiesenen Siedlungen mit deutschem Stadtrecht. Außerdem erhielten auch slawisch gegründete Orte deutsches Recht, etwa Breslau, Ohlau, Zobten und Neumarkt.

Weitaus langsamer entwickelte sich die deutsche Besiedlung im Oppelner Schlesien, und das auch nur unter dem Druck deutschrechtlicher Gründungen im Norden Mährens (z. B. Troppau um 1224). Nachgewiesen sind Alt-Zülz für 1225 und Kostenthal für das gleiche Jahr.

Die Jahrzehnte nach 1241 brachten noch einmal eine Intensivierung der deutschen Besiedlung, wobei diesmal auch Menschen aus schon bestehenden deutschen Orten z. B. in die Bergregionen Schlesiens vordrangen. Desgleichen wurden mehr und mehr noch polnisch-slawisch begründete Dörfer mit deutschem Recht ausgestattet.

Schon am Ende des 13. Jh. zeigte sich, wie sehr die deutsche Besiedlung das Land quantitativ und qualitativ verändert hatte. Nicht nur die Bevölkerungszahl war stark angestiegen, auch die Siedlungsformen hatten sich entwickelt. Allen Erkenntnissen nach existierten um 1300 etwa 130 Städte in ganz Schlesien; meistens planmäßige Anlagen mit schachbrettartigem Straßennetz, einem quadratischen bis rechteckigen Marktplatz und einer Mauer samt Toren und Türmen als Stadtbefestigung. In den flachen Regionen fanden sich mehr und mehr Straßen- und Straßenangerdörfer, in den Berg- und Vorgebirgsregionen die Waldhufendörfer.

Die Einführung der Dreifelderwirtschaft ermöglichte eine Ertragssteigerung für die Bauern, die wiederum mehr Absatzmöglichkeiten in den sich entwickelnden Städten fanden, von dort aber auch ihr Handwerkszeug, Kleidung und weiterverarbeitete Lebensmittel

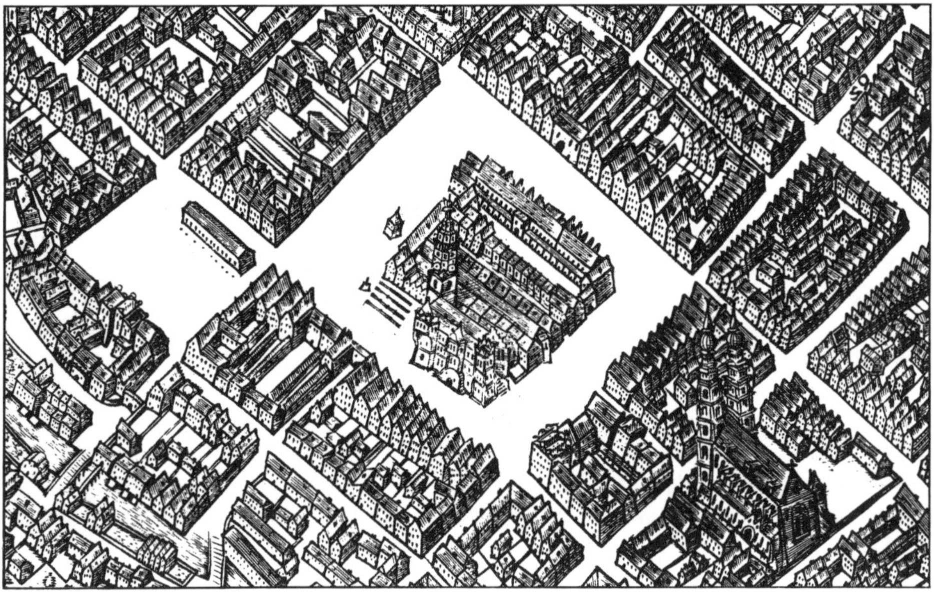

Planmäßige mittelalterliche Stadtanlage mit schachbrettartigem Straßennetz: das Zentrum von Breslau/Wrocław mit Ring/Rynek und Plac Solny

bezogen. Vielfach bildeten eine Stadt und die umliegenden Dörfer eine regelrechte Wirtschaftseinheit, die oft auch eine gemeinsame Gerichtsbarkeit nach sich zog. Ausgestattet mit dem deutschen Stadtrecht, konnten sich die Städte selbständiger entwickeln und besondere Selbstverwaltungsorgane bilden. Die deutsche Besiedlung führte außerdem zu einer Verdichtung des Netzes an Pfarreien, infolgedessen das Bistum Breslau in Diakonate aufgeteilt wurde.

So entstanden gegen Ende des 12. und vor allem im 13. Jh. in Schlesien zahlreiche Kirchen und auch eine ganze Anzahl von Klöstern. Erhaltengebliebene Spuren der damaligen aufwendigen romanischen Bauten zeugen insbesondere von deren reicher Bauplastik; so das Tympanon an der Breslauer Sandkirche und das an der Klosterkirche in Trebnitz, ebenso wie das Portal an der Maria-Magdalenen-Kirche ebenfalls in Breslau. Mitte des 13. Jh. begann die Entwicklung der Gotik, zunächst von den Zisterziensern, später auch von den Franziskanern und Dominikanern verbreitet.

1175 kamen Mönche aus der Zisterze Pforta/Saale, um das Kloster in Leubus aufzubauen. 1203 wurde das erste Frauenkloster Schlesiens in Trebnitz gegründet, in das Zisterzienserinnen aus Bamberg einzogen. 1227 wiederum traf der erste Zisterzienserkonvent, aus Leubus kommend, in Heinrichau ein; das Stiftungsprivileg für die dortige Kirche wurde ein Jahr später ausgestellt. Grüssau folgte 1242, zunächst geführt durch Benediktiner aus Böhmen, ab 1292 durch Zisterzienser aus Heinrichau.

Die böhmische Periode, Blüte der Gotik

1335 lösten sich die letzten politischen Bindungen Schlesiens an Polen, denn mit dem Vertrag von Trentschin verzichtete der polnische König Kazimierz III. Wielki endgültig auf die unter böhmische Lehnshoheit oder unmittelbare Landesherrschaft gestellten schlesischen Gebiete. Sein Nachfolger, König Ludwik Węgierski, bekräftigte 1372 diesen Verzicht. Allerdings blieb die Zugehörigkeit des Bistums Breslau zur polnischen Kirchenprovinz Gnesen bestehen (erst 1821 auf Betreiben Preußens aufgehoben), weil der Gnesener Erzbischof darauf beharrte und außerdem die Kurie auf die beträchtlichen, aus dem ›Peterspfennig‹ ihr zufließenden Einnahmen nicht verzichten wollte. Die Anbindung Schlesiens an Böhmen bedeutete auch Aufnahme ins Römische Reich und damit Annäherung an Deutschland; allerdings nur indirekt, da die schlesischen Herzöge nicht zu Reichsfürsten wurden.

Trentschin war eigentlich nur noch die vertragliche Besiegelung eines vorher geschaffenen Zustands. Denn nach und nach hatten sich die schlesischen Herzogtümer der böhmischen Krone unterstellt; teils freiwillig wie Oppeln und Breslau (1327), Liegnitz, Brieg, Oels, Sagan und Steinau (1329), teils unter Druck wie Glogau (1331) und Münsterberg (1336), Schweidnitz-Jauer allerdings erst nach dem Tode seines mächtigen Herzogs Bolko II. (1368).

Die sogenannte ›Hohe Straße‹ war im 13. und 14. Jh. die Hauptachse der schlesischen Handelsverbindungen; Waren aus Deutschland und Westeuropa gelangten über Görlitz,

Mittelalterliche Stadtbefestigung in Haynau/Chojnów

Breslau, Krakau und Lemberg bis ans Schwarze Meer, im Gegenzug wurden orientalische Waren westwärts gebracht. Breslau entwickelte sich zum dominierenden Handelsplatz in Schlesien, daneben Liegnitz, Schweidnitz und Neiße; nicht selten in Konkurrenz zum ebenfalls prosperierenden Krakau. Die guten Beziehungen Breslaus zu den Ostseeanrainern manifestierten sich in der seit 1387 belegten Zugehörigkeit der Stadt zur Hanse. Zu den wichtigsten Partnerstädten im Norden zählten vor allem Thorn und später Danzig.

Nach Süden hin gelang es Breslau, gegen österreichische Widerstände auch Kontakte zu Venedig anzuknüpfen. Zu den eigenen Produkten, die Breslau im Rahmen dieses Handels anzubieten hatte, gehörten vor allem Tuche und nicht zuletzt auch das berühmte Schweidnitzer Bier.

Dieser wirtschaftliche Aufschwung vollzog sich vor dem Hintergrund wachsender politischer Zersplitterung, die ja gerade den Städten mit ihrer Wirtschafts- und Finanzkraft eine Erweiterung ihres Freiheitsspielraums ermöglichte. Teilung, Verpfändung und Verkauf von Besitztümern der Landesherren waren in dieser Zeit keine Seltenheit. Zu den Inhabern fürstlicher Güter und Rechte gehörte fortan auch der König von Böhmen.

Andererseits schwächte sich mit dem Tode Kaiser Karls IV. 1378 und den folgenden Streitereien im Hause der Luxemburger der von Böhmen ursprünglich in Anspruch genommene Schutz. Schlesien wurde zu einem Land, in dem Unfrieden und Raubrittertum immer mehr um sich griffen.

Die Hussitenkriege und das Ringen um die böhmische Krone (1419–1526) zeigten allerdings sehr deutlich, daß es sich um eine in erster Linie von außen hereingetragene Unsicherheit handelte. Nichtsdestotrotz hielten im 15. Jh. die Zersplitterung des Landes und die Machtkämpfe unter rivalisierenden Gruppen der einzelnen Fürstenfamilien an, die äußere Einmischung bot sogar noch mehr Möglichkeiten zur Fraktionierung. Damals verlor Schlesien bestimmte Randterritorien, andere Gebiete kamen in die Hand nichtschlesischer Fürstenhäuser. Auschwitz im Osten (1457) und Sagan im Westen (1472) sind Beispiele dafür.

Im 15. Jh. verzeichnete auch die Wirtschaft Schlesiens einen Niedergang, sowohl als Ergebnis der Auseinandersetzungen mit den Hussiten und der daraus resultierenden Zerstörungen als auch aufgrund der Unsicherheiten auf den Handelswegen. Nicht selten wurden die Warenströme um das unruhige Böhmen und das miteinbezogene Schlesien herumgeleitet. Die sich entwickelnde Direktverbindung zwischen Leipzig und Posen zum Nachteil Breslaus führte dann auch noch zeitweise zu einem Handelskrieg zwischen Polen und Schlesien.

Außerdem zeichnete sich seit etwa 1400 infolge einer spätmittelalterlichen Agrarkrise ein Rückgang der Besiedlung ab. Indem viele Bauern von schlechteren Böden auf freiwerdende bessere abwanderten oder gleich in die Städte gingen, entstanden weite brachliegende Flächen. Nur in der Teichwirtschaft und der Eisengewinnung bzw. -verhüttung zeigten sich später neue wirtschaftliche Impulse. So führte die wachsende Nachfrage nach Süßwasserfischen gerade in Oberschlesien zur Schaffung vieler Teichkulturen. Desgleichen kam es zu Beginn des 16. Jh. zur Gründung neuer Bergbaustädte (Schmiedeberg 1513, Gottesberg 1523, Tarnowitz 1533).

Die Wirren des 15. Jh., d. h. die Bevölkerungsbewegungen infolge von Krieg, Agrarkrise und Seuchen, führten auch verstärkt zum gemischten Siedeln von Slawen und Deutschen und damit zu einer Neuverteilung der Sprachgebiete, wobei die jeweiligen Minderheiten sich in ihrer Sprache weitgehend der Mehrheit anpaßten. Auch in dieser Hinsicht wurden Grundlagen gelegt für spätere unterschiedliche Entwicklungen von Nieder- und Oberschlesien. So war Niederschlesien um 1650 weitgehend deutsch, wobei polnische Sprachinseln in der Gegend von Grünberg und Deutsch-Wartenberg, im Gebiet von Kanth, Strehlen, Ohlau und auch östlich von Trachtenberg und Trebnitz weiterexistierten.

Oberschlesien wiederum war schon um 1550 sowohl von der polnischen Sprache (nördlich des Flusses Zinna) als auch der mährischen (südlich) dominiert, d. h. Oberschlesien östlich der Linie Falkenberg, Friedland, Neustadt, Oberglogau, Jägerndorf. Deutsche Sprachinseln erhielten sich um Katscher, Kostenthal und Gleiwitz. Einzelne Städte wie Katscher und Bielitz hatten weiter deutsche Mehrheiten, andere wie Oppeln, Ratibor und Oberglogau deutsche Minderheiten, wieder andere wie Gleiwitz, Beuthen und Pleß vereinzelt Deutsche.

Der wirtschaftliche Aufschwung und Wohlstand vor und nach 1400 betraf vor allem die Städte und förderte somit auch die Entstehung einer reichen städtischen Kultur, wie sie sich in vielen künstlerisch bedeutsamen kirchlichen und weltlichen Bauten manifestierte. Die Gotik erreichte ihre Blütezeit. Als Basiliken entstanden beispielsweise die St. Maria-Magdalena-Kirche (1342–62) und die Corpus-Christi-Kirche (2. Hälfte 14. Jh.) in Breslau, auch die Hallenkirchen Hl. Kreuz-Kirche (Mitte 14. Jh.) und St. Maria auf dem Sande (1334–1430; Farbabb. 7), ebenfalls in Breslau. In der Bauplastik machte sich der Einfluß der Parler aus Prag bemerkbar, wie die drei Portale der Stadtpfarrkirche St. Peter und Paul in Striegau beweisen. Ebenfalls unter diesem Einfluß entstanden zahlreiche Skulpturen des ›weichen Stils‹. Seit Beginn des 15. Jh. wird eine beachtliche Zahl gotischer Flügelaltäre geschaffen, für die stellvertretend der Altar der früheren Breslauer Barbara-Kirche (heute im Warschauer Nationalmuseum) genannt werden soll. Wichtigstes gotisches Profanbauwerk Schlesiens ist das Breslauer Rathaus (Umschlagvorderseite, Farbabb. 1), dessen Entstehung allerdings in eine spätere Zeit (1471–1504) fällt.

Nachdem Karl IV. 1348 die Universität in Prag begründet hatte, zogen viele junge Leute, die zuvor den oberitalienischen Universitäten in Padua und Bologna zugeströmt waren, zum Erwerb akademischer Bildung ins nahe gelegene Prag, später auch nach Krakau und ab 1409 nach Leipzig. Der erste gewählte Rektor der Leipziger Universität war ein Schlesier: Johann Otto von Münsterberg. Als Herkunftsorte schlesischer Studenten werden in den Quellen vor allem Breslau, Glogau, Liegnitz, Schweidnitz, Brieg und Neiße, auch Oppeln, Ratibor, Kreuzburg und Neumarkt genannt. Diese Studenten kamen in der Regel von einer der etwa 150 Pfarrschulen, die am Ausgang des Mittelalters in Schlesien existierten, vor allem von den sieben höheren Schulen in Breslau, Liegnitz, Glogau und Neiße. Wesentliche Informationsquellen waren damals die Klosterbibliotheken mit ihren Handschriften, mit den Werken italienischer Juristen, deutschen Rechtskompendien und medizinischen Büchern. Auch lateinisch-deutsche Wörterbücher lagen vor.

Bedeutsames Element der kulturellen Entwicklung war gerade auch die Musik. Etwa um 1400 entstand in Sagan eine Handschrift französischer Motetten. Aus der klösterlichen Bibliothek von Sagan stammt auch eine der ersten deutschen Orgeltabulaturen, die dort etwa um 1425 erarbeitet wurde. Das ›Glogauer Liederbuch‹ von 1470/80, eine Sammlung von 294 Tonsätzen, spiegelt die ganze Breite des damaligen Musikschaffens. Wichtigste Kirchenmusiker dieser Zeit waren Thomas Stoltzer (1480–1526) aus Schweidnitz und Johannes Nucius (1556–1620) aus Görlitz.

Schlesien als Teil der Habsburger Monarchie, Reformation, Gegenreformation, Renaissance, Barock

Nach dem Tod des 20jährigen Ludwig II. von Böhmen und Ungarn in der Schlacht bei Mohács erbte Erzherzog Ferdinand, der spätere Kaiser Ferdinand, die böhmische und ungarische Krone. Schlesien wurde habsburgisch. Zu diesem Zeitpunkt, 1526, regierten in Schlesien nur noch drei piastische Fürstenhäuser: die Brieger, die Oppelner und die Teschener Linie. Des weiteren existierten sogenannte Erbfürstentümer, d. h. Territorien, die dem König von Böhmen direkt unterstellt worden waren, insbesondere Breslau, Schweidnitz-Jauer und Glogau. Außerdem hatten außerschlesische Fürstenfamilien Besitz im Land: die Wettiner das Fürstentum Sagan, die Brandenburger Hohenzollern das Fürstentum Crossen, die fränkischen Hohenzollern das Fürstentum Jägerndorf sowie die Podiebrads Münsterberg und Oels. Zusätzlich gab es inzwischen sogenannte Freie Standesherrschaften, d. h. mit landesherrlichen Rechten ausgestattete Territorien im Besitz nichtfürstlicher Familien: Groß Wartenberg, Trachtenberg und Militsch, Beuthen, Carolath und Bielitz.

Das Haus Habsburg, in Kämpfe gegen die Türken verwickelt und damit verstärkt auf finanzielle Mittel angewiesen, versuchte natürlich fortan, entsprechende Forderungen auch in Schlesien durchzusetzen, wobei der Weg über die Eindämmung der Fürsten- und Ständemacht sowie über die Vermehrung des Kronbesitzes führte. Bereits 1527 verlangte man eine einmalige Abgabe von 100000 Gulden, die 1552 in eine entsprechende jährlich abzuführende Steuer mündete. Schon vorher, 1546, hatte man eine sogenannte Biersteuer als ständige Abgabe eingeführt. 1570 mußte der Fürstentag sogar eine direkte Türkensteuer von 70000 Gulden jährlich bewilligen. Ferdinand I. bestand außerdem auf dem Münz-, Berg- und Zollregal. Für die Verwaltung der königlichen Einnahmen wurde 1558 eine eigene, der Wiener Hofkammer direkt unterstellte Schlesische Kammer geschaffen. Ein Beispiel für die unmittelbare Vermehrung des Kronbesitzes war der Rückkauf des Fürstentums Sagan von den Wettinern im Jahre 1549.

Vorerst führte dieser finanzielle Zugriff der Habsburger nicht zu ernsthaften Zusammenstößen zwischen der Krone und den Ständen, denn Schlesien befand sich im 16. Jh. in einem wirtschaftlichen Aufschwung, bei dem zusätzliche Belastungen nicht so sehr ins Gewicht fielen. Vor allem die Eisenverhüttung, die Glasmacherei und die Leinenweberei spielten in diesem Zusammenhang eine wichtige Rolle.

Die Prosperität des Bergbaus hatte ja schon im späten 15. Jh. eingesetzt. Gleichzeitig war zu beobachten, wie im Waldenburger und Glatzer Bergland, im Riesen- und Isergebirge immer mehr Glashütten entstanden. Die Leinenweberei wiederum, ein im Mittelalter fast ausschließlich in der Stadt betriebenes Gewerbe, drang jetzt auch auf das Land vor, wobei die Produktion zunächst noch vielfach im Auftrag städtischer Weberzünfte erfolgte, mehr und mehr aber vom Adel kontrolliert wurde.

Ohnehin war die Einschränkung städtischen Wirkens zugunsten des Landes und damit des adligen Einflusses eine wichtige Erscheinung des 16. und 17. Jh. Der Erwerb von ländlichem Besitz und das Inanspruchnehmen ursprünglich landesherrlicher Rechte wie Polizeigewalt und Gerichtsbarkeit durch adlige Familien einerseits sowie die verstärkte Einflußnahme der Stände auf die Verfassung des Landes andererseits gab dem Adel die Möglichkeit, die Struktur weiter Gebiete Schlesiens zu verändern. So entstanden ausgedehnte Grundherrschaften, in denen große Eigenwirtschaften des Adels eine bedeutende Rolle spielten.

Weitreichende Konflikte zwischen der Krone und den Ständen traten erst auf, als das Haus Habsburg begann, von einer relativ vorsichtigen Politik gegenüber der reformatorischen Bewegung (unter Ferdinand I. und Maximilian II.) zu einer strengeren Gegenreformation überzugehen.

*

Mehr politische und ökonomische Macht des Adels führte auch zum Entstehen einer Adelskultur, die sich etwa in zahlreichen Renaissanceschlössern manifestierte. Eines der wichtigsten dieser Adelsschlösser steht in Plagwitz/Płakowice, heute allerdings weitgehend in ruinösem Zustand. Das Schloß in Brieg/Brzeg, ab 1547 erbaut, verweist auf die Tatsache, daß die Kunstgeschichte Schlesiens bis in das Zeitalter der Renaissance vor allem eine Geschichte von Beziehungen und Einflüssen ist, die insbesondere aus Italien, Süddeutschland und Böhmen kamen. Den Schloßbau leiteten die beiden oberitalienischen Architekten Jakob Pahr und Bernhard Niuron, ebenso wie den Bau des Rathauses, dem zweiten Renaissancejuwel von Brieg. Auch im damaligen Polen ist ja der Einfluß italienischer Künstler (etwa am Krakauer Wawel) stilbildend gewesen. Als schönstes und wichtigstes Profanbauwerk der Renaissance in ganz Schlesien gilt das Schloß in Oels/Oleśnica. Zu den frühesten Zeugnissen dieser Kunstepoche zählt die Rahmung eines Portals in der Breslauer Kathedrale aus dem Jahre 1517. Schlesien ist auch reich an Beispielen, bei denen gotische Bauwerke um Renaissanceelemente erweitert wurden, so etwa die Rathäuser in Breslau (Helm des Rathausturms, Umschlagvorderseite; Malereien und Tafelwerk im Inneren), Löwenberg/Lwówek Śląski (Giebel) und Bunzlau/Bolesławiec (Portale).

*

Schon vor dem Übergang Schlesiens an Habsburg hatten Luthers Lehren Einfluß gewonnen. Beim Tode des Kaisers Ferdinand I. im Jahre 1564 waren dann von den Fürsten und Standesherren Schlesiens nur noch diejenigen von Loslau, Pleß und Trachtenberg sowie der Bischof von Breslau katholisch. Aber selbst die Stadt Breslau nutzte das Amt der Landeshauptmannschaft aus, um im Fürstentum die Reformation zu verbreiten.

Herzog Georg II. und seine Gemahlin Barbara von Brandenburg am Stadtportal des Schlosses in Brieg

Durch die Reformation verstärkten sich auch die Bindungen an Deutschland; führende evangelische Theologen knüpften Kontakte zu Schlesien, während das Land selbst bedeutende Vertreter evangelischen Denkens hervorbrachte. 1526 entstand in Liegnitz die erste evangelisch begründete Universität Europas, die aber schon drei Jahre später wegen materieller Schwierigkeiten und theologischer Zwistigkeiten geschlossen werden mußte.

Als Kaiser Rudolf II. nach seinem Regierungsantritt 1576 versuchte, durch verschiedene Maßnahmen das in der überwiegenden Mehrheit der Bevölkerung evangelische Schlesien wieder der katholischen Lehre zuzuführen, schlossen die schlesischen Stände sogar ein Verteidigungsbündnis mit den böhmischen Ständen ab. In einem dem Kaiser abgerungenen Dokument vom 20. August 1609 wurde festgelegt, daß die verschiedenen Bekenntnisse gleichberechtigt seien, die freie Religionsausübung jedem offenstehen müsse, die Gründung evangelischer Kirchen und Schulen gestattet sei und das Oberamt einem evangelischen schlesischen Fürsten übertragen werden müsse.

Erzherzog Karl, Fürstbischof von Breslau (1608–24), war dann eifrig bemüht, die Kräfteverhältnisse wieder im Sinne des katholischen Lagers zu verändern, wobei er von den Jesuiten und anderen Orden tatkräftig unterstützt wurde. Der Kriegszug des evangelischen Grafen Ernst von Mansfeld durch Schlesien nach Ungarn gab dem Kaiser den willkommenen Anlaß, ein Heer nach Schlesien zu schicken und damit auch wieder die kaiserliche Macht zu festigen: Das Oberamt verlor 1629 seinen ständischen Charakter, in den Städten der Erbfürstentümer zwangen die ›Liechtensteiner Dragoner‹ die Bürger zur Wiederannahme

Kaiser Rudolf II. Kupferstich, 1644

des katholischen Glaubens oder zur Emigration, evangelische Grundherren verloren teilweise ihre Besitzungen. Gleichzeitig begann die Einwanderung adliger Familien aus allen Ländern der österreichischen Monarchie. Auch die Jahre 1632–35 sowie 1639–48 waren Zeiten der kriegerischen Auseinandersetzungen; nur unterbrochen durch den Prager Frieden 1635, in dem sich aber Schlesien mit Ausnahme der Piasten in Liegnitz, Brieg und Wohlau dem Kaiser unterwerfen mußte.

Mit dem Westfälischen Frieden trat eine gewisse Beruhigung ein; den evangelischen Fürstentümern Liegnitz, Brieg, Wohlau und Oels sowie der Stadt Breslau wurde Religionsfreiheit zugestanden, und die evangelischen Gläubigen der niederschlesischen Erbfürstentümer erhielten das Recht auf drei Gotteshäuser, sogenannte ›Friedenskirchen‹, die in Glogau, Jauer und Schweidnitz (Farbabb. 13) errichtet wurden. Andererseits begann jetzt erst recht eine systematische Unterdrückung der evangelischen Konfession. Eine Fluchtwelle in die Nachbarländer setzte ein. Als 1675 der letzte Piast gestorben war, erfaßte die Gegenreformation auch die Fürstentümer Liegnitz, Brieg und Wohlau, später auch Oels und Breslau. 1702 entstand in Breslau die Jesuitenhochschule Leopoldina.

In der Regierungszeit von Kaiser Joseph I. (1705–11) wurde, gerade unter dem Druck des schwedischen Königs Karl XII., die Repression etwas gemildert, mit der Altranstädter Konvention vom 1. 9. 1707 wurde die Religionsfreiheit in den im Westfälischen Frieden genannten Gebieten Schlesiens wiederhergestellt. Die Erbfürstentümer erhielten das Recht auf sechs weitere Gotteshäuser, sogenannte ›Gnadenkirchen‹ (in Freystadt, Sagan, Hirschberg, Militsch (Farbabb. 9, 10), Landeshut und Teschen (die einzige evangelische Kirche Oberschlesiens). Politisch allerdings spielte der Protestantismus zu diesem Zeitpunkt keine Rolle mehr, als einziger evangelischer Fürst war der Herzog von Oels geblieben. Zwei Drittel der Fläche Schlesiens entfielen schon um 1700 auf die unmittelbar der Krone gehörenden Erbfürstentümer.

Die Wirren des Dreißigjährigen Kriegs, die kaiserliche Repression gegen die evangelischen Gläubigen sowie Pest und andere Krankheiten haben Schlesien vor allem durch die daraus resultierende Abwanderung großen Schaden zugefügt. Besonders betroffen waren die Städte, deren Bürger außerdem unter dem Ausbleiben längst fälliger Reformen litten. So wurden beispielsweise die schon 100 Jahre zuvor festgelegten Indikationssummen weiterhin als Grundlage für die Berechnung der von den Städten abzuführenden Steuern verwendet, obwohl die Zahl der steuerpflichtigen Bürger sich inzwischen stark reduziert hatte, und viele Vermögen, auf denen die Indiktionen beruhten, gar nicht mehr existierten. Die Lage der schlesischen Städte verbesserte sich erst 1724, als diese Indiktionssummen neu festgesetzt wurden.

*

Im Schlesien des 17. und 18. Jh. entschieden einerseits die absolutistische Monarchie sowie der Katholizismus und andererseits der Protestantismus über den Charakter der Kunst. Denn sie war ein wesentliches Mittel zur Gewinnung von Gläubigen und wurde deshalb auf dynamische, emotionelle und auch realistische Weise in den Dienst der Glaubenspropaganda mit einbezogen. Sie sollte nicht nur die Kirchengeschichte dokumentieren, sondern auch Dogmen präsentieren und erläutern. Die so prächtige, oft überbordende Kunst des Barock war natürlich, wie die Rhetorik der Geistlichen, an erster Stelle auf emotionelle Wirkung bedacht.

Die im Schloß der katholischen Kirche und mit Unterstützung der Habsburger entstandene Kunst war in Form und Themen ihrer ikonographischen Programme dementsprechend determiniert, vor allem Altarbilder und Wandmalereien. Der Kult des hl. Johannes von Nepomuk und der hl. Dreifaltigkeit fand auf diese Weise Verbreitung. Nicht anders die protestantische Seite, die ihre Opposition gerade auch in der bildlichen Sphäre zum Ausdruck brachte, wie an den Friedens- und Gnadenkirchen zu studieren ist.

Katholiken wie Protestanten unterschieden sich vor allem in der Wahl der Programme und der Ikonographie, weniger in den Formen, wenngleich auch hier bestimmte Vorlieben existierten. Letztendlich wurden die gleichen Formelemente wie im gesamten Gebiet der Habsburger Monarchie und im gesamten damaligen Mitteleuropa überhaupt eingesetzt. Insofern arbeitete man oft mit Künstlern ohne Rücksicht auf deren Konfession zusammen. Entscheidend für die Auftragsvergabe waren die Fähigkeiten der Künstler.

Leubus, Grüssau, Heinrichau, Trebnitz und Kamenz, also die Zisterzienserklöster, spielten unter den Auftraggebern die Hauptrolle, des weiteren die Jesuiten und andere Orden mit starker wirtschaftlicher Basis, und schließlich die in Neiße und Breslau residierenden Breslauer Bischöfe sowie Mitglieder des Breslauer Domkapitels. Diese kirchliche Initiative wurde ergänzt durch aktive Bautätigkeit seitens des alten und neuen katholischen Adels.

Im Vergleich zum offensiven und breitangelegten Vorgehen der Katholiken war die protestantische Seite bescheidener, was natürlich mit den politischen und wirtschaftlichen Bedingungen zusammenhing. An erster Stelle sind dabei die Piasten von Liegnitz, Brieg und Wohlau zu nennen, wobei die Hauptenergie auf den sakralen Bereich gerichtet war, auf den Bau, die Modernisierung und die Verschönerung von Kirchen.

Interessant ist, daß der Wiener Hof nie direkt die barocke Kunst in Schlesien beeinflußt hat, jedenfalls ist keine konkrete künstlerische Initiative des Herrscherhauses bekannt.

Fresken von Joseph Emanuel Fischer von Erlach in der Kirche des Namens Jesu/ Kośiół Im. Jezus (ehem. Jesuitenkirche), Breslau/Wrocław

Selbstverständlich wurden jedoch repräsentative Innenräume mit den Porträts der Monarchen geschmückt, brachte man das Kaiserwappen an neuerrichteten Bauten und öffentlichen Sakraldenkmälern an.

Im schlesischen Barock richteten sich die Mächtigen und Einflußreichen des Landes nach den führenden Kunstzentren in Europa. Vielfach wurden weder Kosten noch Mühen gescheut, anerkannte Künstler nach Schlesien zu rufen oder zumindest bei ihnen Entwürfe zu bestellen. So wurde das Breslauer Schreyvogel-Palais von Lukas von Hildebrandt entworfen, der Entwurf für die Ritter-Akademie in Liegnitz stammte von Joseph Emanuel Fischer von Erlach, die Fresken der ehem. Jesuitenkirche (Umschlagklappe vorn) in Breslau schuf Johann Michael Rottmayer. Allerdings gab es auch viele unter den Geistlichen, Adligen und Bürgern, die sich weniger exklusiv orientierten. Dies war die entschiedene Mehrheit der schlesischen Auftraggeber im Barock, vor allem bei den Protestanten.

In der zweiten Hälfte des 17. Jh. bildeten unter den Beauftragten die Italiener die stärkste Gruppe: Carlo Lurago, Antonio Della Porta und Andrea De Quadri, Carlo Rossi, Giovanni Batista De Angelis und Giovanni Seregni. Gemeinsam mit diesen Baumeistern und Leitern von Werkstätten kamen viele Bauhandwerker, Stukkateure und Steinmetze aus Italien nach Schlesien.

Erst um die Wende des 17. Jh. wurde deren Platz allmählich von Künstlern aus anderen Gebieten des Kaiserreichs und aus Norddeutschland eingenommen. Darunter Matthias

Kirchberger aus Bayern, Peter Dobler aus Wien, Johann Blasius Peintner aus Kärnten, Martin Frantz aus dem damals schwedischen Reval sowie ansässige Baumeister wie Martin Urban, Christoph Hackner und Joseph Anton Jentsch.

In Bildhauerei und Schnitzerei hatten besonders im 18. Jh. aus Böhmen nach Schlesien eingewanderte Künstler eine Führungsrolle inne: Johann Georg Urbanski, Anton Dorazil, Ferdinand Maximilian Brokhoff und andere.

Die schlesische Architektur verwendete nach 1640 massive Formen, Quaderung der Untergeschosse und eine Fassadengliederung durch horizontale Teilungen; erst um 1660 begann man Pilastergliederungen einzuführen. Die schlesische Plastik, insbesondere die Sakralskulptur, war zunächst bestimmt von italienischen – römischen und venezianischen – Einflüssen; erst mit den Klosterwerkstätten in Heinrichau und Grüssau im letzten Viertel des 17. Jh. entwickelte sich eine eigenständige Form der schlesischen Barockplastik. Der Charakter der schlesischen Malerei schließlich war wesentlich bestimmt vom Schaffen Michael Willmanns (Farbabb. 16), der als Illustrator der katholischen Glaubenslehre am eindrucksvollsten den Geist des kämpferischen Katholizismus zum Ausdruck brachte.

Die ganz spezielle Ausprägung der protestantischen Kirchenarchitektur verweist auf die besondere damalige Lage der evangelischen Gläubigen. Angesichts der anhaltenden Repression nach dem Dreißigjährigen Krieg nahmen die Kirchen symbolischen Charakter an; vom Versammlungsort wurden sie mehr und mehr zum ›Haus Gottes‹, zum Asyl der Gemeinde und zum Symbol ihrer künftigen Existenz. Beim Bau von Kirchen litt man unter diskriminierenden Bestimmungen: Verbot des Einsatzes von Stein und Ziegeln, Verbot von Türmen, keine Glocken; vielmehr sollten Holz oder andere billige zugängliche Baumaterialien – nach dem Willen der Machthabenden – den niederen Rang der protestantischen Kirchen im Vergleich zur triumphierenden Monumentalarchitektur des Katholizismus demonstrieren.

*

Trotz und vielleicht gerade wegen der unsicheren politischen und religiösen Verhältnisse entwickelte sich im Schlesien des 17. Jh. eine großartige, auch im gesamten deutschsprachigen Raum bedeutsame Barockdichtung. Zu ihren wichtigsten Vertretern zählten Martin Opitz (1597–1639), Friedrich von Logau (1604–55), Andreas Gryphius (1616–64), Hofmann von Hofmannswaldau (1616–79), Angelus Silesius (eigentlich: Johannes Scheffler, 1624–77) und Daniel Caspar von Lohenstein (1636–83). Eine wesentliche Voraussetzung für die Entstehung einer derartigen Dichtung war die geistige Aufgeschlossenheit der Menschen dieser Zeit und dieses Landes, in dem Katholizismus und lutherische Lehre miteinander stritten und auch der Calvinismus sowie Wiedertäufer und andere Strömungen Anhänger fanden. Mystisches Gedankengut gewann an Einfluß. Desgleichen dürfte die Nachbarschaft zu anderen Nationalitäten diesseits und jenseits der Grenzen eine Rolle gespielt haben, was sich in einem klareren Umgang mit der deutschen Sprache äußerte (Opitz!). Schließlich müssen der Wohlstand des Adels und des Großbürgertums zu den Voraussetzungen gezählt werden.

Je stärker sich die Gegenreformation und der kaiserliche Absolutismus durchsetzten, desto mehr ging diese geistige Produktivität zurück, während die Jesuiten und deren Schulen die intellektuelle Führung übernahmen: an vorderster Front die Leopoldina in Breslau.

*

Musikgeschichtlich war das Barockzeitalter in Schlesien vor allem eine Epoche der Lautenmusik. Zu den wichtigsten Exponenten der zahlreichen schlesischen Lautenmusiker zählten Esajas Reusner (1636–79), ab 1674 im Dienste des Großen Kurfürsten, Leopold Weiß (1686–1750), der sich großer Wertschätzung seitens Johann Sebastian Bachs erfreute, sowie Ernst Gottlieb Baron (1696–1760), ebenfalls aus Breslau, der 1735 in den Dienst des Kronprinzen Friedrich in Rheinsberg trat und bis zu seinem Tod in Anstellung beim Preußenkönig blieb. Die Hinwendung zur Kammermusik und speziell diesem Instrument sowie zum Lied dürfte mit der ausgeprägten Innerlichkeit des Barockzeitalters zusammenhängen.

Schlesien wird preußisch

Zentralistische Verwaltung, Industrieentwicklung, Stein-Hardenbergsche Reformen, Säkularisation, kapitalistische Gründerzeiten, politische und soziale Probleme vor dem Ersten Weltkrieg. Barock/Rokoko, Klassizismus, Historismus, Jugendstil

Im Juli 1741 kam es zum Österreichischen Erbfolgekrieg. Doch schon im Jahr zuvor hatte der junge Preußenkönig Friedrich II. den Tod Kaiser Karls VI. als günstige Gelegenheit erkannt, sein Staatsgebiet nach Südosten auf Schlesien auszudehnen. Das am 16. 12. 1740 in Schlesien eindringende preußische Heer konnte bis März des folgenden Jahres fast ganz Schlesien besetzen, die österreichischen Truppen wurden am 10. 4. 1741 bei Mollwitz entscheidend geschlagen. Nachdem auch Bayern, Sachsen und Frankreich in einen Krieg gegen Österreich eingetreten waren, erreichte Friedrich II. in dem Geheimabkommen von Klein Schnellendorf am 9. 10. 1741, daß ihm Schlesien bis zur Glatzer Neiße und rechts der Oder nördlich des Flusses Brinitze abgetreten wurde. Aufgrund eines erneuten militärischen Eingreifens Preußens mußte Maria Theresia im Breslauer Präliminarfrieden vom 11. 6. 1742 fast ganz Schlesien abgeben (mit Ausnahme der Grafschaft Glatz, der mährischen Exklave Katscher, der Fürstentümer Troppau-Jägerndorf und Teschen und von Teilen des Bistumslandes). Zum Zweiten Schlesischen Krieg kam es, nachdem Karl Albrecht von Bayern, der Gegenspieler Maria Theresias, zum Kaiser (Karl VII.) gewählt worden war und Preußen deshalb fürchtete, seine neue Beute Schlesien könne wieder verlorengehen. Die preußischen Siege bei Hohenfriedeberg und Kesselsdorf führten schließlich zum Frieden von Dresden (25. 12. 1745), der die Herrschaft Friedrichs II. in Schlesien bestätigte.

Besonders litt das Land unter dem dritten, dem Siebenjährigen Krieg, den wiederum Friedrich II. 1756 anzettelte, weil er die Annäherung zwischen Österreich und Frankreich

Belagerung der von österreichischen Truppen besetzten Stadt Schweidnitz/Świdnica durch die Preußen unter Friedrich II. im April 1758 während des Siebenjährigen Krieges

als Bedrohung empfand. Diesmal wechselten die militärischen Erfolge; und Preußen gewann erst wieder eindeutig die Oberhand, nachdem der neue russische Zar Peter III. im Januar 1762 auf die Seite Friedrichs II. getreten war. Die allgemeine Kriegsmüdigkeit führte dann die Gegner an den Verhandlungstisch und schließlich zum Frieden von Hubertusburg am 15. 2. 1763. Damit war der größte Teil Schlesiens endgültig preußisch geworden.

Dies bedeutete zunächst einmal die Schaffung einer dem modernen absolutistischen Staat entsprechenden Verwaltung. An deren Spitze wurde ein Provinzialminister berufen, der direkt dem König unterstand. Desgleichen richtete man Kriegs- und Domänenkammern ein, die für die Finanz- und Wirtschaftsverwaltung zuständig waren und Städte sowie Kreise kontrollierten. Als Abgaben mußten wirtschaftlich stärkere Städte die Akzise entrichten, die schwächeren Städte und die Dörfer die Kontribution.

Das Gerichtswesen wurde direkt dem preußischen Justizminister untergeordnet, wobei aber die alten Gerichte der Fürstentümer, Standesherrschaften und Magistrate erhalten blieben. Als Berufungsinstanzen richtete man zusätzlich sogenannte Oberamtsregierungen ein. Ansonsten wurden alle alten ständischen Einrichtungen abgeschafft.

Ein vorrangiges Anliegen Friedrichs II. war die militärische Festigung Schlesiens, wobei er eine ständige Stationierung von 35 000 Mann anstrebte. Für die Rekrutenerfassung wurde das sogenannte Kantonssystem eingeführt. Da die vorhandenen Kasernen für eine derartige

Friedrich II. der Große, König von Preußen. Gemälde, 1763

Zahl von Soldaten nicht ausreichten, mußten die Bürger in den Städten zusätzlich Quartiere zur Verfügung stellen. Außerdem wurden militärische Anlagen ausgebaut oder neu geschaffen (Cosel, Neiße, Glatz, Schweidnitz, Silberberg).

Um das durch die Kriege wirtschaftlich angeschlagene Schlesien wieder auf die Beine zu bringen, bemühten sich die preußischen Beamten um Zuwanderer aus Mittel- und Westdeutschland, mit denen dann Siedlungen von Eisenhüttenarbeitern und Holzfällern gegründet wurden. Ebenfalls herbeigerufene evangelische Tschechen wandten sich der Landwirtschaft zu. Eine Besonderheit bildeten die Herrnhutersiedlungen Gnadenfrei, Gnadenberg und Gnadenfeld, in denen Handel und Gewerbe betrieben wurden.

Gefördert wurden besonders der Bergbau und das Hüttenwesen; mit dem 1769 eingeführten neuen Bergrecht wurde die Freiheit der Bergleute von der Gutsuntertänigkeit festgestellt und der Bergbau dem staatlichen Oberbergamt untergeordnet. Lag der Schwerpunkt des Bergbaus zunächst in Niederschlesien (Waldenburger Revier), so verlagerte er sich mehr und mehr nach Oberschlesien, insbesondere seit man um 1750 begann, Steinkohle abzubauen und zu verwenden. Stationen der weiteren Entwicklung waren: Einrichtung der Bergdeputation Tarnowitz 1780, Inbetriebnahme der dortigen Friedrichsgrube 1784 und der Friedrichshütte 1786, Beginn des Eisenschmelzens in der Hütte von Malapane 1789, die Gleiwitzer Hütte mit dem ersten Kokshochofen 1796 und die Königshütte 1802. 1809 entstand ebenfalls bei Königshütte die erste Zinkhütte. Alles in allem war die Jahrhundertwende die Geburtsstunde der oberschlesischen Schwerindustrie.

So wichtig die Rolle des Adels bei dieser Industrieentwicklung war, so negativ wirkte sich seine repressive Politik gegenüber der Landbevölkerung aus, die dann auch in verschiedenen Bauernunruhen mündete (1793, 1811). Geradezu exemplarisch verwiesen dann die Weberunruhen 1793 auf die Widersprüche moderner Wirtschafts- und speziell Industrieentwicklung.

Für die Kirchen brachte die preußische Herrschaft wesentliche Veränderungen. So mußte sich die katholische Kirche fortan staatliche Einflußnahme gefallen lassen, was aber generell nicht zur Einschränkung der Religionsfreiheit führte. Die evangelische Kirche wiederum erlebte nicht nur die Aufhebung der alten Beschränkungen, sondern erhielt gleichzeitig auch das Recht, neue Kirchen zu errichten, was bis 1752 zum Bau von über 160 provisorischen evangelischen ›Bethäusern‹ führte. Außerdem achtete Friedrich der Große darauf, daß die Bildungsarbeit der katholischen Kirche, wenn auch in anderen Formen, weitergeführt wurde. So machte er die Patres des Jesuitenordens nach dessen Auflösung 1773 zu Mitgliedern des ›Königlichen Schulinstituts‹, auch die Leopoldina blieb bestehen.

Nach Jahrzehnten des Friedens wurde Schlesien 1806 von bayerischen und württembergischen Truppen als Verbündete Napoleons erneut mit Krieg überzogen. Der Friedensvertrag von Tilsit (9.7. 1807) beließ Schlesien bei Preußen, wobei Frankreich für die Festung Glogau eine längere militärische Besetzung erzwang.

Die Jahre 1807–12 brachten die *Stein-Hardenbergschen Reformen*, wodurch Schlesien dem übrigen Preußen stärker angeglichen wurde und sich auch die wirtschaftliche sowie soziale Lage verbesserte. Es waren dies vor allem die Bauernbefreiung, die städtische Selbstverwaltung, ein neues Reglement für das Heer, Gewerbefreiheit und die rechtliche Gleichstellung der Juden.

Einschneidende Folgen hatte außerdem die Säkularisierung des beträchtlichen katholischen Kirchenvermögens (1810), wobei ein wesentlicher Teil der Werte zum Ausbau der Breslauer Friedrich-Wilhelms-Universität verwendet wurde, die 1811 durch die Umwandlung der Leopoldina und deren Zusammenlegung mit der Universität in Frankfurt/Oder entstanden war.

1812/13 wurde Schlesien zu einem Zentrum der Erhebung gegen Napoleon. Am 22.1. 1813 übersiedelte die königliche Familie nach Breslau; hier wurde wenig später ein Bündnis mit Rußland geschlossen, hier verkündete Friedrich Wilhelm III. am 17.3. seinen berühmten Aufruf ›An mein Volk‹. Das preußisch-russische

Käthe Kollwitz, ›Weberzug‹, 1897. Radierung aus dem Zyklus ›Weberaufstand‹

Eisenwalzwerk Königshütte/Chorzów. Zeichnung von H. A. Littmann, 1875

Hauptquartier in Reichenbach war ein Ort wichtiger Verhandlungen, bei denen Österreich als weiterer Bündnispartner hinzukam. Der militärische Erfolg unter Blücher (›Marschall Vorwärts‹) an der Katzbach am 26. 8. bildete dann den Ausgangspunkt für die Befreiung ganz Deutschlands von der französischen Vorherrschaft.

In der nach dem Krieg erfolgten Neuordnung des preußischen Staates wurde der 1815 preußisch gewordene Teil der Oberlausitz Schlesien angeschlossen, der Kreis Schwiebus dagegen an Brandenburg abgetreten. Gleichzeitig wurde die Provinz Schlesien in die vier Regierungsbezirke Breslau, Liegnitz, Oppeln und Reichenbach aufgeteilt, wobei Reichenbach nur bis 1820 Bestand hatte. Dem Regierungsbezirk Oppeln fügte man auch die bislang niederschlesischen Kreise Neiße, Grottkau und Kreuzburg an. Diese Verwaltungsgliederung blieb im wesentlichen bis zum Ende des Ersten Weltkriegs bestehen.

Preußen setzte außerdem durch, daß die katholische Kirche in ihrer Organisation den politischen Grenzen Rechnung trug, was durch die päpstliche Bulle ›De salute animarum‹ 1821 erfolgte. Damit wurde auch das Bistum Breslau aus der Abhängigkeit von der Kirchenprovinz Gnesen gelöst und direkt der Kurie untergeordnet.

Nach 1815 befand sich die schlesische Wirtschaft für einige Jahrzehnte in einem schwierigen Zustand. Das galt z. B. für die Eisenhütten, die in den Friedenszeiten auf Heeresaufträge verzichten mußten und außerdem der Konkurrenz ausländischer Roheisenproduktion ausgesetzt waren. Das galt auch für die Leinenindustrie, die gegen die billiger arbeitende englische Konkurrenz und deren Maschinen weitgehend auf verlorenem Posten stand. Die Tuchproduktion wiederum verlor durch die russische Einfuhrsperre von 1823 einen wichtigen Absatzmarkt; viele Tuchmacher aus Schlesien wanderten in das aufstrebende Textilzentrum Łódź im damaligen Kongreßpolen aus.

Der große *industrielle Aufschwung* ergab sich dann auf der Basis des Eisenbahnbaus, wobei als erste Linie die von Breslau ins oberschlesische Industrierevier fertiggestellt wurde (1842 bis Brieg, 1843 bis Oppeln, 1846 bis Myslowitz). An den Bahnlinien entstanden bevorzugt Industriebetriebe. Angesichts der neuen Transportmöglichkeiten entwickelte sich auch der Abbau neuer Bodenschätze wie Granit, Sandstein, Ton und Kaolin. Grundlage des Aufschwungs war natürlich die Steinkohle, die sogar noch an Bedeutung gewann. Den größten Zuwachs erlebten die bereits existierenden Industriezentren, so vor allem Breslau, das Waldenburger Gebiet und vor allem das oberschlesische Revier. Die dortige Ansammlung von Gruben, Hütten und anderen Betrieben führte auch zu einer starken Verdichtung der Besiedlung. Exemplarisch sei auf Kattowitz verwiesen, das sich zum Verwaltungszentrum des Reviers entwickelte. Im Zuge der industriellen Entwicklung wurde schließlich auch die Oder zwischen 1891 und 1917 reguliert, in Cosel entstand ein großer Umschlaghafen. Besitzer neuer Industrieanlagen wurden – neben den alten Grundherren – mehr und mehr Verwaltungs-, Bergbau- und Hüttenfachleute, die sich nach oben kämpften, wie etwa der legendäre Karl Godulla. Auch die Arbeiterschaft stammte zum überwiegenden Teil aus Oberschlesien selbst. Die Zahlen der damaligen Bevölkerungsentwicklung sind beeindruckend: Hatte der Regierungsbezirk Oppeln 1819 knapp 562000 Einwohner, waren es 1910 bereits 2208000. Seit etwa 1850 waren sogar einige Hunderttausend Menschen aus Oberschlesien ins Ruhrgebiet abgewandert.

Barrikadenkampf in der Nicolaistraße in Breslau am 7. Mai 1849. Neuruppiner Bilderbogen

Diese industrielle Revolution brachte eine Fülle nationaler, politischer, sozialer, sprachlicher und konfessioneller Probleme mit sich. So waren die Bedingungen für die Ablösung der auf Grund und Boden lastenden Pflichten vor allem für die kleineren Bauern sehr hart, was zu verschiedenen Bauernerhebungen führte. In den 40er Jahren entwickelte sich Breslau neben dem Rheinland und Königsberg zu einem Mittelpunkt des politischen Liberalismus in Preußen, die Unzufriedenheit vieler Schlesier mit dem preußischen Absolutismus manifestierte sich in der Revolution von 1848, das Eintreten schlesischer Demokraten für die von der Frankfurter Nationalversamlung verabschiedete Verfassung führte zum Breslauer Maiaufstand vom 6./7.5. 1849.

Im konfessionellen Bereich hatte es zuvor schon Auseinandersetzungen gegeben um die von König Friedrich Wilhelm III. in die Wege geleiteten Union von Lutheranern und Reformierten. Auch die katholische Reformbewegung des Deutschkatholizismus hatte eine ihrer Wurzeln in Schlesien.

In den letzten Jahrzehnten des 19. Jh. zeigte sich auch mehr und mehr die politische, sprachliche und konfessionelle Sonderentwicklung Oberschlesiens. Stellte in Mittel- und Niederschlesien die evangelische Konfession die Mehrheit (1895 im Regierungsbezirk Breslau 57,4 % der Bevölkerung evangelisch, im Regierungsbezirk Oppeln nur 9 %), war Oberschlesien ein fast rein katholisches Land (Regierungsbezirk Oppeln 89,7 % katholisch,

Regierungsbezirk Breslau 40 %). Im östlichen Teil der preußischen Provinz Oberschlesien sprach auch der überwiegende Teil der katholischen Bevölkerung einen polnischen Dialekt, der von deutschen Worten und Redewendungen durchmischt war. Die Bevölkerungsexplosion des 19. Jh. zeigte sich außerdem in erster Linie in diesem polnischsprachigen Gebiet. Im Regierungsbezirk Oppeln gaben 1910 53 % der Bewohner Polnisch als Muttersprache an.

Diejenigen polnischsprachigen Oberschlesier, die sich politisch und kulturell mit Deutschland verbunden fühlten, orientierten sich parteipolitisch an der katholischen Zentrumspartei. 1903 konnte diese Partei aus dem Regierungsbezirk Oppeln elf Kandidaten in den Reichstag bringen, die Sozialdemokraten dagegen keinen einzigen. Das Zentrum setzte sich auch immer wieder für Reichstagskandidaten mit polnischen Sprachkenntnissen ein.

Schon seit 1848 gab es aber auch Bemühungen, die polnischsprachigen Oberschlesier in gesamtpolnische Bestrebungen miteinzubeziehen: durch Verbreitung von Literatur in polnischer Sprache, durch Gründung polnischer Vereine und die Einführung von polnischer Hochsprache an oberschlesischen Schulen. Profiliertester Vertreter der polnischen Nationaldemokratischen Partei Roman Dmowskis wurde schließlich der Oberschlesier Wojciech Korfanty (s. S. 83), der 1903 in den Reichstag einzog und sich dort der polnischen Fraktion anschloß. 1907 hatte diese aus dem Regierungsbezirk Oppeln bereits fünf Abgeordnete, neben sechs des Zentrums und einem der Konservativen.

Palais Hatzfeld in Breslau, erbaut von Carl Gotthard Langhans. Stahlstich, um 1850

Mit der umfassenden und straffen *Neuorganisation Schlesiens* im Geiste Preußens und seiner Staatsbedürfnisse nach 1740/41 wurden österreichische Lässigkeit und wirtschaftliche Ineffektivität, auch Vielfalt und Individualität durch preußische Strenge, Korrektheit und Einheitlichkeit ersetzt. Ironisch überzogen könnte man sagen, statt kunstvoller und aufwendiger, aber in den Augen der neuen Herren wenig nützlicher barocker Kirchen, Klöster und Paläste wurden jetzt nur noch praktisch-nüchterne Finanzämter, Kasernen und Gefängnisse gebaut. Auf jeden Fall erhielt die Kunst nach der Eroberung Schlesiens durch Friedrich II. insgesamt ein anderes Gepräge. So führte die repressive Fiskalpolitik der preußischen Behörden gegenüber der katholischen Kirche zu einer bedeutenden Verminderung von Anzahl und Ausmaß künstlerischer Initiativen. Lediglich im überwiegend katholischen Oberschlesien wurden in der zweiten Hälfte des 18. Jh. zahlreiche steinerne anstelle hölzerner Kirchenbauten errichtet, die auch eine entsprechende plastische Ausgestaltung erhielten. Der gesamte protestantische Kirchenbau in Schlesien erreichte nicht einmal das Ausmaß dieser katholischen Unternehmungen. Ein zunehmender Pietismus im Protestantismus hatte außerdem nachteilige Folgen für die Kirchenkunst insgesamt.

Die intensive Industrialisierung und Urbanisierung vieler schlesischer Städte in der zweiten Hälfte des 18. Jh. ließ zusätzlich keine größere Initiative des Bürgertums zugunsten der Kunst aufkommen; die Finanzen der Städte wurden in erster Linie in Anspruch genommen durch den Bau von Magazinen, Kasernen und Befestigungsanlagen. Auch infolge der durch die Kriege verursachten Verarmung beschränkten sich die Bürger auf die Modernisierung ihrer Wohnhäuser und öffentlicher Gebäude sowie auf kleine bildhauerische Arbeiten. Namhafte Architekten, Bildhauer und Maler verließen nach 1750 Schlesien. In den letzten drei Jahrzehnten des 18. Jh. kam es dann zum allmählichen Erlöschen des Barock.

Carl Gotthard Langhans

»Langhans ist einer der neuesten besten Architekten, ganz für den reinen, simplen großen Stil der alten Bauart. Seine Fassaden wurzeln in der italienischen Renaissance, die er ebenso wie die Baukunst der deutschen Lande, Hollands, Englands, Frankreichs, Österreichs, auf mehreren Reisen studiert hat. Man hielt sie wohl für Schöpfungen antiken Geistes, dem sich die revolutionäre Zeit verwandt glaubte. Das beherrschende Motiv der Schauseite ist der stattliche Portikus auf Marmorsäulen, mit dem Balkon darüber und der Giebelschmuck in derselben Achse über dem kräftig ausladenden Hauptgesimse, gegenüber dem Rococo von herber Strenge durchtränkt. Im Inneren fesselt die große dreiachsige Einfahrtshalle, von der seitlich nach beiden Richtungen die Treppen zum Obergeschosse ansteigen, durch schlichte Vornehmheit.«

Zeitgenössische Schrift von 1794 (zit. nach Hans Lutsch, Schlesiens Kunstdenkmäler, Breslau 1903)

Das *Rokoko* bezog sich im wesentlichen auf die dekorative Kunst, nicht auf die Architektur. Es ging um das Bestreben, für das Innere neue Formen zu finden, welche an die Stelle der schweren, der Außenarchitektur entlehnten Gliederungen treten konnten. Leichte Rahmenprofile ersetzten Pilaster, Bekrönungs- und Deckengesimse.

Der preußische *Klassizismus* (bis etwa 1840) läßt sich in Breslau studieren an der früheren Hofkirche (1747–50), heute Kirche der Evangelisch-Augsburgischen Gemeinde, an der Alten Börse am Salzring (1824) und an verschiedenen Bürgerhäusern. Zum richtungsweisenden Bauwerk dieser Kunstepoche wurde, ebenfalls in Breslau, das frühere gräflich-Hatzfeldtsche Palais, später Oberpräsidial-Haus, heute eine Galerie moderner Kunst, mit dem der wichtigste damals in Schlesien tätige Architekt, Carl Gotthard Langhans (s. S. 76), seinen Ruf begründete.

Unter der Leitung von Langhans wurden auch die Kirche der Evangelisch-Augsburgischen Gemeinde in Waldenburg (1785–89) und die evangelische Pfarrkirche St. Johannes und St. Petrus in Groß-Wartenberg/Sycow (ebenfalls 1785–89) erbaut. Zu den prägenden Bauwerken dieser Kunstepoche gehörte außerdem das Theater von Glogau (nach 1774) mit der wirkungsvollen Doppelfreitreppe sowie dem großen Mittelrisalit. Es entstand als ›Redoutensaal‹, also nach der Art alter Tanzhäuser Süddeutschlands, der dem Bürgertum die Möglichkeit gab, größere Veranstaltungen abzuhalten, die im Mittelalter im Rathaus stattgefunden hatten. Das Theater existiert heute nur noch als Ruine, wobei die Front in Ansätzen zu erkennen ist.

Zahlreiche Bürgerhäuser wurden diesen Vorbildern nachempfunden. Etwa das 1898 leider abgebrochene Geburtshaus von Adolph Menzel in der früheren Albrechtstraße/heute ul. Wita Stwosza mit zwei an den Enden angeordneten Portalen, die von feingezeichneten toskanischen Säulen mit Gebälk umrahmt wurden.

Beispiele für die bildhauerische Kunst im *Klassizismus* waren das Blücherdenkmal auf dem früheren Salzring in Breslau, das Grabmal des Kommerzienrats Brecher in der dortigen Elisabethkirche, das ebenfalls Carl Gotthard Langhans zugeschrieben wird, sowie daas Grabmal des Generals Gessler in Brieg.

Dem eklektischen Zug der Kunst nach 1830 entsprach es, Formen des Mittelalters wieder aufzunehmen. Karl Friedrich Schinkels neugotisches, 1838–63 errichtetes Schloß in Kamenz (Farbabb. 19) steht für diese Entwicklung; der rote Backsteinbau, heute weitgehend ruinös, knüpft in seinen Detailformen an Burgen des Mittelalters an: Vier kräftige Ecktürme halten vier Flügel un einen langen rechteckigen Hof zusammen, den ein zweistöckiger Verbindungsgang in zwei Hälften teilt; die ganze Anlage des Schlosses ist ebenso wie sein Äußeres von strenger Regelmäßigkeit.

Dieser Eklektizismus entwickelte sich auch unter dem Einfluß der allmählich vordringenden, vom Volksbewußtsein getragenen Romantik, die für die Literatur ihren Ausdruck im Werk Joseph von Eichendorffs (s. S. 78) fand.

Schließlich entstand auch im Schlesien der zweiten Hälfte des Jahrhunderts jener Formenreichtum, wie er für Deutschland und andere europäische Länder gang und gäbe war, wobei man besonders in der Architektur auf bestimmte Grundlösungen, die in den Epochen der

Adolph von Menzel, Figurenstudie für das Gemälde ›Eisenwalzwerk‹. Bleistiftzeichnung, 1875

Gotik, der Remaissance und des Barock gefunden worden waren, zurückgriff, gleichzeitig aber auch, den neuen Bauaufgaben entsprechend, zu immer neuen Gestaltungen fand. Diese neuen Bauaufgaben ergaben sich aus der Entwicklung von Technik und Industrie, aber auch aus den Erfordernissen und Ansprüchen der verschiedenen, sich herausbildenden Gesellschaftschichten und deren Repräsentanten, insbesondere aus dem rasanten Aufschwung der Städte und dem damit verbundenen Bedarf an Rathäusern, Verwaltungsgebäuden, Industreibauten, Bahnhofen, Brücken und sonstigen Verkehrsanlagen.

Der Maler und Graphiker Adolph von Menzel (s. S. 79), 1815 in Breslau geboren und einer der bedeutendsten deutschen Realisten des 19. Jh., war es, der erstmalig eine Eisenbahn malte, der Großstädte darstellte und bestimmte Gestalten als Prototypen der neuen Gesellschaftsschichten vorführte. Der Dichter Gerhart Hauptmann (s. S. 81), 1862 in Obersalzbrunn geboren, gehörte zu den Schöpfern des Naturalismus mit seinen Dramen über gesellschaftliche Konflikte und Charaktere.

Schlesien nach dem Ersten Weltkrieg

Das Polnische Nationalkomitee, während des Ersten Weltkriegs in Paris gegründet, strebte einen Staat an, der nicht nur das Gebiet Polens vor den Teilungen, sondern auch Regionen mit mehrheitlich polnischsprachiger Bevölkerung umfassen sollte. Der Versailler Vertrag vom 28. 6. 1919 bestimmte dann die Abtretung von Teilgebieten der niederschlesischen Kreise Militsch, Guhrau, Groß-Wartenberg und Namslau an Polen; Regionen, in denen 1910 mehr als die Hälfte der Einwohner Polnisch als Muttersprache angegeben hatten. Der am 10. 1. 1920 in Kraft getretene Vertrag sah auch den Anschluß des Hultschiner Ländchens an die damals neu entstandene Tschechoslowakei vor.

Auf der Pariser Friedenskonferenz einigte man sich außerdem auf eine Volksabstimmung, die unter Aufsicht der westlichen Alliierten im größten Teil Oberschlesiens (ohne die Kreise Grottkau, Neiße, Falkenberg und eines Teils des Kreises Neustadt) stattfinden sollte. Noch bevor englische, französische und italienische Truppen in das Abstimmungsgebiet einrückten, kam es im August 1919 zum ersten polnischen Aufstand.

Die Interalliierte Regierungs- und Plebiszitkommission organisierte ab dem 11. 2. 1920 von Oppeln aus die Verwaltung des Abstimmungsgebiets. Im August desselben Jahres kam es dann im oberschlesischen Industrierevier zum zweiten polnischen Aufstand. Bei der Abstimmung am 20. 3. 1921 votierten 59,6 % für Deutschland, 40,4 % für Polen, was die Alliierten bewog, eine Teilung des Abstimmungsgebietes zu beschließen. Da aber die Interalliierte Kommission sich nicht auf eine Teilungsgrenze einigen konnte, wandte sie sich an den Völkerbund. Am 3. 5. 1921 begann der dritte polnische Aufstand, der in die entscheidende Auseinandersetzung zwischen den polnischen Einheiten und dem deutschen ›Selbstschutz Oberschlesien‹ am 21. 5. 1921 am Annaberg mündete. Schließlich beschloß die Kommission der Botschafter der Entente am 20. 10. 1921 die Abtretung Ostoberschlesiens an Polen; nach der Volkszählung von 1910 waren 66 % der Bevölkerung dieses Gebiets polnischsprachig, 34 % deutschsprachig; bei der Abstimmung hatten 55,8 % für Polen votiert. Um die negativen Folgen der Teilung zu mindern und den Schutz der Minderheiten auf beiden Seiten zu sichern, wurde eine aus 606 Artikeln bestehende ›Genfer Konvention‹ zwischen Polen und Deutschland abgeschlossen, die vom 15. 5. 1922 an 15 Jahre gelten sollte.

Donnersmarckhütte in Hindenburg/Zabrze, Foto um 1900

Mit der durch Inkrafttreten dieser Konvention am 15. 6. 1922 vollzogenen Teilung Oberschlesiens fiel ein wesentlicher Teil des Industriereviers an Polen: 53 von 67 Steinkohlegruben, knapp 90 % der Kohlevorräte, 11 von 16 Zink- und Bleierzgruben, alle Eisenerzgruben, fünf von acht Eisenhüttenwerken. Oppeln wurde nun endgültig Hauptstadt der preußischen Provinz Oberschlesien, d. h. des bei Deutschland verbliebenen Teils des alten Regierungsbezirks Oppeln. Auf polnischer Seite entstand mit Ostoberschlesien und mit dem am 28. 7. 1920 an Polen gefallenen Ostteil des Teschener Schlesien die Wojwodschaft Schlesien mit dem Verwaltungssitz Kattowitz. Der bei der Tschechoslowakei verbliebene Teil von Österreich-Schlesien wurde zusammen mit dem Hultschiner Ländchen das Land Schlesien mit der Hauptstadt Troppau. Die Teilung Oberschlesiens führte zur Abwanderung vieler Deutscher aus Ostoberschlesien. Sie ließ aber auch das alte Industrierevier nach Westen wachsen; Gleiwitz, früher eher am Rand, rückte nun ins Zentrum.

In den späten 20er Jahren führte die Weltwirtschaftskrise auf beiden Seiten der Grenze zu schweren Schäden, viele Gruben und andere Industriebetriebe mußten geschlossen werden. Zu beobachten war aber auch, wie sich Polen und Deutschland im Laufe der 20er Jahre bemühten, ›ihren‹ jeweiligen Teil Oberschlesiens an die jeweilige Gesamtwirtschaft anzubinden.

Politisch dominierte bei den Reichstagswahlen im katholischen deutschen Oberschlesien das Zentrum mit 35 bis 40 % der Stimmen, während in Niederschlesien die SPD mit 24 bis 38 % dominierte. In Oberschlesien hingegen lag die SPD immer hinter der KPD. Eine wichtige Rolle spielte auch die Deutschnationale Volkspartei, die bis 1928 in Oberschlesien zwischen 14 und 22 %, in Niederschlesien zwischen 18 und 30 % gewann. Die Nationalso-

BERLINER MORGENPOST

10 PFENNIG

Wochentlich 50 Pfennig, Einzeln 10 Pf, Sonntags 15 Pf

DEUTSCHER VERLAG

41. Jahr / Freitag, 1. September 1939 / Nr. 209

Polen ließ den Führer 2 Tage warten

Deutschlands großzügiges Friedensangebot

Frecher Ueberfall auf den Sender Gleiwitz

Polnische Aufständische haben die deutsche Grenze überschritten — Blutige Kämpfe mit deutscher Polizei

Angriffe polnischer Freischärler auf reichsdeutsche Ortschaften

Titelseite der ›Berliner Morgenpost‹ vom 1. September 1939 mit der Meldung des (fingierten) polnischen Überfalls auf den Sender Gleiwitz

zialisten errangen 1930 in Breslau 24,2%, in Liegnitz 20,8% und in Oberschlesien 9,5%, 1932 43,5%, 48% und 29,3%. Während die Nationalsozialisten immer stärker bemüht waren, alle slawischen Ursprünge in Schlesien auszulöschen, setzte auf polnischer Seite ein starker Polonisierungsdruck ein.

Am 1.4.1938 wurden die preußischen Provinzen Nieder- und Oberschlesien wieder vereinigt. Zum 1.10.1938 erhielt Schlesien auch einen Teil von Posen-Westpreußen sowie zum 15.4.1939 das Hultschiner Ländchen, das man der Tschechoslowakei wieder abgenommen hatte. Nach dem Überfall deutscher Truppen auf Polen erweiterten die Nationalsozialisten die Provinz Schlesien durch Anschluß der polnischen Wojwodschaft Schlesien und von Gebieten, die seit alters zu Polen gehörten. In dem nun existierenden riesigen Industriegebiet wurden zur Förderung der Kriegswirtschaft stillgelegte Betriebe wieder in Betrieb genommen, neue aufgebaut. 1941 wurde dieses ›Schlesien‹ erneut in zwei Provinzen geteilt. Die in Oberschlesien lebenden Polen registrierte man zum Teil als ›wiedereindeutschungsfähig‹ in den Gruppen 3 und 4 der ›Deutschen Volksliste‹. Gleichzeitig wurden dort Deutsche aus Wolhynien und aus der Bukowina angesiedelt, desgleichen deutsche Beamte und Führungskräfte der Wirtschaft aus dem Reichsgebiet, Polen aber von ihrem Hab und Gut verdrängt.

Vom Ende des Zweiten Weltkriegs bis heute

Der Vormarsch sowjetischer Truppen in Schlesien nach dem 19.1.1945 zog eine Fluchtwelle der Bevölkerung nach sich, die allerdings in einzelnen Teilen des Landes unterschiedlich stark war, entweder weil die nationalsozialistischen Behörden diese anfänglich zu verhindern suchten, oder aber weil wie in Oberschlesien viele Menschen ihre Heimat nicht verlassen wollten. Die Menschen flüchteten vor allem in die Lausitz und nach Sachsen. Nach Beendigung der militärischen Auseinandersetzungen kehrten viele wieder zurück.

Schon vor der Potsdamer Konferenz hatte die Sowjetunion die deutschen Ostgebiete der provisorischen Regierung Polens übergeben. Im März 1945 erhielt das oberschlesische Gebiet rechts der Oder eine polnische Verwaltung, im April/Mai das links der Oder. Anfang April nahm auch ein polnischer ›Bevollmächtigter des Bezirks Niederschlesien‹ seine Arbeit auf. In Potsdam (Juli/August) billigten die Alliierten diese Einsetzung einer polnischen Verwaltung, behielten eine endgültige Regelung der Grenzfragen aber einem künftigen Friedensvertrag vor.

Danach setzte wieder eine Flüchtlingswelle alteingesessener Schlesier nach Westen ein, einige Zehntausend wurden auch zum Arbeitseinsatz in die Sowjetunion deportiert. Die Vertreibung der Deutschen erfolgte in drei Phasen: nach dem Juni 1945, von August bis November desselben Jahres, und schließlich von Februar bis Dezember 1946. 1950 lebten in der Wojwodschaft Breslau knapp 100000 Menschen deutscher Herkunft, die bereits 1939 dort ansässig waren; etwa 20000 von ihnen sollen als ›Autochthone‹ anerkannt worden sein, vor allen Dingen in Waldenburg, Liegnitz, Schweidnitz und Breslau. Ähnlich war die

Neubausiedlung in Schweidnitz/Świdnica

Situation in jenen westlichen Kreisen Oberschlesiens, die 1921 nicht in das Abstimmungsgebiet einbezogen worden waren: die Mehrheit der alten Bevölkerung hatte man ausgewiesen oder war geflüchtet. Im übrigen Westoberschlesien, d. h. in jenem Teil, der vor 1939 deutsch war, wurde die Mehrheit der Gebliebenen als ›Autochthone‹ anerkannt, nämlich etwa 750 000, das entsprach etwa der Hälfte der Bevölkerungszahl von 1939.

Mit der Vertreibung der Deutschen begann auch die Ansiedlung polnischer Bürger. Nach Angaben von 1950 setzte sich zu diesem Zeitpunkt die Bevölkerung der Wojwodschaft Breslau so zusammen: 40 % der Bürger waren aus den ehemaligen polnischen Ostgebieten vertrieben worden, etwa 50 % waren aus verschiedenen Gebieten vor allem Mittelpolens gekommen, dazu knapp 10 % ›Einheimische‹. Im Gebiet von Westoberschlesien lebten 1950 55 % Einheimische, 20 % Bürger aus den ehemaligen polnischen Ostgebieten und 25 % Umsiedler aus anderen polnischen Regionen.

Der Wiederaufbau Schlesiens nach den schweren Kriegszerstörungen gestaltete sich nicht zuletzt deshalb schwierig, weil Polen insgesamt unter der nationalsozialistischen Herrschaft und dem von Hitler angezettelten Krieg extrem gelitten hatte. Die neuangesiedelten Polen mußten ein Land aufbauen, in das sie widerwillig gekommen waren und das nicht ihre Heimat war. Die verbliebenen Deutschen wiederum litten unter den Repressionen der neuen Machthaber, die aus den Verbrechen der Nationalsozialisten das ideologisch verbrämte Recht ableiteten, nun ihrerseits Unterdrückung auszuüben. Die Bedingungen für ein friedliches Miteinanderauskommen in der Bevölkerung waren also schwierig.

Palmsonntag in Ottmachau/Otmuchów

Durch Industriezentren wie besonders Oberschlesien und auch Breslau sowie Lüben/Glogau hat Schlesien seit den Nachkriegsjahren innerhalb der polnischen Wirtschaft ein besonderes Gewicht. Diese Industriezentren sind es aber auch, die sich heute als große Anhäufung von Problemen erweisen: ökonomisch, ökologisch, sozial.

Politisch stieg der Stellenwert Schlesiens innerhalb Polens besonders in den 70er Jahren, nachdem Edward Gierek (s. S. 89f.) zum Ersten Sekretär der Polnischen Vereinigten Arbeiterpartei gewählt worden war und anschließend seine oberschlesische (genauer: seine ostoberschlesische) Hausmacht mit nach Warschau brachte. Aber auch 1980/81, als die Gewerkschaft ›Solidarität‹ zur Millionenbewegung anschwoll, und 1988/89, als die Überwindung des sozialistischen Systems einsetzte, gingen von Schlesien wichtige Impulse aus.

Drei deutsch-polnische Vertragswerke bezogen bzw. beziehen sich auf die Grenze an Oder und Neiße und damit auch auf Schlesien: das ›Abkommen zwischen der Regierung der Deutschen Demokratischen Republik und der Republik Polen über die Markierung der deutsch-polnischen Staatsgrenze‹ vom 6. Juli 1950 in Zgorzelec (Görlitzer Abkommen), der ›Vertrag zwischen der Bundesrepublik Deutschland und der Volksrepublik Polen über die Grundlagen der Normalisierung ihrer gegenseitigen Beziehungen‹ vom 7. 12. 1970, und schließlich der ›Vertrag zwischen der Bundesrepublik Deutschland und der Republik Polen über die Bestätigung der zwischen ihnen bestehenden Grenze‹ vom 14. 11. 1990. Mit dem jüngsten Vertrag wurde die Anerkennung der Grenze völkerrechtlich vollzogen und so die weitere politisch-ökonomische Entwicklung Schlesiens auf eine neue Grundlage gestellt.

Zeittafel

	Ältere und Mittlere Steinzeit Jäger und Sammler
3500 v. Chr.	Bäuerliche Gruppen der Bandkeramik-Kultur
2000 v. Chr.	Glockenbecher-Kultur
	Kupferzeit Schnurkeramik-Kultur
1500 v. Chr.	Hügelgräberkultur
1300 v. Chr.	Urnenfelderkultur
4. Jh. v. Chr.	Kelten ziehen nach Schlesien
200–100 v. Chr.	**Germanische Besiedlung** Lugier, Wandalen, ›Oder-Warthe-Gruppe‹
6. Jh. n. Chr.	**Besiedlung durch slawische Stämme**
966	Entstehung des polnischen Staates, Schlesien unter polnischer Herrschaft
1000	Gründung des Bistums Breslau als Teil der polnischen Kirchenprovinz
11. Jh.	Böhmisch-polnische Auseinandersetzungen um Schlesien
1137	›Glatzer Pfingstfriede‹ zwischen Polen und Böhmen
1138	Schlesien polnisches Teilfürstentum, Einbindung in polnische Senioratsverfassung
1202	Aufhebung der Senioratsverfassung, Bindung an Polen lockert sich
	Deutsche Besiedlung
1201–38	Heinrich I. von Schlesien, Förderer der Einwanderung deutscher Siedler, 1202 Stiftung des Klosters von Trebnitz

Angriff der Mongolen auf Liegnitz im April 1241. Buchmalerei, Hedwigslegende

1241	Mongolenschlacht bei Liegnitz/Wahlstatt
nach 1270	Schlesien wieder im Spannungsfeld zwischen Polen und Böhmen
1327	Die schlesischen Herzogtümer unterstellen sich der böhmischen Krone
1335	König Kasimir III. von Polen verzichtet im Vertrag von Trentschin auf die unter böhmische Lehnshoheit gestellten Gebiete Schlesiens (Bistum Breslau bleibt bis 1821 Teil der polnischen Kirchenprovinz Gnesen)
1387	Breslau Mitglied der Hanse
ab 1421	Schlesien unter dem Einfluß der Hussitenkriege und später des Streits um die böhmische Krone
1526	Erzherzog Ferdinand von Österreich wird König von Böhmen, Übergang Schlesiens an das Haus Habsburg
1526	Erste evangelisch begründete Universität Europas in Liegnitz, Reformation gewinnt Einfluß
1576	Kaiser Rudolf I. ergreift Maßnahmen gegen die Reformation
	Westfälischer Frieden
1648	Religionsfreiheit für die evangelischen Fürstentümer Liegnitz, Brieg, Wohlau, Oels, Gewährung dreier sog. ›Friedenskirchen‹ in Glogau, Jauer und Schweidnitz. Aber weiter systematische Unterdrückung der evangelischen Konfession.
1702	Leopoldina als Jesuitenhochschule in Breslau

Altranstädter Konvention

1. 9. 1707 Wiederherstellung der Religionsfreiheit, Gewährung von sechs ›Gnadenkirchen‹ in Freystadt, Sagan, Militsch, Hirschberg, Landeshut und Teschen an die evangelischen Gläubigen

1740–42 **1. Schlesischer Krieg**

9. 10. 1741 Geheimabkommen zwischen Preußen und Österreich, Schlesien bis zur Glatzer Neiße und rechts der Oder nördlich der Brinitze an Preußen

Schlesien wird preußisch fast ganz Schlesien an Preußen mit Ausnahme von Teschen und Troppau-Jägerndorf

11. 6. 1742 Breslauer Präliminarfrieden

28. 7. 1742 Berliner Friedensvertrag

1744 **2. Schlesischer Krieg**

25. 12. 1745 Frieden von Dresden

1756 **3. ›Siebenjähriger‹ Schlesischer Krieg**

15. 2. 1763 Frieden von Hubertusburg, Teilungsgrenze bestätigt, fast ganz Schlesien preußisch

1795 3. Teilung Polens, polnisches Gebiet bis zur Pilica an Schlesien und damit zu Preußen

Friedrich II. in der Schlacht bei Roßbach während des Siebenjährigen Krieges

1807	Wiederabtreten dieses Gebiets, Teil der Oberlausitz östlich der Spree zu Schlesien
1807–12	**Stein-Hardenbergsche Reformen**
1810	Säkularisation
1825	Oberlausitz westlich der Spree ebenfalls zu Schlesien Gebietsaustausch mit Provinz Brandenburg
6./7. 5. 1849	Breslauer Maiaufstand
28. 6. 1919	Versailler Vertrag (10. 1. 1920 in Kraft), Guhrau, Militsch, Groß Wartenberg und Namslau an Polen, Hultschiner Ländchen an die Tschechoslowakei
August 1919	Erster polnischer Aufstand
August 1920	Zweiter polnischer Aufstand
20. 3. 1921	Volksabstimmung
3. 5. 1921	Dritter polnischer Aufstand
20. 10. 1921	Beschluß der Konferenz der Pariser Botschafter der Entente zur Abtretung Ostoberschlesiens (die Kreise Kattowitz, Königshütte, Pleß, Teile der Kreise Beuthen, Groß Strehlitz, Hindenburg, Lublinitz, Ratibor, Rybnik, Tarnowitz und Tost) an Polen
15. 6. 1922	Inkrafttreten der Genfer Konvention, d. h. Vollzug der Teilung Oberschlesiens
1. 4. 1938	Vereinigung der beiden Provinzen Nieder- und Oberschlesien zu Schlesien
15. 4. 1939	Hultschiner Ländchen wieder zu Schlesien
31. 8. 1939	Überfall auf den Sender Gleiwitz
	Zweiter Weltkrieg
1. 9. 1939	Deutscher Überfall auf Polen, Beginn des Zweiten Weltkriegs
September 1939	Bildung eines deutschen Regierungsbezirks Kattowitz unter Einschluß der vormals polnischen Wojwodschaft Oberschlesien sowie Teilen der Wojwodschaften Krakau und Kielce
1. 4. 1941	Erneut Provinz Oberschlesien
	Ende des Zweiten Weltkriegs
Juli/August 1945	Potsdamer Abkommen, ›Westverschiebung‹ des polnischen Staates
Juni 1945–Ende 1947	Aussiedlung und Vertreibung der Deutschen
Mai 1946	Wojwodschaft Breslau, Rückgabe des Hultschiner Ländchens und des Olsa-Gebietes an die Tschechoslowakei

Flucht nach Westen, 1945

	Verwaltungsneugliederung
Mitte 1950	Wojwodschaften Grünberg, Breslau, Oppeln, Schlesien-Dambrowa
Dez. 1970	Edward Gierek Erster Sekretär des ZK der PVAP
1975	Verwaltungsneugliederung: Wojwodschaften Liegnitz, Hirschberg, Waldenburg, Kattowitz, Grünberg, Lissa, Kalisz, Tschenstochau, Bielitz
1989/90	Erste offizielle Registrierung von deutschen Vereinigungen in Oberschlesien
Anfang 1990	Der Deutsche Heinrich Kroll (s. S. 94) kandidiert für den polnischen Senat
Juni 1990	Kommunalwahlen in Polen, Vertreter der deutschen Minderheit in Kommunalräten
14. 11. 1990	Vertrag zwischen der Bundesrepublik Deutschland und der Republik Polen über die Bestätigung der zwischen ihnen bestehenden Grenze
17. 6. 1991	Vertrag zwischen der Bundesrepublik Deutschland und der Republik Polen über gute Nachbarschaft und freundschaftliche Zusammenarbeit
27. 10. 1991	Parlamentswahlen in Polen, Bildung einer Fraktion der deutschen Minderheit in Sejm und Senat

Oberschlesien als typische Grenzregion – Die deutsche Minderheit

Mit der politischen Umwälzung zum Ende des vergangenen Jahrzehnts gingen glücklicherweise auch jene Zeiten zu Ende, in denen polnische Regierungen behaupteten, es gebe keine Deutschen in Oberschlesien, während die bundesdeutschen Vertriebenenverbände in unverantwortlicher Weise mit Phantasiezahlen über die deutsche Minderheit in Polen und speziell in Oberschlesien operierten. Die krasse Diskrepanz zwischen den Zahlen auf deutscher und auf polnischer Seite ging nicht zuletzt auf die Tatsache zurück, daß die Menschen, um die gestritten wurde, sich der schematischen Einteilung in zwei Kategorien entzogen und entziehen. Verschwiegen wurde in diesem Streit auch die alte Erfahrung, daß das Bekenntnis eines Menschen zu einem bestimmten Staat und einer bestimmten Nation durchaus wechseln kann. Es ging und geht vor allem um die Oberschlesier.

In Ostpreußen, Hinterpommern und Niederschlesien, mit Ausnahme des Gebiets um Waldenburg/Wałbrzych, hat nach 1945 ein nahezu vollständiger Bevölkerungsaustausch stattgefunden. In weiten Teilen Oberschlesiens dagegen wurde die Bevölkerung, soweit sie über mehrere Generationen ansässig gewesen war, von den Aussiedlungsmaßnahmen mehr oder weniger ausgenommen.

Mit dem Herzen waren die Oberschlesier nie ganz bei Deutschland gewesen, noch weniger bei Polen. Man verstand Deutsch und Polnisch, sprach jedoch einen Dialekt, der von beidem etwas hatte. Der Lokalpatriotismus der Oberschlesier stand dem der Bayern z.B. nicht nach und gründete sich auf ihr an Bodenschätzen reiches Land und auf die Tradition harter Arbeit vor allem unter Tage.

Diese Einheit hatten schon die Siegermächte des Ersten Weltkriegs nicht erkannt, die einen Teil der Oberschlesier zwangen, sich für Polen oder Deutschland zu entscheiden. Die Folge war ein blutiger Bürgerkrieg, der von beiden Ländern durch Zuführung von Hilfstruppen noch angefacht wurde und eine als künstlich empfundene Teilung Oberschlesiens nach sich zog.

Seit dem Ende des Zweiten Weltkriegs ist diese Teilung aufgehoben, doch für die Besonderheit dieser Region war bis 1989 wenig Platz. Frühere polnische Regierungen haben alles darangesetzt, die in Jalta und Potsdam abgesteckten Grenzen mit einer ethnisch geschlossenen Bevölkerung aufzufüllen. Da man sich der als ›unsichere Kantonisten‹ angesehenen

Symbol schlesischer Geschichte und vielbesuchter Wallfahrtsort: St. Anna-Berg/Góra Świętej Anny in Oberschlesien

Oberschlesier schon nicht ganz entledigen mochte, ging man hier mit besonderer Unnachsichtigkeit vor. Man übte sich in Verschweigen und Desinteresse oder mobilisierte Polizei und Justiz.

Das tiefsitzende Mißtrauen gegenüber den Oberschlesiern richtete sich selbst gegen diejenigen, die immer für den Anschluß an Polen votiert hatten. In Partei und Verwaltung konnten – besonders zu Edward Giereks Zeiten – nur Leute aus Oberschlesien etwas werden, aus dem Teil also, der schon nach dem Ersten Weltkrieg zu Polen gekommen war. Zu den nationalen Spannungen von einst kamen wachsende ökonomische, soziale und ökologische Probleme.

Die 1989 gebildete Regierung unter Tadeusz Mazowiecki war die erste seit dem Zweiten Weltkrieg, die versuchte, die Probleme der nationalen Minderheiten Polens zum Gegenstand demokratischer und rationaler Politik zu machen. Dabei ging und geht es ja nicht nur um die Deutschen, sondern auch um die Litauer und Weißrussen, die Ukrainer, Tschechen und Slowaken, die Juden, Griechen und Mazedoner, insgesamt über 1,2 Mill. Menschen. Der neue Bewegungsspielraum, dessen die Deutschen in Oberschlesien sich fortan erfreuten, war nicht das Ergebnis politisch-taktischer und ökonomisch-finanzieller Überlegungen im Rahmen der deutsch-polnischen Beziehungen, sondern konkreter Ausdruck historischen Bewußtseins und demokratischen Denkens in der nationalen Frage. Gerade Tadeusz

Mazowiecki gehört ja zu den wichtigsten Repräsentanten jener liberalen katholischen Intelligenz, die schon Jahre zuvor die Probleme der nationalen Minderheiten zu einem Gegenstand ihrer praktischen Solidarität gemacht hatten.

Realistische Schätzungen (1990/91) sagten aus, daß in der Wojwodschaft Oppeln etwa 300 000 deutsche Oberschlesier wohnen und ebenso viele in der östlich angrenzenden Wojwodschaft Kattowitz. Sie genießen heute das Recht, sich in sogen. gesellschaftlich-kulturellen Vereinigungen zu organisieren; ein Recht, um das sie lange kämpfen mußten. Allein in der Wojwodschaft Oppeln schwoll die Zahl solcher Vereinigungen auf weit über 200 an.

Heinrich Kroll (s. S. 94) aus Gogolin hatte Anfang 1990 den Mut, sich als Vertreter der deutschen Minderheit um einen Platz im polnischen Senat zu bewerben. Kroll unterlag zwar knapp in der Stichwahl, aber sein öffentlicher Wahlkampf und das Ergebnis von 125 000 für ihn abgegebener Stimmen vermittelten den deutschen Oberschlesiern ein neues Selbstbewußtsein. Schon bei den Kommunalwahlen im Mai 1990 wußten sie dies zu nutzen: in 35 von insgesamt 63 Großgemeinden der Wojwodschaft Oppeln saßen von nun an Vertreter der deutschen Minderheit im Rat, in 18 dieser Selbstverwaltungskörperschaften errangen sie sogar die absolute Mehrheit.

Für die polnisch orientierten Oberschlesier und auch für diejenigen Polen, deren Familien nach 1945 aus den ehemaligen polnischen Ostgebieten vertrieben und in Nieder- sowie Oberschlesien angesiedelt wurden, war das neue Selbstbewußtsein der deutschen Minderheit ein Umstand, an den sie sich erst einmal gewöhnen mußten. Plötzlich sollte es sie wieder

Hausfassaden in Beuthen/Bytom, Oberschlesien

geben, jene Deutschen, deren Existenz man in der offiziellen Propaganda vierzig Jahre lang geleugnet hatte. Neue Ängste wurden wach, als Funktionäre der Vertriebenenverbände durchs Oppelner Land reisten und ihre ›Europäisierungs‹-Konzepte anpriesen. Gerade die polnische Mehrheit in Oberschlesien brauchte Zeit und Hilfe, sich an die neue Demokratie zu gewöhnen, ja sie erlernen zu können. Der reale Sozialismus hatte diesen Lernprozeß systematisch verhindert.

Ebenso problematisch ist das Bewußtsein vieler älterer Deutscher in Oberschlesien. Da gibt es noch so manchen, für den die Verbrechen der Nationalsozialisten in erster Linie Erfindung der polnischen Propaganda sind; die leidvollen eigenen Erfahrungen: die Vertreibung, die Zwangspolonisierung in stalinistischen Zeiten, überhaupt die lange Jahre währende Unterdrückung kultureller Eigenständigkeit – all das hat sich weitaus stärker eingeprägt als die Untaten der deutschen Besatzungsmacht von 1939–1945. Hinzu kam lange das Gefühl der Verlassenheit. Man wähnte sich von Deutschland abgeschnitten, verleugnet, ignoriert. Der Polen-Besuch des Bundespräsidenten, die Erklärung des Bundeskanzlers zur Oder-Neiße-Grenze und schließlich der deutsch-polnische Grenzvertrag haben dieses Gefühl noch verstärkt; ein Gefühl, das oft stärker ist als die Einsicht in die Notwendigkeit endgültig anerkannter Grenzen in einem friedlichen Europa.

Auch für die Deutschen in Oberschlesien gilt also, daß der reale Sozialismus Lernen unmöglich machte. Ihnen kann man nicht zum Vorwurf machen, daß sie jener offenen Gesellschaft entbehren mußten, deren Vorzüge die Deutschen im Westen angesichts der Auseinandersetzung mit 40 Jahren DDR neu schätzen lernten. Und fast alle Politiker in der Bundesrepublik, die sich in den 70er und 80er Jahren für die Deutschen in Oberschlesien interessierten, haben diese Minderheit ohnehin nur als Manövriermasse im politischen Kampf benutzt. Hinzu kam die gerade bei Sozialdemokraten und Grünen besonders ausgeprägte Haltung, gesellschaftliche Zustände im realen Sozialismus nicht gründlich und umfassend genug wahrzunehmen.

Polen wie Deutsche stehen vor der Aufgabe, Schlesien als typische europäische Grenzregion in seiner historischen und gesellschaftlichen Gesamtheit unvoreingenommen zur Kenntnis zu nehmen, ohne daß der eine dem anderen die jeweils beweisbaren Kulturleistungen streitig macht. Ein Spaziergang durch die schlesische Kunstgeschichte muß jeden aufrichtigen Betrachter dazu bringen, ein für allemal von einer Idealisierung des Kampfes um das Deutschtum oder das Polentum abzurücken. Die Anerkennung dieser Vielfalt wiederum muß unter Beachtung der polnischen Staatsräson erfolgen. Der deutsch-polnische Grenzvertrag und der am 17. Juni 1991 in Bonn unterzeichnete ›Vertrag über gute Nachbarschaft und freundschaftliche Zusammenarbeit‹ geben dafür die lange entbehrte völkerrechtliche und politische Grundlage. Je konkreter die Kommunalpolitik in den neuen Stadt- und Kreisräten 1990/91 Gestalt annahm, desto deutlicher zeigte sich, daß Deutsche und Polen in Oberschlesien durchaus in der Lage sind, gemeinsam praktische Probleme zu lösen.

Den Wissenschaftlern bleibt es vorbehalten, endlich eine fundierte Geschichte der Deutschen in Polen nach dem Zweiten Weltkrieg zu schreiben. Erst auf dieser Basis wird es möglich sein, nach und nach die aufgestauten Vorurteile abzutragen.

Ökologische Probleme

Kunst- und Kulturinteressierte, die Schlesien besuchen und dortige Baudenkmäler in Augenschein nehmen, werden im Handumdrehen auch mit den ökologischen Problemen dieser Region konfrontiert. Die Umweltverschmutzung hat ein Ausmaß angenommen, das die Gesundheit der Menschen stark gefährdet und auch sehr zu Lasten wertvoller Baudenkmäler geht.

Schon vor dem Ersten und Zweiten Weltkrieg war speziell Oberschlesien eines jener verschmutzten Industriezentren, das seinen Bewohnern kaum Lebensqualität bot; ähnlich wie das Ruhrgebiet, wie die Region um Manchester und Liverpool oder das belgisch-französische Grenzgebiet. Anschließend haben dann 40 Jahre realer Sozialismus ganz spezifische Schäden hinterlassen. Galt das oberschlesische Industrierevier noch zu Zeiten Edward Giereks in der polnischen Propaganda als wirtschaftliche Lokomotive des Landes, so zeigt sich jetzt nach der Niederlage des sozialistischen Entwicklungsmodells, daß hinter der Fassade nur noch Ruin zu finden ist.

In der Zeit, als man in den Ländern Westeuropas zumindest partielle Veränderungen in den traditionellen Industrierevieren vornahm, um deren Strukturen neuen wirtschaftlichen Anforderungen und gesellschaftlichen Bedürfnissen anzupassen, wurde besonders in Oberschlesien, teilweise auch in Niederschlesien (Lubin, Waldenburg) die Produktionsbasis (Kohleförderung, Erzbergbau, Hüttenwesen, Metallindustrie) in ihrem Ausgangsstadium verfestigt. So ist dieses Revier ein sich selbst zerstörender Moloch mit einem verschlissenen Produktionsapparat, einer übermäßigen Verstädterung und chaotisch entwickelter Infrastruktur. Besonders Oberschlesien droht der ökologische Kollaps.

Schon 1985 hatte das polnische Parlament vier Regionen als ›ökologische Katastrophengebiete‹ definiert: neben Oberschlesien und dem niederschlesischen Kupferbecken das Krakauer Land und die Danziger Bucht. Diese Regionen sind inzwischen so verseucht, daß sie nach den geltenden Schadstoffnormen eigentlich nicht bewohnbar sind.

In der Wochenzeitung ›Przeglad Tygodniowy‹ hieß es einmal: »Vom Flugzeug aus gesehen, wirkt Oberschlesien wie ein riesiges, schwarzes Loch, schwarz sind Erde und Himmel. Piloten verirren sich in dieser Gegend, weil sie den Horizont nicht sehen können. Alles verschwindet in Staub und Rauch aus 4000 Industriebetrieben, von denen 1000 zu den größten Umweltverschmutzern Polens gehören. Die Staubkonzentration in der Luft ist so hoch, daß – im Vergleich zur Gesamtsituation Polens – nur 80% der Sonnenenergie und 76% der ultravioletten Strahlen das Gebiet Oberschlesiens erreichen.« Die zulässigen Schadstoffbelastungen der Luft und des Bodens werden oft um das Fünfzigfache und mehr überschritten. Bei Inversionswetterlagen regnet es verdünnte Schwefelsäure. Einer amerikanischen Umweltzeitschrift zufolge, die ohne Widerspruch auch in der polnischen Presse zitiert wurde, führt Hindenburg/Zabrze die Liste der Städte mit der höchsten Schadstoffkonzentration der Luft weltweit an, dicht gefolgt von Kattowitz/Katowice auf Platz drei.

Im Umkreis der Kattowitzer Bleihütte ›Szopienice‹ ist der Boden so vergiftet, daß man aus einem Kilogramm Erde fünf bis sechs Gramm Blei zurückgewinnen könnte. Als diese Zahl bekannt wurde, hat man alle Kinderspielplätze aus dieser Gegend verbannt. Ein Fünftel der Ackerfläche der Wojwodschaft Kattowitz und drei Viertel der bei den Bergleuten besonders beliebten Schrebergärten sind derart verseucht, daß dort jede landwirtschaftliche Nutzung verboten sein müßte, was sie aber nicht ist.

Nach Einschätzung von Experten haben sich auf den Halden Oberschlesiens mittlerweile 1,3–1,4 Milliarden Tonnen Industrieabfälle angesammelt, das sind 60 % des gesamten Industriemülls in Polen. Jedes Jahr verliert Oberschlesien etwa 400 ha Ackerland, weil 100 Mill. Tonnen Abfall neu hinzukommen.

Zwei Drittel der Oberflächengewässer Oberschlesiens sind aufgrund ihrer Verschmutzung nicht einmal mehr für industrielle Nutzung geeignet. Die Region leidet an chronischer Trinkwasserknappheit. Wohin die Tonnenideologie des realen Sozialismus geführt hat, läßt sich auch am Beispiel Beuthen/Bytom studieren. Dort sind in den vergangenen zehn Jahren weit über zweitausend Gebäude durch Bergschäden in Mitleidenschaft gezogen worden, darunter 15 Schulen, fünf Krankenhäuser, die Oper und die eigentlich unter Denkmalschutz stehende Post.

Nach wie vor wird nur ein Fünftel der Stollen fachgerecht nach der Ausbeutung abgesichert. Die anderen vier Fünftel überläßt man den Eigenkräften der Tektonik.

Hausfassaden in Grünberg/Zielona Góra

Daß die Lebenserwartung in Oberschlesien drei Jahre unter dem polnischen Landesdurchschnitt liegt, braucht somit nicht zu verwundern. Wer einmal zwischen Gleiwitz/Gliwice im Westen und Kattowitz/Katowice im Osten unterwegs war, kann ohne wissenschaftliche Unterlagen bezeugen, daß man hier krank werden *muß*. So sind Erkrankungen der Atemwege bei Kindern in Oberschlesien viermal häufiger als im übrigen Polen. 45 % der Schwangerschaften verlaufen nicht ohne Komplikationen, die Zahl der Frühgeburten steigt, und die Säuglingssterblichkeit ist mit 30 von 1000 fast doppelt so hoch wie im Landesdurchschnitt.

Vergleichbare Verhältnisse, was die Verschmutzung von Luft, Boden und Wasser sowie die gesundheitlichen Schäden angeht, sind in Niederschlesien besonders für die Städte Waldenburg/Wałbrzych und Lubin charakteristisch.

Die oberschlesische Wojwodschaft Kattowitz/Katowice ist auch in anderer Hinsicht stark benachteiligt. So lebt ein Viertel der vier Mill. Einwohner in Wohnungen ohne eigenes Bad oder zumindest Toilette; die Hälfte muß ohne Zentralheizung auskommen, und immerhin 200 000 Menschen verfügen in ihren Wohnungen nicht einmal über fließendes Wasser.

Der politische Umschwung in Polen seit 1989 hat in Sachen Umweltschutz für das ganze Land und für Schlesien speziell noch wenig Fortschritte erbracht. Die Aufgabe, die Wirtschaft zu reformieren, diese Reform wiederum ohne soziale Einbrüche zu gewährleisten und dann auch noch dem Umweltschutz neue Impulse zu geben, ist auf kurze Sicht nicht lösbar. Die tiefe Rezession, in die Polen 1991 geriet, ist dafür Beweis genug.

Auf jeden Fall haben Behörden, wissenschaftliche Einrichtungen und Umweltschutzgruppen seither Schadstoffmessungen, Forschungen und wissenschaftliche Analysen noch einmal intensiviert. Das wiederum hat dazu geführt, daß das Problem Umweltschutz in den Medien eingehender behandelt wird. Regierung und Behörden haben die Grenzwerte für Schadstoffbelastungen verschärft, Strafen für potentielle Umweltsünder erhöht und die Umweltinspektionen personell verstärkt. Allein: Geldstrafen bewirken nichts, wenn Betriebe pleite sind; und seit 1989 häufen sich die Pleiten.

◁ *Schwerindustrie in Waldenburg/Wałbrzych*

Seit der Katastrophe von Tschernobyl ist auch das Umweltbewußtsein der polnischen Bevölkerung etwas ausgeprägter geworden, wenngleich es noch nicht mit dem etwa in Deutschland vergleichbar ist. Weiterhin ist in Polen der Ölwechsel auf der Wiese gang und gäbe.

Die Regierung und der damalige Premier Jan Krzysztof Bielecki, wohl wissend, daß Umweltschutz Geld kostet, traten im Juli 1991 an Polens westliche Gläubigerländer mit dem Vorschlag heran, die Schulden um 10 % zu verringern und mit diesem Geld Umweltschutzmaßnahmen in Polen zu finanzieren. Ebenfalls in diesem Jahr wurden mit Schweden, Dänemark, Finnland, den Niederlanden und auch Deutschland Kooperationsverträge abgeschlossen, die Polen den Zugang zu moderner Umwelttechnologie eröffnen sollen. Nicht unwichtig waren ebenso erste Schritte zur umweltpolitischen Zusammenarbeit zwischen Polen und der Tschechoslowakei, denn Polens südlicher Nachbar ist ebenfalls nicht ganz unschuldig an der horrenden Verschmutzung der Oder.

In Schlesien, speziell in der Wojwodschaft Kattowitz, sind sich Politiker, Verwaltungsbeamte und Wirtschaftsmanager inzwischen weitgehend darüber einig, daß eine wesentliche Voraussetzung für mehr Umweltschutz eine strukturelle Umgestaltung der Wirtschaft ist. Weg von den Kohle-, Stahl und Eisengiganten, hin zu High-Tech, Lebensmittelindustrie, Handel und Dienstleistung.

Baumsterben im Riesengebirge/Karkonosze

Waldbrand in Oberschlesien

Ende August 1992 erfaßte ein verheerender Brand das große Waldgebiet im Westen der Wojwodschaft Kattowitz/Katowice nahe der Stadt Kuźnia Raciborska/Ratiborhammer. Zeitweise waren über 8000 Feuerwehrleute, Soldaten, Polizeibeamte und Zivilschutzaktivisten an der Brandbekämpfung beteiligt. Ihnen gelang es lediglich, nach knapp einer Woche den Brand einzugrenzen, nicht aber zu verhindern, daß 10000 Hektar Wald zu 95 Prozent verbrannten. Das gesamte Waldgebiet umfaßte vorher etwa 15000 Hektar. Fachleute beziffern den Schaden auf etwa 500 Milliarden Złoty (etwa 54 Millionen Mark – für polnische Verhältnisse eine enorme Summe), die abschätzbaren Kosten für die Wiederaufforstung auf etwa 70 Milliarden Złoty.

Ein Wissenschaftler des Staatlichen Polnischen Forschungsinstituts für Forstwirtschaft sagte in einem Interview für die Zeitung ›Życie Warszawy‹ (1. 9. 92): »Es handelt sich um eine ökonomische, ökologische und soziale Katastrophe. Dieser Wald war die Lunge Oberschlesiens, der Schutz vor Industrieschmutz und ein Erholungsgebiet für Menschen, die ständig Staub und Schmutz einatmen. Möglicherweise kommt es zu einer Erschütterung des Naturgleichgewichts, etwa einer Niveauänderung des Wasserspiegels. Auch wenn wir gleich mit der Wiederaufforstung beginnen, wird dort erst in 80 Jahren wieder ein ›erwachsener‹ Wald stehen.«

Marktplatz in Hirschberg/Jelenia Góra ▷

Der heutige Zustand der Kunst- und Kulturdenkmäler

Breslau/Wrocław, Blick von der Elisabethkirche auf den Marktplatz mit Rathaus

Wer sich heute der schlesischen Kunst- und Kulturgeschichte zuwendet und durchs Land reist, findet ein widersprüchliches Bild. Da gibt es wissenschaftlich korrekt restaurierte, verantwortungsbewußt und liebevoll betreute Kunstdenkmäler (einzelne Bauten wie ganze Stadt- und Dorfkerne), da sind weiterhin Denkmäler, die man voluntaristisch renoviert oder umgebaut hat und die jetzt so vor sich hin existieren, und da befinden sich viele kunsthistorisch wichtige Bauten nur noch in ruinösem Zustand.

Dieses widersprüchliche Bild macht es nötig, auf die allgemeinen Voraussetzungen und Entwicklungsbedingungen seit dem Zweiten Weltkrieg einzugehen. Dazu zählen an erster

Stelle die großen Zerstörungen im Krieg und auch die in den Nachkriegsjahren vor allem von Angehörigen der sowjetischen Armee angerichteten Verwüstungen. Elementare Auswirkungen hatte natürlich auch die Vertreibung vieler Deutscher und die Ansiedlung polnischer Familien aus den ehemaligen polnischen Ostgebieten und aus Zentralpolen. Diese Familien hatten ihre Heimat und ihren kulturellen Zusammenhang verloren und mußten sich nun in einer vormals deutschen Umgebung eine neue Existenz aufbauen. Woher also sollte die Identifikation mit dem vorgefundenen deutschen Kulturerbe kommen, das noch dazu an jenes Volk erinnerte, dessen Militär (zusammen mit dem Aggressor aus dem Osten) Polen 1939 überfallen hatte? Dieses Sicheinrichten der neuen polnischen Bewohner Schlesiens erfolgte außerdem unter schwierigen politischen und ökonomischen Bedingungen. Hinzu kam die ideologisch verbrämte kommunistische Propaganda gegen das ›Bourgeoise‹ verbliebener deutscher Kunstdenkmäler seitens der neuen Machthaber.

Die seit Installierung des neuen Systems periodisch auftretenden Krisen der sozialistischen Wirtschaft haben die für die Restaurierung und Erhaltung von Kunstdenkmälern zur Verfügung stehenden Finanzmittel immer auf einem Minimalniveau gehalten. Schlesien liegt außerdem im Drei-Länder-Eck Polen-Tschechoslowakei-Deutschland, das seit langem in einer tiefen ökologischen Krise steckt. Schließlich hat die – erst jetzt – überwundene Unterdrückung der deutschen Minderheit zum Verlust an Kunst- und Kulturdenkmälern beigetragen. Jetzt wiederum sind es die Schwierigkeiten der wirtschaftlichen Umgestaltung, die das Budget der kulturellen Einrichtungen schrumpfen lassen. Es wäre also völlig verfehlt, und das zeigt auch das Beispiel der ehemaligen DDR, in bezug auf Modernität und Zivilisation, wovon ja auch Restauration und Erhalt von Kunstdenkmälern abhängen, englisches, französisches oder deutsches Niveau zu erwarten.

Einige Innenstädte wurden durch die militärischen Auseinandersetzungen im Zweiten Weltkrieg besonders stark beeinträchtigt, so vor allem Oels, Ratibor, Brieg, Breslau, Glogau, Neiße, Striegau und Lauban. Erhebliche Schäden kamen hinzu, nachdem sowjetische Truppen in die Städte eingerückt waren, insbesondere durch Brandstiftung als Antwort auf die Zerstörungen, die deutsche Truppen in der Sowjetunion hinterlassen hatten. Schließlich gingen die polnischen Behörden nicht gerade zimperlich mit den hinterlassenen Baudenkmälern und Kunstwerken um: vom Abtragen bestimmter Bauwerke, um Baumaterialien für den Wiederaufbau in Warschau zu gewinnen, bis zur persönlichen Bereicherung. Außerdem wurden zahlreiche schlesische Kunstwerke nach Polen, insbesondere nach Warschau gebracht, vor allem solche, die sich an Auslagerungsorten wie Kamenz und Heinrichau befanden. Bei dieser sogenannten ›Revindikation‹ spielten drei Gesichtspunkte eine Rolle: Diese Aktion begann als Suche nach Kunstwerken, die vorher von den Nationalsozialisten aus Polen verschleppt worden waren; sie entsprang auch dem Bemühen polnischer Kunsthistoriker, angesichts der Wirren der Nachkriegszeit wertvolle Kunstschätze zu retten und zu konservieren; aber sie war natürlich auch ein Element der Vergeltung für deutsche Verbrechen sowie der stalinistischen Zentralisierung. Die anhaltenden Auseinandersetzungen um die im Warschauer Nationalmuseum befindlichen Kunstwerke der Danziger Marienkirche zeigen, daß über diese Nachkriegsaktion noch nicht das letzte Wort gesprochen ist. Ähnliches könnte für die schlesischen Bestände im Nationalmuseum (s. S. 71) bevorstehen.

Restaurierte Bürgerhäuser in Oppeln/Opole

Schon Ende der 40er Jahre gingen polnische Kunsthistoriker und Restauratoren daran, auf der Basis entsprechender Verordnungen, die erhaltenen Bau- und Kunstdenkmäler zu erfassen und zu charakterisieren. Die entscheidende gesetzliche Grundlage kam dann allerdings erst mit dem Gesetz zum Schutz von Kulturgütern und Museen vom 15. 2. 1962, das die Beschädigung oder Zerstörung eines Kunstdenkmals unter Strafe stellte. Bekannt ist jedoch, daß zahlreiche Untersuchungen, die bei den Staatsanwaltschaften aufgrund von Anträgen seitens der Denkmalpflege eingeleitet wurden, mit Freisprüchen wegen ›Geringfügigkeit‹ endeten.

Insgesamt kam der Wiederaufbau nur sehr langsam in Gang und vollzog sich auch sehr widersprüchlich: einerseits wurden in bestimmten Bereichen ungeheure Anstrengungen unternommen, andererseits überließ man zahlreiche Bauwerke ihrem Schicksal. Ausgehend vom polnischen Geschichtsbewußtsein erfolgte vorrangig der Wiederaufbau der Herrschersitze spätmittelalterlicher Fürsten wie etwa der Piastenschlösser in Brieg, Liegnitz, Wohlau und Oppeln (nur der Turm). Bei den Städten standen in erster Linie die Verwaltungszentren im Vordergrund: Breslau, Oppeln, Grünberg; später nach der Verwaltungsreform von 1975 auch Waldenburg, Liegnitz und Hirschberg. Vorrang genossen außerdem Orte, die in Zusammenhang mit slawischen Traditionen stehen, wie etwa Ottmachau und Bolkenhain, desgleichen Sakralbauwerke aus der romanischen Zeit. Nicht selten wurden bei entsprechenden Restaurierungsarbeiten Elemente vorangegangener romanischer Bauwerke freigelegt.

Gleichzeitig führte der Wiederaufbau der Marktplätze aber auch dazu, daß die typisch deutschen Formen des Städtebaus aus dem 13. und 14. Jh. erhalten blieben, mit dem schachbrettartigen Grundriß der Straßen, dem Rathaus als Zentrum und der nicht weit entfernten Stadtpfarrkirche. Viele polnische Stadtplaner verdienen dafür Anerkennung, auch weil sie in diesem Zusammenhang bemüht waren, neue Wohnsiedlungen um die Stadtkerne herum zu gruppieren.

Achtung erfordert auch der an vielen Stellen in die Tat umgesetzte Anspruch, historische Bauformen wirklichkeitsgetreu wiederherzustellen. Das gilt gerade für Bürgerhäuser, deren Fassaden nach alten Vorlagen wiederhergestellt wurden; natürlich hat es auch willkürliche – ideologisch begründete – Verfälschungen gegeben. Das gilt auch für die mittelalterlichen Stadtbefestigungen, wie die Beispiele Löwenberg, Patschkau, Freystadt und Pitschen zeigen. Das gilt schließlich für viele Marien- und Pestsäulen sowie Brunnen, zumeist Denkmäler aus der Barockzeit, außerdem für Jugendstilfassaden, z. B. in Kattowitz.

Generell gesehen ist der Verlust an Bürgerhäusern der Gotik, der Renaissance und des Barock natürlich sehr hoch. Auch ist die Erhaltung des Gesamtbildes der deutsch begründeten Städte nur in Ausnahmefällen gelungen (Patschkau, Grünberg). Zum Vergleich sei aber darauf hingewiesen, daß auch in der Bundesrepublik die Zerstörung alter Bausubstanz nach dem Zweiten Weltkrieg noch größer war als der Verlust im Krieg selbst.

Laufende, kontinuierliche Denkmalpflege ist in erster Linie bei den katholischen Kirchen zu beobachten, wobei sich auch hier Schwierigkeiten abzeichnen. Da es nach wie vor keine Kirchensteuer in Polen gibt, ist die katholische Kirche im wesentlichen auf die Spenden ihrer

Gläubigen und auf die Einkünfte aus eigener wirtschaftlicher Tätigkeit angewiesen. Die schwierige soziale Lage vieler Menschen in der Periode der wirtschaftlichen Umgestaltung und auch – in den großen Städten erkennbar – ein Abwendungsprozeß von der Kirche läßt deren Finanzmittel schrumpfen.

Viele ehemalige evangelische Kirchen sind dem Verfall preisgegeben, und bei den wenigen, die von der Evangelisch-Augsburgischen Kirche weiter benutzt werden, ist der Erhalt nicht einfach. Hilfen wie z. B. für die Restaurierung der Friedenskirche in Jauer (s. S. 146) seitens der Bundesrepublik sind deshalb von besonderer Bedeutung.

Neben den katholischen Kirchen sind es vor allem viele Rathäuser, die laufende Betreuung erkennen lassen, wobei dies im wesentlichen von der Wirtschaftskraft der jeweiligen Gemeinde und dem Engagement ihrer Bürger abhängt. Schwierigkeiten haben die Gemeinden allerdings mit historisch wertvollen Bürgerhäusern, die in ihrem Eigentum stehen. Hier verspricht die in Gang gekommene Privatisierung eine gewisse Abhilfe, wenngleich es natürlich immer wieder vom Verantwortungsbewußtsein des jeweiligen neuen Besitzers (in der Regel Geschäftsleute) abhängt, ob die Restaurierung sachgerecht erfolgt.

Erfreulich ist die Restaurierung und laufende Erhaltung einzelner Schlösser und Burgen, etwa Fürstenstein (Farbabb. 18), wobei insgesamt die Fürsorge für derartige Bauwerke am geringsten ist und viele dem Ruin preisgegeben sind.

Kultur und Wissenschaft heute

Das Jahr 1945 und der extreme Wechsel in der Bevölkerungsstruktur hatten natürlich auch für Kultur und Wissenschaft weitreichende Folgen. Alte Traditionen wurden abgeschnitten, neue wie etwa aus den früheren ostpolnischen Gebieten eingeführt. Gerade die Verbindung zwischen Breslau und Lemberg zog sich fortan wie ein roter Faden durch die Entwicklung. Bezeichnend für das neu entstehende kulturell-wissenschaftliche Niveau war, daß es mehr und mehr Offenheit nach Ost und nach West an den Tag legte, Verbindungen in die anderen sozialistischen Länder und auch nach Westeuropa suchte.

Wenn seither schlesische Künstler in Polen und international Anerkennung erfuhren, dann ist das nicht zuletzt ein Verdienst der Hochschulen für darstellende und bildende Kunst. So hat sich in Breslau eine bedeutende Schule für Glaskunst entwickelt.

Schlesien ist auch reich an *Museen*, die zum Teil auf alte Einrichtungen zurückgehen, zum Teil in den Nachkriegsjahrzehnten neu eingerichtet wurden. Herausragend ist das *Nationalmuseum in Breslau* (s. auch S. 71), das zudem über archäologische und ethnographische Spezialabteilungen verfügt. Mitarbeiter des Nationalmuseums geben das ›Jahrbuch der schlesischen Kunst‹/›Rocznik Sztuki Śląskiej‹ heraus. Weitere wichtige Museen in Breslau sind das Historische Museum der Stadt Breslau/Muzeum Historyczne Miasta Wrocławia, das Architekturmuseum/Muzeum Architektury, das Naturkundl. Museum der Universität/ Muzeum Przyrodnicze Uniwersytetu, das Museum der Erzdiözese/Muzeum Archidiecezjalne und das Museum für Post und Fernmeldewesen/Muzeum Poczty i Telekomunikacji.

Auch die Fülle der *Regional- und Bezirksmuseen* ist bemerkenswert, u. a. in Neiße, Neusalz, Teschen, Rybnik, Neustadt, Glogau, in Grünberg, Waldenburg und Hirschberg. Hinzu kommen Museen, in denen Spezialgebiete dargestellt werden, so das Keramikmuseum/Muzeum Keramiki in Bunzlau, das Kupfermuseum/Muzeum Miedzi in Liegnitz, das Museum des alten schlesischen Handels/Muzeum Dawnego Kupiectwa Śląskiego in Schweidnitz und das Museum der Papierindustrie/Muzeum Papiernictwa in Bad Reinerz.

Im *Musikleben* Schlesiens spielen Orchester (Großes Symphonieorchester des Polnischen Rundfunks in Kattowitz, Symphonieorchester in Teschen) sowie Gesangs- und Tanzensembles (›Śląsk‹ aus Kattowitz, ›Wrocław‹ und ›Opole‹) eine bedeutende Rolle. Zu den wichtigsten Opernhäusern zählen die von Breslau und Beuthen. Bemerkenswert ist auch die Vielzahl von Festivals und anderen Musikveranstaltungen: ›Wratislavia Cantans‹ jeweils Anfang September in Breslau, das Chopin-Festival in Bad Reinerz, das Moniuszko-Festival in Bad Kudowa, das Henryk-Wieniawski-Festival in Bad Salzbrunn sowie die Oppelner Oratorientage und ›Legnica Cantat‹ in Liegnitz.

Besonders vielfältig ist auch die publizistische Landschaft Schlesiens, wobei an erster Stelle solche *Wochen- und Monatsschriften* wie ›Odra‹ (Oder), ›Poglądy‹ (Meinungen), ›Kultura Dolnośląska‹ (Niederschlesische Kultur) und ›Nadodrze‹ (An der Oder) zu nennen sind. Interessant sind außerdem Jahrbücher, die in verschiedenen Städten herausgegeben werden: ›Kronika Wałbrzyska‹ (Waldenburger Chronik), ›Skice Legnickie‹ (Liegnitzer Skizzen), ›Rocznik Dolnośląski‹ (Niederschlesisches Jahrbuch) und ›Skice Nyskie‹ (Neißer Skizzen). Hinzu kommen Schriften, die Geschichte und Landeskunde zum Inhalt haben, wie etwa ›Kwartalnik Opolski‹ (Oppelner Quartalsschrift) und ›Studia Śląskie‹ (Schlesische Studien). Zentrum des literarischen Schaffens in Schlesien ist sicher Breslau, was in erster Linie mit den Namen Tadeusz Różewicz (s. S. 90f.) und Urszula Kozioł verbunden ist. Insgesamt spielt Schlesien, speziell Breslau, allerdings nicht eine derartige Rolle wie Warschau oder Krakau. Die wichtigsten *Verlage* in Schlesien sind ›Ossolineum‹ in Breslau, ›Śląsk‹ in Kattowitz sowie Niederlassungen des Literarischen Verlags (Wydawnictwo Literackie) aus Krakau und der Landesverlagsanstalt (Krajowa Agencja Wydawnicza).

Internationalen Rang genießt seit langem das Breslauer Pantomimetheater, das von Henryk Tomaszewski geleitet wird. *Theater* von Bedeutung sind außerdem das Schlesische Theater in Kattowitz (Teatr Śląski), das Jan-Kochanowski-Theater in Oppeln (Teatr im. Jana Kochanowskiego) und das Polnische Theater (Teatr Polski) ebenfalls in Breslau. Wie im Musikleben gibt es auch im Theaterbereich bedeutende Festivals, so besonders das Festival des polnischen Gegenwartsdramas in Breslau (Festiwal Polskich Stuk Współczesnych).

Zusammen mit Warschau und Krakau gehört Breslau zu den wichtigsten Städten Polens im Bereich von *Wissenschaft und Lehre*. Bereits im Herbst 1945 nahm die Breslauer Universität den Betrieb auf, wobei Lehrkörper und wissenschaftliches Material der zuvor geschlossenen Jan-Kazmierz-Universität in Lemberg/Lwów die entscheidende Ausgangsbasis waren. Einzelne Fakultäten der Breslauer Universität wie etwa die der Germanisten genießen heute internationalen Rang. Daneben gibt es weitere Hochschulen in der Stadt: das Polytechnikum, die Musikhochschule, die Wirtschaftsakademie, die Staatliche Hochschule für Bildende Künste, das höhere Priesterseminar und eine Abteilung der Päpstlichen Universität. Abteilungen und Niederlassungen fast aller dieser Hochschulen finden sich in Liegnitz, Hirschberg und Waldenburg. Wichtigste wissenschaftliche Vereinigung ist die Breslauer Wissenschaftliche Gesellschaft (Wrocławskie Towarzystwo Naukowe).

Neben Breslau entwickelt sich Grünberg zu einem pädagogischen Zentrum, was vor allem auf die dortige Hochschule für Ingenieurwesen und die Pädagog. Hochschule zurückzuführen ist. – Die wissenschaftliche Bedeutung von Oppeln ist mit dem Schlesischen Institut (Instytut Śląski) verbunden (Erforschung der Regionalgeschichte und -landeskunde).

In Oberschlesien sind es die Städte Kattowitz (Schlesische Universität, Hochschule für Leibesübungen), Gleiwitz (Polytechnikum) und Beuthen (Medizinische Hochschule), die Forschung und Lehre bestimmen. In Kattowitz kommen eine ganze Anzahl wissenschaftlicher Einrichtungen hinzu, die Grundlagenforschung für die Industrie leisten.

Schlesische Kunst im Warschauer Nationalmuseum

Wer schlesische Kunstgeschichte studieren will, sollte bei Gelegenheit auch einen Besuch im Warschauer Nationalmuseum/Muzeum Narodowe (Al. Jerozolimskie 3) machen, das über eine der schönsten und wertvollsten Galerien für mittelalterliche Kunst in diesem Teil Europas verfügt. Die fast 100 Skulpturen und Gemälde stammen aus den historischen Kerngebieten Polens (Großpolen, Kleinpolen, Masowien), aber auch aus Pommern, Danzig, Thorn, Graudenz und eben Schlesien.

Gerade diese Galerie war in den letzten Jahren wiederholt Gegenstand öffentlicher Diskussionen in Polen, bei denen es vor allem um ihre Entstehungsgeschichte und ihren heutigen Platz in der polnischen Museumslandschaft ging.

Schon während des Zweiten Weltkriegs hatten sich deutsche Konservatoren und Kunstliebhaber in Schlesien, Pommern, Danzig und Ostpreußen bemüht, Kunstwerke vor der Zerstörung zu retten und in Sicherheit zu bringen, d. h. sie in Kirchengruften, Klosterräumen, Bunkern oder anderen Lagern zu deponieren und, wenn möglich, auch zu pflegen. Rückkehrende deutsche Wehrmachtsangehörige, Offiziere wie Soldaten, auch Gestapo- und SS-Angehörige, und anschließend Angehörige der Roten Armee beteiligten sich an Plünderungen. Am Ende des Zweiten Weltkriegs waren viele historische Bauwerke ruiniert.

In dieser Situation starteten polnische Kunsthistoriker und Konservatoren eine Rettungsaktion, indem sie – wie eine Feuerwehr in kulturellen Angelegenheiten – im ganzen Land herumfuhren und Kunstwerke, oft auf Hinweis und Wunsch der Besitzer oder Verwalter, in Sicherheit, d. h. in Räumlichkeiten des Nationalmuseums brachten.

Je stärker sich die politischen Verhältnisse in Polen festigten, desto mehr wurde aus dieser Kampagne auch ein Akt kommunistisch-stalinistischer Zentralisierung und der Sicherung von Kunstwerken aus den ›wiedergewonnenen Gebieten‹, wie Schlesien, Pommern und Ostpreußen damals im offiziellen Jargon genannt wurden. So entstand auch die Mittelaltergalerie des Nationalmuseums.

Die Argumente der Verteidiger der Galerie, die seit dem 24. 11. 1990 den Namen des 1981 verstorbenen Primas der Katholischen Kirche, Stefan Kardinal Wyszyński trägt, sind im wesentlichen: Die Galerie müsse als Gesamtensemble erhalten bleiben, hier sei sie einem breiteren Besucherkreis zugänglich, und nur hier könnten fachmännische Restaurierung, Sicherheit vor Diebstählen und das notwendige Mikroklima gewährleistet werden. Die Gegner meinen, die einzelnen Kunstwerke müßten zurück in ihren direkten kunsthistorischen Zusammenhang (Kirche,Kloster, Altar), das Eigentumsrecht sei zu prüfen und gegebenenfalls zu achten, auch die anderen genannten Kriterien könnten erfüllt werden. Vom Prälaten der Danziger Marienkirche hat es bereits Rückgabeforderungen gegeben, die in einzelnen Fällen auch erfüllt wurden.

Zu den schlesischen Kunstwerken der Galerie zählen insbesondere die mittlere Tafel des Altars der Breslauer Barbarakirche von 1447, die fünf Szenen aus dem Leben der Hl. Barbara zeigt sowie der vollständig erhaltene gotische Altar der Breslauer Elisabethkirche von 1470 (im Mittelteil die Anbetung des Christuskindes).

Hinzu kommen weitere Werke aus Breslauer Kirchen (Hl. Elisabeth, Hl. Barbara, Hl. Maria Magdalena, Kathedrale, Hl. Dorothea, Corpus Christi) sowie aus Görlitz, Lubin, Liegnitz, Leubus, Schweidnitz, Striegau, Oels, Neiße und Gleiwitz.

Persönlichkeiten aus Kultur, Wissenschaft und Politik

Hl. Hedwig/Św. Jadwiga

(um 1174–1238)

Die hl. Hedwig (s. auch den Abschnitt über das Kloster in Trebnitz/Trzebnica auf S. 137f.) gilt bis heute als Schutzpatronin Schlesiens, der 16. Oktober ist der Tag der Hedwigsverehrung. Geboren um 1174 auf Schloß Andechs, lebte sie ab 1209 in Trebnitz, wo sie ihren Mann, Herzog Heinrich I. von Schlesien, veranlaßte, das dortige Zisterzienserkloster zu gründen. Überhaupt gilt die hl. Hedwig selbst als Stifterin einer ganzen Anzahl von Klöstern und Kirchen. Desgleichen ist ihre Person seit dem 14. Jh. wiederholt Gegenstand und Anregung schlesischen Kunstschaffens gewesen. Sie starb 1238 (andere Quellen besagen 1243) ebenfalls in Trebnitz, wo auch in der Klosterkirche ein Grabmal für sie errichtet wurde. Die Heiligsprechung erfolgte 1267.

Die hl. Hedwig, kath. Schutzpatronin Schlesiens, verteilt Almosen an die Armen. Holzschnitt, Anfang 16. Jh.

Johann Crato von Krafftheim

(1519–1585)

Crato, 1519 in Breslau geboren, Schlesiens berühmtester Arzt des 16. Jh., diente am Wiener Hof drei Kaisern als Leibarzt: Ferdinand I., Maximilian II. und Rudolf II. Im Rahmen seines wissenschaftlichen Lebens trat er per Brief immer wieder in Konsultation mit herausragenden Ärzten und auch hochgestellten Patienten vieler Länder. Crato repräsentierte den universell gebildeten Gelehrtentypus des Zeitalters der Renaissance.

Erzogen am Breslauer Gymnasium, ging Crato mit 15 Jahren als Stipendiat seiner Vaterstadt an die Universität von Wittenberg, wo er als Theologiestudent auch Tischgast Luthers war. Der Reformator soll ihm schließlich geraten haben, Medizin zu studieren, was Crato dann auch in Wittenberg, Leipzig und Padua tat.

Als Stadtphysikus von Breslau (ab 1550) bewährte er sich besonders, als dort 1553 die Pest ausbrach. Eines seiner wissenschaftlichen Werke galt den Phänomenen bis dato aufgetretener Pestepidemien und gab praktische Verhaltensregeln.

Jakob Böhme

(1575–1624)

Das Denken von Jakob Böhme, 1575 in Alt Seidenberg bei Görlitz geboren, auch ›Philosophus teutonicus‹ genannt, stand in der Tradition der deutschen mystischen Philosophie (Agrippa von Nettesheim, Caspar von Schwenckfeld, Valentin Weigel). Mittelpunkt seiner Anschauungen war der Gottesgedanke (Hauptschrift ›Aurora oder Morgenröte im Aufgang‹, von 1612). Gott, das All, verstand Böhme als die sich immer wieder erneuernde, höchste Einheit der Gegensätze, des

Jakob Böhme. Kupferstich von Pieter van Gunst

Guten wie des Bösen. Gott, so der Philosoph, wirkte in allem Lebendigen, in der Natur wie im Menschen, sei nicht privilegierter Besitz der Religions- und Gesetzeshüter, sondern Teil jedes ringenden Menschen, der »seine Kirche in sich hat«.

Böhme erkannte die Widersprüche als Kern aller Realität und war bemüht, sie in einem mystischen Zurückfinden zum göttlichen Ursprung des Menschen aufzulösen, zugleich nahm er Züge des von der Renaissance geprägten Menschenbildes auf. Er, der als einer der ersten deutschen Philosophen in deutscher Sprache schrieb, hatte viele Anhänger unter einfachen wie adligen Menschen. Selbst aus bäuerlichen Verhältnissen stammend, bildete er sich als Autodidakt zum Philosophen. Sein Broterwerb war die Schuhmacherei (›Schusterphilosoph‹), zeitweise der Handel mit Garn. Mehrmals wurde er durch die orthodoxe lutherische Kirche mit Schreibverbot belegt.

Martin Opitz

(1597–1639)

Martin Opitz, geboren 1597 in Bunzlau/Bolesławiec und gestorben 1639 in Danzig, zählte zu den bedeutsamsten Schriftstellerpersönlichkeiten im Schlesien des 17. Jh. Im Rahmen seines Studiums (Hauptfächer Jura und Philosophie) befaßte er sich eingehend mit der deutschen und polnischen Philosophie- sowie Literaturgeschichte. 1622 Gymnasialprofessor in Weißenburg, arbeitete er von 1626–32 als Sekretär der protestantischen Piastenherzöge von Liegnitz und Brieg, ab 1639 als königlich polnischer Hofhistoriograph und später sogar als persönlicher Sekretär von König Władysław IV. von Polen.

Martin Opitz. Schabkunstblatt von J. J. Haid

Die historische Bedeutung von Martin Opitz besteht in erster Linie in seiner Arbeit als Theoretiker der deutschen Sprache und erst in zweiter Hinsicht als Poet. Schon in seiner lateinischen Jugendschrift ›Aristarchus oder über die Verachtung der deutschen Sprache‹ (1617) hatte er Reichtum und Schönheit der deutschen Sprache gepriesen und von einem Verfall der deutschen Dichtkunst gesprochen. Diese Gedanken entwickelte er weiter in dem ›Buch von der teutschen Poeterey‹, das er auch mit praktischen Anleitungen und Regeln versah, vor allem für den Unterricht an Universitäten und Gymnasien gedacht.

Als einer der ersten in der deutschen Literaturgeschichte unternahm Opitz den Versuch, Aufgaben, Wesen und Ursprünge der Poesie zu umreißen. Für Metrum und Reim erhob er grundlegende Forderungen: Wort und Versakzent sollten einander nicht widersprechen, ferner sollten, gemäß dem akzentuierenden Charakter der deutschen Sprache, nur alternierende Versmaße (Jamben und Trochäen bewirkten am besten den regelmäßigen Wechsel von Hebung und Senkung) verwendet werden.

Andreas Gryphius

(1616–1664)

Der wohl größte unter den schlesischen Barockdichtern war Andreas Gryphius (eigentlich Greif), von Germanisten vielfach auch als der – neben Grimmelshausen – bedeutendste deutsche Dichter des 17. Jh. bezeichnet. Geboren 1616 in Glogau/Głogów, ging er – bereits mit der Dichterkrone ausgezeichnet – 1838 zum Studium an die Universität Leiden, die damals wegen der dort unterrichteten modernen Naturwissenschaften und Philosophie Descartes' als bedeutendste protestantische Universität der Welt galt. Ab 1650 arbeitete Gryphius als Landessyndicus der Stände des Fürstentums Glogau.

Andreas Gryphius ist vor allem als sprachgewandter Lyriker und bedeutender Dramatiker in die deutsche Literaturgeschichte eingegangen. Schon in seinen in lateinischer Sprache verfaßten

Andreas Gryphius. Zeitgenössischer Kupferstich von Ph. Kilian

Gedichten des Frühwerks gab er angesichts des Dreißigjährigen Krieges seiner Friedenssehnsucht Ausdruck. Später stellte er in seinen Sonetten und Oden in wuchtiger und erhabener Rhetorik die Frage nach der Rechtfertigung des unermeßlichen Elends durch den ›Gott der Liebe‹, wie er ebenso die Gewißheit von der Endlichkeit und Eitelkeit alles Irdischen veranschaulichte.

»Die Herrlichkeit auf Erden
Muß Rauch und Aschen werden,
Kein Fels, kein Erz kann stehn.
Dies, was uns kann ergetzen
Was wir für ewig schätzen,
Wird als ein leichter Traum vergehn.«

Seine Dramen und Tragödien schließlich thematisieren z. B. das Verhältnis von Recht und Gewalt, etwa in ›Großmütiger Rechtsgelehrter und Sterbender Aemilius Paulus Papinianus‹.

Gryphius' später entstandene volkstümliche Lustspiele sind seine lebendigsten Schöpfungen auf dem Gebiet des dramatischen Theaters; darin erweist er sich ausgesprochen als Humorist und Satiriker.

Angelus Silesius

(1624–1677)

Johann Scheffler, 1624 in Breslau geboren, berühmt geworden als ›Schlesischer Bote‹/›Angelus Silesius‹, war der Sohn eines Gutsbesitzers, der Polen wegen seines ev. Glaubens verlassen hatte. 1643–48 studierte er in Straßburg, Leiden und Padua Medizin, Staatsrecht und Philosophie.

In der Kritik am orthodoxen Lutheranertum und ausgehend von der Beschäftigung mit der katholischen Mystik des Mittelalters trat Scheffler 1653 zum katholischen Glauben über. 1661 Eintritt in den Franziskanerorden und Priesterweihe, 1664–66 Hofmarschall des katholischen Fürstbischofs in Breslau, dem Führer der schlesischen Gegenreformation. Scheffler wurde schließlich zur dichterisch begabtesten Persönlichkeit der Gegenreformation in Schlesien. So ist z. B. seine zweite lyrische Sammlung ›Heilige Seelen – Lust oder geistliche Hirtenlieder der in ihren Jesum verliebten Psyche‹ eine poetische Deutung der katholischen Jesusverehrung. Sein Hauptwerk ›Cherubinischer Wandersmann‹ (zuerst als ›Geistreiche Sinn- und Schlußreime‹, 1657), eine Sammlung von Sinnsprüchen, faßt Gott und Seele als mystische Einheit.

Bis heute werden seine schönsten Lieder von Katholiken wie Protestanten gesungen: ›Mir nach, spricht Christus, unser Held‹, sowie ›Ich will dich lieben, meine Stärke‹.

Titelholzschnitt ›Der Cherubinische Wandersmann‹

Michael Willmann

(1630–1706)

Schlesiens größter Maler der Barockzeit war Michael Willmann. 1630 in Königsberg geboren, hielt er sich 1650–53 in den Niederlanden auf, wo er Anregungen aus den Werken von Rembrandt, Rubens und van Dyck aufnahm. 1653–55 in Prag, dann in Breslau und Berlin, ließ er sich 1660 auf Dauer in Leubus/Lubiąż nieder, wo er 1706 auch starb. Willmann richtete dort eine Werkstatt ein, in der später Künstler wie Neuherz, Eybelwieser und Benthum gefördert wurden.

Michael Willmann arbeitete insbesondere für die berühmten schlesischen Klöster von Leubus/Lubiąż, Grüssau/Krzeszów (Farbabb. 16) und Heinrichau/Henryków, aber auch für andere Klöster und Kirchen. Zu seinem Werk gehören Altarillustrationen, Decken- und Wandmalereien sowie Einzelgemälde.

Willmanns Malkunst, der religiösen schlesischen Barockdichtung vergleichbar, bestand in der Fähigkeit, Martyrium besonders ausdrucksvoll darzustellen, die menschliche Psyche gestalterisch zu erhellen und biblische Szenen gefühlvoll zu illustrieren. Seine Arbeit war prägend für den Hoch- und Spätbarock in Schlesien und Böhmen.

Christian Wolff

(1679–1754)

Immanuel Kant hat ihn den »gewaltigsten Vertreter des realistischen Dogmatismus« genannt: Christian Wolff, 1679 in Breslau geboren, ab 1707

Professor für Mathematik in Halle/Saale, später dort auch Professor für Natur- und Völkerrecht.

Wolffs bedeutsamste Leistung liegt jedoch nicht in der Entwicklung eines eigenen philosophischen Systems, sondern darin, daß er durch die Ausarbeitung seiner Schriften in deutscher Sprache die Grundlage für die deutschsprachige philosophische Terminologie legte und außerdem für eine allgemeine Verbreitung philosophischer Gedanken sorgte.

Das philosophische Denken von Christian Wolff war geprägt durch die Schriften eines Descartes und besonders eines Leibniz. In seiner Lehre vom Naturrecht bemühte er sich – ausgehend von der Auffassung, das logisch Ableitbare sei immer auch das Vernünftige und damit Natürliche – um eine lückenlose Deduktion. Staatsrechtlich forderte er im Geist des aufgeklärten Absolutismus vom jeweiligen Herrscher, Zielvorgaben für die Sicherheit und Sozialfürsorge der Gesellschaft zu formulieren.

Johann Christian Günther

(1695–1723)

Johann Christian Günther, am 8. 4. 1695 in Striegau/Strzegom geboren, besuchte 1710–15 das Gymnasium in Schweidnitz/Świdnica, wo er seine Jugendliebe Leonore Jachmann kennenlernte und durch sein poetisches Talent erstes Aufsehen erregte. 1715 begann er in Frankfurt/Oder ein Medizinstudium, das er noch im selben Jahr in Wittenberg fortsetzte. 1717–19 lebte Günther in Leipzig, wo er in Burckhard Mencke einen Gönner fand. Aus dieser Zeit stammen viele seiner offenherzigen Liebes-, Trink- und Studentenlieder. 1716 wurde er auch zum Poeta laureatus gekrönt. Eine 1920 in Kreuzburg/Kluczbork eingerichtete ärztliche Praxis mußte er bald wieder aufgeben. Johann Christian Günther starb verarmt am 15. 3. 1723 in Jena.

Weder im Studium noch im beruflichen und privaten Leben konnte er richtig Fuß fassen. Zwangsläufig führte sein unbändiges Temperament und sein ausschweifendes Leben zum Zerwürfnis mit dem hartherzigen, überstrengen Vater. Als Mencke versuchte, ihm bei August dem Starken am Dresdener Hof eine Stellung zu verschaffen, erschien Günther völlig betrunken bei der ersten Audienz und vergab so diese Chance.

Johann Christian Günther. Zeitgenössischer Stich von J. D. Phillipin

Günthers Schaffen bildete eine Brücke von der schlesischen Barockdichtung zur modernen Lyrik. Bleibenden Wert besitzt seine Liebeslyrik, deren unkonventioneller, unmittelbarer Ausdruck persönlichen Erlebens und intimer Bekenntnischarakter in Form und Inhalt neu für die deutsche Dichtung waren. Zu Lebzeiten wurde Günther berühmt durch seine ›Ode an den Prinzen Eugen‹ (1718). Die erste Sammlung seiner Gedichte erschien 1723 in Breslau, eine erste Gesamtausgabe 1742.

Carl Gotthard Langhans

(1732–1808)

Das Meisterwerk des Baumeisters Carl Gotthard Langhans ist das Brandenburgische Tor (1788–91) in Berlin, ein erster Höhepunkt der klassizistischen deutschen Baukunst, gestaltet im Geist der Aufklärung nach dem Vorbild der Propyläen der Athener Akropolis.

Langhans, 1732 in Landeshut/Kamienna Góra geboren und 1808 in Grünheide bei Breslau gestorben, studierte Architektur und vervollkommnete seine Studien durch Reisen nach Italien, Holland, England und Frankreich. Ab 1775 arbeitete er als Oberbaurat in Schlesien. Hauptwerke aus dieser Zeit: Palais Hatzfeld in Breslau, ev. Kirchen in Waldenburg/Wałbrzych und Groß-Wartenberg/Syców. 1786 wurde er nach Berlin berufen, um hier später als Direktor des Oberhofbauamtes zu arbeiten. Aus dieser Schaffensperiode stammen das Schloßtheater und das Belvedere in Berlin-Charlottenburg sowie das Marmorpalais in Potsdam. Als bedeutender Innenarchitekt erwies sich Langhans bei der Ausgestaltung von Schloß Rheinsberg (Mark Brandenburg) und von Schloß Bellevue in Berlin.

Sein Sohn **Carl Ferdinand Langhans**, am 14. 1. 1782 in Breslau/Wrocław geboren, am 22. 11. 1869 in Berlin gestorben, gilt als bedeutender Theaterarchitekt um die Mitte des 19. Jh. Zu seinen wichtigsten Arbeiten im Übergang vom Klassizismus zum Historismus gehören der Neubau des Opernhauses in Berlin (1843/44) sowie Theater in Breslau (1837–41), Liegnitz/Legnica (1839), Stettin/Szczecin (1846), Dessau (1855/56) und Leipzig (1864–67).

Friedrich Daniel Ernst Schleiermacher

(1768–1834)

Es ist nahezu unmöglich, das Wirken dieses großen Theologen und Philosophen in wenigen Sätzen zu beschreiben. Wie kein zweiter Theologe hat er das Denken im 19 Jh. beeinflußt. 1768 in Breslau geboren, nahm Schleiermacher nach Studien in Halle/Saale und Berlin 1790 auf dem Gut des Grafen Dohna in Ostpreußen eine Stelle als Hauslehrer an, ab 1794 war er Hilfsprediger in Landsberg/Warthe, ab 1796 Prediger an der Charité in Berlin, 1804 folgte er einem Ruf als Professor und Universitätsprediger nach Halle. 1810 wurde er Professor an der Berliner Universität und ein Jahr später Mitglied der Akademie der Wissenschaften.

Schleiermachers Theologie ist geprägt vom Widerstand sowohl gegen die theologische Orthodoxie als auch gegen den Rationalismus. In seiner Schrift ›Über die Religion. Reden an die Gebildeten unter ihren Verächtern‹ (1799) plädiert er für eine persönliche, reale Erfahrung von Religion als ›unentbehrliches Drittes‹ neben Denken und Handeln. Religion, so Schleiermacher, sei nicht lehrbar, wohl aber ihre Ausdrucksformen und Hemmnisse ihr gegenüber. Sie ziele wesentlich auf eine Geistesgemeinschaft einer möglichst wenig institutionalisierten Kirche, in der jedes Mitglied seine eigene religiöse Erfahrung einbringen kann. Sittlichkeit wiederum sei die wirkliche Durchdringung und Belebung des Endlichen durch das Unendliche, des Irdischen durch den Geist. Schleiermacher kritisiert die vom Vernunftbegriff geprägte Ethik Kants, weil sie seiner Meinung nach das Allgemeingültige zu Lasten des individuellen Handelns zu hoch bewerte. Die Schrift ›Der christliche Glaube, nach den Grundsätzen der evangelischen Kirche im Zusammenhang dargestellt‹ ist Schleiermachers theologisches Hauptwerk. Er starb 1834 in Berlin.

Hermann Fürst von Pückler-Muskau

(1785–1871)

Hermann Fürst von Pückler-Muskau gehört zu den Pionieren der Reiseliteratur. Zu seiner Zeit war er einer der beliebtesten Reiseschriftsteller, der sich bemühte, seinen Lesern durch kulturgeschichtlich kenntnisreiche und glänzend geschriebene Darstellungen die Sitten und Gebräuche anderer Völker und insbesondere deren aristokratischer Kreise nahezubringen. Zu seinen Werken gehören: ›Briefe eines Verstorbenen‹, ›Fürst Pückler reist nach England‹, ›Reisebriefe aus Irland‹, ›Semilasso in Afrika‹, ›Aus Mehmed Alis Reich‹.

Pückler, 1785 in Muskau geboren, gehörte nach dem Jurastudium der Garde du Corps in Dresden an. 1813 trat er als Major in russische Dienste und wurde Adjutant beim Herzog von Sachsen-Weimar. Nach den Freiheitskriegen zog er sich ins Privatleben zurück und machte sich auch einen Namen durch die Schaffung bedeutender Parkanlagen in Muskau (ein rund 600 ha großer Landschaftspark im Neißetal) und Branitz, die sogar Weltruhm erlangten. 1834 erschien seine Schrift ›Andeutungen über Landschaftsgärtnerei‹ in der er seine Theorie der Garten- und Parkgestaltung darlegte. Er starb 1871 auf Schloß Branitz bei Cottbus.

Joseph Freiherr von Eichendorff

(1788–1857)

In den Kulturgruppen der deutschen Minderheit Oberschlesiens erlebt dieser wohl bedeutendste Dichter der deutschen Romantik seit einigen Jahren geradezu eine Renaissance. 1788 auf Schloß

Joseph Freiherr von Eichendorff. Radierung von E. Eichens

Lubowitz/Łubowice bei Ratibor (s. S. 301) geboren, studierte Eichendorff Jura und Philosophie in Halle/Saale und Heidelberg. 1808–10 veröffentlichte er unter dem Pseudonym Florens seine ersten Gedichte. Ab 1816 im preußischen Staatsdienst, arbeitete Eichendorff als Referendar in Breslau, Regierungsassessor in Berlin (1819), Schulrat der Regierung in Danzig (1820), Oberpräsidialrat in Königsberg (1824) und Regierungsrat im Kultusministerium in Berlin (1831), schließlich zog er sich nach Neiße/Nysa zurück (1855), wo er auch zwei Jahre später starb.

Als unvergänglicher Besitz der deutschen Literatur erweist sich insbesondere Eichendorffs Lyrik, wobei seine stimmungsvollen Naturgedichte die Popularität wirklicher Volkslieder erreichten (In einem kühlen Grunde; O Täler weit, o Höhen; Wem Gott will rechte Gunst erweisen).

»O Täler weit, o Höhen,
o schöner, grüner Wald,
Du meiner Lust und Wehen
andächtiger Aufenthalt!
Da draußen, stets betrogen,
saust die geschäftige Welt,
schlag noch einmal den Bogen
um mich, du grünes Zelt!«

Die Hauptmerkmale dieser Lyrik sind ihre auf Einfachheit beruhende sprachliche Meisterschaft, ihr Sinn für Rhythmus und Melodik, für Musikalität und Kraft der Bilder, ihre Wehmut einerseits, aber auch Lebensfreude andererseits. Eichendorff, der nachfolgende Dichter wie Storm und Hesse beeinflußte, erreichte allerdings in seinem Wirken, in seiner Lyrik, nicht jene gesellschaftlich bedeutsamen Aussagen und Forminnovationen eines Goethe oder Heine. Seine Gedichte wurden häufig vertont, unter anderem von Schubert, Mendelssohn-Bartholdy und Schumann.

Herausragende Werke seines Prosaschaffens sind der Roman ›Ahnung und Gegenwart‹ sowie Novellen wie ›Aus dem Leben eines Taugenichts‹, ›Das Marmorbild‹ und ›Das Schloß Durande‹.

Karl von Holtei

(1798–1880)

Einer der produktivsten deutschsprachigen Dramatiker des 19. Jh. war Karl von Holtei, am 24. 1. 1798 in Breslau/Wrocław geboren, dort auch am 12. 2. 1880 gestorben. Holtei, Sohn eines österreichischen Rittmeisters, debütierte 1819 nach Abbruch eines Jurastudiums als Schauspieler am Stadttheater seiner Heimatstadt. Später arbeitete er auch als Theaterautor. Ab 1825 als Direktionssekretär, Bühnendichter und Spielleiter am Königsstädter Theater, ab 1819 am Darmstädter Hoftheater. 1837–39 Theaterdirektor in Riga.

Zwischenzeitlich führte Karl Holtei ein Wanderleben als Shakespeare-Rezitator. 1876, obwohl Protestant, trat er in Breslau ins Kloster der Barmherzigen Brüder ein.

Karl von Holtei mit seiner Vorliebe für volkstümliche Wirkungen und seiner Aufgeschlossenheit für alle Stilformen und -richtungen, gilt als Schöpfer des deutschen Liedspiels auf der Grundlage des französischen Vaudevilles. Werke u. a.: das Lustspiel ›Die Berliner in Wien‹ (1825), ›Schlesische Gedichte‹ (1830), das Drama ›Lorbeerbaum und Bettelstab‹ (1840), der Roman ›Die Vagabunden‹

Adolph von Menzel

(1815–1905)

Der Maler, Zeichner und Graphiker Adolph von Menzel, 1815 in Breslau/Wrocław geboren, 1905 in Berlin gestorben, zählt zu den bedeutendsten deutschen Realisten des 19. Jh. Die ersten großen Leistungen des Autodidakten Menzel waren die Lithographien zu Goethes ›Künstlers Erdenwallen‹ und die Illustrationen zu Kuglers ›Geschichte Friedrichs des Großen‹.

Menzels demokratische Gesinnung äußerte sich z. B. im volkstümlichen Gehalt seiner Arbeiten, weswegen beispielsweise der Ankauf der ›Tafelrunde‹ von Sanssouci (1850) vom preußischen König abgelehnt wurde. Respektlos stellte er die Gesellschaft am Hofe in ›Ballsouper‹ (1878) dar, die ›Aufbewahrung der Märzgefallenen‹ (1848) beweist seine Sympathie für die Revolutionäre, aus den Gemälden ›Heckmannsches Gedenkblatt‹ (1869) und ›Eisenwalzwerk‹ (1875) spricht sein Respekt für die Arbeiter. Letzteres war eine der ersten größeren Darstellungen vom Inneren eines

Adolph von Menzel, ›Eisenwalze‹, Studie für das Gemälde ›Eisenwalzwerk‹. Bleistiftzeichnung, 1875

Industriewerks und seiner Arbeiter; es gehört zu den bedeutendsten Industriebildern des 19. Jh. Adolph von Menzel besaß einen genauen künstlerischen Blick von enormer Spannweite, der aber nicht gesellschaftskritisch ›durchdringend‹ war. Er zeigte die Arbeiter als ebenbürtige Partner der Maschinen, aber nicht als Abhängige und Ausgebeutete.

Menzel war Realist, aber er verband dies auch mit der Einsicht, daß »nicht alles naturwahr ist, was der Natur ängstlich genau nachgeschrieben ist«. Sinnliche Erlebnisse spielten in Menzels Darstellungen mehr und mehr eine Rolle. So hat man sein Bild ›Balkonzimmer‹ als Vorwegnahme des Impressionismus bezeichnet. Außerdem besaß er ein Gespür für zukunftsträchtige Entwicklungen, auch für Skurriles und Kritikwürdiges im Leben seiner Zeitgenossen. Er war es, der erstmalig eine Eisenbahn malte, der Großstädte darstellte, der bestimmte Gestalten als Prototypen vorführte.

Gustav Freytag

(1816–1895)

Aus Kreuzburg/Kluczbork stammte der Schriftsteller, Dramatiker und Literaturwissenschaftler Gustav Freytag. Nach Studium (Germanistik und Philosophie), Promotion und Habilitation arbeitete er von 1839 bis 1844 an der Breslauer Universität als Privatdozent. Nach 1848 gab er zusammen mit Julian Schmidt die Zeitschrift ›Die Grenzboten‹ heraus, die sich zu einem der einflußreichsten Publikationsorgane des deutschen Bürgertums entwickelte. Ab 1870 beteiligte er sich an der Herausgabe der Zeitschrift ›Im neuen Reich‹. Zu den wichtigsten Werken Freytags, der 1842 sein erstes Lustspiel schrieb und 1845 seinen ersten Gedichtband herausgab, zählen das Lustspiel ›Die Journalisten‹ (1853), der Romanzyklus ›Die Ahnen‹ (6 Bände, 1872–1881) und der realistische Kaufmannsroman ›Soll und Haben‹ (3 Bände, 1855). Er publizierte außerdem als Literaturwissenschaftler und -historiker ›Bilder aus der deutschen Vergangenheit‹ (5 Bände, 1859–1876) und ›Technik des Dramas‹ (1863).

Gustav Freytag, der das radikaldemokratische Denken der Jungdeutschen ebenso ablehnte wie die romantisierende Flucht aus der damaligen Gegenwart, sah seine wichtigste literarische und auch politische Aufgabe in der Stärkung des bürgerlichen Selbstwertgefühls und der bürgerlichen Tugenden in den verschiedenen Schichten, die das aufstrebende Bürgertum ausmachten: Kaufleute, Wissenschaftler, Publizisten. 1867–70 gehörte Freytag zu den Vertretern der Nationalliberalen im Norddeutschen Reichstag.

Ferdinand Lassalle

(1825–1864)

Lassalle war der Sohn eines wohlhabenden jüdischen Kaufmanns in Breslau. 1843–46 studierte er dort und in Berlin Philologie, Geschichte und Philosophie, bei einem Aufenthalt in Paris 1845 befaßte er sich mit dem Leben von Louis Blanc. Nach seiner Rückkehr verteidigte er die Gräfin Sophie von Hatzfeld in ihrem Scheidungsprozeß.

In den 50er Jahren nahm Lassalle seine wissenschaftlichen Studien wieder auf, aus denen u. a. ein Werk über ›Die Philophie des Herakleitos‹ (1858) resultierte. 1859 publizierte er das Drama ›Franz von Sickingen‹.

Lassalles Ausführungen zu Problemen der Arbeiterschaft (1862) brachten ihn in Kontakt zu den deutschen Arbeitervereinen, für die er in seinem berühmten ›Offenen Antwortschreiben‹ eine Art sozialistisches Programm formulierte. Zu seinen inhaltlichen Maximen zählte das sogenannte ›eherne Lohngesetz‹, der Zusammenschluß der Arbeiter zu ›Produktivassoziationen‹ und die Forderung nach Beseitigung des preußischen Dreiklassenwahlrechts. Bei der Gründung des ›Allgemeinen Deutschen Arbeiterverein(s)‹ 1863 wurde Ferdinand Lassalle zum Präsidenten gewählt. Der Verband ging 1869 auf in der von August Bebel und Wilhelm Liebknecht gegründeten marxistischen Arbeiterpartei.

Lassalle, erst 39 Jahre alt, starb nach einem Pistolenduell wegen seiner Geliebten Helene von Dönniges im Wäldchen von Carrouge bei Genf am 31. August 1864.

Gerhart Hauptmann

(1862–1946)

Berühmtestes Werk des Dichters Gerhart Hauptmann sind zweifelsohne ›Die Weber‹ (1892), ein Drama über den sozialen Aufruhr der schlesischen Heimarbeiter gegen die Einführung moderner Maschinen. In seinem frühen dramatischen Werk entwickelte Hauptmann den Stil des Naturalismus mit Dramen über gesellschaftliche Konflikte und Charaktere wie ›Vor Sonnenaufgang‹ (1889) und ›Einsame Menschen‹ (1891); die märkische Novelle ›Bahnwärter Thiel‹ (1888), in der bereits alle späteren Grundmotive von der unerlösbaren und tragischen Zerrissenheit der Welt anklingen, gehört dabei zu seinen künstlerisch reifsten Leistungen, mit der Diebeskomödie ›Der Biberpelz‹ (1893), einem der besten deutschen Lustspiele, mit historischen Dramen wie ›Florian Geyer‹ (1896), in dem er die Tragödie des Deutschen Bauernkriegs gestaltet.

Der Literatur-Nobelpreisträger Gerhart Hauptmann. Bildnis von Max Liebermann, 1913

Später wurde in seinen Arbeiten mehr und mehr der Einfluß der Neoromantik spürbar, der zu Sagen- und Mythenspielen führte wie etwa ›Hanneles Himmelfahrt‹ (1894), ›Die versunkene

Haus Wiesenstein in Agnetendorf/Riesengebirge war jahrzehntelang Gerhart Hauptmanns bevorzugter Wohnsitz; hier starb er im Jahre 1946. Vorkriegsaufnahme

Glocke‹ (1896) und ›Der arme Heinrich‹ (1902). Hauptmann verarbeitete auch vorgegebene literarische Stoffe von Shakespeare (›Schluck und Jau‹, 1900) und Grillparzer (›Elga‹, 1905). Seit seiner Reiseerzählung ›Griechischer Frühling‹ (1908) näherte sich Hauptmann auch antiken Themen.

Zu seinem umfangreichen erzählerischen Werk gehören Versdichtungen wie ›Der große Traum‹ (1942), Romane wie ›Der Ketzer von Soana‹ (1918), Novellen und Erzählungen wie ›Die Spitzhacke‹ (1930) und schließlich autobiographische Schriften wie ›Buch der Leidenschaft‹ (1929).

Das Schaffen von Gerhart Hauptmann lag begründet in einer sinnlichen Welterfahrung, einem Begreifen des Menschen als triebhaftes, leidendes Wesen, in einer Ethik der sozialen und humanen Anteilnahme und des Mitleidens. 1912 erhielt er den Literatur-Nobelpreis.

Hauptmann wurde in Obersalzbrunn geboren und lebte in Dresden, Schreiberhau (hier wohnte auch sein Bruder *Carl Hauptmann,* 1858–1921) und Kloster auf der Ostseeinsel Hiddensee (hier ist er bestattet); die letzten Jahrzehnte verbrachte er vor allem in Haus Wiesenstein in Agnetendorf/Jagniątków im Riesengebirge, wo er auch starb.

Hermann Stehr

(1864–1940)

Seit den Zeiten des Barock gilt Schlesien als eine Heimat der Mystik. Auch das Schaffen des Schriftstellers Hermann Stehr war bestimmt durch die düsteren Erfahrungen schlesischer Realität, durch mystisches Grüblertum und religiös verklärtes Hoffen auf Erlösung. Stehr mußte um seine schriftstellerische Existenz schwer kämpfen. Am 16. 2. 1864 als Sohn eines Sattlers in Habelschwerdt/Bystrzyca Kłodzka geboren, besuchte er später das dortige Lehrerseminar. Ab 1887 Volksschullehrer, wegen seiner ersten Veröffentlichungen wurde er von den Behörden gemaßregelt und auf die entlegendsten Walddörfer versetzt. Ab 1915 lebte er als freier Schriftsteller in Bad Warmbrunn/Cieplice Śląskie Zdrój, ab 1926 in Schreiberhau/Szklarska Poręba.

Wie Gerhart Hauptmann erzählte Hermann Stehr von den Schicksalen armer, ausgebeuteter und gequälter Menschen in den Fabriken seiner Heimat. Ebenso war er bemüht, seinen Lesern den Weg aus den irdischen Verstrickungen zum Himmlischen zu zeigen. Stehr begann mit Novellen (›Auf Leben und Tod‹, 1898), veröffentlichte 1900 seinen ersten Roman (›Leonore Griebel‹), schrieb Märchen (›Das letzte Kind‹, 1903) und Erzählungen (›Der Geigermacher‹, 1926; ›Meister Cajetan‹, 1931). Zum Bekenntnis seines eigenen, unablässigen Ringens um Gott wurde der 1918 erschienene Roman ›Der Heiligenhof‹.

Otto Julius Bierbaum

(1865–1910)

Als »ungemein regsamen literarischen Vagabunden auf allen Gebieten« hat man Otto Julius Bierbaum tituliert. Am 28. 6. 1865 in Grünberg/Zielona Góra geboren, studierte er später Philosophie, Jura und Sinologie in Zürich, Leipzig, München und Berlin. Bierbaum war von 1891 bis 1894 Herausgeber des ›Modernen Musenalmanachs‹, auch Mitarbeiter der naturalistischen Zeitschrift ›Die freie Bühne‹, 1894 Gründer der Zeitschrift ›Pan‹ und seit 1899 Mitherausgeber der Zeitschrift ›Die Insel‹. Er starb am 1. 2. 1910 in Kötzschenbroda bei Dresden.

Großen Erfolg erntete Otto Julius Bierbaum z. B. mit seinen Überbrettl-Liedern (›Irrgarten der Liebe‹, 1901). Er liebte das Populäre und Burschikose, spielte gerne mit Gefühlen und Formen, Träumen und Problemen. Scharf war sein Spott über den sog. redlichen Bürger. Ebenso charakterisierte er die Bohème (›Stilpe. Ein Roman aus der Froschperspektive‹, 1897); grotesk überzeichnet und indiskret war sein Zeitroman (›Prinz Kuckuck. Leben, Taten, Meinungen und Höllenfahrt eines Wollüstlings‹, 1907, in drei Bänden).

Alfred Kerr

(1867–1948)

Alfred Kerr galt vor 1920 als einflußreichster Theaterkritiker Berlins und als jemand, der das dortige literarische Leben maßgeblich inspirierte. Kerr, eigentlich Alfred Kempner, am 25. 12. 1867 in Breslau/Wrocław geboren, studierte Philosophie und Germanistik in Breslau und Berlin. Zwischen 1900 und 1919 arbeitete er als Theaterkritiker beim ›Tag‹ in Berlin, ab 1920 beim ›Berliner Tageblatt‹. Weltreisen führten ihn in vier Kontinente. 1933 emigrierte er über die Schweiz nach Paris, 1935 nach London.

Kerrs Gedichte stehen in der Tradition von Heinrich Heine; außerdem war er bemüht, die Theater- und Literaturkritik zu einer eigenen Kunstform zu entwickeln; berühmt sind auch seine impressionistisch-farbigen Reisebilder. Im Werkverzeichnis von Alfred Kerr finden sich der Gedichtband ›Die Harfe‹ (1917), der Roman ›Herr Sudermann, der D ... Di ... Dichter‹ (1903); das Reisebuch ›O Spanien‹ (1924) und vieles mehr.

Wojciech Korfanty

(1873–1939)

Zu den wichtigsten Vorkämpfern polnischen Nationalbewußtseins in Oberschlesien gehörte Wojciech Korfanty, 1873 in Siemianowice/Siemianowitz-Laurahütte geboren, 1939 in Warschau gestorben. Bereits während des Jura- und Ökonomiestudiums in Berlin und Breslau war Korfanty Mitglied nationalpolnischer Organisationen wie der Liga Narodowa und schrieb für entsprechende Zeitungen wie ›Górnoślązak‹/Oberschlesier in Kattowitz. 1903–12 und 1918 Mitglied des Deutschen Reichstags, 1904–18 zugleich des Preußischen Landtags, wurde er 1918 Mitglied des Obersten Polnischen Volksrats in Posen und 1919–21 polnischer Abstimmungskommissar für Oberschlesien. 1921 gehörte er zu den Führern des polnischen Aufstands in Oberschlesien.

Von 1919 bis 1930 war Wojciech Korfanty Mitglied des Sejm in Warschau, 1923 amtierte er sogar als Vizepremier. Ab 1924 fungierte er als Mitherausgeber der heute als Regierungszeitung erscheinenden ›Rzeczpospolita‹.

Nach 1926 fand sich Korfanty in scharfer Gegnerschaft zu Piłsudski, was ihm 1930 zeitweise (zusammen mit Funktionären des Blocks der Mitte-Links-Parteien, dem er nicht angehörte) sogar Festungshaft einbrachte. 1934 ging er ins Exil in die Tschechoslowakei, später nach Frankreich. 1939 nach Warschau zurückgekehrt und wenig später erneut verhaftet, starb Korfanty noch im selben Jahr.

Otto Mueller

(1874–1930)

Aus dem Riesengebirge stammte der Maler Otto Mueller, 1874 in Liebau/Lubawka geboren, 1930 in Breslau/Wrocław gestorben. So verband ihn auch eine Freundschaft mit Gerhart Hauptmann, mit dem er – nach einer Ausbildung als Lithograph in Breslau und Studien an der Akademie in Dresden (1896–98) die Schweiz und Italien besuchte. 1903/04 in Laubegast und Rockau bei Dresden, Bekanntschaft mit Paula Modersohn-Becker. 1910 beteiligte sich Otto Mueller an der Ausstellung der Berliner Neuen Sezession, in Berlin schloß er sich auch der 1905 in Dresden

Otto Mueller, Mitglied der expressionistischen Künstlergruppe ›Die Brücke‹

Otto Mueller, Badende weibliche Akte. Holzschnitt, 1920

gegründeten Künstlergruppe ›Die Brücke‹ an. 1911 hielt er sich mit Erich Heckel und Ernst Ludwig Kirchner an der Ostsee auf, 1912 mit Kirchner in Böhmen. 1912 Austritt aus der Neuen Sezession, 1916–18 Kriegsdienst; in den Jahren 1919 bis 1930 wirkte er als Professor an der Kunstakademie in Breslau.

In seiner Malerei bevorzugte Mueller Akte von Frauen und Mädchen, die er meistens zart, schlank, immer ein wenig melancholisch darstellte. Seine gedämpfte, erdige Farbskala umfaßte vor allem Ocker, Gelb, Braun, Grün und Grau, immer mit einer expressiven Umrißzeichnung. 1919 erklärte Müller, daß er sich in handwerklichen Fragen an den altägyptischen Meistern ein Beispiel nehme. Nach 1918 malte er vorwiegend Zigeuner, die ihn so sehr beschäftigten, daß er wiederholt nach Ungarn, Rumänien und Jugoslawien reiste. Immer lag ein Zug von Romantik in der Art und Weise, wie er sie darstellte.

Muellers Werk ›Zwei Mädchen im Freien‹ (1925) hängt in der Neuen Staatsgalerie in München. Weitere Arbeiten des Malers befinden sich u. a. in der Kunsthalle Hamburg, im Brücke-Museum in Berlin, im Essener Folkwangmuseum, im Wallraf-Richartz-Museum in Köln sowie im Von der Heydt-Museum in Wuppertal.

Paul Ehrlich · Max Born · Otto Stern · Fritz Haber

Als Begründer der Chemotherapie gilt der Serologe und Arzneimittelforscher *Paul Ehrlich* aus Strehlen/Strzelin (1854–1915). Er arbeitete zunächst in Berlin mit Robert Koch zusammen und war dann ab 1899 Direktor des Instituts für experimentelle Therapie in Frankfurt/Main. 1908 erhielt er den Nobelpreis für Medizin. 1909 entdeckte er das Salvarsan, ein chemisches Mittel gegen die Syphilis. Nach Paul Ehrlich ist der angesehenste Preis für Mediziner in Deutschland benannt.

Zu den größten Physikern unseres Jahrhunderts gehört der 1882 in Breslau/Wrocław geborene *Max Born* (gest. 1970 in Göttingen). Born, der sich durch Arbeiten über die Relativitätstheorie sowie die Quantenmechanik und Kristallgittertheorie hervortat, erhielt 1954 den Nobelpreis. Zu seinen Schülern zählten Werner Heisenberg und Pascual Jordan.

Borns Assistent *Otto Stern* (1888–1969) aus Sohrau/Żory in Oberschlesien erhielt den Nobelpreis sogar schon 1943, also elf Jahre vor seinem Lehrer. Stern arbeitete an den Universitäten Rostock (ab 1921) und Hamburg (ab 1923), nach seiner Emigration 1933 am Carnegie-Institut of Technology in Pittsburgh. Auch seine Spezialgebiete lagen im Bereich der Atomphysik.

Fritz Haber aus Breslau/Wrocław schließlich (1868–1934) erhielt 1918 (zusammen mit Carl Bosch) den Nobelpreis für die Erforschung der Ammoniaksynthese (Haber-Bosch-Verfahren). 1911–33 war er Direktor des Kaiser-Wilhelm-Instituts für Physikalische Chemie in Berlin.

Ludwig Meidner

(1884–1966)

Der Maler Ludwig Meidner, geboren am 18. 4. 1884 in Bernstadt/Bierutów, gestorben am 14. 5. 1966 in Darmstadt, gilt als visionärer Protagonist des damaligen Expressionismus. Nach dem Studium an der Breslauer Akademie (1903–05) übersiedelte er nach Berlin und schloß sich dort der Künstlergruppe um die expressionistische Zeit-

Ludwig Meidner, Selbstporträt. Zeichnung, 1910

schrift ›Die Aktion‹ an. 1912 initiierte er die Gruppe ›Die Pathetiker‹. In den Jahren vor dem Ersten Weltkrieg galten seine Bilder visionär-apokalyptischen Themen: Darstellungen eines drohenden Weltuntergangs, schwankende Häuser, aufgerissenes Erdreich, Explosionen, ratlose, verängstigte, aufgebrachte Menschen. Eines seiner Bilder von 1913 trägt den Titel ›Revolution‹. 1916 eingezogen, wandte sich Meidner nach 1918 wieder der Malerei zu, seine Bilder verloren aber zunehmend den apokalyptischen Charakter. In seinem Spätwerk dominieren vor allem Malereien religiösen Inhalts.

Max Herrmann-Neiße

(1886–1941)

Am 23. 5. 1886 in Neiße/Nysa geboren, arbeitete Max Herrmann zunächst in seiner Heimatstadt (deren Namen er später übernahm) als Journalist und freier Schriftsteller. 1917 ging er nach Berlin, um dort vor allem als Theater- und Kabarettkritiker tätig zu sein. 1933 emigrierte er in die Schweiz, dann über Holland und Frankreich nach London. In seinen Gedichten, Novellen, Komödien und Romanen rief Max Herrmann-Neiße zur Überwindung der menschlichen Einsamkeit auf, er verteidigte die Unterdrückten und plädierte für menschliche Verbrüderung. Seine sozial geprägte Lyrik fügte sich ein in den Expressionismus. Zu seinen Werken zählen die Gedichtsammlungen ›Das Buch Franziskus‹ (1911), ›Sie und die Stadt‹ (1914), ›Empörung, Andacht, Ewigkeit‹ (1917), die Romane ›Cajetan Schaltermann‹ (1920), ›Der Flüchtling‹ (1921), die Erzählungen ›Der Todeskandidat‹ (1927). Max-Herrmann-Neiße starb am 8. 4. 1941 in London.

Georg Heym

(1887–1912)

Neben Trakl und Stadler bedeutendster Lyriker des Frühexpressionismus war Georg Heym, am 30. 10. 1887 in Hirschberg/Jelenia Góra geboren, am 16.11.1912 in Berlin gestorben. Heym, Sohn eines Militäranwalts aus einer Beamten- und Pfarrersfamilie, studierte Jura in Würzburg, Berlin und Jena und legte 1911 das juristische Staatsexamen ab. Bereits ein Jahr zuvor war er in Berlin Mitglied des ›Neopathetischen Cabaretts‹ geworden. Georg Heym stand unter dem Einfluß von Baudelaire, Verlaine, Rimbaud und Hölderlin. Als sprachgewandter Lyriker, der sich vorwiegend der traditionellen Form des Sonetts bediente, entwarf er apokalyptische Visionen von den bevorstehenden Kulturkatastrophen in Zusammenhang mit dem Ersten Weltkrieg, er geißelte die Einsamkeit in den Steinwüsten der neuen Großstädte und gab der Verlorenheit der Menschen Ausdruck.

Zu seinen wichtigen Werken zählen: ›Athener Ausfahrt‹ (1907), ›Der ewige Tag‹ (1911), ›Umbra vitae‹ (1912), ›Der Dieb‹ (1913), ›Marathon‹ (1914).

Arnold Zweig

(1887–1968)

Arnold Zweigs Roman ›Streit um den Sergeanten Grischa‹, 1927 erschienen, gehört zu den Marksteinen der Antikriegsliteratur, eine pointierte Darstellung von Gesellschaft und Militärapparat im kaiserlichen Deutschland. Zweig hatte sich angesichts des Ersten Weltkriegs und dessen Folgen zum Zeitkritiker und Humanisten entwickelt, der besonders in seinen Romanen am Beispiel von Einzelschicksalen den Konflikt zwischen dem Staat und dem Individuum analysierte und einer moralischen Bewertung unterzog.

Am 10. 11. 1887 in Glogau/Glogów als Sohn eines jüdischen Sattlermeisters geboren, studierte Arnold Zweig Philosophie, neue Sprachen, Geschichte, Germanistik, Psychologie und Kunstgeschichte. 1915–18 war er als Soldat in Verdun und Serbien, später als Schreiber der Presseabteilung des Oberkommandos Ost in Kowno. Nach dem Ersten Weltkrieg freier Schriftsteller in Starnberg und Berlin, 1933 Emigration nach Palästina. Nach seiner Rückkehr 1948 in Berlin Mitglied des SED-Kulturrats, 1950–53 Präsident der Deutschen Akademie der Künste Berlin (Ost), 1957 als Nachfolger Brechts Präsident des PEN-Zentrums Ost und West.

Arnold Zweig, gestorben am 26. 11. 1968 in Ost-Berlin, gilt als bedeutender Erzähler, Dramatiker und Essayist des psychologischen Realismus. Weitere Werke: die Essays ›Lessing, Kleist, Büchner‹ (1925), ›Caliban‹ (1927), die Romane ›Einsetzung eines Königs‹ (1937) und ›Das Beil von Wandsbek‹ (1947).

Edith Stein

(1891–1942)

Edith Stein war eine der ersten Laientheologinnen. 1987 wurde sie seliggesprochen. Seit der Feier ihres hundertsten Geburtstages arbeitet in Polen eine sehr aktive Edith-Stein-Gesellschaft mit Hauptsitz in Breslau und Niederlassungen in anderen polnischen Städten, die u. a. eine große Ausstellung über ihr Leben organisiert hat.

Edith Stein (Ordensname Teresia Benedicta a Cruce) wurde 1891 als Tochter eines jüdischen Kaufmanns in Breslau/Wrocław geboren und starb 1942 im Konzentrationslager Auschwitz/Oświęcim.

Schülerin und später Assistentin von Edmund Husserl, konvertierte sie 1922 zum Katholizismus und arbeitete seither als Lehrerin am Dominikanerkloster in Speyer. 1932 Dozentin am Institut für wissenschaftliche Pädagogik in Münster, 1933 trat sie in den Orden der Karmelitinnen ein, zuerst in Köln, ab 1938 in Echt/Limburg.

Edith Stein verfaßte das posthum veröffentlichte Werk ›Endliches und ewiges Sein‹, in dem sie den Versuch unternimmt, die Begriffswelt Thomas von Aquins mit phänomenologischen Methoden zu begründen.

Gustaw Morcinek

(1891–1963)

Die Heimat des schlesisch-polnischen Schriftstellers Gustaw Morcinek war das sogenannte Olsa-Gebiet westlich von Cieszyn/Teschen, das seit 1918 zur Tschechoslowakei gehört, aber seither auch mehrfach von Polen beansprucht und 1938/39 auch militärisch besetzt wurde. Bis heute lebt dort auch eine polnische Minderheit.

Morcinek, 1891 im dortigen Karvina als Sohn einer Arbeiterfamilie geboren, arbeitete zunächst als Bergmann und absolvierte später das Lehrerseminar in Bielsko-Biała. In den dreißiger Jahren gehörte er zu den führenden Köpfen der Literatengruppe Przedmieście/Vorstadt. 1939 von den Nationalsozialisten verhaftet, verschleppte man ihn in die Konzentrationslager Sachsenhausen und Dachau. Nach dem Krieg lebte er in der Stadt Skotschau/Skoczów zwischen Teschen und Bielsko-Biała, 1952–56 war er Mitglied des polnischen Parlaments. Schon sein Roman ›Wyrąbany Chodnik‹ – wörtlich übersetzt: Herausgeschlagener Bergwerksstollen –, ein episches Panorama der Geschichte Schlesiens zu Beginn dieses Jahrhunderts, sicherte ihm eine wichtige Position in der polnischen Literatur. Seit diesem Roman war der soziale und auch nationale Kampf (auf polnischer Seite) der oberschlesischen Bergleute ein wesentliches Thema seiner Arbeit.

Dementsprechend verfolgte Morcinek in seinen Kinderbüchern ein Programm der gesellschaftlichen und nationalen Erziehung, so in ›Ludzie są dobrzy‹/Das Volk ist gut (1935) und ›Gołębie na dachu‹/Tauben auf dem Dach (1936). Morcinek verfaßte auch schlesische Märchen.

Über seine KZ-Erfahrungen schrieb er, ein gläubiger Katholik, z. B. in dem Roman ›Listy z mojego Rzymu‹/Briefe aus meinem Rom (1946). Gustaw Morcinek starb am 20. 12. 1963 in Krakau/Kraków.

Kurt Heynicke

(1891–1985)

1920 erhielt der Schriftsteller Kurt Heynicke den Kleist-Preis für seine Lyrik-Sammlung ›Das namenlose Angesicht‹, ein Werk des Expressionismus. Heynicke, am 20. 9. 1891 in Liegnitz/Legnica geboren, schrieb später neben unterhaltsamen Romanen auch zahlreiche Filmdrehbücher (er war zeitweise Mitarbeiter der UFA) sowie Hör- und Fernsehspiele. Zu seinen Werken zählen die Gedichtsammlungen ›Rings fallen Sterne‹ (1917), ›Das Leben sagt ja‹ (1937), die Erzählungen ›Eros inmitten‹ (1925), ›Fortuna zieht in die Welt‹ (1930), ›Der Baum, der in den Himmel wächst‹ (1940), ›Der Hellseher‹ (1951), die Lustspiele ›Frau im Haus‹ (1936), ›Steckenpferd und Staatssekretär‹ (1959), das Hörspiel ›Die Republik der tausend Seelen‹ (1961). – Kurt Heynicke starb am 21. 3. 1985 in Merzhausen/Breisgau.

Max Tau

(1897–1976)

Von Beuthen/Bytom nach Oslo, so läßt sich in kürzester Form der Lebensweg des Schriftstellers, Verlagslektors und Journalisten Max Tau zusammenfassen. Wie er selbst später schrieb, wuchs er auf, »wo die Hochöfen rauchten, die Eisenhämmer erklangen und die Fremden sagten, sie könnten es vor Kohlestaub nicht aushalten. Ich war dort geboren und gehörte einfach dorthin«.

Max Tau studierte Philologie in Hamburg, Berlin und Kiel, war dann Lektor in Trier sowie Berlin und emigrierte nach 1938 Norwegen, 1942 nach Schweden. Ab 1945 arbeitete er wieder als Cheflektor in Oslo. 1950 erhielt Tau den Friedenspreis des Deutschen Buchhandels, 1956 gründete er mit dem Ziel der Völker- und Rassenversöhnung die sogenannte ›Friedensbücherei‹.

In seiner Arbeit war er bemüht, deutsche, besonders schlesische, ebenso skandinavische und tschechische Autoren zu fördern. Darunter Hermann Stehr, Knut Hamsun und Karel Čapek. Zu seinen wichtigsten Verdiensten in diesem Zusammenhang zählt es, die norwegische Dichtung der ersten Jahrhunderthälfte in Deutschland bekanntgemacht und ihr auf diesem ›Umweg‹ zu Wirksamkeit in der ganzen Welt verholfen zu haben.

Seine eigenen Schriften stehen im Dienste einer theologisch begründeten Verbrüderung der Menschen und Völker. Zu seinen Werken zählen die Essays ›Der assoziative Faktor in der Landschafts- und Ortsdarstellung Theodor Fontanes‹ (Diss., 1928) und ›Albert Schweizer und der Friede‹ (1955), die Romane ›Glaube an den Menschen‹ (deutsch 1948), ›Denn über uns ist der Himmel‹ (1955), die Erinnerungen ›Das Land, das ich verlassen mußte‹ (1961). – Max Tau starb am 13. 3. 1976 in Oslo.

Norbert Elias

(1897–1990)

Einer breiten Öffentlichkeit wurde der Soziologe Norbert Elias erst 1976 bekannt, als sein bereits 1939 verfaßtes Hauptwerk ›Über den Prozeß der Zivilisation‹ als Taschenbuch erschien und innerhalb eines Jahres über 25 000 mal verkauft wurde. Elias war damals bereits 79 Jahre alt. Ein Jahr später erhielt er als ersten den Theodor-W.-Adorno-Preis. Dem am 22. Juni 1897 als Sohn eines Textilfabrikanten in Breslau/Wrocław geborenen Juden Elias, dessen Mutter in Auschitz ermordet wurde, war eine normale akademische Karriere verwehrt. 1933, nach drei Jahren als Assistent bei dem Frankfurter Soziologen Karl Mannheim, floh er ins Exil, zunächst nach Paris, dann nach England. Erst in den 50er Jahren bekam er wieder Kontakt zum Universitätsleben: 1954 übernahm er in Leicester zum ersten Mal einen Lehrstuhl, in den 60er Jahren kamen auch die ersten Gastprofessuren in Deutschland.

Der immer sehr originell und unkonventionell denkende Norbert Elias, heute von Fachkollegen als einer der ›Großen‹ anerkannt, interessierte sich sehr stark für Probleme, die auf den ersten Blick banal und harmlos erscheinen, letztendlich aber viel aussagen über den tiefen Wandel menschlicher Verhaltensweisen im Laufe der Jahrhunderte und damit über den Zivilisationsprozeß generell: »Warum halten wir es für zivilisiert, mit Messer und Gabel zu essen?« Oder »Warum schämen wir uns, uns vor Fremden nackt auszuziehen?« Dabei war die soziale Wirklichkeit für ihn immer ein historisch gewachsenes Geflecht wechselseitiger Beziehungen. Wichtige Titel waren u. a. ›Über die Einsamkeit der Sterbenden‹ (1982), ›Die Gesellschaft der Individuen‹ (1987) und ›Über die Zeit‹ (1988). – Norbert Elias starb am 1. August 1990 in Amsterdam.

August Scholtis

(1901–1969)

Wichtigstes Werk des Schriftstellers und Journalisten August Scholtis ist der 1932 erschienene Roman ›Ostwind‹, in dem er Leben und Leiden der kleinen Leute in seiner oberschlesischen Heimat beschreibt und dabei deutlich macht, wie sehr dieser Landstrich nach dem Ersten Weltkrieg zwischen die Mühlsteine der großen Politik und ins Spannungsfeld internationaler Wirtschaftsinteressen geriet.

Auf dem Buchumschlag der Erstausgabe hieß es: »Dieses Buch widme ich dem Deutschen Volke. Ich widme es den sogenannten guten und auch den sogenannten schlechten Deutschen. Auch denen, die gegen ihr besseres Wissen dummes Zeug reden. Ich widme es meinem Vater, dem Wandermusikanten, Trompetenbläser, Bienen-, Kaninchen- und Taubenzüchter, Bauern, Händler und Trunkenbold namens Fritz Scholtis, wohnhaft im Dorf Bolatitz, früher deutsch, heute tschechisch im Hultschiner Ländchen. Ich widme es meiner Mutter namens Valeska, aus dem Stamme der Bauern und Trunkenbolde spitznamens: Herrson, meiner Mutter, die meinem Vater spitznamens Zorniger Tomaschek treu diente wie ein Hund, und beim Kartoffelhacken auf dem herbstlichen Acker vor Übermüdung tot umfiel. Ich, August Scholtis, Sohn des jähzornigen Tomaschek und seiner Valeska spitznamens Herrson.«

Scholtis wurde 1901 in Bolatitz (Kreis Ratibor) geboren, arbeitete in jungen Jahren zunächst als Maurer und wurde dann durch Zufall Schreiber in der Privatkanzlei des Fürsten Lichnowsky. Später verdiente er sein Geld in Güterverwaltungen, Banken und Behörden und nach Jahren der Arbeitslosigkeit als Schriftsteller und Journalist in Berlin. Zu seinen Werken gehören: ›Nachruf‹ (1927), ›Baba und ihre Kinder‹ (1934), ›Das Eisenwerk‹ (1939), ›Die mährische Hochzeit‹ (1940), ›Schloß Fürstenkron‹ (posthum 1987). August Scholtis starb 1969 in Berlin.

Helmut James Graf von Moltke

(1907–1945)

Der Name dieses Mannes verbindet sich eng mit dem des Kreisauer Kreises, einer nach dem Gut von Moltkes in Niederschlesien (s. S. 235) benannten, 1942 entstandenen Bewegung des Widerstands gegen das nationalsozialistische Regime. Zu den Mitgliedern des Kreises, dessen Treffen meistens auf dem Gut stattfanden, zählten Persönlichkeiten verschiedener Herkunft und politischer Auffassung, unter ihnen Delp, Gerstenmaier, Mierendorff, Reichwein, Steltzer und Graf Yorck von Wartenburg.

Ziel war die Beseitigung des Nationalsozialismus, insbesondere dessen Führungsgruppe, wobei die Meinungen über Art und Weise des Vorgehens (etwa hinsichtlich des Attentats) unter-

Helmut James Graf von Moltke, aktiver Gegner des Nationalsozialismus, vor dem Volksgerichtshof in Berlin

schiedlich blieben. Die Bemühungen des Kreisauer Kreises konzentrierten sich gleichzeitig auf die Schaffung einer neuen rechtsstaatlichen sowie wirtschaftlichen und gesellschaftlichen Ordnung. Die Verhaftung von Moltkes sowie der Fehlschlag des Umsturzversuchs vom 20. 7. 1944 machten die Arbeit des Kreisauer Kreises zunichte.

Von Moltke, 1907 in Kreisau/Krzyżowa geboren, war schon in seiner Jugend für demokratische und soziale Ziele tätig, woraus auch seine entschiedene Gegnerschaft zum Nationalsozialismus erwuchs. Seine Initiative zur Gründung des Kreisauer Kreises sollte durch Überwindung der Naziherrschaft zur Begründung und Verwirklichung einer neuen politischen und sozialen Ethik führen. Helmut James Graf von Moltke wurde nach seiner Verhaftung zum Tode verurteilt und am 11. 1. 1945 in Berlin-Plötzensee hingerichtet.

Edmund Jan Osmańczyk

(1913–1989)

Nur vier Monate blieben Edmund Jan Osmańczyk, im Senat des neuen polnischen Parlaments als Anwalt Oberschlesiens aufzutreten. Dann starb er am 5. 10. 1989 im Alter von 76 Jahren. Seine Nachfolge trat Dorota Simonides aus Oppeln/Opole an.

Der 1913 geborene Osmańczyk gehörte zu den Mitbegründern des Bundes der Polen in Deutschland und leitete in den Jahren 1934–39 dessen Pressezentrale. Danach arbeitete er im polnischen Hörfunk und auch während des Warschauer Aufstands beim Untergrundsender der polnischen Widerstandskämpfer. Als Berichterstatter des Verlages ›Czytelnik‹ in Oppeln nahm er teil an der Schlacht um Berlin, auch an der Potsdamer Konferenz und dem Nürnberger Prozeß. Später ging er als Korrespondent von Presse und Hörfunk nach Mittel- und Westeuropa, auch nach Nord- und Südamerika sowie in die Sowjetunion.

Osmańczyk war außerdem Mitglied des Sejm 1952–61 und 1969–85, zeitweise auch Mitglied des Staatsrats (1979/80). Der Publizist und Politiker verstand sich immer als polnischer Oberschlesier, der gegen die Diskriminierung der Autochthonen in Oberschlesien kämpfte und für Minderheitenrechte eintrat. Er tat dies nicht zuletzt auch als Autor von über 50 Büchern. Osmańczyk war auch jemand, der seit langem davon ausging, daß die Existenz von Bundesrepublik und DDR nicht die letzte Antwort der Geschichte auf die deutsche Frage sein würde. Jahre vor Gorbatschow sprach Osmańczyk von der Notwendigkeit eines Europäischen Hauses als Konföderation, in der nicht zuletzt Deutsche und Polen in der jeweils von ihnen gewünschten Staatsform vernünftig miteinander leben könnten.

Edward Gierek

(geb. 1903)

Mitte Mai 1990 machte der ehemalige Erste Sekretär der inzwischen aufgelösten Polnischen Vereinigten Arbeiterpartei noch einmal von sich reden. Denn im Handumdrehen wurden über 300 000 Exemplare seines Buches ›Unterbrochenes Jahrzehnt‹ (polnisch: Przerwana dekada‹) verkauft. Sogar als Raubdruck waren Giereks Memoiren zu erhalten. Der kommunistische Spitzenfunktionär, den man am 5. 9. 1980 vom Posten des Ersten Sekretärs abgelöst hatte, lebte seither als Privatmann mit gut dotierter Rente und Sicherheitsbeamten vor der Tür in seinem Kattowitzer Privathaus.

Edward Gierek, am 6. 1. 1913 in Porąbka nördlich von Kattowitz geboren, arbeitete in den Jahren 1923–34 (in Frankreich) sowie 1937–48 (in Belgien) als Bergmann und verdiente sich dabei auch die ersten Sporen als Funktionär kommunistisch orientierter Gewerkschaften. Aber seine eigentliche Parteikarriere ist untrennbar mit Oberschlesien verbunden, wo er zwischen 1957 und 1970 an der Spitze des dortigen Wojwodschaftskomitees der PVAP stand und damit die führende Machtposition in dieser Region innehatte. Schon 1956, im Zuge des polnischen ›Tauwetters‹, wurde Gierek auch Mitglied des Politbüros. Nach den Dezemberunruhen 1970 löste er dann Władysław Gomułka als Erster Sekretär ab.

In dieser Position bemühte sich Gierek um eine Modernisierung der Wirtschaft. Aber er tat dies, ohne die anachronistischen sozialistischen Wirtschaftsstrukturen anzutasten und mit gigantischen Investitionen vor allem im Montanbereich, die zu einer starken Vernachlässigung der Leicht- und Konsumgüterindustrie führten. Gierek hat den Grundstein für Polens riesigen Schuldenberg gelegt. Positiv schlug zu Buche, daß er gegen die Ende der 70er Jahre erwachsende Opposition nicht mit derart harten Mitteln vorging, wie dies etwa in der DDR gang und gäbe war.

Wilhelm Szewczyk

(1916–1991)

Am 7. 12. 1990 schrieb Wilhelm Szewczyk in der Kattowitzer Zeitung ›Dziennik Zachodni‹: »Die Ignoranten aus der Zeit des realen Sozialismus verbreiteten Intoleranz und waren unfähig zu lernen, denn sie taten so, als gäbe es keine Deutschen in Schlesien, obwohl sie deren D-Mark für Ausreisebewilligungen gern in ihre eigenen Taschen steckten. Die zeitgenössischen Ignoranten wiederum rufen die Vertreter der Landsmannschaften nach Polen und wollen das Polentum abtöten, wodurch sie selbst zu antischlesischen Chauvinisten werden, deren Intoleranz nicht bei der Schaffung einer neuen sozialen Ordnung hilft.«

Szewczyk betätigte sich zeit seines Lebens als Lobbyist Oberschlesiens. Er tat dies immer als Befürworter polnischer Staatlichkeit in Oberschlesien, als Linker und schließlich desillusionierter Befürworter des sozialistischen Systems, vor allem aber als jemand, dem die Erhaltung schlesischer Eigenständigkeit und kultureller Vielfalt am Herzen lag.

Der Schriftsteller, Publizist und Dramaturg Wilhelm Szewczyk wurde 1916 in einer Bergleutesiedlung des Ortes Czuchów bei Rybnik in Oberschlesien geboren. Seit seinem Debüt mit dem ›Brief an die Sorben‹ hat er eine Fülle von Essays und Artikeln über die deutsche Literatur des 20. Jh., über deutsch-polnische Kulturbeziehungen und über die Kultur Schlesiens sowie einige Romane publiziert und dafür auch eine Reihe von Preisen und Auszeichnungen erhalten. Szewczyk schrieb, zeitweise als Chefredakteur, für die Zeitungen ›Odra‹ (1945–50), ›Przemiany‹ (1956/57), ›Poglądy‹ (1962–83) sowie ›Trybuna Robotnicza‹ (1957–62) und arbeitete auch als Dramaturg beim polnischen Rundfunk in Kattowitz (1938/39, 1945–47) sowie beim Teatr Śląski (1947–53, 1971–73 und 1979–81). Der Sozialist Szewczyk war seit 1948 Mitglied der inzwischen aufgelösten Polnischen Vereinigten Arbeiterpartei und vertrat diese Partei auch im Sejm (1957–65, 1969–85). Bis zu seinem Tod am 8. Juni 1991 war er außerdem Mitglied des polnischen PEN.

Tadeusz Różewicz

Geboren am 9. Oktober 1921 in Radomsko, kämpfte Różewicz während des Zweiten Weltkriegs als Mitglied eines Partisanenverbandes der Armia Krajowa (Heimatarmee). Nach 1945 studierte er Kunstgeschichte in Krakau und debütierte als Lyriker. Różewicz, der mit mehreren

Tadeusz Różewicz (zweiter von links) auf einem literarischen Colloquium in der Akademie der Künste Berlin 1966 (zusammen mit Walter Höllerer, Karl Dedecius und Zbigniew Herbert; von links)

Literaturpreisen ausgezeichnet wurde, lebt als Lyriker, Dramatiker und Erzähler in Breslau.

Czesław Miłosz spricht in seiner ›Geschichte der polnischen Literatur‹ vom »begabtesten der jungen Nachkriegsdichter«, der schon mit seinen ersten Gedichtbänden Aufsehen erregte: ›Unruhe‹, 1947, ›Roter Handschuh‹, 1948. In diesen Gedichten kommte Różewicz' Position zum Ausdruck, wonach man Literatur völlig verneinen müsse, da sie eine Lüge sei, die das Wüten der Menschen verhülle. Dahinter stand die Erfahrung des Krieges, den Różewicz als integralen Bestandteil der modernen Zivilisation ansieht. Poesie habe somit nur Existenzberechtigung, wenn sie alle literarischen Konventionen zerstöre, d. h. Versmaße, Reime und sogar Metaphern ablehne. Wie die französischen Existenzialisten kommt Różewicz zu der Überzeugung, der Mensch lebe in einer metaphysisch sinnlosen Welt, und sein einziges Schicksal bestehe darin, anderen Menschen ausgeliefert zu sein. Der Dichter sucht nach Selbsterkenntnis durch Analyse seiner Beziehungen zu den Mitmenschen. Trotz der eigenwilligen Formen wurden die Gedichte von Różewicz selbst in den finstersten stalinistischen Zeiten zwischen 1949 und 1955 gedruckt, weil er darin auch seiner Abscheu vor Atombombe und Wettrüsten Ausdruck gab. Nach 1956 wurde Różewicz zum Exponenten des absurden Theaters, das die Oberflächlichkeit der Menschen in ihren alltäglichen Beziehungen geißelte.

Ich schrie

Ich schrie in der nacht

die toten standen
in meinen augen
leise lächelnd

der spieß der dunkelheit
drang in mich ein
kalt starr

und öffnete
meine eingeweide

Tadeusz Różewicz ist ein ausgewiesener Kenner deutscher und insgesamt deutschsprachiger Dichtung. Ihn fasziniert Kafka, dem er das Drama ›Die Falle‹ und das dramatische Fragment ›Der Hungerkünstler‹ gewidmet hat. Das Werk von Różewicz ist fast gänzlich auch auf deutsch erschienen.

Heinz Piontek

(geb. 1925)

Ebenso wie sein Schriftstellerkollege Horst Bienek stammt Heinz Piontek aus Oberschlesien, geboren am 15. November 1925 in Kreuzburg/Kluczbork. In seiner künstlerischen Entwicklung gelangte er von bildreicher Naturlyrik (›Die Furt‹, 1952) zu Romanen und Erzählungen, in denen er sich mit den Problemen der modernen technisierten Welt auseinandersetzte (›Kastanien aus dem Feuer‹, 1963; ›Die mittleren Jahre‹, 1967; ›Dichterleben‹, 1976). Piontek, der 1976 mit dem Georg-Büchner-Preis ausgezeichnet wurde, schrieb Hörspiele und Essays und ist außerdem als Übersetzer tätig. Weitere Titel: ›Männer, die Gedichte machen‹ (1970), ›Tot oder lebendig‹ (1971, Gedichte), ›Helle Tage anderswo‹ (Reisebilder, 1973), ›Wie sich Musik durchschlug‹ (Gedichte, 1978).

Marian Szyrocki

(1928–1992)

»Daß eine Nation die andere verstehen möge«, so lautete der programmatische Titel einer Festschrift, die 1988 zu Ehren des bis dato wohl bedeutendsten polnischen Germanisten, Marian Szyrocki, herausgegeben wurde. Der Titel zitierte ein Breslauer Lehrbuch von 1616, das dem Erlernen der deutschen und polnischen Sprache diente, und er bringt auf den Punkt, was Szyrokki, selbst aus dem früher polnischen Lemberg vertrieben, zeit seines Lebens in die Tat umzusetzen versuchte: die Annäherung von Polen und Deutschen. Er tat dies durch die Erforschung der Literatur deutschsprachiger Länder, und er erzielte durch seine Beharrlichkeit und sein Engagement Erfolg.

Schon in den 50er Jahren war Szyrocki Gast der ›Gruppe 47‹, publizierte er in Ost und West auf polnisch und deutsch. Sein Spezialgebiet war die deutsche Literatur des Barock und dabei wiederum die Literaturlandschaft Schlesiens mit den Zentren Breslau und Liegnitz, Glogau und Brieg. Szyrocki hat etwa 300 Arbeiten vorgelegt: 1956 erschien seine Martin-Optiz-Biographie, 1963 der erste Band der gemeinsam mit dem Engländer Hugh Powell herausgegebenen und später weitgehend vollendeten historisch-kritischen Gesamtausgabe der Werke von Andreas Gryphius, 1964 eine Gryphius-Monographie und 1968 eine einführende Darstellung der deutschen Barockliteratur insgesamt.

Szyrocki hatte schon regen Kontakt zu deutschen Forschern, als dies noch politisch-ideologisch inopportun war und die Erforschung der deutschsprachigen Kultur Schlesiens für ihn geradezu existenzbedrohend wirken mußte. Nach dem Tode Szyrockis schrieb ein Fachkollege in einem Nachruf: »Mit Marian Szyrocki hat die internationale Germanistik eine ihrer markantesten Gestalten verloren.«

Dorota Simonides

(geb. 1928)

Die äußerst lebendige, lebenslustige und sprachgewandte Professorin mit dem griechisch klingenden Namen aus Oppeln wurde erstmals einem breiteren Publikum in Polen und auch im Westen bekannt, als sie 1990 in einer regionalen Nachwahl zum Senat, der zweiten Kammer des polnischen Parlaments, gegen den Tierarzt Heinrich Kroll antrat. Mit Kroll wagte es zum ersten Mal ein Vertreter der deutschen Minderheit, an einer Wahl teilzunehmen. Frau Simonides kandidierte damals im Auftrag des Bürgerkomitees der ›Solidarität‹, und es gelang ihr, zwei Drittel der Stimmen in der Wojwodschaft auf sich zu vereinigen.

Kam es bei dieser Wahl noch zu einer starken Polarisierung zwischen Polen und Deutschstämmigen in der Öffentlichkeit, so hatte sich die Lage ein Jahr später weitgehend beruhigt. Nicht zuletzt die öffentlichen Auftritte und Erklärungen von Dorota Simonides haben dazu beigetragen.

Dorota Simonides, die sich selbst als polnische Oberschlesierin begreift, wurde 1928 in einem Vorort von Kattowitz/Katowice geboren. Sie studierte in Krakau und Breslau und ist seit 1985 ordentliche Professorin an der Pädagogischen Hochschule in Oppeln. Ihre Forschungsarbeit galt und gilt vor allem der schlesischen Volkskultur. Aus dieser Arbeit resultierten eine Vielzahl von Untersuchungen sowie zahlreiche Artikel in polnischen und ausländischen Zeitschriften. Frau Simonides hat außerdem mehrere volkstümliche Originaltexte herausgegeben, auch Bücher mit Volksmärchen und Sagen, u. a. ›Baśń i podanie górnośląskie‹ und ›Bery to nie tylko gruszki, czyli rzecz o humorze śląskim‹ sowie ›Śląski horror‹.

Horst Bienek

(1930–1990)

Vierzig Jahre, nachdem Horst Bienek seine Heimatstadt Gleiwitz/Gliwice verlassen hatte, reiste er zum ersten Mal wieder dorthin. In seinem 1988 erschienenen Buch ›Reise in die Kindheit. Wiedersehen mit Schlesien‹ schrieb er darüber: »Ich war wie ein Schatzsucher, und alle meine Romane über die Kindheit waren nichts anderes als die Suche nach dem Schatz Heimat. Als ich die Schatzhöhle schließlich fand, war sie leer. Gibt es ein Ergebnis meiner Reise? Oberschlesien ist für mich nicht mehr Heimat. Gewiß, die alte, unveränderte Landschaft ist noch da, die Steine, die Wälder, die Flüsse. Aber die vertrauten Menschen fehlen, die für mich zur Heimat gehören. Tradition, Aura, Sprache, das alles ist verloren. Ich spüre den Verlust nicht als Verlust, jetzt nicht mehr, nach so langer Zeit.«

Der Schriftsteller Horst Bienek hat seiner Heimat Oberschlesien ein Denkmal gesetzt vor allem durch die sogenannten Gleiwitzer Romane: ›Die erste Polka‹ (1975), ›Septemberlicht‹ (1977), ›Zeit ohne Glocken‹ (1979) und ›Erde und Feuer‹ (1982). Zuletzt erschienen von ihm die Novelle ›Königswald‹ (1984), ›Der Blinde in der Bibliothek/Literarische Porträts‹ (1986) und ›Das allmähliche Ersticken von Schreien/Sprache und Exil heute‹ (1987).

Horst Bienek wurde 1930 als jüngstes Kind (von sechs) der Familie des Beamten Herrmann Bienek und seiner Frau Waleska geboren. 1945 wurde die Familie nach Deutschland vertrieben. Studium in Ostberlin an der Theaterschule beim Berliner Ensemble, 1951 durch die Stasi verhaftet, nach sieben Monaten Haft durch ein sowjetisches Militärgericht zu 25 Jahren Zwangsarbeit verurteilt wegen angeblicher Spionage, Aufruhr gegen die sowjetische Besatzung und der Absicht, die Staatsmacht der DDR zu stürzen; Verbüßen eines Teils der Strafe im Arbeitslager von Workuta (Ural, nördlich des Polarkreises), 1955 dank einer Amnestie zurück nach Deutschland, lebte seit 1962 in München. Seine Hafterfahrungen hat er vor allem in dem berühmten Roman ›Die Zelle‹ (1969) verarbeitet. – Horst Bienek starb am 30. 11. 1990 in München.

Alfons Nossol

(geb. 1932)

Bischof Alfons Nossol ist wohl die wichtigste Integrationsfigur in Oberschlesien. So hat es besondere Bedeutung, wenn er im Februar 1991 in einem Hirtenbrief zur Fastenzeit schrieb: »Wir sind dazu bestimmt und befähigt, für das ganze Land ein Modell echter deutsch-polnischer Versöhnung auszuarbeiten.« Nossol, der deutsch so gut wie polnisch spricht, ist ein weitgereister Mann und kennt als solcher die Besonderheiten und Eigentümlichkeiten anderer Staaten und Völker. Vielleicht hat gerade auch das ihn bewogen, besonders seit seiner Einführung als Bischof von Oppeln 1977, für die Bewahrung der kulturellen Eigenständigkeit der oberschlesischen Region einzutreten. Im Juni 1988 sagte er in einem Zeitungsinterview: »Seit dem Krieg ist die individuelle Struktur und die geistige Andersartigkeit der Oberschlesier nicht akzeptiert worden ... Sicherlich sind sie nicht schlechter und nicht besser als anderswo, aber häufig haben sie zu spüren bekommen, daß sie Bürger zweiter Klasse sind. In dieser Hinsicht haben sich die alten Zeiten wiederholt.«

Alfons Nossol, 1932 geboren, studierte Theologie in Neiße, Oppeln und an der Katholischen Universität in Lublin. 1961 promoviert, war Nossol seither als Lehrbeauftragter und Hochschullehrer an verschiedenen Universitäten des In- und Auslandes tätig. Seit 1987 ist er ordentlicher Professor. Außerdem gehört er zu den Mitgliedern des Episkopat-Ausschusses für Ökumenismus und des päpstlichen Ausschusses für den Dialog mit den Lutheranern und den Orthodoxen. Bischof Nossol hat etwa 200 Publikationen vorgelegt, darunter das in Deutsch erschienene Buch: ›Der Mensch braucht Theologie. Ansätze einer lebensnahen Glaubensreflexion‹.

Heinrich Kroll

(geb. 1949)

Noch zwei, drei Jahre vor dem 27. Oktober 1991 hatte sich Heinrich Kroll (geb. 1949) aus Gogolin in Oberschlesien wohl nicht träumen lassen, daß er eines Tages auf einer Abgeordnetenbank des Sejm Platz nehmen würde. Aber genau das geschah nach den Parlamentswahlen an diesem Tag, und Kroll fungierte fortan sogar als Sprecher der Parlamentariergruppe der deutschen Minderheit, zu der sieben Sejmabgeordnete und ein Senator gehörten.

Nach dem politischen Umschwung in Polen 1989 wurden zum ersten Mal Gruppen der deutschen Minderheit, genannt ›Deutsche Freundschaftskreise‹, ins Vereinsregister eingetragen. Der Tierarzt Heinrich Kroll zählte zu ihren aktiven Mitgliedern. Anfang 1990 machte er dann von sich reden, als er bei der Nachwahl für einen Senatorensitz gegen die polnische Oberschlesierin Dorota Simonides antrat und nur knapp verlor. Später, im Mai 1990, gehörte Kroll zu den Gewinnern der Kommunalwahlen.

Heinrich Kroll ist ein Politiker, der es vorzieht, ruhig, argumentierend aufzutreten, der sich bemüht, die verschiedenen Wahlkämpfe nicht in Frontstellung zur polnischen Mehrheit Oberschlesiens zu führen. Er spricht besser Polnisch als Deutsch, wie überhaupt seine deutsche Identität erst wieder mit der neuen Bewegungsfreiheit der deutschen Minderheit gefestigt wurde.

Ortsnamenvergleich

Polnisch-deutsch

Baborów	– Bauerwitz
Bardo	– Wartha
Bielawa	– Langenbielau
Bielsko-Biała	– Bielitz
Bierutów	– Bernstadt
Bierutowice	– Brückenberg
Boguszów	– Gottesberg
Boguszowice	– Boguschowitz
Bolesławiec	– Bunzlau
Bolków	– Bolkenhain
Bożków	– Eckersdorf
Brzeg	– Brieg
Brzezinka	– Briese
Byczyna	– Pitschen
Bystrzyca Kłodzka	– Habelschwerdt
Bytom	– Beuthen
Bytom Odrzański	– Beuthen/Oder
Chełmsko Śląskie	– Schömberg
Chocianów	– Kotzenau
Chojnów	– Haynau
Chorzów	– Königshütte
Chróstnik	– Brauchitschdorf
Cieplice Zdrój	– Bad Warmbrunn
Cieszyn	– Teschen
Duszniki Zdrój	– Bad Reinerz
Dzierżoniów	– Reichenbach
Gliwice	– Gleiwitz
Głogów	– Glogau
Głogówek	– Oberglogau
Głubczyce	– Leobschütz
Głuchołazy	– Ziegenhals
Góra	– Guhrau
Gorzanów	– Grafenort
Gościęcin	– Kostenthal
Goszcz	– Goschütz
Grodziec	– Gröditzberg
Henryków	– Heinrichau
Iłowa	– Halbau
Jagniątków	– Agnetendorf
Jastrzębie Zdrój	– Königsdorff-Jastrzemb
Jawor	– Jauer
Jedlina Zdrój	– Bad Charlottenbrunn
Jelenia Góra	– Hirschberg
Jemielnica	– Himmelwitz
Kamieniec Ząbkowicki	– Kamenz
Kamienna Góra	– Landeshut
Karpacz	– Krummhübel
Karpniki	– Fischbach
Katowice	– Kattowitz
Kąty Wrocławski	– Kanth
Kędzierzyn	– Kandrzin
Kietrz	– Katscher
Kliczków	– Klitschdorf
Kłodzko	– Glatz
Kluczbork	– Kreuzburg
Korfantów	– Friedland
Koszęcin	– Koschenthin
Kotlarnia	– Jakobswalde
Kowary	– Schmiedeberg
Koźle	– Cosel
Kożuchów	– Freystadt
Krapkowice	– Krapitz
Krzeszów	– Grüssau
Krzyżowa	– Kreisau

Książ – Fürstenstein
Kudowa Zdrój – Bad Kudowa
Lądek Zdrój – Bad Landeck
Laskowice – Laskowitz
Legnica – Liegnitz
Legnickie Pole – Wahlstatt
Leśna – Marklissa
Lewin Brzeski – Löwen
Lubań – Lauban
Lubiąż – Leubus
Lubin – Lüben
Lubliniec – Lublinitz
Lubomierz – Liebenthal
Łubowice – Lubowitz
Lutynia – Leuthen
Lwówek Śląski – Löwenberg
Łęknica – Lugknitz
Małujowice – Mollwitz
Miasteczko Śląskie – Georgenberg
Międzylesie – Mittelwalde
Mikołów – Nikolai
Milicz – Militsch
Minkowskie – Minkowsky
Mirsk – Friedeberg
Moszna – Moschen
Mysłakowice – Zillerthal-Erdmannsdorf
Mysłowice – Myslowitz
Namysłów – Namslau
Niemcza – Nimptsch
Niemodlin – Falkenberg
Nowa Ruda – Neurode
Nowa Sól – Neusalz
Nowogrodziec – Naumburg a. Queis
Nysa – Neiße
Oława – Ohlau
Oleśnica – Oels
Oleśnica Mała – Klein Oels
Olesno – Rosenberg
Opole – Oppeln
Oświęcim – Auschwitz
Otmuchów – Ottmachau
Ozimek – Malapane
Paczków – Patschkau
Piechowice – Petersdorf
Piekary Śląskie – Deutsch Piekar
Pieszyce – Peterswaldau
Piotrkowice – Groß Peterwitz
Pławniowice – Plawniowitz
Polanica Zdrój – Bad Altheide
Prószków – Proskau
Prudnik – Neustadt
Prusice – Prausnitz
Pszczyna – Pleß
Pszów – Pschow
Pyskowice – Peiskretscham
Racibórz – Ratibor
Radków – Wünschelburg
Rogów – Rogau
Rogoźnica – Groß Rosen
Ruda Śląska – Ruda
Rudy – Groß Rauden
Rybnica Leśna – Reimswaldau
Rybnik – Rybnik
Ścinawa – Steinau
Siedlęcin – Boberröhrsdorf
Siedlisko – Carolath
Słupiec – Schlegel
Sobieszów – Hermsdorf
Sobota – Zobten a. Bober
Sobótka – Zobten, Kr. Breslau
Sośnicowice – Kieferstädtel
Środa Śląska – Neumarkt
Stare Bogaczowice – Altreichenau
Stary Zamek – Altenburg
Strzegom – Striegau
Strzelce Opolskie – Groß Strehlitz
Strzelin – Strehlen
Świdnica – Schweidnitz
Świebodzice – Freiburg
Świeradów Zdrój – Bad Flinsberg
Syców – Groß Wartenberg
Szczawno Zdrój – Bad Salzbrunn
Szczepanek – Stephanshain
Szklarska Poręba – Schreiberhau
Szprotawa – Sprottau
Tarnowskie Góry – Tarnowitz
Toszek – Tost
Trzebnica – Trebnitz
Twardogóra – Festenberg

Tworków	– Tworkau
Tychy	– Tichau
Wałbrzych	– Waldenburg
Walim	– Wüstewaltersdorf
Wambierzyce	– Albendorf
Wleń	– Lähn
Wodzisław Śląski	– Loslau
Wojnowice	– Wohnwitz
Wołów	– Wohlau
Wrocław	– Breslau
Wschowa	– Fraustadt
Ząbkowice Śląskie	– Frankenstein
Zabrze	– Hindenburg
Żagań	– Sagan
Żelazno	– Eisersdorf
Zgorzelec	– Görlitz-Ost
Ziębice	– Münsterberg
Zielona Góra	– Grünberg
Złotoryja	– Goldberg
Złoty Stok	– Reichenstein
Żmigród	– Trachtenberg
Żory	– Sohrau

Deutsch-polnisch

Agnetendorf	– Jagniątków
Albendorf	– Wambierzyce
Altenburg	– Stary Zamek
Altreichenau	– Stare Bogaczowice
Auschwitz	– Oświęcim
Bad Altheide	– Polanica Zdrój
Bad Charlottenbrunn	– Jedlina Zdrój
Bad Flinsberg	– Świeradów Zdrój
Bad Kudowa	– Kudowa Zdrój
Bad Landeck	– Lądek Zdrój
Bad Reinerz	– Duszniki Zdrój
Bad Salzbrunn	– Szczawno Zdrój
Bad Warmbrunn	– Cieplice Zdrój
Bauerwitz	– Baborów
Bernstadt	– Bierutów
Beuthen	– Bytom
Beuthen/Oder	– Bytom Odrzański
Bielitz	– Bielsko Biała
Boberröhrsdorf	– Siedlęcin
Boguschowitz	– Boguszowice
Bolkenhain	– Bolków
Brauchitschdorf	– Chróstnik
Breslau	– Wrocław
Brieg	– Brzeg
Briese	– Brzezinka
Brückenberg	– Bierutowice
Bunzlau	– Bolesławiec
Carolath	– Siedlisko
Cosel	– Koźle
Deutsch Lissa	– Leśnica
Deutsch Piekar	– Piekary Śląskie
Eckersdorf	– Bożków
Eisersdorf	– Żelazno
Falkenberg	– Niemodlin
Festenberg	– Twardogóra
Fischbach	– Karpniki
Frankenstein	– Ząbkowice Śląskie
Fraustadt	– Wschowa
Freiburg	– Świebodzice
Freystadt	– Kożuchów
Friedeberg	– Mirsk
Friedland	– Korfantów
Fürstenstein	– Książ
Georgenberg	– Miasteczko Śląskie
Glatz	– Kłodzko
Gleiwitz	– Gliwice
Glogau	– Głogów
Görlitz-Ost	– Zgorzelec
Goldberg	– Złotoryja
Goschütz	– Goszcz
Gottesberg	– Boguszów
Grafenort	– Gorzanów
Gröditzberg	– Grodziec
Groß Peterwitz	– Piotrkowice
Groß Rauden	– Rudy
Groß Rosen	– Rgoźnica
Groß Strehlitz	– Strzelce Opolskie
Groß Wartenberg	– Syców
Grünberg	– Zielona Góra
Grüssau	– Krzeszów
Guhrau	– Góra
Habelschwerdt	– Bystrzyca Kłodzka
Halbau	– Iłowa
Haynau	– Chojnów

Heinrichau	– Henryków
Hermsdorf	– Sobieszów
Himmelwitz	– Jemielnica
Hindenburg	– Zabrze
Hirschberg	– Jelenia Góra
Jakobswalde	– Kotlarnia
Jauer	– Jawor
Kamenz	– Kamieniec Ząbkowicki
Kandrzin	– Kędzierzyn
Kanth	– Kąty Wrocławskie
Katscher	– Kietrz
Kattowitz	– Katowice
Kieferstädtel	– Sośnicowice
Klein Oels	– Oleśnica Mała
Klitschdorf	– Kliczków
Königsdorff-Jastrzemb	– Jastrzębie Zdrój
Königshütte	– Chorzów
Koschentin	– Koszęcin
Kostenthal	– Gościęcin
Kotzenau	– Chocianów
Krappitz	– Krapkowice
Kreisau	– Krzyżowa
Kreuzburg	– Kluczbork
Krummhübel	– Karpacz
Lähn	– Wleń
Landeshut	– Kamienna Góra
Langenbielau	– Bielawa
Laskowitz	– Laskowice
Lauban	– Lubań
Leobschütz	– Głubczyce
Leubus	– Lubiąż
Leuthen	– Lutynia
Liebenthal	– Lubomierz
Liegnitz	– Legnica
Löwen	– Lewin Brzeski
Löwenberg	– Lwówek Śląski
Loslau	– Wodzisław Śląski
Lublinitz	– Lubliniec
Lubowitz	– Łubowice
Lüben	– Lubin
Lugknitz	– Łęknica
Malapane	– Ozimek
Marklissa	– Leśna
Militsch	– Milicz
Minkowsky	– Mińkowskie
Mittelwalde	– Międzylesie
Mollwitz	– Małujowice
Mondschütz	– Mojęcice
Moschen	– Moszna
Münsterberg	– Ziębice
Myslowitz	– Mysłowice
Namslau	– Namysłów
Naumburg a. Queis	– Nowogrodziec
Neiße	– Nysa
Neumarkt	– Środa Śląska
Neurode	– Nowa Ruda
Neusalz	– Nowa Sól
Neustadt	– Prudnik
Nikolai	– Mikołów
Nimptsch	– Niemcza
Oberglogau	– Głogówek
Oels	– Oleśnica
Ohlau	– Oława
Oppeln	– Opole
Ottmachau	– Otmuchów
Patschkau	– Paczków
Peiskretscham	– Pyskowice
Petersdorf	– Piechowice
Peterswaldau	– Pieszyce
Pitschen	– Byczyna
Plawniowitz	– Pławniowice
Pleß	– Pszczyna
Prausnitz	– Prusice
Proskau	– Prószków
Pschow	– Pszów
Ratibor	– Racibórz
Reichenbach	– Dzierżoniów
Reichenstein	– Złoty Stok
Reimswaldau	– Rybnica Leśna
Rogau	– Rogów
Rosenberg	– Olesno
Ruda	– Ruda Śląska
Rybnik	– Rybnik
Sagan	– Żagán
Sankt Annaberg	– Góra Świętej Anny
Schlegel	– Słupiec
Schmiedeberg	– Kowary
Schömberg	– Chełmsko Śląskie
Schreiberhau	– Szklarska Poręba

Schweidnitz	– Świdnica
Sohrau	– Żory
Sprottau	– Szprotawa
Steinau	– Sinawa
Stephanshain	– Szczepanek
Strehlen	– Strzelin
Striegau	– Strzegom
Tarnowitz	– Tarnowskie Góry
Teschen	– Cieszyn
Tichau	– Tychy
Tost	– Toszek
Trachtenberg	– Żmigród
Trebnitz	– Trzebnica
Tworkau	– Tworków
Wahlstatt	– Legnickie Pole
Waldenburg	– Wałbrzych
Wartha	– Bardo Śląskie
Wohlau	– Wołów
Wohnwitz	– Wojnowice
Wünschelburg	– Radków
Wüstewaltersdorf	– Walim
Ziegenhals	– Głuchołazy
Zillerthal-Erdmannsdorf	– Mysłakowice
Zobten	– Sobótka
Zobten/Bober	– Sobota
Zobtenberg	– Ślęża

Reisen in Schlesien

Breslau/Wrocław

□ Kultur und Geschichte

Nach Warschau und Krakau gehört Breslau heute zu den bedeutsamsten Städten in Polen; ähnlich wie Posen und Lodz, Danzig und Stettin, Lublin und Kattowitz. Das gilt für die Politik, etwa durch den Einfluß des Breslauer Parlamentsabgeordneten, ebenso wie für die Wirtschaft, sei es durch die großen Staatsbetriebe ›Pafawag‹, ›Dolmel‹ und ›Jelcz‹ oder durch die auch hier aufstrebende Privatwirtschaft, und das gilt auch für Kultur und Wissenschaft, wenn wir z. B. an das Renommee der Breslauer Germanisten denken. Die Streiks der Jahre 1980/81 und der politische Umschwung 1989 gingen nicht zuletzt auch auf die Impulse aus Breslau zurück.

Im 9. Jh. gehörte jenes Gebiet, das wir heute mit Schlesien umschreiben, zum Großmährischen Reich und nach dessen Zerfall zu Böhmen. Auf den böhmischen Herzog Vratislav I. (gest. 921) ist möglicherweise der Name der Stadt zurückzuführen. Um 990 übernahmen die polnischen Piasten die Macht im Lande, im Jahre 1000 wurde Breslau gleichzeitig Sitz eines Bistums unter dem Erzbischof von Gnesen. Die in jener Zeit errichtete und bis zum 12. Jh. existierende Burg im Gebiet der Dominsel war eine mächtige Anlage mit Wällen, Palisaden und Wassergräben. Da wo heute die Kathedrale steht, wurde vermutlich zwischen 1051 und 1069 der sogenannte Hieronymusdom als Holzbauwerk errichtet. Um 1100 war Breslau im wahrsten Sinn des Wortes Hauptstadt von Schlesien.

Die Stadt konnte diese Position als Sitz der staatlichen und kirchlichen Obrigkeit festigen, während Schlesien insgesamt immer wieder zwischen Polen und Böhmen umkämpft war. In dieser Zeit wirkte der Magnat Peter Wlast, der das Prämonstratenserstift St. Vinzenz auf dem Elbing rechts der Oder gründete und die Verlegung des Augustiner-Chorherrenstiftes St. Marien vom Zobtenberg auf die Sandinsel veranlaßte. Spuren der damaligen aufwendigen romanischen Bauten sind das Tympanon an der Sandkirche, das romanische Portal an der Maria-Magdalenen-Kirche sowie die kleine St. Ägidius-Kirche.

Ab etwa 1200 trennten sich die Herzöge der Piasten als eigenständige Herrscherlinie mehr und mehr von Polen. 1261 erhielt Breslau das Magdeburger Stadtrecht. Schon seit Beginn des 13. Jh. wandelte es sich mehr und mehr von einem an der Oder gelegenen Durchgangsort zu einem Zentrum des Handels. Dieser Aufschwung wurde allerdings unterbrochen durch den Einfall der Mongolen im Jahre 1241. Auf den Wiederaufbau in der nachfolgenden Zeit geht die bis heute existierende Gitterform des Straßennetzes in der Innenstadt mit dem Großen Ring und dem Salzring zurück. Gerade hier entwickelte sich ein Kaufmannsviertel, während das herzogliche Gebiet am Oderufer den kirchlichen Stiftungen wie etwa dem Kreuzherrenstift St. Matthias (1247) vorbehalten blieb.

Nach dem Tode Herzog Heinrichs VI. fiel Breslau 1335 als erstes schlesisches Erbfürstentum an die böhmische Krone. Die Stadt blieb immerhin Sitzungsort der schlesischen Fürstentage. Ausgehend vom Charakter der Handelsstadt konzentrierte sich das städtische Geschehen mehr und mehr auf das Rathaus und die angebauten Hallen und Kaufhäuser, insgesamt auf den Großen Ring, den Salzring und den Neumarkt. 1337 erhielt die Stadt das Salzmonopol. Seine höchste Blüte entfaltete der Handel in der zweiten Hälfte des 14. Jh., von 1387 bis 1474 ist Breslau sogar als Mitglied der Hanse nachweisbar. Um 1470 zählte die Stadt etwa 21 000 Einwohner.

Die Bauzeit des gotischen Rathauses, bis heute markantes Wahrzeichen von Breslau, fällt in die Jahre 1471–1504. Von der Backsteingotik des 14. und 15. Jh. sind erhalten geblieben: die Kathedrale (Chor Mitte 13. Jh.), die Hl. Kreuz-Kirche (Mitte 14. Jh.), St. Maria auf dem Sande (1334–1430), die Vinzenzkirche (14. Jh.), St. Matthiaskirche (13./14. Jh.), St. Adal-

Ansicht von Breslau (›Uratislavia‹). Kupferstich von J. G. Prinz, um 1740

Friedrich II. d. Große, Huldigung der schlesischen Stände im Breslauer Rathaus am 7. November 1741. Zeitgenöss. Kupferstich von F. B. Werner

bert-Kirche (1330 geweiht), St. Maria-Magdalena (1342–62), St. Elisabeth-Kirche (1341–62), St. Barbara (1303–1417), St. Dorotheenkirche (1354–1400), Corpus-Christi-Kirche (2. Hälfte 14. Jh.).

Nach dem Tode König Ludwigs II. von Böhmen und Ungarn 1526 traten die Habsburger sein Erbe an, 1527 huldigte Breslau König Ferdinand I. Aber allen nachfolgenden politischen Schwierigkeiten bis hin zu Kriegen zum Trotz blühten Breslaus Wirtschaft und Handel auch im Habsburger Reich. Das heimische Handwerk nahm vor allem Aufschwung durch die schlesische Leinenweberei.

Im Zuge der Gegenreformation ließen sich 1638 in Breslau die Jesuiten nieder. Zu den im Stadtbild verbliebenen Barockbauten der nachfolgenden Zeit gehören das Sandstift (1709–1730), heute Universitätsbibliothek, das Klarenkloster (1693–99), heute Ursulinenkloster und -lyzeum, das Matthiasstift (1675–1715), heute Ossolinski-Bibliothek, die Kirche zum Namen Jesu (1689–98), heute Matthiaskirche und der Kollegienbau (1728–44), seit 1811 Universität. Die rege Bautätigkeit um 1700 schlug sich auch in einer Vielzahl barocker Bürgerhäuser nieder.

Am 10. 8. 1741 wurde Breslau durch preußische Truppen besetzt, am 7. 11. huldigten die schlesischen Stände im Breslauer Rathaus König Friedrich dem Großen. Das war das Ende von Stadtrepublik und Rat, die durch einen vom König eingesetzten Stadtdirektor und ein Rathausregiment ersetzt wurden. In Wirtschaft und Handel mußte sich Breslau fortan der bald übermächtigen Konkurrenz durch Leipzig erwehren, lediglich der Osthandel über

Krakau blieb weiterhin eine Domäne der Stadt an der Oder. Gleichzeitig begann der Ausbau Breslaus zu einer moderneren Haupt- und Residenzstadt. 1810 wurden dann fast alle Klöster und Stifte säkularisiert. Der preußische Klassizismus jener Zeit läßt sich zeigen an der Hofkirche (1747–50), heute Kirche der Evangelisch-Augsburgischen Gemeinde, der Alten Börse am Salzring (1824) sowie an verschiedenen Bürgerhäusern.

Der Aufstand 1830 und insgesamt das polnische Bestreben nach nationaler Unabhängigkeit und Wiedererlangung eines eigenen Staates fanden in Breslau durchaus Verständnis. Ähnlich wie Krakau war Breslau sogar eines der Zentren der nationalpolnischen Bewegung. Dem entsprach die Entfaltung polnischer Kultur an der Universität, und in verschiedenen Verlagen der Stadt erschienen sogar Bücher in polnischer Sprache.

Während der Osthandel im 19. Jh. mehr und mehr an Bedeutung verlor, wurde der schlesische Binnenhandel für Breslau zu einer neuen Basis des Wohlstands. Ebenso wichtig wurde die Industrie, die zunehmend an Vielfalt gewann: Mühlen und Brauereien, chemische Betriebe und metallverarbeitende Fabriken, schließlich auch Kleider-, Papier- und Möbelfabriken. Vor 1914 besaß Breslau die größte Binnenwerft Deutschlands. Anfang des 20. Jh. zählte Breslau bereits 500000 Einwohner.

Aus der Zeit nach 1900 stammen die Jahrhunderthalle (1911–13) von Max Berg, das Villenviertel im Süden der Stadt u. a. m.

Das Rathaus von Breslau. Kolorierter Stahlstich, um 1850

Im Zweiten Weltkrieg blieb Breslau zunächst vor Zerstörungen bewahrt, erst im Herbst 1944 erlebte die Stadt die ersten Bombenangriffe. Am 15. 2. 1945 war Breslau von allen Seiten durch sowjetische Truppen eingekreist. Schwere Schäden wurden auch durch die sinnlose nationalsozialistische Anweisung hervorgerufen, nach diesem Zeitpunkt im damaligen Stadtteil Scheitnig noch einen Flugplatz zu bauen, um vor allem Nazigrößen ausfliegen zu können.

Am 9. Mai 1945 erschien die polnische Fahne über Breslau. Schon 1947 lebten in der Stadt fast 190000 polnische und kaum noch deutsche Bürger. Viele der neuen Einwohner waren aus den polnischen Ostgebieten gekommen, die heute zu den Nachfolgestaaten der Sowjetunion gehören. Symbol für diese Neuansiedlung ist die Ossolinski-Bibliothek, die von der Universität Lemberg/Lwow nach Breslau verlegt wurde.

Wie groß die Kriegsschäden waren, beschreibt ein 1991 erschienener Stadtführer (Tadeusz Drankowski, Wrocław – Portret Miasta, AZS we Wrocławiu, 1991): »Den größten Schaden erlitten die südlichen und westlichen Stadtteile, beinahe 90 % ihrer Bebauung lagen in Trümmern. Die historische Altstadt war zu 60 % zerstört, Gasleitungen ebenfalls zu 60 %, die Straßenbeleuchtung funktionierte gar nicht. Etwa 80 % aller Straßenbahnstrecken konnten nicht benutzt werden, die elektrischen Oberleitungen waren völlig vernichtet. Außerdem waren 3000 Einheiten des Wasserleitungsnetzes und 7000 der Kanalisation außer Betrieb. Keiner der zehn Breslauer Bahnhöfe konnte arbeiten. Manche Straßen, in denen die erbittertsten Kämpfe getobt hatten, waren mit einer Schuttschicht von der Höhe eines Stockwerks bedeckt.«

Vordringlich war der Wiederaufbau und Neubau der Industrieanlagen und der Wohnhäuser. Erst 1954 begann der eigentliche Wiederaufbau des Stadtinneren. Insgesamt haben es die Bewohner Breslaus geschafft, viel wertvolle Bausubstanz zu sichern sowie zu restaurieren und ihrer Stadt im heutigen Polen einen wichtigen Platz zu sichern.

Allerdings wird jeder, der die zentralen Stadtteile des heutigen Breslau vorurteilsfrei zur Kenntnis nimmt, die ins Auge springenden Widersprüche nicht verschweigen können, so besonders das sehr uneinheitliche Bild aus historischer Bausubstanz und Neubauten ohne jedes gestalterische Prinzip, aus Bebauung und öden Freiflächen, aus nebeneinanderstehenden Bauwerken kraß unterschiedlicher Höhe. Die Ursachen dieser Widersprüche liegen auf der Hand: die aus der Ideologie resultierende Borniertheit kommunistischer Stadtplaner und die Finanzschwäche großer Kommunen im realen Sozialismus sowie die mangelnde Identifikation der hier angesiedelten polnischen Bürger mit den deutschen Kulturtraditionen Breslaus. Viel Arbeit steht noch bevor, und es gibt Anzeichen dafür, daß sie unter den neuen politischen Bedingungen auch geleistet wird.

Breslauer Stadtwappen

Als bedeutenden Schritt zur Wiederaneignung der gesamten Stadt- und Regionalgeschichte erhielt Breslau im August 1990 sein altes Wappen. Auf Antrag der Wählergemeinschaft ›Breslauer Demokratische Aktion‹ beschloß der Stadtrat, das 1530 von Kaiser Ferdinand I. von Habsburg verliehene Wappen wieder zum offiziellen Symbol zu erklären und es an den öffentlichen Gebäuden anzubringen. Das Wappen zeigt auf fünf Feldern den böhmischen Löwen, den piastischen Adler, den Buchstaben ›W‹ (für den polonisierten lateinischen Namen ›Wratislawia‹), das Bild des Apostels Johannes, den der Stadtrat im 14. Jh. zu seinem Patron bestimmt hatte, sowie im Zentrum den Kopf Johannes des Täufers, des ersten Patrons der Stadt. 1938 war dieses Wappen von den Nationalsozialisten durch ein Emblem mit Schwarzem Adler und Eisernem Kreuz ersetzt worden. Nach dem Zweiten Weltkrieg hatten dann die kommunistischen Stadtfunktionäre Breslau ein neues Wappen verordnet, das nur noch an die piastischen Herzöge des 11. und 12. Jh. erinnern sollte.

□ Rathaus/Ratusz · Ring/Rynek · Elisabethkirche/Kościół Św. Elżbiety · Kathedrale der Hl. Maria Magdalena/Katedra Św. Marii Magdaleny · St. Adalbert-Kirche/Kościół Św. Wojciecha

(Stadtplan Breslau s. hintere Umschlagklappe)

Im Herzen der Stadt, von der Kreuzung ul. Świdnicka/ul. Oławska aus, bietet sich der schönste Blick auf Breslaus gotisches **Rathaus/Ratusz**, eine der wichtigsten Bauschöpfungen des späten Mittelalters in Deutschland und bis heute das unverwechselbare Wahrzeichen der Stadt. Schon für 1261 wird ein Ratsturm erwähnt, 1327 dann begann man mit dem Bau der *Tuchhalle* an der Ostseite, der später weitere Kaufhallen angeliedert wurden. Die Bauzeit des eigentlichen gotischen Rathauses fiel in die Jahre 1471–1504, wobei sich die Ausgestaltung noch bis in die zweite Hälfte des 16. Jh. hinzog. 1588–95 wurde der Turm vollendet.

Restaurierungen waren notwendig in den Jahren 1884–91 und 1933–38 sowie besonders nach den Zerstörungen im Zweiten Weltkrieg (1949–62).

Ein Renaissancehelm krönt den weithin sichtbaren, 66 m hohen *Rathausturm*. Besonders die Ost- und Südfassade sind durch reichen architektonischen und bildhauerischen Schmuck geprägt. Den Mittelgiebel der *östlichen Fassade* mit seinen Fialen und dem kunstvollen

Das Wahrzeichen der Stadt Breslau/Wrocław, das gotische Rathaus am Ring/Rynek

Maßwerk, etwa um 1500 entstanden, hat man einmal ein »Bravourstück des Mittelalters« genannt (Umschlagvorderseite). Darunter prangt das große runde Zifferblatt in quadratischer Rahmung der astronomischen Uhr aus dem Jahre 1580. Den Kapellenerker tragen zwei Frauengestalten; überall in den Ecken der Fenster kauern – wie kleine Kobolde Tier- und Menschengestalten aus Stein. Die künstlerische Gestaltung des Erkers im Südosten ist ein Werk des Görlitzer Bildhauers Briccius Gausske, die Kragsteine zeigen das Haupt Johannes des Täufers und die hl. Jungfrau Maria.

Vogteigiebel und Mittelerker dominieren die *Südfassade*, deren reiche, plastische Ausgestaltung aus der zweiten Hälfte des 15. Jh. stammt. Die Hohlkehlen der Gesimse enthalten kleine Skulpturen, die eine Art ›steinerne Stadtchronik‹ bilden.

Die *Westfassade* des Rathauses dagegen ist schlichter gehalten. Das Stadtwappen über dem Eingangsportal, 1536 angebracht, zeigt den böhmischen Löwen mit der Krone, den schlesischen Adler, das ›W‹ für ›Wratislawa‹ und das Haupt Johannes des Evangelisten.

In das Innere des Rathauses, als **Historisches Museum/Muzeum Historyczne** zugänglich, gelangt man von der Westseite her. In der *Vorhalle* finden sich Reste von Renaissancemalereien, die während der Restaurierungsarbeiten vor dem Zweiten Weltkrieg zum Vorschein kamen. Die sich anschließende zweischiffige, durch fünf spitzbogige Arkaden geteilte *Bürgerhalle* gehört zu den ältesten Teilen des Rathauses. Bemerkenswert in der *Vogtstube* sind zwei Renaissanceportale, die in die Grüne Stube und die Bürgermeisterstube führen. Die Wände der *Ratsstube* bedeckt ein Renaissancetafelwerk mit reichen Intarsien, darüber hängen Gemälde von Michael Willmann, einem schlesischen Maler des 17. Jh. Durch ein gotisches Steinportal von 1428 betritt man die Kanzlei des Stadtschreibers, die ein spätgotisches Gewölbe mit farbig gefaßten Schlußsteinen besitzt.

Über eine breite, 1890 angelegte Marmortreppe gelangt man zu dem aus drei Schiffen bestehenden *Remter* (Farbabb. 8) im Obergeschoß, dem größten und schönsten Saal des Rathauses. Dieser 1343–57 erbaute Festsaal erinnert an die Zeit höchster Selbständigkeit Breslaus, als man sogar versuchte, im Krieg zwischen den Königen Böhmens und Ungarns, Władisław und Matthias Corvinus, eine eigenständige Außenpolitik zu betreiben. Die prächtigen Schlußsteine der Kreuzrippengewölbe im Remter zeigen christliche Motive, Pflanzen- und Tiergebilde, Porträts bekannter Bürger sowie Wappen: die Adler der polnischen Piasten, die Wappen Schlesiens und Böhmens. Auffallend ist dort auch ein Mittelerker, dessen Innenraum mit reichem Schnitzwerk gestaltet ist. Auf der Balustrade dieses Erkers befinden sich humorvolle Figuren des Bildhauers Briccus Gausske.

Die Ostwand der *Ratsältestenstube* ist mit einem Tafelwerk aus Esche ausgestattet, geschmückt mit Intarsien aus Eichenholz. In der *Schatzkammer* findet sich ein kunstvolles Sterngewölbe, dessen Schlußstein das Wappen des Königs Wladyswaw II. Jagiello trägt. Der *Fürstensaal* schließlich zeigt ein Kreuzrippengewölbe, das sich auf eine Mittelsäule stützt, deren Kapitell mit figürlichen und pflanzlichen Motiven geschmückt ist.

Breslauer Alltag vollzieht sich vor allem im Untergeschoß des historischen Rathauses: Das dortige Restaurant *›Schweidnitzer Keller‹*, auch eine Bar und eine Diskothek finden regen Zuspruch. Vor der Westfassade steht seit 1956 das aus Lemberg/Lwów hierher überführte **Denkmal** (Farbabb. 4) des polnischen Komödiendichters **Aleksander Fredro** (1798–1876) genau auf jenem Platz, den vorher ein Standbild Friedrichs des Großen eingenommen hatte. Hier war im März 1945 der Breslauer Bürgermeister Spielhagen standrechtlich erschossen worden, weil er sich gegen die sinnlosen Durchhalteparolen der Nationalsozialisten gewandt hatte.

Die vier Häuserfronten des **Rings/Rynek** hatten traditionell bestimmte Namen: im Westen die *›Sieben-Kurfürsten-Seite‹*, im Norden die *›Naschmarkt-Seite‹*, im Osten die

Astronomische Uhr am Mittelgiebel der Ostfassade und Portal im Rathaus

Breslau/Wrocław, restaurierte Häuserfront am Ring/Rynek

›*Grüne-Röhr-Seite*‹ und schließlich im Süden die ›*Goldene-Becher-Seite*‹. Bei der Restaurierung der Fassaden der vorwiegend barocken Giebelhäuser orientierte man sich an einem Modell der Bebauung am Ring, das der ehemalige Stadtbaurat Rudolf Stein in den 20er Jahren angefertigt hatte.

Besonders gelungen und im besten Zustand sind die Fassaden an der *Westseite* (Farbabb. 2), wenngleich hier die einheitliche Giebelfront schon seit 1930/31 zerstört ist, als man an der Ecke zum (Blücherplatz) Salzring/Pl. Solny die Eisenbetonkonstruktion der Sparkasse errichtete. Sehr schön ist das *Haus Nr. 2*, das höchste und bekannteste Haus auf dieser Seite, ›*Greifenhaus*‹ genannt, mit sieben Stockwerken über sowie drei Stockwerken unter der Erde. Der Stadtbaumeister Friedrich Groß gestaltete 1587 die Giebelverzierung. Reizvoll sind auch die *Häuser Nr.3* (mit einem Kunstgewerbegeschäft), *Nr. 4* (Friseur) und *Nr. 5* (mit einem der neuen, modernen Restaurants von Breslau).

Weniger gut in Schuß sind die Fassaden der restlichen drei Häuser an dieser Ringseite: das *Haus Nr. 6*, ›*Zur Goldenen Sonne*‹ mit einem auffallenden Barockportal, in dem früher die böhmischen und Habsburger Herrscher mit ihrem Gefolge abstiegen, heute beherbergt es die Buchhandlung ›Ossolineum‹, dann das *Haus* ›*Zur Blauen Sonne*‹, *Nr. 7*, und das *Haus Nr. 8*, ›*Zu den Sieben Kurfürsten*‹, bei dem im Rahmen einer früheren Restaurierung im Putz Reste gotischer Fresken und Fensterabschlüsse freigelegt wurden. Bei den Häusern Nr. 7 und 8 waren (1992) Restaurierungsarbeiten im Gange.

Das Haus Nr. 8 hat dieser Seite auch ihren Namen gegeben. Die *Südseite* wiederum wurde benannt nach dem *Haus Nr. 29*, das noch vor dem Zweiten Weltkrieg im Giebel einen goldenen Becher trug. Auffallend ist hier besonders die Fassade des *Hauses Nr. 18* mit der *Rathausapotheke/Apteka pod Ratuszem* im Erdgeschoß. Im Nebenhaus (Nr. 19) beherbergt die schönste erhalten gebliebene Halle eines Bürgerhauses aus der Frührenaissance heute eine Teestube.

Die *Grüne-Röhr-Seite* im *Osten* trug ihren Namen nach einem in früheren Zeiten hier existierenden Rohrbrunnen, der von einem kleinen Holzhäuschen umgeben war. Hier, an der Ecke zur Ohlauer Straße/ul. Oławska, hat man das 1904 abgetragene Haus *›Zur Goldenen Krone‹* mit einer Renaissanceattika aufgebaut; heute ist dort eine Filiale des polnischen Reisebüros Orbis untergebracht. Etwa in der Mitte der Ostseite an der ul. Kurzy Targ, die zur Maria-Magdalenenkirche führt, steht das frühere Breslauer *Großkaufhaus ›Barasch‹*, in dem auch heute wieder ein Einkaufszentrum untergebracht ist.

Carl Ferdinand Langhans (gest. 1869), Sohn des berühmten Klassizismusarchitekten Carl Gotthard Langhans, leitete 1824 den Bau der **Alten Börse/Stara Giełda**, die an der Südseite des (Blücherplatz) Salzrings/Pl. Solny steht. Das klassizistische Bauwerk beherbergt heute eine Sparkasse, Rechtsanwaltsbüro und Handelsfirmen. Im Haus Nr. 13 ebenfalls an der Südseite finden wir die Breslauer Handwerkskammer. Die schönsten und am besten restaurierten Fassaden besitzen am *Salzring* die *Häuser Nr. 8/9, 10* und *11* (Westseite) sowie *17, 18/19* und *20* (Ostseite).

Zwei Brände (20.9.1975 und 9.6.1976) haben der **Elisabethkirche/Kościół Św. Elżbiety** an der Nordwestecke des Rings unermeßlichen Schaden zugefügt; der Turm wurde zerstört, das Dach und das Kirchenschiff brannten aus, wertvolle Kunstschätze wie die Orgel von Michael Engler aus den Jahren 1750/51 sowie die reiche Ausstattung der Kapellen gingen

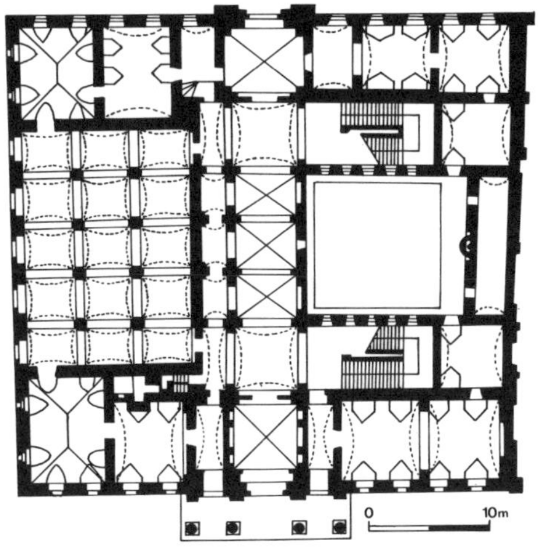

Breslau/Wrocław, Alte Börse/Stara Giełda, Grundriß des Erdgeschosses

verloren. Im Rahmen der Wiederaufbauarbeiten wurden (bis Ende 1991) der Turm, dessen Helm in Renaissancegestalt sowie das Dach des Kirchenschiffs erneuert.

Die Kirche verfügte über insgesamt 47 Altäre. Den spätgotischen Marienaltar hat man nach dem Zweiten Weltkrieg nach Kamenz/Kamieniec Ząbkowicki ausgelagert und von dort ins Polnische Nationalmuseum nach Warschau gebracht, wo er sich bis heute befindet. Desgleichen die aus der Elisabethkirche stammende, vor dem Zweiten Weltkrieg in verschiedenen Breslauer Museen aufbewahrte ›Schöne Madonna‹.

Die Baugeschichte der Elisabethkirche geht zurück auf die Jahre 1242–48, als hier ein von Heinrich III. gestiftetes Gotteshaus errichtet wurde. Die heutige Gestalt entspricht dem hauptsächlich zwischen 1341 und 1362 errichteten, aber erst Ende des 15. Jh. vollendeten gotischen Bauwerk. 1856/57 fanden Restaurierungsarbeiten statt. Nach 1945 hat man das Gotteshaus als katholische Garnisonskirche genutzt.

Vor der Elisabethkirche verbindet ein barocker Torbogen zwei schmale Häuser, die früher ›Hänsel und Gretel‹ genannt wurden.

Die **Kathedrale der Hl. Maria Magdalena/Katedra Św. Marii Magdaleny** ist berühmt wegen des *romanischen Portals* an der Südseite, das 1546 auf Beschluß des Rates hier eingebaut wurde und ursprünglich vom Vinzenzkloster auf dem Elbing nördlich der Breslauer Dominsel stammte, das man 1529 abgebrochen hatte. Die eingestellten Gewändesäulen, die Kapitelle und die vierläufigen Archivolten der Bogenlaibung sind mit figürlichem Schmuck und reichen Ornamenten versehen (Pflanzen, geometrische Muster), an den Eckpfeilern findet sich das Motiv des Höllenrachens. Außer diesem romanischen sind drei weitere Portale der Kirche erhalten geblieben: das gotische Hauptportal an der Westseite, das barocke im Norden und das Renaissanceportal an der Südseite.

Das erste Gotteshaus an dieser Stelle wurde 1230 als Pfarrkirche der deutschen Siedlung gestiftet, die heutige Gestalt geht zurück auf die in den Jahren 1342–62 errichtete gotische Basilika. Im Mittelalter war sie vor allem die Kirche der Handwerkerzünfte, während die Elisabethkirche den Patrizierfamilien vorbehalten blieb.

Breslau/Wrocław, romanisches Portal an der Südseite der Kathedrale der Hl. Maria Magdalena/ Katedra Św. Marii Magdaleny

Bei dem Brand am 18.5.1945 stürzte ein Teil des Südturms herab und zerstörte weitgehend das Kirchengewölbe. Die teilweise verbliebene Innenausstattung brannte aus. Der in zwei Phasen vollzogene Wiederaufbau (nach 1947 und nach 1960) gab der Kirche ihr ursprüngliches Aussehen wieder. Seit dem 27. 5. 1972 ist sie Kathedrale der kleinen Gemeinde der sog. Polnisch-Katholischen Kirche, die man früher auch als Altkatholiken bezeichnete.

Außer den Portalen sind an den Außenwänden der Kirche auch bemerkenswerte Epitaphien erhalten geblieben, unter anderem das der Eheleute Hornig von 1510.

Wertvollster Bestandteil der Innenausstattung ist das Grabmal des Breslauer Syndicus und Kaiserlichen Rats Adam Caspar von Arzat, 1678/79 von Matthias Rauchmiller ausgeführt nach einer Idee des schlesischen Dichters Daniel Caspar von Lohenstein, der zu diesem Anlaß ein Gedicht schrieb, das sowohl dem Verstorbenen als auch dem Schöpfer des Grabmals huldigt. Durch dieses Grabmal wurde der Typ des architektonisch ausgebauten Wandmonuments in die schlesische Bildhauerkunst eingeführt, das – von allegorischen Figuren umgeben – einen Rahmen für das Bildnis des Verstorbenen bildet. Es sind dies die Gloria mit dem Wappen, die Fama mit dem Tuch und die Spes. Das Grabmal wurde 1945 stark beschädigt.

Zur Innenausstattung gehören außerdem die Kanzel in Renaissanceformen von 1579, das Taufbecken, die schmiedeeiserne Wendeltreppe zur Sakristei sowie das Denkmal des letzten katholischen Pfarrers Oswald Winkler.

Die Bausubstanz der Kirche ist innen und außen nicht im besten Zustand, was natürlich mit den geringen finanziellen Möglichkeiten dieser kleinen Gemeinde zusammenhängt.

Die **St. Adalbert-Kirche/Kościół Św. Wojciecha** am Dominikanerplatz/Plac Dominikański symbolisiert Breslauer Kirchengeschichte, denn hier wurde im Jahre 1112 der erste steinerne Kirchenbau der Stadt errichtet. Nach dem Mongoleneinfall begann man mit dem Bau der existierenden Kirche, deren Chor am 24. 9. 1330 durch Bischof Nanker geweiht und dessen Turm 1359 vollendet wurde. Die Kirche in ihrer heutigen Gesamtheit hat man in den letzten Jahrzehnten des 15. Jh. fertiggestellt. Die schöne Giebelfront an der Westseite mit dem Kreuz an der Spitze erinnert an Bauten des Deutschen Ritterordens etwa in Frauenburg oder Kulm.

Die Kirche wurde im Zweiten Weltkrieg zu Dreivierteln zerstört. In zwei Aufbauphasen 1946–48 und 1953–55 hat man wesentliche Schäden behoben, 1981 erhielt der Turm seinen Helm in der ursprünglichen gotischen Gestalt.

Das sehr schöne Innere zeigt heute wieder die typischen weißen Wandflächen, von denen sich die ziegelroten Gewölberippen absetzen. Kunsthistorischer Schatz der Kirche ist die barocke *Kapelle des Hl. Czeslaus/Kaplica Św. Czesława* mit dem Sarkophag aus weißem Marmor.

Die an der St. Adalbert-Kirche vorbeiführende Katharinenstraße/ul. Sw. Katarzyny trägt ihren Namen nach der hier samt dem zugehörigen Kloster wiederhergestellten **Kirche der hl. Katharina/Kościół Św. Katarzyny.** Die Kirche, eine Stiftung Herzog Heinrichs V., war in den Jahren 1302–14 erbaut worden. 1721 mußte das Gotteshaus nach Bränden wiedererrichtet werden. Nach den weitgehenden Zerstörungen im Zweiten Weltkrieg wurde es in

Breslau/Wrocław, Marmorsarkophag in der St. Adalbert-Kirche/Kościół Św. Wojciecha

den Jahren 1975–80 wiederhergestellt. Seit 1843 dient die Kirche den Altlutheranern; im Kloster befinden sich Diensträume der städtischen Denkmalspfleger und auch ein Geschäft.

Kirche und Kloster der Bernardiner an der ul. Bernardyńska dienen heute als **Architekturmuseum/Muzeum Architekture.** Gezeigt werden romanische und gotische Kunstwerke, dazu wechselnde Ausstellungen von Graphik und Zeichnungen. Wertvollstes Exponat ist das romanische, sogenannte Jaksa-Tympanon aus der zweiten Hälfte des 12. Jh. Kloster und Kirche entstanden als spätgotische Bauwerke in den Jahren 1463–66.

□ Universität/Uniwersytet · Matthias-Stift/Biblioteka Ossolińskich...

1702 erhob Kaiser Leopold I. die Jesuitenschule Breslaus – seit 1638 im Matthiasstift / heute Ossolonski-Bibliothek – in den Rang einer Hochschule. Mit dem Bau des eigentlichen **Universitätsgebäudes** (vom Rathaus nach Norden über Schmiedebrücke/ul. Kuźnicza zu erreichen) begann man dann 1728, wobei der ursprüngliche Entwurf, dessen Autor nicht bekannt ist, nicht vollständig realisiert wurde. So hat man von den vorgesehenen drei Türmen nur den westlichen, den sogenannten mathematischen Turm ausgeführt. 1733 war der westliche Abschnitt des Bauwerks mit Auditorium Comicum, Auditorium Academicum (Aula Leopoldina) und Oratorium Marianum fertig, 1734 der Verbindungsflügel zur Kirche.

Die Bauarbeiten leitete Johann Blasius Peintner zusammen mit seinem Polier Joseph Fritsch, die Steinmetzarbeiten kamen aus den Werkstätten von Christoph Archer und Johann Adam Karinger, die Skulpturen schufen Franz Joseph Mangoldt (so die Figuren auf dem Mathematischen Turm, die die vier Fakultäten symbolisieren, 1733) und Johann Albrecht Siegwitz (Kardinaltugenden auf dem Balkon des Portals, 1735). Durch dieses dreiachsige Portal führt der Zugang zur Paradetreppe der Universität, die Fresken im Treppenhaus stellen in allegorischer Form die schlesischen Fürstentümer dar (von Felix Anton Scheffler 1734–35).

Breslaus Prunkstück barocker Innenausstattung ist die *Aula Leopoldina* (Farbabb. 5) der Universität (1731/32). Schöpfer der Skulpturen ist Franz Joseph Mangoldt, der Fresken Johann Christoph Handke, der Stuckarbeiten Albert Ignazius Provisore. An der Ostseite der Aula befindet sich die Musikempore, im Westen das Podium mit den Promotionsbänken und den Logen für Rektor und andere Persönlichkeiten.

Hauptmotiv des Programms der Aula Leopoldina ist das Thema ›patrimonium scientiae‹, das den Monarchen als Schirmherr und Förderer von Kunst und Wissenschaft zeigt; deshalb auf dem Podium die Plastiken der Kaiser Leopold I., Joseph I., Karl VI. Die Fresken über

Breslau/Wrocław, das Universitätsgebäude an der Oder

dem Podium stellen Christus dar, von Heiligen umgeben. Die ›Malereien über dem Mittelteil des Barocksaals zeigen die Verherrlichung der göttlichen Weisheit als Quelle des Wissens sowie Personifizierungen der Wissenschaften und der Kunst. In den Fensternischen Bildnisse bedeutender Wissenschaftler und Künstler, Porträts von Herrschern (Ferdinand I., Ferdinand III., Franz von Lothringen), Würdenträgern der Kirche (Papst Urban VIII.), Rektoren und Beamten.

Die Kriegsschäden an der Universität, die zeitweise den Namen des Stalinisten Bolesław Bierut trug und heute wieder Breslauer Universität/Uniwersytet Wrocławski heißt, wurden 1946/47 beseitigt, die 1970 außen erstellte Farbgebung paßte allerdings nicht zum architektonischen Charakter. Die Aula Leopoldina wurde 1974–76 restauriert, die Fresken im Treppenhaus 1976–78.

Auf dem Universitätsplatz steht der 1904 aufgestellte **Fechterbrunnen/Fontanna Rzeźba Szermierza** von Hugo Lederer.

Direkt an die Universität schließt sich die **Kirche des Namen Jesu/Kościół Imienia Jezus** an, die in den Jahren 1689–98 im Auftrag der Jesuiten erbaut und 1709 geweiht wurde. Der Autor des architektonischen Entwurfs ist unbekannt; die Bauarbeiten leitete Matthäus Biener, nach seinem Tod wurden sie von Johann Georg Knoll weitergeführt. Es handelt sich um eine einschiffige Kirche mit Seitenkapellen, über denen sich Emporen befinden. Der massive, kubische Bau mit ausgesparten Giebeln wird von einem Dachreiter gekrönt.

Die architektonische Innenausstattung der Kirche stammt aus den Jahren 1722–33, wobei der Jesuit Christoph Tausch, Architekt und Maler, den Entwurf lieferte und auch das Bild des Hauptaltars schuf. Franz Josef Mangoldt gestaltete die Kanzel (1727) und die Franz-Xaver-Kapelle (1731–33), Albrecht Siegwitz die Skulpturen des Hauptaltars (1724–26) sowie die Figuren des hl. Ignazius Loyola und Franz Xaver (1726), Albert Ignazius Provisore die Stuckarbeiten.

Thema der Fresken, die Johann Michael Rottmayer 1703–06 malte, sind die Verherr-

Breslau/Wrocław, Fechterbrunnen/Fontanna Rzeźba Szermierza auf dem Universitätsplatz

lichung des Namens Jesu durch die Heiligen und die ganze Menschheit. Die Szenen über den Emporen stellen eine Illustration der Worte aus der Litanei an den Namen Jesu dar. Nach der Säkularisierung 1810 wurde das Gotteshaus am 24. 1. 1819 als Pfarrkirche der St. Matthias-Gemeinde geweiht. Seit dem 3. 9. 1946 ist es wieder Universitätskirche des Namens Jesu. Die heutige Farbgebung der Fassaden ist Ergebnis der letzten Renovierung in den Jahren 1979–81. Nach 1980 wurden auch die Fresken des Schiffs restauriert.

Ebenfalls am Universitätsplatz steht das frühere **Josephskonvikt,** heute Sitz der Anthropologischen Institute der Polnischen Akademie der Wissenschaften und der Breslauer Universität: Polska Akademia Nauk Zakład Antropologii, Uniwersytet Wrocławski Zakład Antropologii. Der barocke, schloßähnliche Bau wurde in den Jahren 1734–55 nach Plänen von Joseph Frisch gebaut. In einem der Hörsäle hielt am 8. 2. 1813 der aus Norwegen stammende Philosophieprofessor Henrik Steffen seine berühmte Rede an die Studenten, in der er sie aufforderte, sich als Freiwillige für den Kampf gegen Napoleon zu melden.

Da wo wie Schuhbrücke/ul. Szewska auf das Oderufer trifft, steht das frühere *Matthiasstift*, in dem seit 1950 die wertvolle **Bibliothek des Ossolinski-Instituts** der früheren Lemberger Universität/**Biblioteka Zakładu Narodowego Imienia Ossolińskich** untergebracht ist. Der Entwurf für das in den Jahren 1676–1717 geschaffene Bauwerk stammte von Jean Baptiste Mathey, dem Hofarchitekten des Erzbischofs von Prag, die Bauarbeiten leitete zunächst Simon Wiedemann, dann Christoph Fischer.

Das Bauwerk hat den Charakter eines Palastes, was sich vor allem an der Front zur Oder hin mit einem Belvedere zeigt, in dem sich die repräsentativen Sommerräume der Prälaten befanden; insbesondere der von einer Kuppel überdachte Paradesaal, dessen Fresken Johann Jacob Eybelwieser (1715) malte.

Im Mittelalter unterhielten an dieser Stelle die aus Prag herbeigerufenen Kreuzherren mit dem Roten Stern das Elisabethhospital. Das Matthiasstift wurde nach der Säkularisierung 1810 als staatliches Matthiasgymnasium fortgeführt, das fortan als katholische Bildungsstätte in Schlesien großes Ansehen genoß und vor allem von den Kindern des schlesischen Adels besucht wurde. 1802–04 gehörten Joseph Freiherr von Eichendorff und sein Bruder Wilhelm zu den Schülern. Nach einem Brand wurde das Gebäude wieder aufgebaut; die farbliche Fassung der Außenfassaden stammt von der Renovierung in den siebziger Jahren. Neue Restaurierungsarbeiten, so der Eindruck Anfang 1992, sind notwendig.

Die **St. Matthias-Kirche der Jesuitenpatres/Kościół Św. Macieja Ksieży Jezuici** an der Ecke Schuhbrücke/ul. Szewska und Ursulinenstr./ ul. Uniwersytecka wird erstmals 1220 als Burgkapelle erwähnt, das heutige Bauwerk stammt aus dem 13. und 14. Jh. Errichtet auf dem Grundriß eines Kreuzes, zeigt sich ganz eindeutig der architektonische Einfluß der Kreuzkirche auf der Dominsel. Im Zweiten Weltkrieg wurde die Kirche zu 40 % beschädigt, insbesondere das Dach und der Turm. Die Weihe der wiederaufgebauten Kirche erfolgte am 23. 10. 1966. Die **Nepomuksäule/Kolumna Nepomucena** vor der Kirche ist ein Werk von Johann Georg Urbanski.

Am Pl. Biskupa Nankiera finden wir das **Ursulinenkloster**, in dem die Nonnen heute eine höhere Schule/Privatne Żeńskie Liceum Ogólnokształcące Sióstr Urzulanek betreiben,

Breslau/Wrocław, St. Vincenz-Kirche/ Kościół Św. Wincentego

zusammen mit der **Ursulinenkirche der hl. Klara und der hl. Hedwig/Kościół Urszulanek Św. Klary i Św. Jadwigi.**

Herzogin Anna stiftete an dieser Stelle ein Klarissinnenkloster, dessen erste Nonnen am 21. 9. 1257 aus Prag kommend hier eintrafen. In den Jahren 1693–99 wurden Kloster und Kirche im barocken Stil neu gebaut, Baumeister war damals Johann Georg Knoll. Im Zuge der Säkularisierung löste man das Klarissinnenkloster auf, später konnten es die Ursulinen übernehmen mit der Maßgabe, dort eine höhere Schule zu betreiben.

1945 wurde die Kirche zu knapp zwei Dritteln zerstört, die wesentlichen Aufbauarbeiten erfolgten in den Jahren 1957/58. Nach einem Brand 1970 mußte das Dach der Kirche erneut wiederhergestellt werden. Wichtigstes Kunstwerk der gesamten Anlage ist das *Piastenmausoleum* mit den Grabmälern der Herzogin Anna (gest. 1265), Herzog Heinrichs V. (gest. 1296) und Herzog Heinrichs VI. (gest. 1335).

Auch optisch sehr eindrucksvoll ist die Symbiose von Gotik und Barock am Beispiel der **St. Vinzenz-Kirche/Kościół Św. Wincentego** und des früheren **St. Vinzenz-Kloster**, heute *Philologische Abteilung der Breslauer Universität/Wydział Filologiczny* (Polonistik, Slawistik, Anglistik und Germanistik).

Die erste Kirche an dieser Stelle entstand als Stiftung Heinrichs II. 1241 für die aus Prag gekommenen Franziskaner. Das heutige Bauwerk stammt aus dem 14. Jh. 1662–74 erfolgte im Inneren eine weitgehende Barockisierung (neuer Hauptaltar samt Tabernakel, neuer Orgelprospekt, Plastiken). In den Jahren 1723–27 wurde an der Südseite der Kirche als Stiftung Ferdinand Hochbergs die *Kapelle der Schmerzensmutter* angefügt, ein Juwel des Breslauer Barock, geschaffen vom Stadtbaumeister Christoph Hackner.

Architekt des 1682–1695 gebauten Vinzenzklosters war Hans Fröhlich. Das Bauwerk diente in den Jahren 1810 bis 1945 als preußisches Oberlandesgericht.

Kirche und Kloster wurden 1945 zu Dreivierteln zerstört. Beim Wiederaufbau nach 1955 wurde auch der schlanke, gotische Turm der Kirche wieder aufgeführt.

An der Sandstraße/ul. Piastowa, gegenüber der St. Vinzenzkirche, steht die 1908 unter Leitung von R. Plüddemann errichtete **Markthalle/Hala Targowa**. Seit der Restaurierung 1983 wird sie wieder als solche genutzt.

□ Universitätsbibliothek (ehem. Sandstift) · Kirche St. Maria auf dem Sande/ Kościół Najświętszej Marii Panny na Piasku ...

Der Weg über die *Sandbrücke/Most Piastowy* führt zunächst auf der rechten Seite zur **Universitätsbibliothek,** dem früheren *Sandstift*. Dessen Tradition geht zurück auf die Jahre 1149/50, als auf Initiative des Magnaten Peter Wlast das Augustiner-Chorherrenstift St. Marien vom Zobtenberg nach hier auf die *Sandinsel* verlegt wurde. Der existierende Barockbau entstand in den Jahren 1709–30 unter Leitung des Breslauer Baumeisters Georg Kalkbrenner.

Nach der Säkularisierung wurde hier 1811 die neugegründete Staats- und Universitätsbibliothek eingerichtet. Mit der Sammlung der aufgelösten Universität in Frankfurt/Oder, dem Bestand der Jesuitenhochschule und anderen aus Bibliotheken säkularisierter Klöster nach hier gebrachten Sammlungen ergab sich ein Gesamtbestand, der vor dem Zweiten Weltkrieg über eine halbe Million Bände umfaßte. Vieles davon wurde vernichtet, als das Gebäude 1945 – mißbraucht als letzter Gefechtsstand des Festungskommandanten – völlig ausbrannte.

1959 war der Wiederaufbau abgeschlossen. Die jetzige Universitätsbibliothek verfügt über einen Gesamtbestand von 2,5 Mio. Bänden, darunter Spezialsammlungen wie etwa 150000 spezifisch schlesische Werke (vielfach in deutscher Sprache), 26000 Handschriften, 310000 alte Drucke, 10000 Atlanten und Karten und 40000 Graphiken.

Sehr schön wiederhergestellt ist das Innere der **Kirche St. Maria auf dem Sande/Kościół Najświętszej Marii Panny na Piasku** (Farbabb. 7). Auch diese Kirche war 1945 bis auf die

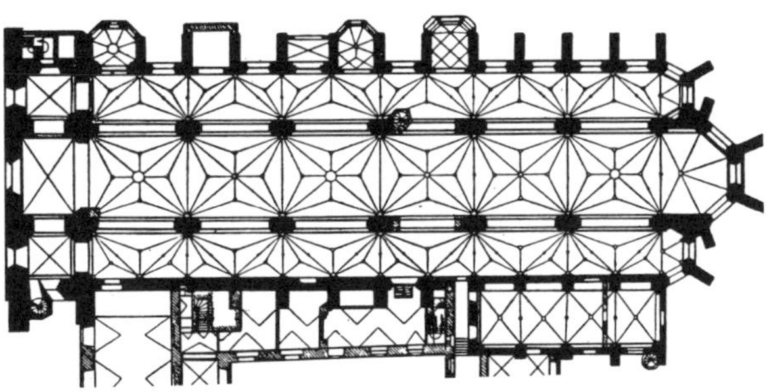

Breslau/Wrocław, Kirche St. Maria auf dem Sande/Kościół Najświętszej Marii Panny na Piasku, Grundriß

Umfassungsmauer niedergebrannt. Polnische Restauratoren haben hier bei den Wiederherstellungsarbeiten 1947–65 eine Meisterleistung vollbracht.

Die Bauzeit dieser gotischen Kirche fiel in die Jahre 1334–1430. Das dreischiffige, sechsjochige Bauwerk ist ein wichtiges Glied in der Entwicklung des Hallenbaus in Schlesien: Die hohen schlanken, wandartig wirkenden Pfeiler mit längsoktogonalem Querschnitt, die Gewölbeformation, die unmittelbar sich anschließenden drei Chöre und die ineinandergezogenen Apsiden schaffen eine stark dominierende Ost-West-Achse. Über dem Sakristeieingang befindet sich ein romanisches Tympanon; das Relief zeigt die Gottesmutter mit dem Jesuskind sowie die knienden Gestalten der Kirchenstifterin, Peter Wlasts Witwe Maria mit einem Modell der ältesten Sandkirche, und ihres Sohnes Swentoslaus.

Zur Innenausstattung gehören auch mehrere, sehr schöne gotische Flügelaltäre sowie ein Taufbecken von 1300 mit Szenen aus dem Leben Christi und einer Darstellung der hl. Hedwig. Die farbigen Glasfenster sind eine Arbeit der Warschauer Künstlerin Teresa Reklewska aus dem Jahr 1966.

Auch in der Geschichte dieser Kirche gab es immer wieder Katastrophen, nach denen grundlegende Erneuerungsarbeiten notwendig waren, so Brände insbesondere in den Jahren 1540 und 1730. Restaurierungsarbeiten erfolgten ebenso in den Jahren 1888–91. Nach den Zerstörungen des Zweiten Weltkriegs (75 %) betrieb man den Wiederaufbau in den Jahren 1947/48 und 1961–63.

Schräg gegenüber steht die barocke, frühere Kirche der Augustinerchorfrauen St. Anna, heute **orthodoxe Kirche der hll. Cyryl, Metod und Anna/Cerkiew Świętych Cyryla, Metodego i Anny.** Das Bauwerk entstand in den Jahren 1687–90, Architekt war Sigismund Lindner, der auch am Bau der Elisabethkapelle in der Kathedrale beteiligt war. Am Portal findet sich noch ein altes Wappen der Augustinerchorfrauen.

Das Gotteshaus hat eine interessante konfessionelle Geschichte; nach 1919 diente es polnischen Katholiken in der Stadt, 1921 wurde es den Altkatholiken übergeben, seit Abschluß der Restaurierungsarbeiten 1977 steht es den orthodoxen Gläubigen zur Verfügung. Deren Kirche wurde 1963 in Polen wieder zugelassen, seit 1970 existiert auch eine Pfarrei in Breslau.

Auf derselben Straßenseite finden wir die frühere **St. Annen-Kapelle/Kaplica Św. Anny,** ein spätgotisches Bauwerk aus den Jahren 1375–85. Nach der Säkularisierung diente es als katholisches Bürgerspital St. Anna. In der Nachkriegszeit wurde es zum Sitz der Salesianerinnen, nachdem man 1948 die wichtigsten Kriegsschäden beseitigt hatte. Im zugehörigen Hof finden wir ein originelles gotisches Zwillingsportal, in der Außenwand an der Straße außerdem den Grabstein des Kirchenstifters und Abts des Sandstifts, Johann von Prag, mit Mitra und Stab (gest. 1386).

☐ St. Martins-Kirche/Kościół Św. Marcia · Peter-und-Paul-Kirche/Kościół Św. Piotra i Pawła · Hl. Kreuz-Kirche/Kościół Św. Krzyża · Kathedrale St. Johannes des Täufers/Katedra Św. Jana Chrzciciela

Auf einer steinernen Gedenktafel neben der Treppe zum Portal der kleinen **St. Martins-Kirche/Kościół Św. Marcina,** 1983 angebracht im Auftrag der ›Gesellschaft der Freunde Breslaus‹, steht zu lesen: »In der Zeit zwischen dem 1. März 1921 und dem 17. September 1939 war die St. Martins-Kirche ein Ort polnischer Gottesverehrung und ständiger Begegnung der Polen Breslaus und Niederschlesiens.« Diese Tafel besagt, daß die Kirche in dieser Zeit den katholischen, im deutschen Breslau und Niederschlesien lebenden Polen zur Verfügung stand.

Die Baugeschichte der Kirche geht zurück auf das Jahr 1149, als Peter Wlast hier eine herzogliche Burgkapelle, damals Martinikapelle, stiftete. Das heutige Gotteshaus entstand (mit vielen nachfolgenden Restaurierungen und Veränderungen) in den Jahren 1284–87. 1368 wurde es dem Patronat des Domkapitels unterstellt. 1945 zu mehr als Dreivierteln zerstört, wurde es in den späten 50er Jahren wiederhergestellt.

Auf dem freien Platz vor der Kirche steht das 1968 errichtete **Denkmal Papst Johannes' XXIII.**

Direkt hinter der kleinen Brücke von der Sand- zur ehem. Dominsel an der Domstraße/ul. Katedralna steht die **Peter-und-Pauls-Kirche/Kościół Św. Piotra i Pawła.** Zutritt zur Kirche ist nur möglich vom nebenstehenden *Kloster,* dem früheren *kurfürstlichen Waisenhaus.* Das spätgotische Kirchenbauwerk entstand in den Jahren 1404–54, grundlegende Erneuerungsarbeiten waren notwendig nach Bränden in den Jahren 1634 und 1791. Das schöne Gewölbe der Kirche wird von einer Mittelsäule getragen.

Die hochaufragende **Kirche zum hl. Kreuz und zum hl. Bartholomäus/Kościół Św. Krzyża i Św. Bartłomieja,** gestiftet von Herzog Heinrich IV. von Breslau am 11. 1. 1288 und fertiggestellt um 1341, ist Breslaus älteste gotische Hallenkirche und damit auch Gründungsbau gotischer Sakralarchitektur in Schlesien. In dem relativ kurzen Langhaus finden sich erstmalig sowohl die flachen schlesischen Pfeiler als auch in den Seitenschiffen die Springgewölbe, die auf die Lage zweier Fenster in einem weitgespannten Joch hin ausgerichtet sind. Höchst eigenwillig stellt sich die Querhaus- und Choranlage mit drei abschließenden Polygonen dar, ebenso die Existenz einer Unterkirche, wiederum eine dreischiffige, fünfjochige Halle. Im Altarraum der (oberen) Kreuzkirche befand sich bis 1945 das 1290 aufgestellte Grabmal Herzog Heinrichs IV., das heute im Nationalmuseum aufbewahrt wird, dort neben der Tumba Herzog Heinrichs II. Die Nordwand der oberen Kirche enthält ein gotisches Tympanon (um 1350): Gottvater, den Gekreuzigten in den Armen haltend, an den Seiten Herzog Heinrich IV. und seine Gemahlin Mechthild.

Wichtige Daten der Kirchengeschichte sind die Jahre 1632–35, als die gesamte Anlage von schwedischen Truppen zweckentfremdet wurde, 1806/07, als sich Bürger eine Woche lang hier vor den napoleonischen Truppen verbarrikadierten, und 1812, als die Doppelkirche dem Domkapitel unterstellt wurde.

Breslau/Wrocław, Nepomuksäule vor der Kirche zum hl. Kreuz und zum hl. Bartholomäus/Kościół Św. Krzyża i Św. Bartłomieja

Nach den Kriegsbeschädigungen hat man die Anlage 1947/48 und 1956/57 wiederhergestellt, ohne aber die Innenausstattung vor allem der Kreuzkirche zu erneuern. Sie wird seither nur noch bei besonderen Gelegenheiten genutzt. Die untere Bartholomäuskirche dient den griechisch-katholischen Gläubigen der Stadt.

Die barocke **Nepomuksäule/Kolumna Nepomucena** vor der Kirche ist ein gemeinsames Werk von Christoph Tausch und Johann Georg Urbanski aus dem Jahre 1732. Das Relief am Sockel zeigt den Sturz des Heiligen von der Prager Moldaubrücke.

Das letzte Gebäude auf der Südseite der Domstraße/ul. Katedralna ist das klassizistische, frühere **Fürstbischöfliche Palais** von 1795, erbaut unter Leitung des Architekten C. G. Geißler.

Die **Kathedrale des hl. Johannes des Täufers/Katedra Św. Jana Chrzciciela** (Farbabb. 3) bietet seit Anfang 1992 ein ungewohntes Bild: Steil ragen die neuen, überschlanken, dem gotischen Vorbild nachempfundenen Turmspitzen mit einer Höhe von 96m in den Himmel. Die 1945 zerstörten und danach nicht erneuerten Turmspitzen stammten aus der Zeit unmittelbar nach dem Ersten Weltkrieg. Vorher besaß die Kathedrale flache Notdächer wie etwa St. Marien auf dem Sande, die stark an Notre-Dame in Paris erinnerten. Im 18. Jh. hatten die Türme barocke Hauben, die aber durch einen Brand zerstört wurden.

Bereits vor dem Mongoleneinfall stand hier eine Kathedrale, 1155 begonnen. Das jetzige Bauwerk, errichtet zwischen 1244 und 1341, zeigt den Typus einer frühgotischen, dreischiffigen Basilika mit zwei Türmen sowie einem verlängerten Chor mit Umgang. Die Vorhalle wurde im Laufe der Jahrhunderte mehrfach umgebaut; z. T. finden sich hier noch romanische Spolien, auch gotische Figuren wie etwa die beiden Skulpturen der hl. Hedwig. Ebenfalls gotisch ist die Verkündigungsszene auf der Säule an der linken Seite der Vorhalle.

Das Innere der Kathedrale hatte man Ende 17./Anfang des 18. Jh. stark barockisiert. Bei den Wiederaufbauarbeiten (1946–53) nach den umfangreichen Zerstörungen des Zweiten Weltkriegs bemühte man sich, das gotische Raumbild wiederherzustellen. Besonderes Verdienst gebührt dabei dem späteren Inhaber des Lehrstuhls für Baugeschichte an der TH Breslau, Professor Marcin Bukowski. Dieser Wiederaufbau war auch nur möglich durch die aktive materielle Unterstützung seitens vieler Bürger der Stadt. Die schönen Fenster des Chors schuf der Krakauer Künstler Tadeusz Wojciechowski.

Zu den frühesten Renaissancewerken in Schlesien zählt die Rahmung eines Portals zwischen Chor und südlich gelegener Sakristei aus dem Jahre 1517; gestelzte Pilaster tragen einen Bogen, über dem Gesims befindet sich ein rundbogig überdachtes Relief, das die Enthauptung Johannes des Täufers und den knienden Bischof Jan Turzon als Stifter darstellt.

Im nahe gelegenen Diözesanmuseum/Muzeum Archidiecezjalne werden die Seitenaltäre des ursprünglich fünfflügeligen früheren Hochaltars der Kathedrale von Bartholomäus Fichtenberger aufbewahrt. Sowohl Schrein als auch Flügel sind mit kostbaren Silbertreibarbeiten des Breslauer Goldschmieds Paul Nitsch (1573–1609) versehen; die restlichen Altarteile sind verschollen.

Von der Ausstattung in der Kathedrale sind weiterhin erhalten geblieben: die Kanzel aus graublauem Marmor vom Bildhauer Johann Adam Karinger, ein Kruzifix von Michael Pacher, Plastiken des hl. Hieronymus und des Papstes Gregor, der Vinzenzaltar mit einem Bronzerelief von Adrian de Vries, das barocke Chorgestühl vom Breslauer Tischlermeister Franz Motsch sowie der gotische holzgeschnitzte Hochaltar, der früher in der evangelischen Kirche von Lüben stand.

Breslau/Wrocław, Kathedrale des hl. Johannes d. T./Katedra Św. Jana Chrzciciela, Mitte des 18. Jh.

Breslau/Wrocław, Portal der Kathedrale des hl. Johannes d. T.

Am Quergang hinter dem Chor drei Kapellenanbauten, die zu den künstlerischen Meisterleistungen in Breslau zählen. Die *St. Elisabeth-Kapelle* wurde erbaut als Stiftung des Breslauer Bischofs Kardinal Friedrich von Hessen, gedacht als Grabkapelle des Stifters und zugleich auch als Sanktuarium seiner Vorfahrin, der hl. Elisabeth von Thüringen. Den Bau leitete Giacomo Scianzi aus Rom. Sein Polier war Carlo Rossi, die Stuckausstattung stammt von Sebastiano Rossi und Giovanni Simonetti, der Altar aus Marmor von Battista Possarino (1682), die architektonischen Teile des Grabmals von Joseph Fischer. Die Kuppelfresken sind ein Werk von Scianzi selbst, die Wandbilder schufen die Breslauer Maler Andreas Kowalski und Sebastian Musskars zwischen 1680 und 1683.

Alle Skulpturen, die der Stifter in Rom bestellt hatte, kamen um 1700 von dort nach Breslau. Die Figur der hl. Elisabeth und die Engel am Altar von Ercole Ferrata, die Figuren des Grabmals des Stifters mit der in ewiger Anbetung knienden Figur des Verstorbenen und den allegorischen Figuren der Abundantia und Temperantia von Domenico Guidi. Über dem Eingang die Porträtbüste des Kardinals, ein Werk aus der Bernini-Werkstatt.

Beschädigungen, die durch den Brand 1945 verursacht wurden, hat man 1951 behoben. Eine grundlegende Renovierung der gesamten Kapelle und der Ausstattung erfolgte 1982–88. »Entscheidend für die Dynamik des nicht großen Inneren«, so der polnische Kunsthistoriker Konstanty Kalinowski, »ist der Kontrast des in der Achse der unteren Zone verlängerten Ovals, dem die Wände folgen, zu der querstehenden Ellipse der Kuppel.«

Die *Kurfürstenkapelle* ist eine Stiftung des Breslauer Bischofs Franz Ludwig von Pfalz-Neuburg, erbaut nach dem Entwurf des Wiener Architekten Johann Bernhard Fischer von Erlach. Die Bauleitung hatte der Breslauer Baumeister Johann Blasius Peintner inne. Aus den Werkstätten von Casper Herberg und Johann Adam Karinger stammen die Wandverkleidung, Portale und der Fußboden aus blaugrauem schlesischem Marmor. Die Stuckausstattung schuf der Wiener Santino Bussi. »Die Struktur der architektonischen Formen sowie die originelle Pendentiflösung verwischen die Einteilung des Inneren in einzelne Zonen; die dominierende Ellipsenform – vom Muster der Fußbodeneinlegung über die Balkenzone bis

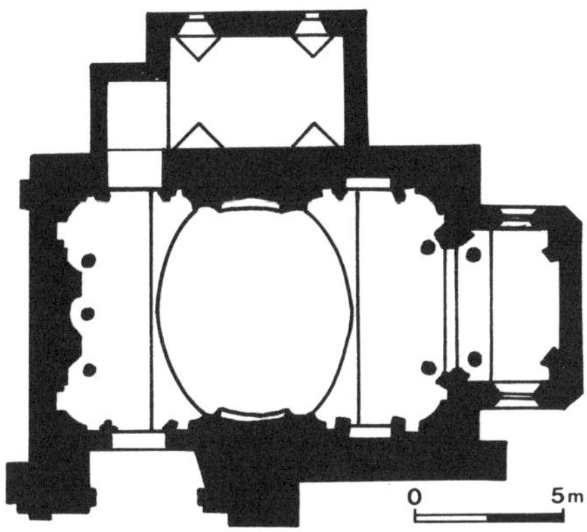

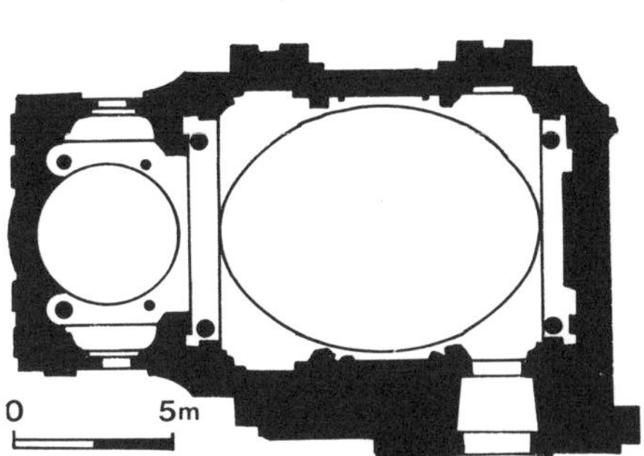

Elisabethkapelle und Kurfürstenkapelle der Kathedrale, Grundriß

zur dominierenden Kuppel – hebt das Rechteck des Grundrisses auf und läßt den Eindruck eines Zentralraums entstehen. Das Innere ist szenographisch durch die kulissenartige Anordnung der Säulen auf den Altar ausgerichtet, der nach dem Entwurf von Fischer von Erlach ausgeführt wurde« (K. Kalinowski). Die Skulpturen des Altars (1721/22) sind ein Werk des Prager Bildhauers Ferdinand Maximilian Brokhoff, die Kuppelfresken (1723) stammen von Carlo Carlone, die Bilder an den Seitenwänden (1722) schuf Franz de Beckers. Die Kurfürstenkapelle trug beim Brand 1945 keinen Schaden davon, 1957 erfolgte die erste, nach 1988 die zweite Renovierung.

Der spätgotische Kleinchor, auch *Marienkapelle* genannt, ist eine Stiftung des Przeczlaw von Pogarell (1341–76 Bischof in Breslau). Unter einem gotischen Gewölbe steht der hohe Marmorsarkophag, auf dem die Gestalt des Stifters ruht. An der rechten Wand ist eine Grabplatte für Bischof Johann IV. Roth angebracht, 1496 in der Werkstatt des Eisengießers Peter Vischer in Nürnberg hergestellt. In den Boden hat man eine Grabplatte aus Messing für Bischof Rudolph von Rüdesheim (gest. 1482) eingelassen. Neuere farbige Fenster stammen von den polnischen Künstlern J. und K. Acdański.

Im Chorumgang befinden sich weiterhin die *Johanneskapelle* mit dem Grabmal des Bischofs Johann Turzo, außerdem die *Totenkapelle,* deren Kuppelfresken Felix Anton Scheffler malte.

An der Außenwand des nördlichen Seitenschiffs steht die Kopie der Sandsteinfigur Johannes des Täufers, nach Bruchstücken und Fotos des um 1160–70 entstandenen und 1945 schwer beschädigten Originals angefertigt, das sich heute im Diözesanmuseum befindet.

Kardinal Adolf Bertram

Am 9. November 1991, 46 Jahre nach seinem Tod, wurde der letzte deutsche Erzbischof Schlesiens, Kardinal Adolf Bertram, in der Breslauer Kathedrale beigesetzt. An dem feierlichen Requiem nahmen geistliche Würdenträger sowie Politiker aus Polen, Deutschland und der Tschechoslowakei teil. Die Bestattung des Kardinals wurde in den Ansprachen als wichtiges politisches Ereignis gewürdigt, das einen weiteren Anstoß zur Aussöhnung zwischen Polen und Deutschen bedeute.

Der aus Hildesheim stammende Kardinal stand von 1914 bis 1945 an der Spitze der Erzdiözese Breslau. Als Vorsitzender der deutschen Bischofskonferenz nahm er in dieser Zeit den ersten Platz in der deutschen katholischen Kirchenhierarchie ein. 86 Jahre alt, starb er am 6. Juli 1945 im heute tschechischen Jauernig (Jawernik), wo er auch begraben wurde. Wenige Wochen vor Kriegsende hatte er Breslau verlassen. Erst nach den politischen Veränderungen des Jahres 1989 konnten sich die deutschen Bischöfe mit der Bitte um Überführung des Sarkophags durchsetzen.

Neben der Kathedrale an der Göppertstraße/ul. Kanonia steht die spätromanische, 1213–18 erbaute **Kirche des hl. Ägidius/Kościół Św. Idziego,** das älteste erhaltene Bauwerk von Breslau. Die Kirche ist durch einen malerischen Schwibbogen (wegen des dargestellten Pinienzapfens früher auch ›Klößeltor‹ genannt) verbunden mit dem alten Backsteinbau des früheren Hauses des Domkapitels. In einem Seitenflügel ist das **Diözesanmuseum/ Muzeum Archidiecezjalne** untergebracht, mit reichen Beständen aus den Kathedralvermögen: Bücher, Handschriften, Gerätschaften, besonders die schon erwähnte Figur Johannes des Täufers und die ebenfalls genannten Altarfragmente.

In einem neogotischen roten Backsteinbau hinter der Kathedrale sind die *Päpstliche Theologische Fakultät/Papieski Fakultet Teologiczny* und das *Katholische Priesterseminar/ Wyższe Seminarium Duchowe* untergebracht.

□ Mauritiuskirche/Kościół Św. Maurycego · Lazaruskirche/Kościół Św. Łazarza · Dreifaltigkeitskirche/Kościół Bonifratów pod wezwaniem Św. Trójcy . . .

Vom Stadtzentrum südostwärts an der Klosterstraße/heute ul. Romualda Traugutta steht die **Mauritiuskirche/Kościól Św. Maurycego,** deren barocker Turm schon von weitem zu erkennen ist. Die Kirche wurde in der zweiten Hälfte des 13. Jh. für eine Gruppe wallonischer Bauern und Handwerker gebaut, die aus Arras kommend sich hier niedergelassen hatten und deren Siedlung am rechten Ufer der Ohle/Oława, etwa im Gebiet der Straße Am Weidendamm/heute ul. Na Grobli, stand. Das Gotteshaus wurde 1732 barock umgebaut und mußte nach den schweren Zerstörungen des Jahres 1945 weitgehend erneuert werden. In der Kirche finden wir zwei Skulpturen aus dem 15. Jh., die des hl. Mauritius und der Immaculata. An der nördlichen Außenwand der Kirche ist ein jüdischer Grabstein erhalten geblieben. Auf dem Friedhof selbst stehen noch alte deutsche Grabsteine, unter anderem der Familie Milde, deren Name mit der Industrieentwicklung Breslaus Mitte des 19. Jh. verbunden ist.

Nicht weit entfernt ebenfalls an der ul. Traugutta befindet sich die **Lazaruskirche/Kościół Św. Łazarza.** Besser beschrieben als »kleines gotisches Kirchlein«, wie es in einem von Mitarbeitern des Diözesanmuseums herausgegebenen und 1991 erschienenen Buch über Breslaus Kirchen heißt. Die in der zweiten Hälfte des 14. Jh. gebaute Kirche war lange Zeit Gotteshaus des im gegenüberliegenden Brüderkloster untergebrachten Krankenhauses.

Diese Funktion übernahm später die **Dreifaltigkeitskirche/Kościół Bonifratów pod wezwaniem Św. Trójcy,** ein barockes Bauwerk, das in den Jahren 1715–22 erbaut wurde. Der Hauptaltar (Schöpfer Thomas Weißfeld) stammt von 1719, die Figuren des hl. Johannes und des hl. Karl Boromäus von 1727, die Orgeln von 1729.

Weiter stadtauswärts ebenfalls an der ul. Romualda Traugutta finden wir das frühere *Websky-Schlößchen,* nach 1906 Standesamt, heute **Haus der Künstler/Dom Artistów.** 1732–38 wurde es unter der Leitung von Christoph Hackner als Sommerresidenz für Fürst-

Breslau/Wrocław, Jahrhunderthalle/Hala Ludowa, die riesige Kuppelkonstruktion aus Stahlbeton wurde kurz vor Beginn des Ersten Weltkrieges fertiggestellt

bischof Philipp Graf von Zinzendorf erbaut. 1750 wurde der große Festsaal des Schlößchens im Rokokostil gestaltet. Später erwarb der Kaufmann Websky das Bauwerk, von dem es in städtischen Besitz überging.

Wieder stadteinwärts an der Ecke Feldstraße/ul. Krasińskiego und Ohlauer Ufer / Al. J. Słowackiego steht Breslaus *Hauptpostamt* mit dem **Postmuseum/Muzeum Pocztowe.**

Die **Jahrhunderthalle/Hala Ludowa** (ul. Zygmunta Wróblewskiego/Grüneicher Weg, von der Innenstadt zu erreichen in östlicher Richtung über Kaiserbrücke/Most Grunwaldzki und Paßbrücke/Most Zwierzyniecki) ist ein Stück Architekturgeschichte aus der Zeit vor dem ersten Weltkrieg. 1911–13 errichtet, war sie damals die größte, freitragende Kuppelkonstruktion aus Stahlbeton in der ganzen Welt: Durchmesser der gesamten Halle 95 m, Spannweite der Kuppel 65 m, Höhe der Halle 42 m, der Kuppel allein 23 m. Der Bau ging zurück auf einen Entwurf des Stadtarchitekten Max Berg (1887–1947).

□ Barbarakirche/heute orthodoxe Kathedrale · Synagoge · Hofkirche/heute ev. Kirche der Vorsehung Gottes · Theater · Nationalmuseum/Muzeum Narodowe · Jüdischer Friedhof/Cmentarz Żydowski

Die frühere *Barbarakirche* an der Nicolaistraße/ul. Św. Mikołaja ist seit 1963 **Kathedrale der Polnischen Orthodoxen Kirche/Katedra Polskiego Autokefalicznego Kościóła Prawosławnego.** Das gotische Bauwerk, anfangs Filialkirche von St. Elisabeth, entstand in den Jahren 1381–94. 1874 wurde die Kirche den evangelischen Gläubigen zur Nutzung übergeben. Die Behebung der schweren Schäden von 1945 erfolgte in den Jahren 1951–61.

An den Außenmauern sind einige alte Epitaphien erhalten geblieben. Bemerkenswert ist vor allem das sogenannte Pesttor mit der Jahreszahl 1632 und dem noch schwach lesbaren Spruch: »Dein Endt, O Mensch, ist vor der Tür. Thu Buß, weil du noch lebst allhier.« 1632 wurde Breslau von einer schweren Pest betroffen, während die Stadt gleichzeitig von Wallensteinschen Soldaten belagert wurde. Trotz der vielen Pestopfer wies der Stadtrat eine Kapitulation zurück. 1918 hat man die Tür erneuert und aus Anlaß des Reformationsjubiläums (1917) ein Lutherrelief nach einem Bild von Cranach aus dem Jahre 1521 angebracht.

Letztes Zeugnis mittelalterlicher Wehrbauten in Breslau ist das **Arsenal/Arsenał Miejski** am Burgfeld/heute ul. A. Cieszyńskiego. Das Ziegelbauwerk in der Art eines Speichers mit kleinen Fenstern wurde 1459 fertiggestellt, als Breslau dem böhmischen König Georg Podiebrad trotzte; es ist direkt an den nordwestlichen Abschnitt der städtischen Befestigungsmauern angebaut. Später hat man es zum preußischen Zeughaus umgestaltet. Seit dem Ende der 70er Jahre sind Nord- und Ostflügel dem Publikum zugänglich, das Bauwerk beherbergt eine Abteilung des Historischen Museums von Breslau. Archäologische Forschungen 1979/80 förderten unter dem Arsenal breite Mauern (Ende 13. oder Anfang 14. Jh.) zu Tage, die möglicherweise auf eine unvollendet gebliebene Burg für die böhmischen Herrscher der damaligen Zeit hinweisen.

Die **Antoniuskirche/Kościół Św. Antoniego** in der gleichnamigen ul. Św. Antoniego steht ähnlich wie die Kirche des Namens Jesu an der Universität als Symbol Habsburgischer Gegenreformation. Das barocke Bauwerk wurde im wesentlichen 1694 fertiggestellt. Auch hier wirkte Matthäus Biener als Architekt. Beeindruckend zeigt sich insbesondere die Fassade. Umfassende Renovierungsarbeiten erfolgten in den Jahren 1828, 1854 und 1900, die Schäden des Zweiten Weltkriegs wurden 1953 (Turm), 1959 (Inneres) und 1975 (Dach) behoben.

Wer sich die Mühe macht, einen Hinterhof in der Wallstraße/ul. Włodkowica Nr. 5/6 aufzusuchen, wird die **Synagoge zum Weißen Storch/Synagoga Pod Białym Bocianem** in einem beklagenswerten Zustand vorfinden. Vor allem Beschädigungen des Daches beschleunigen den Verfall der Umfassungsmauern, besonders des nordwestlichen Teils, und auch der Treppenhäuser in der Vorhalle.

Die Synagoge wurde errichtet in den Jahren 1827–29 nach Plänen des Architekten und angesehenen Baurats des Breslauer Magistrats Carl Ferdinand Langhans, Sohn des berühmten Carl Gotthard Langhans. Trotz des Verfalls beeindruckt das Bauwerk noch heute durch

Komposition und Ausmaße. Im Grundriß hat das Gebäude die Form eines Rechtecks, dessen längere Achse von West nach Ost ausgerichtet ist. An der westlichen Fassade setzt ein schmaler Vorbau an, durch den man den Hauptraum und auch die Emporen betrat. Die schöne plastische Ausstattung der beiden Hauptfassaden entstand in Anlehnung an eine renaissanceartige italienische Fassung der korinthischen Ordnung. Um dem Gebäude das Gepräge eines jüdischen Sakralbaus zu verleihen, hat Langhans die Dekorationsmotive der korinthischen Pilasterkapitelle mit orientalisierenden Motiven wie Palmetten, Papyrus- und Akanthusblättern erweitert.

Die letzten umfangreichen Restaurationsarbeiten an der Synagoge erfolgten im Jahre 1929. Bis Ende 1941 fanden hier noch Gottesdienste statt. Anschließend wurde das Bauwerk von den Nationalsozialisten als Sammellager für die Juden benutzt, die in die Vernichtungslager abtransportiert werden sollten. Nach dem Krieg wurde die Synagoge von der polnischsprachigen jüdischen Gemeinde bis 1969 als Gotteshaus genutzt.

Anfang 1992 gab es erste Bemühungen, eine umfassende Restaurierung der Synagoge mit städtischen und privaten Geldern in die Wege zu leiten (Beschreibung des Jüdischen Friedhofs in der Lohestraße/heute ul. Ślężna s. S. 130f.).

Die frühere *Hofkirche*, heute **Kirche der Vorsehung Gottes/Kościół Opatrzności Bożej** an der Karlstraße/heute ul. Kazimierza Wielkiego, wurde in den Jahren 1747–50 unter Leitung des Breslauer Baumeisters Ernst Gottlieb Kalkbrenner erbaut. Den Entwurf lieferte der Architekt Jonas Friedrich Arnold. Die architektonische Gestalt der Kirche wird dadurch

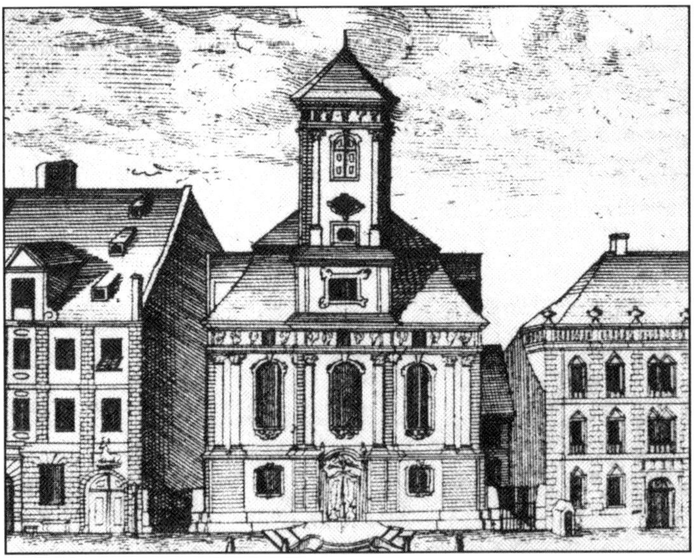

Breslau/Wrocław, ehem. Hofkirche, heute Kirche der Vorsehung Gottes/Kościół Opatrzności Bożej. Zeitgenöss. Stich

bestimmt, daß sich über einem rechteckigen Grundriß ein ovaler Raum mit massiven Emporen erhebt, die das Innere vollständig umfassen. Bemerkenswert ist auch einer der ersten Kanzelaltäre in Schlesien.

Die spätbarocke Kirche dient heute der evangelisch-augsburgischen Gemeinde von Breslau und Umgebung. 1973–75 erfolgte eine durchgreifende Renovierung des Inneren.

Von hier sind es nur ein paar Schritte bis zum früheren *Spätgen-Palais,* in dem heute das **Archäologische** und das **Ethnographische Museum/Muzeum Archeologiczne, Muzeum Etnograficzne** untergebracht sind. Das Palais entstand 1719 als Residenz für den Kanzler des Breslauer Bischofs, Baron Heinrich Gottfried von Spätgen, die Bauarbeiten leitete Johann Blasius Peintner. 1750–53 wurde das Palais zu einer Residenz Friedrichs II. ausgebaut, die dann später noch einmal durch zwei den Paradehof umgebende Flügel erweitert wurde. Nach den schweren Zerstörungen im Zweiten Weltkrieg ist nur das eigentliche Spätgen-Palais wieder aufgebaut worden.

Das Wandgrabmal des Barons von Spätgen finden wir in der **Kirche der hl. Dorothea/ Kościół Św. Doroty** an der Schweidnitzer Straße/ul. Świdnicka. Es ist eines der wenigen schlesischen Grabmäler der Rokokozeit, geschaffen 1752/53 vom Breslauer Bildhauer Franz Joseph Mangoldt. In seinem Aufbau mit dem hohen Obelisken, der Ruhm und Unsterblichkeit symbolisiert, und den allegorischen Figuren der Göttlichen Weisheit und des menschlichen Verstandes hat es noch spätbarocken Charakter.

Die 1352 vollendete Dorotheenkirche wurde unter der architektonischen Leitung eines Sohns des Peter Parler erbaut, der auch maßgebend am Veitsdom in Prag mitgewirkt hatte. Mit 83 m ist die gotische Halle die längste aller Kirchen in Breslau. 1524 fand hier jene Disputation statt, mit der die Reformation ihren Durchbruch in Breslau erzielte; später wurde das Gotteshaus den Franziskanern übergeben. Stifter im 14. Jh. waren die Augustiner-Minoriten gewesen.

Im Zweiten Weltkrieg wurde lediglich das Dach stark beschädigt, die wertvolle Barock- und Rokokoausstattung im Inneren blieb im wesentlichen erhalten. Erneuerungsarbeiten wurden 1946/47 und 1968–76 geleistet.

In neuem Glanz (Anfang 1992) erstrahlt das ehemalige *Stadttheater,* ebenfalls an der ul. Świdnicka, seit 1945 als **Staatliche Oper/Państwowa Opera** genutzt. Carl Ferdinand Langhans war der Architekt dieses 1837–41 errichteten klassizistischen Bauwerks. Den Zweiten Weltkrieg hat die Oper mit nur geringfügigen Schäden überstanden. Auf dem Spielplan für die Wiedereröffnung am 8. 9. 1945 stand die polnische Nationaloper ›Halka‹ von Stanisław Moniuszko.

Die zwei wertvollen gotischen Altäre der **Corpus-Christi-Kirche/Kościół Bożego Ciała** befinden sich heute im Warschauer Nationalmuseum. Die Kirche wurde ursprünglich für eine Gruppe von Johannitern gebaut, die 1273 von Sandomierz nach Breslau gekommen war. In seiner heutigen Gestalt mit dem charakteristischen Giebel und der kleinen Vorhalle stammt das Gotteshaus im wesentlichen aus den ersten Jahrzehnten des 15. Jh. Damals wie heute besaß die Kirche keinen Turm. 1540–48 wurde sie von den Lutheranern genutzt, 1692 gelangte sie wieder in den Dienst der Katholiken. Starke Zerstörungen aus der Zeit des Zweiten Weltkriegs hat man in den Jahren 1955–62 behoben.

Am Verkehrsknotenpunkt Pl. Feliksa Dzierżyńskiego, dem alten Christophoriplatz, steht die **St. Christophorus-Kirche/Kościół Św. Krzysztofa,** erbaut in der ersten Hälfte des 15. Jh. Der Renaissancehelm des Turms wurde 1575 aufgesetzt, die Spätrenaissanceempore im Inneren stammt von 1610.

Seit 1523 war die Kirche evangelisch; die jeweiligen Prediger hatten außerdem die Verpflichtung, den dort ansässigen polnischen Kürschnern und Pelzhändlern in ihrer Sprache zu predigen. Eine Verpflichtung, die bis in den Anfang des 19. Jh. hinein bestand. Die Polen ihrerseits trugen durch verschiedene Stiftungen zum Erhalt des Gotteshauses bei. 1945 zu Dreivierteln zerstört, wurde die Kirche in den Jahren 1947/48 und 1956–58 wiederhergestellt. Seit 1956 gehört sie auch wieder zur evangelischen Pfarrei Breslaus. An der Nordseite des Langhauses befindet sich das lebensgroße Standbild des hl. Christophorus von 1462, desgleichen eine Grabplatte des Breslauer Baumeisters Christoph Hackner.

Das **Nationalmuseum/Muzeum Narodowe** am Plac Powstanców Warszawy, dem früheren Lessingplatz, wurde 1946 eingerichtet. Es befindet sich in einem gewaltigen, 1883–86 errichteten Bauwerk der Neorenaissance, das vordem der preußischen Provinzregierung zur Verfügung stand. Die ersten Ausstellungen organisierte man 1948: über die Archäologie Schlesiens (heute eigenständiges Museum), die Schlesische Kunst des Mittelalters und polnische Malerei. Anfänglich befand sich hier auch eine ethnographische Abteilung, die später ebenso ein eigenes Museumsgebäude erhielt.

Heute umfaßt das Nationalmuseum im wesentlichen folgende Abteilungen: *mittelalterliche schlesische Kunst* (so besonders ein romanisches Tympanon vom früheren Benediktinerkloster auf dem Elbing und die Grabtumba Heinrichs IV.), *schlesische Kunst der Neuzeit, alte polnische Kunst* (auch Graphik und Zeichnungen), *polnische Plastik Mitte des 19. bis Mitte des 20. Jh., moderne Kunst* (alle Bereiche der polnischen Malerei nach 1945), *moderne Glas- und Keramikkunst, Militaria.*

Einige barocke Kunstwerke des Museums seien besonders hervorgehoben: die Figuren König Davids und des Atlanten als Teil der reichen Ausstattung des Orgelprospekts der Maria-Magdalenen-Kirche, geschaffen 1722–25 von Johann Georg Urbanski. Der Prospekt wurde 1888–91 aus der Kirche entfernt; Figur der hl. Christina aus der Kirche zum hl. Kreuz, 1704/05 von Thomas Weißfeldt geschaffen, seit 1947 im Museum; Figur der hl. Hedwig (Farbabb. 6) vom Hauptaltar der Augustiner-Chorherrenkirche auf dem Sande, 1715 in der Werkstatt Christoph Königers gestaltet, ein wichtiges Beispiel der expressiven Strömung in der Barockskulptur Schlesiens. Mit anderen Figuren des Altars seit 1945 im Museum; Bildnis des Abts Bernhard Rosa von Grüssau, gemalt um 1695 von Michael Willmann, bedeutendes Porträt des 17. Jh.

Der **Jüdische Friedhof/Cmentarz Żydowski,** südlich des Stadtzentrums an der ul. Ślężna 37–39/früher Lohestraße, zwischen ul. Kamienna/Steinstraße und ul. Sztabowa/Menzelstraße, wurde im Herbst 1856 eröffnet. Die damals errichtete hohe Mauer rund um den Friedhof ist bis heute erhalten geblieben. Das Friedhofsgelände bildet ein Viereck, das

Breslau/Wrocław, Grabmäler auf dem Jüdischen Friedhof/Cmentarz Żydowski

schachbrettartig von schmalen Alleen durchzogen wird. Die ältesten Grabmäler stammen ebenfalls aus dem Jahre 1856, der letzte Nachweis über eine Bestattung betrifft das Jahr 1942. Die weitaus meisten der Grabstätten entstanden in der zweiten Hälfte des 19. Jh., in der Zeit des vorherrschenden Eklektizismus. So erinnern zahlreiche Grabmäler in Konstruktion und Form an die antike, mittelalterliche, barocke und klassizistische Kunst. Obeliske, Säulen, Prunkhimmel, Sarkophage, Bögen und frei stehende Portale beziehen sich auf fast alle Epochen. Leider sind nur wenige der vielen Schmuckelemente wie schmiedeeiserne Gitter, Umfriedungen, Türen, Laternen, Vasen und Blumengebinde erhalten geblieben. Berühmtestes Grabmal ist das von Ferdinand Lassalle (1825–64), dem Gründer des Allgemeinen deutschen Arbeitervereins. Nachdem die Nationalsozialisten Breslau Anfang 1945 zur Festung erklärt hatten, wurde der Jüdische Friedhof zeitweise in die Kampfhandlungen miteinbezogen und erlitt dabei schwere Verwüstungen.

Am 24. Mai 1975 wurde der Jüdische Friedhof in das Verzeichnis der Sehenswürdigkeiten Breslaus aufgenommen. 1980 begann man mit Konservierungsarbeiten, 1981 hat man die Außenmauer renoviert. 1984 wurde mit der Restaurierung der Gräber der bekanntesten Familien begonnen. Am 23. August 1984 fand dann eine offizielle Feier zum Abschluß des ersten Teils der Renovierung statt. Die Arbeiten wurden und werden von Breslauer Konservatoren und Mitarbeitern des Architekturmuseums durchgeführt. Am 31. August legten Delegationen der SPD, der Friedrich-Ebert-Stiftung und der bundesdeutschen Botschaft in Warschau aus Anlaß des 120. Todestages von Lassalle am renovierten Grab Kränze nieder.

Wojwodschaft Breslau/Wrocław

□ Oels/Oleśnica

30 km östlich von Breslau/Wrocław liegt **Oels/Oleśnica,** mit 35000 Einwohnern heute die größte und bedeutendste Stadt Niederschlesiens rechts der Oder. Wer das Panorama der Stadt genießen will, sollte aus Breslau kommend wenige Kilometer vor der Stadtgrenze haltmachen, am besten an der Tankstelle oder auf dem Parkplatz der Raststätte ›Zajazd na Polance‹.

1230 erstmals schriftlich bezeugt, erhielt Oleśnica 1255 das Stadtrecht. Die historische Bedeutung der Stadt für Schlesien bestand vor allem darin, nach 1312 fünf Jahrhunderte lang Residenz des gleichnamigen Fürstentums gewesen zu sein. Als Hort des schlesischen Protestantismus war Oleśnica außerdem eine Bastion gegen die anderen, bis 1740 von Habsburg abhängigen schlesischen Fürsten. Das 1594 gegründete protestantische Gymnasium galt als bevorzugte Ausbildungsstätte für die Söhne und Töchter der Adligen.

Bis heute arbeiten zwei Betriebe, die in der Gründerzeit um 1900 gebaut wurden: die Schuhfabrik, heute mit dem Namen ›Oleśnickie Zakłady Obuwnicze Odra‹, sowie das Eisenbahnausbesserungswerk. In den 60er und 70er Jahren gelang es, die Zerstörungen aus der Zeit des Zweiten Weltkriegs zu beseitigen, wenngleich die historische Altstadt schon mehreren Bränden im 18. Jh. zum Opfer gefallen war.

Das **Schloß/Zamek** von Oleśnica gilt allgemein als schönstes und wichtigstes Profanbauwerk der Renaissance in ganz Schlesien. Das mächtige Bauwerk geht in seiner Anlage auf eine alte gotische Burg zurück. Herzog Johann initiierte den Ausbau der Burg zu einem prächtigen Renaissanceschloß (1548), als Mentor der wichtigsten Umgestaltungen gilt jedoch Karl II. (1565–1617), der die Architekten Kaspar Kuhne und Hans Luckas mit den wichtigsten Arbeiten betraute. Das Standbild Karls II. über der Einfahrt zum Innenhof des Schlosses verweist auf seine Verdienste.

Die Flügel des Gebäudekomplexes umschließen einen unregelmäßigen, viereckigen Hof und sind mit Satteldächern gedeckt, deren hohe, dreieckige Giebel mit abfallenden Voluten geschmückt sind und von Gesimsen durchschnitten werden. Die Arkaden an den Wänden zum Hof erinnern an das Schloß auf dem Krakauer Wawel. Das große Portal mit den zwei Löwen, dem Wappen und den Sternmusterverzierungen ist ein Paradestück der Steinmetzkunst damaliger Zeit. 1970–75 restauriert, dient das Schloß heute als Ausbildungsstätte für Instrukteure des Pfadfinderverbands. Außerdem beherbergt es eine Außenstelle des archäologischen Museums in Wrocław sowie Schrifttafeln und graphische Darstellungen zur Stadtgeschichte von Oleśnica.

Ein Kreuzgang verbindet das Schloß mit der spätgotischen **Schloßkirche/Kościół Zamkowy,** die nach einem Einsturz im Jahre 1905 in alter Form bis 1909 wieder aufgebaut wurde.

Oels/Oleśnica, Renaissance-Schloß. Aufnahme um 1920

In der Kirche befinden sich die Grabmäler der Oelser Fürsten, besonders das Renaissance-Epitaph Herzog Georg I., gestorben 1553, und die sandsteinerne Grabtumba von Herzog Johannes und seiner Gemahlin Christina von Szydłowiecka, dazu ein kostbares Taufbecken aus dem 15. Jh. sowie eine prächtige Kanzel aus dem Jahre 1605. Bis 1469 war die Schloßkirche als dreischiffige spätgotische Basilika mit Sternengewölbe im Mittelschiff- und Kreuzgewölbe in den Seitenschiffen fertiggestellt, Anfang des 16. Jh. kamen die Vorhalle, die Kapellen und eine zweite Sakristei hinzu. An der Ostseite des Schlosses, am Rande des Plac Targowy/Zielony Rynek (Marktplatz/Grüner Markt) steht ein *Kriegerdenkmal,* dessen deutsche Inschriften aber ausgemeißelt wurden.

Zu den Bauwerken, die nach den Zerstörungen des Zweiten Weltkriegs wiederhergestellt wurden, gehört das mächtige **Rathaus/Ratusz** am Ring, dessen Turm von 1824 allerdings weitgehend unbeschädigt geblieben war. Das ursprüngliche Rathausgebäude an dieser Stelle entstand schon 1450, fiel aber zwei großen Bränden 1822/23 zum Opfer. Die heutige Gestalt entspricht dem nach den Bränden errichteten Bauwerk.

Nicht weit entfernt, Richtung Westen, findet sich in der Wendenstraße/ul. Łużycka die kleine gotische **Salvatorkirche,** heute: **Kościół Zielonoświątkowy.** Im 15. Jh. errichtet, diente das Bauwerk zeitweise als Synagoge und als Arsenal. Seit der Erneuerung 1695 wird die Kirche von den evangelischen Christen genutzt.

Die barocke, einschiffige **Dreifaltigkeitskirche/Kościół Św. Trójcy** stammt aus dem Jahre 1744, ihr Turm wurde 1776 noch einmal erhöht. Nach einem Brand im Jahre 1959 hat man den Innenraum der Kirche in volkstümlicher, dem Barock nachempfundener Weise neu ausgemalt. Die Dreifaltigkeitskirche war den Oelser Katholiken aufgrund der sog. Josephinischen Kuratie von 1727 zugestanden worden.

Teilweise in ruinösem Zustand ist die frühere **Propsteikirche,** heute **Mariä Himmelfahrtskirche** und **Pfarrkirche der russ.-orthodoxen Gläubigen/Kościół Parafialny P. W. Wniebowzięcia Matki Boskiej,** die eine hochinteressante Baugeschichte aufweist. Nach 1341, wie eine Altarstiftung vermuten läßt, errichteten die Augustiner-Chorherren, die zu diesem Zeitpunkt schon ein Hospital betrieben, die einschiffige St. Georgskirche (von der Straße her gesehen rechts). Später bauten Benediktinermönche aus Prag ihre der hl. Maria geweihte dreischiffige Kirche direkt an das schon bestehende Bauwerk. Später, nach dem Neubau der St. Georgskirche 1609, faßte man beide Kirchenräume zusammen, die bislang trennende Wand wurde durch Pfeiler ersetzt. Außerdem erhielt die St. Marienkirche eine Renaissancevorhalle. Der obere Teil des quadratischen Turms wurde 1799 nach einem Entwurf von Carl Gotthard Langhans im neugotischen Stil aufgesetzt.

Die nach 1320 anstelle der früheren Befestigung durch Wälle und Gräben errichtete Stadtmauer hatte ursprünglich vier Durchlässe, von denen nur der **Breslauer Torturm/ Brama Wrocławska** im Westen der Stadt erhalten geblieben ist; leider auch in einem Zustand, der vor allem im Inneren dringend eine Renovierung erforderlich macht.

In **Sakrau/Zakrzów** (10 km nordöstlich von Breslau auf halbem Wege nach Oels/Oleśnica) wurden 1886/87 drei als wandalisch angesehene *Fürstengräber* aus der ersten Hälfte des 4. Jh. nach Chr. entdeckt und freigelegt. Es handelte sich um Grabkammern, deren Wände mit Felssteinen und ursprünglich vielleicht sogar mit Holz ausgekleidet waren. In einem Grab waren ein Mann und eine Frau, in den beiden anderen jeweils eine Frau begraben. Die Gräber enthielten außerdem reiche Beigaben: Gold- und Silberschmuck (Anhänger, Schnallen, Halsringe) sowie bronzenes Tafelgeschirr, Keramik, Brettspiele, Münzen u. a. Die Beigaben, die erhalten blieben, sind auf verschiedene Museen in Schlesien verteilt.

□ Groß Wartenberg/Syców · Militsch/Milicz · Trebnitz/Trzebnica · Prausnitz/ Prusice · Groß Peterwitz/Piotrkowice

Nordöstlich von Oleśnica an der Straße nach Łódź und Warschau liegt **Groß Wartenberg/ Syców,** heute ein Städtchen von 7000 Einwohnern. Dank ihres Standortes im schlesischen Grenzgebiet vermittelte die Stadt lange Zeit den Handel zu Polen. Gleichzeitig war sie ein Zentrum der Leinenweberei, nach 1837 bestand hier der größte Flachsmarkt Schlesiens. Aufgrund des Versailler Vertrags kam 1920 ein Teil des Kreises Syców an Polen. Heute liegt die Stadt auf dem Gebiet der polnischen Wojwodschaft Kalisz.

Erhalten geblieben ist die katholische Pfarrkirche **St. Peter und Paul/Kościół Św. Piotra i Pawła,** ein Backsteinbau aus dem 15. Jh. Nach einem Brand wurde die Kirche 1905/06 grundlegend restauriert. Sie birgt im Inneren eine spätgotische Sakramentsnische, einen Taufstein mit Motiven der Spätrenaissance sowie mehrere Epitaphien.

Erhalten blieb auch die evangelische Pfarrkirche **St. Johannes und Petrus/Kościół Św. Jana i Piotra,** die in den Jahren 1785–89 nach einem Entwurf von Carl Gotthard Langhans entstanden ist. Die Kirche wird auch heute von evangelischen Christen genutzt. – Im Park des früheren *Schlosses,* nach einem Brand abgetragen, finden sich noch einige barocke Standbilder. Von der historischen *Stadtmauer* hat nur ein kleiner Abschnitt mit einem Torturm die Zeiten überdauert. Auch das *Rathaus* aus dem 19. Jh. wurde nach einem Brand abgetragen.

Nur noch als Ruine mit im Parterre zugemauerten Fenstern, umgeben von einem verwilderten Park, existiert das barocke **Schloß/Zamek** von **Briese/Brzezinka,** trotz der 1960/61 und 1972/73 von polnischen Denkmalpflegern durchgeführten Sicherungsmaßnahmen. Das Schloß entstand um 1740 nach einem Entwurf von Johann Blasius Peintner unter der Leitung des Baumeisters Füller. Zur reichen Innenausstattung gehörten Arbeiten des Bildhauers

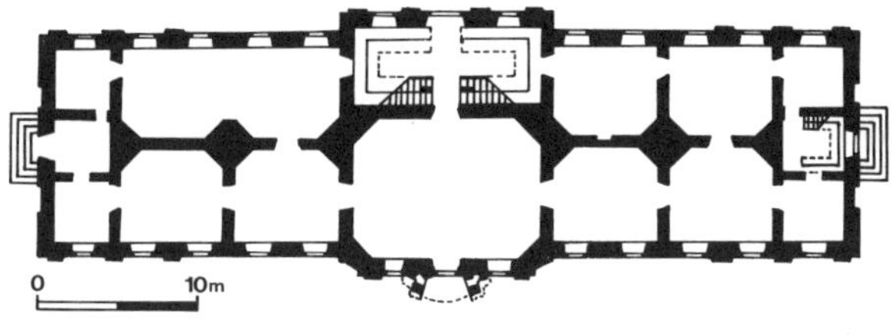

Briese/Brzezinka, Schloß/Zamek, Grundriß (K. Kalinowski, Barock in Schlesien, 1990)

Johann Albrecht Siegwitz, des Malers Franz de Beckers sowie der italienischen Stukkatoren Taroni und Brentani. Das Bauwerk besitzt einen überhöhten, vorgezogenen Mittelbau, in dem sich eine Paradetreppe, ein Gartensaal im Parterre sowie ein großer Saal im Obergeschoß befinden. Der polnische Kunsthistoriker Konstanty Kalinowski schreibt: Das Schloß ... »gehört zu den wenigen schlesischen Residenzen des 18. Jahrhunderts, in denen die spätbarocke Raumlösung des Inneren in vollem Ausmaß in Erscheinung tritt ... Auch die gesamte Lage der Residenz zwischen dem Ehrenhof und dem regulären, im französischen Stil gestalteten Park mit reicher Skulpturenausstattung ... ist für Schlesien ungewöhnlich.« 18 Skulpturen aus Brzezinka befinden sich heute im Park des Schlosses Wilanów in Warschau.

Sehenswert ist auch die ehemalige **ev. Kirche**/heute: **kath. Pfarrkirche/Kościół Farny** von Briese, 1735 im Auftrag des Schloßherren Balthasar Promnitz erbaut, eine kreuzförmige massive Anlage mit einem Holzturm. Die Kirche wird heute von der katholischen Gemeinde betreut.

Zwei Handwerksarten prägten lange das Gesicht des heute 6000 Einwohner zählenden Städtchens **Twardogóra/Festenberg.** Zunächst waren es die Tuchmacher, deren Zahl Anfang des 19. Jh. etwa 300 betrug. Als diese in den Jahren 1850–80 in die Lausitz und vor allem in das neue Textilzentrum Łódź zogen, stellte man sich in der Stadt auf die Tischlerei um. 1910 wurde Festenberg die »Stadt der Tischler« genannt. Nach und nach wurde die Möbelfertigung auch industriell betrieben.

Das **Rathaus/Ratusz** von Festenberg entstand um 1902. Im 1966 restaurierten barocken **Schloß/Zamek** ist heute ein Wirtschaftsfachschule untergebracht. Die neugotische, frühere evangelische **Kirche zum Kripplein Christi/Kościół Farny** stammt aus den Jahren 1874–77, als anstelle der dortigen Holzkirche ein Steinbau errichtet wurde.

Das 1730–40 im Auftrag des Grafen Heinrich I. Leopold von Reichenbach errichtete **Schloß/Zamek** von **Goszcz/Goschütz** nahe Festenberg, eine symmetrische Barockanlage mit Wirtschaftsgebäuden, Wirtschaftshof und Park, nach einem Brand 1749 wiederaufgebaut, repräsentiert die Übergangsphase zwischen österreichischem Barock und preußischem Rokoko. Während die architektonische Struktur (Mittelrisalit) eher der österreichischen Tradition verpflichtet war, wiesen Decken, Wände, Türfütterungen und Kamine Parallelen zum friderizianischen Schloß von Sanssouci bei Potsdam auf. Das Bauwerk befindet sich seit einem Brand 1947 allerdings in einem traurigen Zustand; nur die fast unbeschädigt stehengebliebenen Außenwände und einige Steinskulpturen auf dem Mittelrisalit erinnern an die alte Herrlichkeit. In den vernachlässigten Wirtschaftsgebäuden befindet sich heute eine landwirtschaftliche Produktionsgenossenschaft. Die Orangerie wurde abgetragen. Die 1749 geweihte und in baulicher Verbindung mit dem Schloßkomplex stehende evangelische Kirche existiert auch nur noch als frei zugängliche, aller Schätze beraubte Ruine.

Militsch/Milicz, nördlich von Breslau und Trebnitz, erinnert an die Geschichte des schlesischen Protestantismus. Denn hier steht eine jener ›**Gnadenkirchen**‹ (Farbabb. 10), die den evangelischen Christen in Schlesien mit dem sogenannten Altranstädter Frieden 1707 vom Kaiser in Wien zugestanden worden war. Das in den Jahren 1709–14 am Rande der Altstadt aus Fachwerk errichtete Gotteshaus besitzt eine schöne, im Rokokostil geschnitzte Kanzel und einen wertvollen Taufstein. Mit den drei Emporen konnte und kann sie eine große Zahl von Besuchern aufnehmen (Farbabb. 9). Die Kirche wurde, ebenso wie die anschließenden Pfarrgebäude, 1981 restauriert. Wie viele ehemals protestantische Kirchen Schlesiens wird auch diese Gnadenkirche heute von den katholischen Gläubigen genutzt.

Am Südrand von Militsch findet sich das 1799 errichtete **Schloß/Zamek,** dessen Park zur damaligen Zeit der erste und einzige englische Garten in Schlesien war. Die Einfahrt zum Schloß erfolgte durch das 1814 zur Erinnerung an die Befreiungskriege errichtete Friedenstor, das leider nicht mehr existiert. Dagegen blieb das zur Stadt hin gerichtete Schloßtor mit einem alten Akzisehäuschen am Schloßgraben erhalten.

Etwa 4 km vor der Stadt an der Straße nach Breslau liegt die geräumige **Anna-Kapelle/Kaplica Św. Anny,** die bereits 1505 als Pilgerstätte erwähnt wurde. Ihr heutiger Bau stammt aus dem Jahre 1808. Die Stadt ist umgeben von einer reizvollen Landschaft, der sogenannten **Militscher Seenplatte/Stawy Milickie,** besser beschrieben als kunstvolle Schöpfung von Natur und Mensch, bestehend aus Sümpfen, Seen und großen Erlenbrüchen, auch aus Kanälen, Gräben und Karpfenteichen. Im Zuge der Siedlungspolitik Friedrichs des Großen entwickelte man in diesem Gebiet, wo die Menschen vorher im wesentlichen nur Fischfang betrieben, auch Ackerbau und Viehzucht, hinzu kam eine wohldurchdachte Forst-, Jagd- und Teichwirtschaft.

Trebnitz/Trzebnica

Der Name des Ortes, etwa 25 km nördlich von Breslau, geht zurück auf das polnische Wort ›trzebic‹ – roden, durchforsten. Zahlreiche vorgeschichtliche Funde weisen auf eine frühe Besiedlung der Gegend um Trebnitz hin. Die Geschichte des Ortes steht aber vor allem in Zusammenhang mit dem Leben und Wirken der hl. Hedwig/Św. Jadwiga (1174–1243), die 1267 heiliggesprochen wurde und die bis heute in Polen, besonders in Schlesien, tief verehrt wird. Herzog Heinrich I. (der Bärtige), verheiratet mit Hedwig, stiftete auf ihre Veranlassung hin in Trebnitz das erste Frauenkloster Schlesiens, in das Zisterzienserinnen aus Bamberg einzogen. Die Stiftungsurkunde trägt das Datum 23. 6. 1203. Das Grab der hl. Jadwiga, nach 1267 neu hergerichtet, wurde schnell zur Wallfahrtsstätte für Pilger aus Schlesien, Polen, Böhmen und Mähren.

Trebnitz gehört mit Leubus/Lubiąż, Heinrichau/Henryków und Grüssau/Krzeszów zu den geschichtsträchtigsten Orten in Schlesien; die in den Jahren 1203–40 errichtete dortige **Klosterkirche/Kościół Klasztorny** (Farbabb. 12), dem hl. Bartholomäus geweiht, ist eine dreischiffige Basilika und der älteste romanische Backsteinbau Schlesiens. Krypta und Hochchor wurden 1214 bzw. 1219 geweiht, Dach und Glockenturm 1224 fertiggestellt.

An der Westfront der Kirche errichtete man 1785 unter Leitung des Architekten Gottlieb Daehne einen neuen Turm, der auf den ersten Blick das wertvollste Stück künstlerischer Ausgestaltung der Kirche verbirgt: ein *Tympanonrelief*, um 1230 fertiggestellt und 1935 freigelegt, das den Laute spielenden König David zeigt, vor ihm auf einem Thron Königin Bethsabee mit einer hinter ihr stehenden Begleiterin. Das Tympanon ist möglicherweise ein Dokument für Verbindungen zu Burgund, wo Hedwigs Bruder Otto als Pfalzgraf residierte. Ein zweites Tympanon in der nördlichen Stirnwand des Querschiffs zeigt die von Engeln umringte Gottesmutter.

Tympanon der Klosterkirche/Kościół Klasztorny in Trebnitz/Trzebnica

In der zweiten Hälfte des 17. Jh. erfuhr die Klosterkirche eine tiefgreifende Barockisierung im Inneren, an der hauptsächlich der Bildhauer Franz Joseph Mangoldt und der Maler Christian Philip Benthum beteiligt waren. Mangoldt gestaltete den Hochaltar, die Kanzel und die beiden Figuren der hl.Hedwig sowie ihrer Nichte, der hl. Elisabeth, zu beiden Seiten des Hochaltars. Vor dem Hochaltar befindet sich das Doppelgrab für den Stifter Heinrich I. und den Großmeister des Deutschen Ordens Konrad von Feuchtwangen.

Das 1679/80 in der gotischen *Hedwigskapelle* aufgestellte Grabmal der hl. Hedwig ist eine Stiftung der Äbtissin Christina Katharina von Würben Pawłowska. Der Sarkophag mit den aus schwarzem Marmor gefertigten Säulen und dem Baldachin wurde 1677/78 gestaltet und dem Steinmetz Martin Bielawski in Dębniki bei Krakau. Die Figuren in den Seitennischen des Sarkophags sowie die Statuen der Heiligen auf der Balustrade stammen aus der Breslauer Werkstatt von Franz Joseph Zeller (1679/80). Die ursprünglich auf dem Sarkophag ruhende Platte mit der liegenden Figur der hl. Hedwig befindet sich jetzt in der St. Johannes-Kapelle. Um 1710 wurde an der Balustrade das in Wien geschaffene Epitaph mit dem Porträt der letzten Vertreterin des Piastenhauses, Fürstin Charlotte, aufgestellt. Als Stiftung der Äbtissin Bernarda Paczyńska schuf Franz Joseph Mangoldt um 1750 eine neue Figur der hl. Hedwig, die den Platz der historisierenden Grabplatte einnahm: eine vollplastische Figur in halbliegender Position.

Von den alten, vorbarocken Ausstattungsstücken der Kirche ist nur ein kostbares silbernes Rauchfaß (1533) erhalten geblieben. Die Kirche verfügt über insgesamt 15 Seitenaltäre.

Die barocke *Klosteranlage* entstand in den Jahren 1679–1725 zu Amtszeiten der Äbtissinnen Christina Katharina von Würben Pawłowska, Susanna Kropidlańska und Benedikta Biernacka; der riesige Gebäudekomplex, angeordnet um zwei Gärten, grenzt von Süden her an die Klosterkirche. Die 115 m lange Westfassade wird von massiven Eckpavillons eingefaßt. Der nördliche Pavillon, der die Residenz der Äbtissinnen beherbergte, besitzt einen gesonderten Zugang vom Vorplatz der Kirche aus. Die kompositorische Selbständigkeit der Fassaden gilt als besondere Eigenschaft der schlesischen Barockklöster. Die schönen Portale zum Kloster und zur Residenz der Äbtissinnen stammen aus den Jahren vor 1720.

Polnische Kunsthistoriker wie Konstanty Kalinowski aus Posen vertreten die Auffassung, daß im Zuge der Restaurierung der Klosterfassaden in den 60er Jahren die Farbgebung und Faktur des Putzes so verändert worden sei, daß nun das empfindliche Gleichgewicht der Gliederungs- und Dekorationselemente deutlich gestört werde.

Wie schon vor dem Zweiten Weltkrieg dient das Kloster auch seit 1945 wieder als Krankenhaus. Im Nordflügel befindet sich außerdem ein Kloster der Borromäerinnen.

In Trzebnica selbst ist nur wenig von der alten Bebauung erhalten geblieben. Im wesentlichen das Rathaus aus dem 19. Jh., die in schlechtem Zustand befindliche, 1854 erbaute evangelische Pfarrkirche St. Peter sowie einige Bürgerhäuser.

Prausnitz/Prusice

Wie Trebnitz liegt auch Prausnitz/Prusice an der alten Handelsstraße von Breslau nach Posen. In der dortigen katholischen **Pfarrkirche/Kościół Farny** findet sich ein bedeutsames

Denkmal barocker Kunst: die *Grabkapelle* des 1658 in kaiserlichen Diensten verstorbenen Feldmarschalls Melchior Graf von Hatzfeld, die 1663/64, wahrscheinlich durch Carlo Rossi, an das Schiff der gotischen Pfarrkirche angebaut wurde. Stifter der Kapelle war der Bruder des Marschalls, Graf Hermann von Hatzfeld. Gewölbe und Wände sind geschmückt mit Dekorationen, die für norditalienische Stukkatoren, in diesem Fall Domenico Antonio Rossi, typisch sind: Blumengirlanden, Kartuschen, Lorbeerblätter, Fanfaren und Putten. Das Grabmal selbst mit der Figur des Marschalls, 1659–63 von Achilles Kern aus Franken gestaltet, ist eine Replik des Kenotaphs, das sich in der Kirche von Laudenbach befindet, dem damaligen Sitz des Geschlechts in Bayern. Dominierende Gestaltungselemente des Grabmals sind Darstellungen, die sich auf das Leben und die militärischen Auseinandersetzungen des Marschalls beziehen. Seine Figur ist dargestellt in einer Rüstung, versehen mit der Offiziersschärpe und dem Orden des goldenen Vlieses. Zwölf Reliefs schmücken die Seitenwände des Sarkophags. – Die gotische Backsteinkirche birgt außerdem ein spätmittelalterliches Holzkruzifix aus dem 15. Jh.

Auch die **evangelische Kirche** von 1742 hat die Wirren des Zweiten Weltkriegs weitgehend unversehrt überstanden, ist aber heute dem Besucher nicht zugänglich.

Ebenso blieb das Renaissance-**Rathaus/Ratusz** aus dem 16. Jh. erhalten, an dessen Seitenfront vier Renovierungsdaten zu sehen sind: 1772, 1892, 1933, 1960.

Trachenberg/Żmigród

Aus Trachenberg stammte Sophie Gräfin von Hatzfeld, deren Name vor allem durch die Beziehung zu Ferdinand Lassalle, dem Gründer des Allgemeinen Deutschen Arbeitervereins (1863), und durch den sog. ›Hatzfeld-Prozeß‹ Eingang in die Geschichtsbücher gefunden hat. Vom **Schloß** der Fürsten von Hatzfeld, an dessen Gestaltung zwischen 1683 und 1765 drei bedeutende Baumeister beteiligt waren, nämlich Carlo Rossi, Christoph Hackner und Carl Gotthard Langhans, sind leider nur die Umfassungsmauern erhalten geblieben.

Direkt daneben steht aber noch ein massiver, rechteckiger sog. **Wohnturm**, dessen Kern aus dem 13. Jh. stammt und der um 1560 zu einem festen Wohnhaus von fünf Stockwerken ausgebaut wurde. Das oberste Geschoß diente Verteidigungszwecken. Inzwischen ist das Gemäuer allerdings vom Verfall bedroht.

Groß Peterwitz/Piotrkowice

Noch immer sehr eindrucksvoll wirkt das **Schloß/Zamek** in Groß Peterwitz, obwohl es seit dem Zweiten Weltkrieg nicht mehr genutzt wird und deshalb mehr und mehr verwahrlost. In der jetzigen Form entstand das kunsthistorisch bedeutende Bauwerk um 1693 infolge des Umbaus des vormaligen Renaissance-Schlosses. Der barocke Charakter kommt in der durch Pilaster reichen, plastischen Gliederung zum Ausdruck, ein Werk des norditalienischen Stukkators Giovanni Simonetti. Diese reiche Gestaltung übertönt auch die strenge architektonische Aufteilung. Denn auf den ersten Blick erscheint das Gebäude sehr hoch: drei Geschosse plus Parterre und Dachgeschoß, aber nur acht Achsen breit.

Deutsch Lissa/Leśnica

An der Durchgangsstraße nach Westen gelegen, ist Deutsch Lissa seit 1928 Ortsteil der Stadtgemeinde Breslau. Der Zusatz ›Deutsch‹ wurde 1873 eingeführt, um den Ort von Lissa, der heutigen Wojwodschaftshauptstadt Leszno südlich von Posen/Poznań, zu unterscheiden. Am Abend nach der Schlacht bei Leuthen am 5. 12. 1757 zog sich Friedrich der Große in das Schloß von Deutsch Lissa zurück. In den Napoleonischen Kriegen diente es wiederholt als französisches Hauptquartier.

Das ursprünglich im Renaissancestil gestaltete sowie mit Graben und Wall umgebene **Schloß** wurde später barock umgestaltet. 1945 brannte es aus. Seit der Wiederherstellung dient es als Kulturzentrum und Sitz der Breslauer Künstlervereinigung.

Wohnwitz/Wojnowice

Nur auf Feldwegen erreichbar ist das schöne **Wasserschloß** von Wohnwitz/Wojnowice, nördlich der Durchgangsstraße und auch der Bahnlinie von Breslau nach Westen. Das Bauwerk wurde nach 1513 im Auftrag von Nikolaus Schebitz, später Landeshauptmann des Fürstentums Breslau, errichtet. Es handelt sich um eine Vierflügelanlage, wobei der Nordflügel drei- und die anderen zweigeschossig sind. Die hohen Satteldächer schließen mit Staffelgiebeln; Portal und Fenster, die Arkadenhalle im Hauptflügel und die Loggia im Brunnenhof sind reich im Renaissancestil verziert. Auch die Wassergräben blieben teilweise erhalten.

Wasserschloß von Wohnwitz/Wojnowice

Leuthen/Lutynia

In der Schlacht zwischen Preußen und Österreichern 1757 bei Leuthen, südlich der Durchgangsstraße, war nicht zuletzt der dortige, von einer Wehrmauer umgebene Friedhof hart umkämpft. An der Mauer findet sich noch ein Kreuz an jener Stelle, wo preußische Soldaten in den Friedhof eindrangen. In einer Inschrift auf dem Sockel heißt es: »Den Helden der Schlacht von Leuthen, gefallen am 5. Dezember MDCCLVII.«

Neumarkt/Środa Śląska

Neumarkt, eine der ersten mit deutschem Recht versehenen Städte Schlesiens (frühestes Zeugnis 1223) macht heute einen heruntergekommenen, ja trostlosen Eindruck. So befindet sich das **Rathaus/Ratusz** auf dem Ring in einem schlechten Zustand, Bau- und Restaurierungsarbeiten ziehen sich hin. Das Gebäude stammt aus dem 15. Jh., wurde 1552 im Renaissancestil umgebaut und 1935 grundlegend restauriert. Neben dem Rathaus ist das *Rolanddenkmal* erhalten geblieben.

Die **Pfarrkirche St. Andreas/Kościół Farny Św. Andrzeja** am Westende des Rings gilt als Wahrzeichen der Stadt. Ihre Baugeschichte gliedert sich im wesentlichen in drei Abschnitte: aus der ersten Hälfte des 13. Jh. stammt das spätromanische, basilikale, sechsjochige Langhaus; der gotische, dreijochige Chor ist Ergebnis eines Neubauplans von 1388; und der freistehende, mit Rundzinnen bekrönte Glockenturm mit quadratischem Grundriß, Ausgangspunkt für diese Bautradition in Schlesien, entstand Mitte des 14. Jh. An der Außenmauer des Chors befinden sich alte Grabplatten, deren deutsche Inschriften teilweise noch lesbar sind. Die Innenausstattung der Kirche ist vorwiegend barock.

Im Nordwesten der Altstadt sind Teile der alten *Burgmauer* erhalten geblieben. Belege besagen, daß hier die erste herzogliche Burg nach 1269 errichtet wurde.

Südöstlich des Stadtzentrums steht die **Kirche zum Hl. Kreuz/Kościół Św. Krzyża**, eine dreischiffige Hallenkirche aus dem 15. Jh., die nach Beschädigung im 17. Jh. und Nutzung als Magazin im 19. Jh. 1933 grundsätzlich wiederhergestellt wurde.

Älteste städtische Einrichtung außerhalb der vormaligen Stadtmauern an der Straße nach Liegnitz war ein Spital, das angeblich auf eine Stiftung der hl. Hedwig zurückging. Davon erhalten geblieben ist die einschiffige **Marienkirche/Kościoł Św. Marii**, deren romanischer Chor 1983 wiedererrichtet wurde. Zeugnisse belegen, daß der Baubeginn auf 1220 zu datieren ist.

□ Leubus/Lubiąż · Wohlau/Wołów · Ohlau/Oława

Ganz im Westen der Wojwodschaft Breslau liegt mit Leubus/Lubiąż das älteste schlesische **Zisterzienserkloster** (Farbabb. 14). Schon von weitem sind die beiden charakteristischen Türme über der weitläufigen Klosteranlage zu sehen. 1175, aufgrund einer Stiftung durch Herzog Bolesław I., wurden hier deutsche Mönche aus der Zisterze Pforta/Saale angesiedelt. Leubus entwickelte sich schnell zu einem wirtschaftlichen, kulturellen und geistig-

Zisterzienserkloster Leubus/Lubiąż

religiösen Zentrum Schlesiens. Von hier aus wurden die Klöster Mogiła bei Krakau (1218), Heinrichau (1227) und Kamenz (1247) gegründet.

Das Kloster steht für eine sehr wechselvolle Geschichte. Während der Hussitenkriege wurde es niedergebrannt (1432), später lag es 150 Jahre lang mit dem Breslauer Bischof in einem Exemtionsstreit, der erst 1677 durch einen Kompromiß beigelegt wurde. Schwere Schäden entstanden auch im Dreißigjährigen Krieg, während die zweite Hälfte des 17. Jh. einen wirtschaftlichen Aufschwung brachte. Mit dem Machtantritt Preußens in Schlesien leiteten hohe Steuern, wirtschaftliche Reglementierung seitens des Staates und personelle Einschränkung des Ordens wiederum einen Niedergang des Stifts ein, der schließlich in der Säkularisation 1810 beigelegt wurde. Archiv, Bibliothek und Kunstschätze wurden staatlichen Sammlungen in Breslau einverleibt. Nach 1830 unterhielt man im Klostergebäude eine Heilanstalt, 1945–56 diente es als Krankenhaus der sowjetischen Truppen in Polen. 1956–86 nutzte man die Abtresidenz und teilweise das gesamte Gebäude zu Lagerzwecken, ein Teil der Wohn- und Wirtschaftsgebäude wurde abgetragen. In den 70er und 80er Jahren erfolgten Sicherungsarbeiten sowie architektonische und archäologische Untersuchungen, bei denen in der Klosterkirche zahlreiche Bestandteile der gotischen Architektur zum Vorschein gebracht wurden. Gegenwärtig beherbergt das Klostergebäude Lagerräume des Breslauer Nationalmuseums mit einer Studienausstellung von Werken schlesischer Barockkunst.

Das riesige barocke Klostergebäude entstand 1681–1720 während der Amtszeit der Äbte Johann Reich, Dominik Krausenberger, Balthasar Nitsche und Ludwig Bauch: die zwei Flügel der Prälatur 1681–99, das eigentliche Kloster 1692–1710, die St. Jacobskirche neben der eigentlichen Klosterkirche, Wirtschaftsgebäude sowie Wohnungen für Beamte und Handwerker 1710–20. Die Urheber des Bauentwurfs waren wahrscheinlich norditalienischer Herkunft.

Zentrum der barocken Anlage blieb die gotische, 1307–40 erbaute **Klosterkirche,** deren Architektur und Ausstattung durch Arbeiten von Matthias Steinl und Michael Willmann barockisiert wurden. Seither erhebt sich die zweitürmige Kirchenfassade inmitten der 225 m langen Klosterfront.

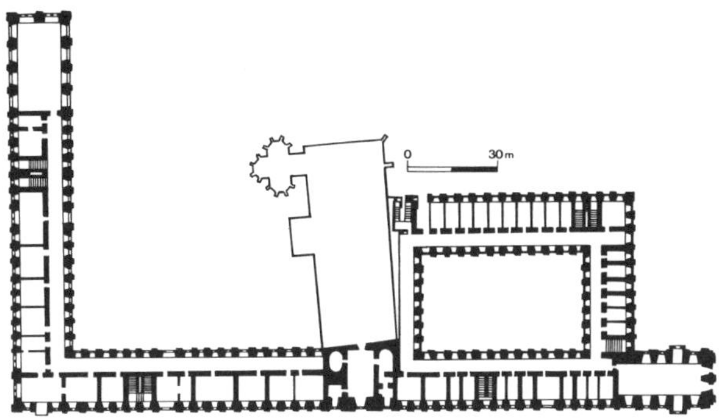

Zisterzienserkloster Leubus/Lubiąż, Grundriß (K. Kalinowski, Barock in Schlesien, 1990)

Zisterzienserkloster Leubus/Lubiąż, Wanddetail

Die Ausgestaltung der Gewölbe im Klosterinneren (Akanthusranken, Blumengirlanden) ist im wesentlichen das Werk einer Werkstatt norditalienischer Stukkateure, die in den 90er Jahren des 17. Jh. in Leubus tätig war. Die Malereien stammen vor allem von Michael Willmann. So ist das Gemälde ›Triumph der Tugenden‹ im Plafond des Sommerrefektoriums des Abts Willmanns erste große und auch am besten erhaltene Freskomalerei. 1972–74 gelangte sie wieder zum Vorschein, als man eine sie verbergende Holzdecke beseitigte. Im Refektorium und in Nachbarräumen befinden sich Gemälde von Christian Philipp Benthum mit allegorischen Szenen aus dem Leben der Elisabeth Christine, Gattin Karls VI., die für die Zeit der Restaurierung des Fürstensaals abgenommen wurden.

Die Gestaltung des über zwei Stockwerke reichenden *Fürstensaals* im Nordflügel des Klosters erfolgte in den Jahren 1734–38: die Gemälde von Christian Philipp Bentum, die Skulpturen von Franz Joseph Mangoldt, die Stuckarbeiten von Albert Ignazius Provisore. Das künstlerische Programm des Saals folgt zwei Prinzipien: der Glorifizierung des Glaubens und der Glorifizierung der Taten der Habsburger, die sich in ihrem Handeln von diesem Glauben leiten ließen. So ist der Saal geschmückt mit lebensgroßen Statuen der Kaiser Leopold I., Joseph I. und Karl VI., mit Büsten anderer habsburgischer Kaiser sowie mit allegorischen Figuren: Justitia, Liberalitas, Prudentia, Constantia, Fortitudo. In der Hohlkehle der Decke die plastischen Allegorien des Ruhms, der Kirche und der vier Kontinente. Der Plafond steht eindeutig im Zeichen der Glorifizierung des Glaubens.

Christian Philipp Benthum besorgte auch 1737 die malerische Ausgestaltung der *Klosterbibliothek*. Die Fresken stehen im Zeichen der Glorifizierung des Wissens, das verstanden wird als Synthese von Theologie und verschiedenen Bereichen praktischen Wissens. Im Zentrum des Gewölbes Gott Jahve als Quelle des Wissens, die Theologie als allegorische Szene (Predigt des zwölfjährigen Christus im Tempel), die Philosophie dargestellt durch das

Zisterzienserkloster Leubus/Lubiąż, restaurierter Saal

Treffen Salomos mit der Königin von Saba. Bildnisse berühmter Gelehrter und Personifizierungen verschiedener Wissensgebiete finden sich über den Fenstern.

Die um 1739 gestalteten Statuen vor der Hauptfassade stammen ursprünglich aus dem Garten des Abts und sind ebenfalls ein Werk von Franz Joseph Mangoldt.

Abgesehen von den Ausstellungsräumen im Erdgeschoß und dem 1990/91 restaurierten Fürstensaal befinden sich Kloster und Klosterkirche baulich in einem schlechten Zustand. Weitere Restaurierungsarbeiten hängen im wesentlichen davon ab, ob ein Nutzungskonzept für die riesige Anlage gefunden wird.

Deutsche Hilfe bei der Restaurierung von Kunstdenkmälern

Im Herbst 1990 und Frühjahr 1991 hat man erste Schritte getan, um die politische Entspannung zwischen Polen und Deutschland auch für den Erhalt wertvoller Kunstdenkmäler fruchtbar zu machen. Denn in dieser Zeit wurden mit deutscher Hilfe Restaurierungsarbeiten an insgesamt elf Projekten durchgeführt. So an erster Stelle der Fürstensaal im Kloster Leubus, wobei die Kosten von über 300 000 Mark jeweils zur Hälfte von deutscher Seite und von der Wojwodschaftsverwaltung in Breslau getragen wurden.

Insgesamt stellte die Bundesregierung knapp eine Million Mark aus Haushaltsmitteln zur Verfügung. Das Geld kam im wesentlichen aus den Złotyeinnahmen der deutschen Botschaft in Warschau für die dort ausgestellten Visa.

Zu den Bauwerken, an denen Restaurierungsarbeiten durchgeführt wurden, gehörte weiterhin das Schloß in Kreisau, das früher Eigentum der Familie von Moltke war. Auch die Friedenskirche in Jauer, die evangelische Kirche in Liegnitz und die als Wehrkirche gestaltete Marienkirche in Patschkau wurden miteinbezogen. Hinzu kamen weitere Baudenkmäler in Schlesien, in Thorn und Danzig. Die Auswahl oblag den polnischen Verantwortlichen.

Auf polnischer Seite wurde die Restaurierung in der Hauptsache von der katholischen und der evangelischen Kirche sowie von den zuständigen Wojwodschafts- und Stadtverwaltungen finanziert. Diese deutsch-polnische Zusammenarbeit beim Erhalt wertvoller Kunstdenkmäler ging zurück auf die gemeinsame Erklärung, die Polens damaliger Premier Tadeusz Mazowiecki und Bundeskanzler Helmut Kohl am 14. November 1989 in Warschau unterzeichnet hatten. In dieser Erklärung hatte man ebenfalls festgelegt, daß die polnischen Zahlungsverpflichtungen, die sich aus dem deutschen Finanzkredit (›Jumbo‹-Kredit) von 1975 ergeben, jeweils bei Fälligkeit erfüllt und dann in einen Fonds zur Finanzierung von Projekten gemeinsamen Interesses eingebracht werden. Auch das bezog sich unter anderem auf den Erhalt von Kunstdenkmälern.

Mondschütz/Mojęcice

Dank verschiedener Restaurierungsarbeiten in den 60er Jahren sind das Schloß und die Kirche von Mondschütz/Mojęcice in gutem Zustand. Das vor 1620 errichtete, von einem breiten Graben umgebene Renaissance-*Schloß/Zamek* wird weiterhin bewohnt. Die *Kirche* wurde im 15. Jh. aus Findlingen und Ziegelmauerwerk errichtet, im 16. Jh. erweitert und dann in der Spätrenaissance ausgemalt. Bereits um 1530 und auch während der Gegenreformation diente sie den evangelischen Gläubigen als Gotteshaus, heute ist sie katholisch. An einer Außenwand der Kirche finden sich verschiedene steinerne Grabplatten mit deutschen Inschriften. In der Kirche selbst steht ein Taufbecken aus Sandstein mit schön geschnitztem Holzdeckel.

Wohlau/Wołów

Das Städtchen Wohlau mit seinen 12000 Einwohnern macht einen angenehmen Eindruck auf den Besucher: die Fassaden der Bürgerhäuser am Ring und in den abgehenden Straßen sind gepflegt, die alten gußeisernen Straßenlaternen intakt, die wichtigsten Baudenkmäler mit einer Ausnahme in gutem Zustand.

Das **Rathaus/Ratusz** am Ring, ein Renaissancebau von 1654, war 1945 ausgebrannt, wurde aber später in der alten Form wieder aufgebaut. Eine doppelte Freitreppe führt ins Innere, darüber das Stadtwappen. Vor dem Rathaus steht die Nepomuksäule von 1723.

Auch die Kriegsschäden am **Schloß** wurden später beseitigt. Das ursprüngliche Bauwerk stammt aus dem Jahre 1579, wurde dann aber nach den Zerstörungen im Dreißigjährigen Krieg in den Jahren 1653–72 im Renaissancestil umgebaut (heute Sitz der Stadtbehörden).

Die barocke katholische **Pfarrkirche/Kościół Farny** entstand in den Jahren vor 1724. Bis zur Säkularisierung 1810 war sie Klosterkirche der Karmeliter.

Nicht sehr gut steht es um die **Kirche des hl. Laurentius/Św. Wawrzyńca,** bei der die Kriegs- und Nachkriegsbeschädigungen im Inneren bislang nicht beseitigt wurden. Die Kirche ist in der Regel nicht zugänglich und wird nur in Ausnahmefällen für Gottesdienste der evangelischen Gemeinde genutzt. Zerstörungen an den Außenfassaden und am Dach hat man inzwischen repariert. Die Laurentiuskirche, ein gotischer Hallenbau vom Ende des 14. Jh., Anfang des 15. Jh., wurde mit Ausnahme der Gegenreformationszeit 1682–1707 nach 1522 immer von den evangelischen Gläubigen genutzt.

Von der alten *Stadtmauer* sind im Westen, Nordwesten und Osten des Zentrums drei Fragmente erhalten geblieben.

Bernstadt/Bierutów

Bauliche Zeugen der Vergangenheit in Bernstadt, ganz im Osten der Breslauer Wojwodschaft, sind die evangelische **Pfarrkirche St. Katharina/Kościół Farny Św. Katarzyny,** ein Gebäudeabschnitt des Schlosses, der ausgebrannte Rathausturm sowie Teile der Stadtmauer. Die Pfarrkirche entstand als gotischer Backsteinbau um 1337, nach dem Brand von 1680 wurde sie wieder aufgebaut. Seit dem Zweiten Weltkrieg ist sie in schlechtem Zustand, allerdings wurde inzwischen mit ersten Restaurierungsarbeiten begonnen.

Auch das **Rathaus** stammt aus der Zeit um 1337 und wurde ebenso nach 1680 wiederhergestellt. Das Renaissance-**Schloß/Zamek** geht zurück auf das Jahr 1543, als die mittelalterliche Burg von 1323 aus- und umgebaut wurde; jetzt stehen noch der Renaissanceturm mit zweifach durchbrochener Haube und ein Barockportal in der Mauer, die das Schloßgelände umgibt.

Laskowitz/Laskowice Oławskie

Das **Schloß** in Laskowitz beherbergt heute ein Institut für Bodenkunde und Ackerbau. 1558 erbaut, wurde es 1779 umgestaltet. Zwei Nebengebäude flankieren den Mitteltrakt, der mit einem klassischen Säulenvorbau versehen ist.

Ohlau/Oława

Seit den späten fünfziger Jahren besitzt das barocke **Schloß/Zamek** von Ohlau wieder seine ehemalige Schönheit. 1945 niedergebrannt, wurde es in sechsjähriger Bauzeit restauriert. Heute finden sich dort eine Bibliothek und andere kulturelle Einrichtungen der Stadtverwaltung. Ursprünglich war das Schloß Ostteil einer größeren Anlage, die im 17. Jh. entstand. Dabei wurde in den Jahren 1660–63 das vordem existierende Jagdschloß in eine barocke Residenz umgewandelt. An diesen westlichen Teil des Schlosses wurde dann ein zweistöckiges Gebäude als Mittelteil angefügt. 1673–75 kam der vierstöckige Ostteil mit Treppenhaus und Saal hinzu. Nach einem Entwurf von Karl Friedrich Schinkel wurde der Mittelteil 1831 in eine evangelische Kirche umgewandelt, den älteren Westteil trug man in den folgenden Jahren ab. Architekt des barocken Ostteils war Carlo Rossi, die Bauarbeiten leitete Christoph Keitsch aus Breslau, die Steinmetzarbeiten führten Carlo Serena, Joachmo Posarino und Andrea Cornelis aus, die figurale Ausgestaltung des Saals Domenico Antonio Rossi.

Unmittelbar neben dem Schloß steht die katholische **Pfarrkirche St. Peter und Paul/Kościół Farny Św. Piotra i Pawła,** 1836 nach einem Entwurf Schinkels errichtet, 1927 nach einem Brand wiederhergestellt. Der Turm stammt aus dem Jahre 1939. Den Ring im Stadtzentrum beherrscht das **Rathaus** von 1823, das ebenfalls auf einen Entwurf von Schinkel zurückgeht. Als Bestandteil des vorangegangenen Bauwerks ist der Turm mit einer Barockhaube (1668) erhalten geblieben. In diesem Turm findet sich das Uhrwerk ›Der Tod von Ohlau‹, gestiftet von der letzten Piastenherzogin Luise von Anhalt. Direkt vor dem Rathaus steht ein alter Pranger.

Die **Stadtpfarrkirche St. Blasius/Kościół Farny Św. Błażeja** im Südwesten des Rings diente von 1634 bis 1945 den evangelischen Christen der Stadt, seither wird sie von den Katholiken genutzt. Das heutige Bauwerk, eine dreischiffige Hallenkirche, entstand nach 1587, gleichzeitig blieb der frühgotische Chor von 1300 erhalten. Sehenswert sind die holzgeschnitzte Kanzel vom Ende des 16. Jh., die Barockorgel und das Epitaph für Georg Ernst.

Strehlen/Strzelin, ganz im Süden der Wojwodschaft Breslau, besitzt noch die alte planmäßige Stadtanlage des Mittelalters mit dem gitterförmigen Straßennetz und dem fast quadratischen Ring. Reste der mittelalterlichen Stadtmauer sind im Nordwesten und Südwesten der

Altstadt erhalten geblieben, dazu auch der **Pulverturm/Baszta Prochowa**. Vom alten Rathaus auf dem Ring (zuletzt nach einem Brand 1706 wiederhergestellt) existiert nur das ausdrücklich als Baudenkmal gesicherte Untergeschoß des Rathausturms. Die östlich des Rings stehende, ebenfalls im Januar 1945 ausgebrannte **St. Gotthard-Kirche/Kościół Św. Gotarda** hat man dagegen wieder aufgebaut; das um 1300 erstmals genannte Gotteshaus wurde im 14. und 15. Jh. erweitert. Polnischen Untersuchungen ist es zu danken, daß in dieser Kirche 1953 Fundamente einer romanischen Rotunde freigelegt wurden, die man auf die Zeit vor 1264 datiert hat.

Die **Hl. Kreuz-Kirche/Kościół Św. Krzyża** im Südwesten des Rings stammt aus der Zeit um 1700. Nicht weit vom Pulverturm in der Brieger Straße/ul. Brzegowa finden sich noch Ruinen der gotischen **St. Georgs-Kapelle/Kaplica Św. Jerzego.**

Gut 30 km südwestlich von Breslau auf dem Weg nach Swidnica/Schweidnitz und Waldenburg/Wałbrzych erhebt sich der 718 m hohe **Zobten/Ślęża,** Schlesiens heiliger Berg, die höchste Erhebung des mittelschlesischen Hügellandes. Der Berg setzt sich aus Eruptivgestein zusammen, im Westteil Granit, im Osten kristallines Gestein. Ein schöner Mischwald bedeckt die felsigen Abhänge. Seine exponierte Lage ließ den Berg, dessen Name vom slawischen Stamm der Slenzanen abgeleitet ist, zu einem Wahrzeichen Schlesiens werden. Archäologische Ausgrabungen haben hier zahlreiche Funde zutage gefördert. Schon in der Bronzezeit und der frühen Eisenzeit existierte auf dem Gipfel eine Kultstätte; die entscheidende Gestaltung des Heiligtums wird jedoch erst den um 500 v. Chr. eingewanderten Kelten zugeschrieben. Sie manifestiert sich in steinernen Kultkreisen zur Abgrenzung des heiligen Raums, wie sie an drei Stellen erhalten sind, in einem kleineren Ringwall auf dem 3 km entfernten Mittelberg und figürlichen Bildwerken (›Bär F‹, ›Gestalt mit Fisch‹), die an verschiedenen Stellen gefunden wurden. Auch die germanischen Wandalen (ca. 100 v.–400 n. Chr.) und die Slawen (ab 6. Jh.) haben den Berg als Kultplatz benutzt. 1121–28 berief der Breslauer Magnat Peter Wlast flandrische Augustinerchorherren nach Schlesien. Die Forscher sind sich allerdings nicht darüber einig, wo auf dem Gelände des Zobten und der umliegenden Hügel die damalige Klosterkirche ihren Standort hatte. 1150 wurde das Chorherrenstift auf die Sandinsel in Breslau verlegt.

Etwa 4 km nordöstlich des Berges liegt der Ort **Zobten/Sobótka**. Auf dem dortigen Marktplatz steht die katholische **Stadtpfarrkirche St. Jakobus d. Ä./Kościół Farny Św. Jakuba St.,** 1250 zum ersten Mal urkundlich belegt. In den späten 40er Jahren haben Grabungen unter der jetzigen Kirche Reste eines romanischen Bauwerks zutage gefördert, desgleichen Mauern eines zweiten gotischen Baus aus dem 15. Jh., der 1730 bis auf den Turm zerstört wurde. Im folgenden Jahrzehnt entstand dann unter Einbeziehung der erhalten gebliebenen Bestandteile eine barocke Kirche, die nach den Beschädigungen des Zweiten Weltkriegs wiederhergestellt wurde. Bei dem an einem Strebepfeiler des Turms eingemauerten romanischen Portallöwen lombardischen Typs aus dem 12. Jh. ist nicht gesichert, ob er von der ersten Zobtener Kirche stammt.

Die **St. Stanislaus-Kirche/Kościół Św. Stanisława** in **Altenburg/Stary Zamek** beherbergt nach Auffassung polnischer Kunsthistoriker das älteste in Schlesien erhaltengebliebene

Bild des Heiligen. Die romanisch-frühgotische Kirche wurde zu Beginn des 13. Jh. errichtet.

An der Straße von Breslau nach Liegnitz/Legnica liegt der Ort **Kanth/Kąty Wrocławskie**, der wie Strehlen u. a. noch die mittelalterliche Stadtanlage aufweist. Das neugotische **Rathaus/Ratusz** (1878) umfaßt den alten Turm von 1613. Die **Kirche St. Peter und Paul/ Kościół Św. Piotra i Pawła** ist für 1302 zum ersten Mal nachgewiesen, vom vorhandenen gotischen Bauwerk sind der Chor um 1400 und das Hallenschiff sowie der Turm um 1500 errichtet worden.

Wenige Kilometer südwestlich von Kanth unweit des Dorfes **Krieblowitz/Krobielowice** steht das **Mausoleum** für den Feldmarschall Gebhard Leberecht Blücher, 1846–53 auf Veranlassung Friedrich-Wilhelms IV. errichtet, ein Rundbau auf quadratischem Sockel. Das Mausoleum ist allerdings zugemauert und enthält nicht mehr die alten Embleme.

Liegnitz/Legnica, Wojwodschaft Liegnitz

□ Liegnitz/Legnica · Wahlstatt/Legnickie Pole

Mit fast 100000 Einwohnern ist **Liegnitz/Legnica** nicht nur die drittgrößte Stadt Niederschlesiens (nach Breslau und Waldenburg), sondern auch Verwaltungszentrum der gleichnamigen Wojwodschaft.

Die Stadtgeschichte geht zurück auf das 10. und 11. Jh., als aller Wahrscheinlichkeit nach hier die Hauptburg der Trebowane stand, eines jener Stämme also, die Schlesien damals besiedelten. Die Burg war Verwaltungssitz einer Kastellanei. Nach dem Mongolenüberfall wurde die Stadt mit einem Netz rechtwinklig zueinander verlaufender Straßen neu angelegt. 1293 erhielt Liegnitz das Magdeburger Stadtrecht. Schon von 1248 an war es Sitz eines selbständigen Herzogtums. 1522 hielt hier die Reformation Einzug, 1526 wurde in der Stadt sogar eine evangelische Universität gegründet, die allerdings nur vier Jahre bestand. 1675 fällt Liegnitz an Habsburg, 1698 erhalten die Jesuiten das ehemalige Franziskanerkloster mit der Johanneskirche zugesprochen. 1742 kommt es mit Schlesien an Preußen, 1809 wird die preußische Kriegs- und Domänenkammer für Niederschlesien von Glogau nach Liegnitz verlegt. Seit 1816 Sitz eines Regierungspräsidenten.

Im 19. Jh. war Liegnitz Zentrum eines wichtigen Gebiets des Gemüseanbaus und der entsprechenden Verwertung. 1925 wurde hier sogar eine ›Landwirtschaftliche Gemüsebauschule‹ eingerichtet. Seit dem Ende des 18. Jh. hatte auch die Industrie hier einen starken Aufschwung genommen: Textilien, Metallerzeugnisse, Möbel, Lederwaren, Papier. Nach dem Zweiten Weltkrieg kam die Kupferindustrie hinzu: Kupferhütte ›Legnica‹ seit 1959, Kupferverarbeitung ›Legmet‹ seit 1964. Außerdem ist Liegnitz mit den Betrieben ›Milana‹ und ›Hanka Sawicka‹ weiterhin eines der polnischen Zentren der Konfektionsindustrie.

1990/91 sorgte Liegnitz in den polnischen Medien immer dann für Schlagzeilen, wenn es um den Abzug der in Polen verblieben sowjetischen Truppen ging. Immerhin war die Stadt

Liegnitz/Legnica
1 *Ritterakademie*
2 *Haynauer Torturm/ Brama Chojnowska*
3 *Pfarrkirche des Hl. Johannes des Täufers/Kościół Farny Św. Jana Chrzciciela*
4 *Ehem. Jesuitenkolleg*
5 *Kupfermuseum*
6 *Schloß/Zamek*
7 *Glogauer Torturm*
8 *Fischweib-Brunnen*
9 *›Haus zum Wachtelkorb‹*
10 *Theater/Teatr*
11 *›Heringsbuden‹*
12 *›Altes Rathaus‹*
13 *Pfarrkirche St. Peter und Paul/Kościół Farny Św. Piotra i Pawła*
14 *Neptunbrunnen*
15 *Neues Rathaus*
16 *Schulgebäude*
17 *Kirche der Allerh. Jungfrau Maria/ Kościół Najśw. Marii Panny*

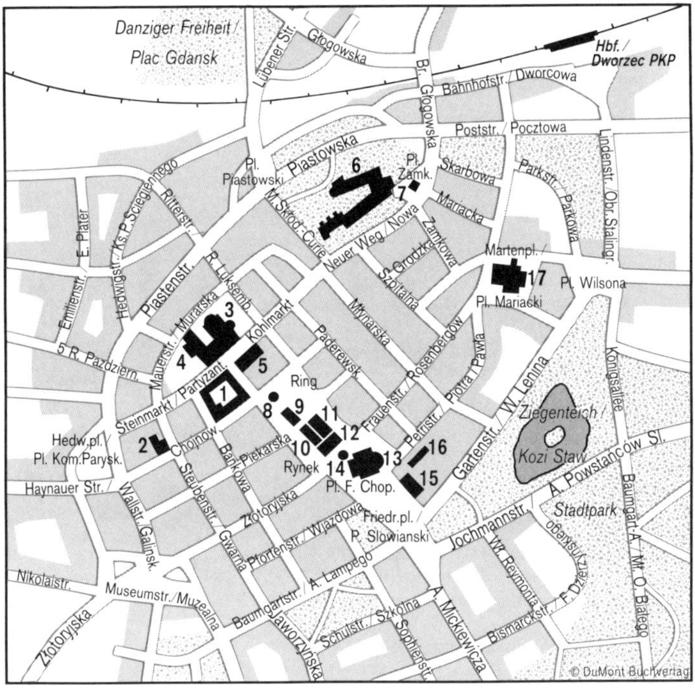

ein wichtiger Stützpunkt dieser Truppen, hier residierte sogar ihr Oberkommandierender. Schließlich nahm man in der polnischen Öffentlichkeit mit Schmunzeln zur Kenntnis, daß das sowjetische Offizierscasino von Liegnitz der katholischen Kurie zur Verfügung gestellt wurde und in einem weiteren Offiziersgebäude eine Managerschule Einzug hielt.

An der Nordwestecke des Rings/Rynek steht die frühere **Ritterakademie/Akademia Rycerska,** ursprünglich eine berühmte Internatsschule nach einer Stiftung des Herzogs Georg Rudolf, nach 1708 (aufgrund der Altranstädter Konvention) eine Bildungsstätte für junge schlesische und polnische Adlige beider Konfessionen. Heute wird das Gebäude vom städtischen Kulturzentrum sowie einigen staatlichen Firmen genutzt. Seit Jahren (Stand Anfang 1992) werden am Äußeren Renovierungsarbeiten durchgeführt.

Das Gebäude entstand in den Jahren 1726–35 nach einem Entwurf von Joseph Emmanuel Fischer von Erlach, die Bauaufsicht führte der Wiener Architekt Anton Erhard Martinelle, die Bauarbeiten leitete der Liegnitzer Baumeister Johann Jacob Scheerhofer. Der vierflügelige Bau ist um einen Innenhof angelegt; das dreiachsige Portal führt in eine breite Diele, von da aus geht eine Paradetreppe in die oberen Etagen. Darstellungen von Waffen und wissenschaftlichen Instrumenten bestimmten das Tympanon am Risalit der Hauptfassade. Die

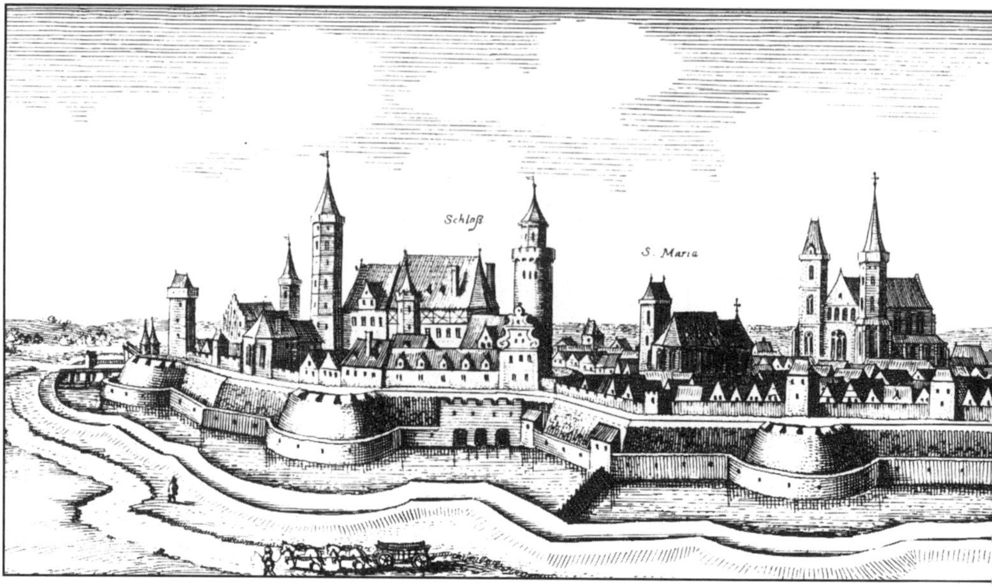

Liegnitz/Legnica. Kupferstich von Matthäus Merian, 1650

Figuren auf der Attika personifizieren die Gunst des Kaisers, die Akademie, den Fleiß des Adelsstandes. Bis 1980 stand auch dieses Gebäude zu Diensten der sowjetischen Truppen in Polen.

Der **Haynauer Torturm/Brama Chojnowska** an der Ecke Haynauer Str./ul. Chojnowska und Steubenstr./ul. Gwarna ist einer der erhaltengebliebenen Bestandteile der mittelalterlichen Stadtbefestigung, die ansonsten 1860 niedergelegt wurde. Im Erdgeschoß des Torturms befindet sich heute ein Informationsbüro für Touristen.

Die frühere Jesuitenkirche, heute **Pfarrkirche des Hl. Johannes des Täufers/Kościół Farny Św. Jana Chrzciciela** (Kohlmarkt/ul. Partyzantów) gehört zu den wichtigsten Werken der europäischen Barockarchitektur. Sie wurde gebaut in den Jahren 1714–27 anstelle der älteren gotischen Grabkirche der Liegnitzer Piasten, wobei der Chor (1677/78 umgestaltet in das Piasten-Mausoleum) miteinbezogen wurde. Aufgrund der großen Ähnlichkeit mit der St. Nikolaus-Kirche auf der Prager Kleinseite wird der Entwurf Christoph Dientzenhofer zugeschrieben. Die einschiffige Kirche, über deren Kapellen die Emporen angeordnet sind, ist überdacht von einem hölzernen Tonnengewölbe, das 1804 nach dem Einsturz des massiven Gewölbes errichtet wurde. Der polnische Barockspezialist Konstanty Kalinowski schreibt: »Die differenzierte Jochbreite bewirkt die Dynamisierung des Raumes. Die Beschränkung der architektonischen Pilastergliederung auf die Pfeiler differenziert passive

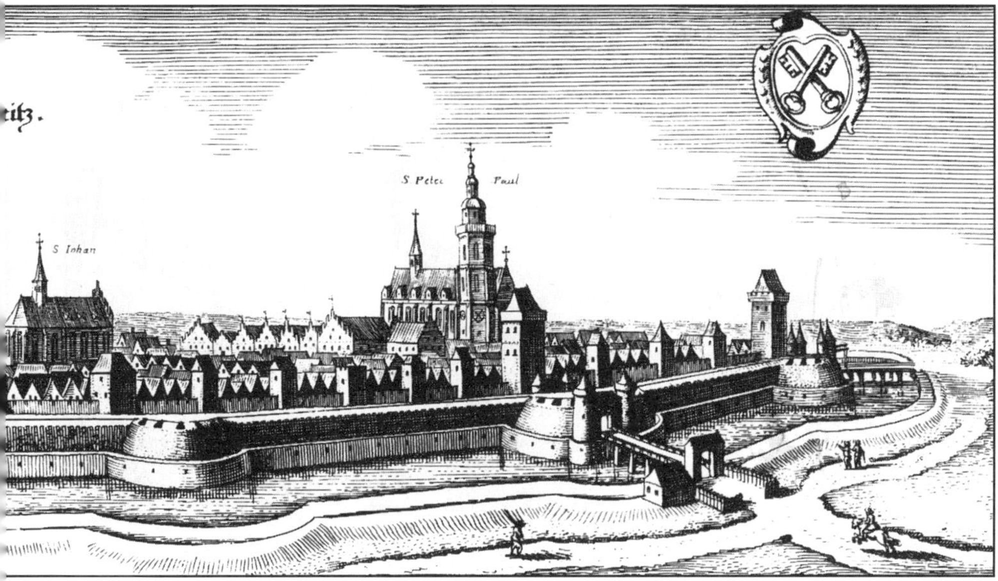

und aktive Bauelemente, wobei die wichtige Rolle der Pfeiler als konstruktionelle Stützen des Gewölbes unterstrichen wird. Die Fassade mit der teils bewegten, teils massiven Gliederung sowie auch das reiche Detail machen einen imposanten Eindruck. Die Jesuiten beabsichtigten, durch die hohe zweitürmige Fassade eine Konkurrenz für die hohen und massiven gotischen Türme zu schaffen, mit denen sich die protestantischen Stadtkirchen schmückten.«

Im Inneren des gotischen Chors wurde in den Jahren 1677/78 unter Leitung des Baumeisters Carlo Rossi das *Piasten-Mausoleum* errichtet, für das der schlesische Dichter Daniel Caspar von Lohenstein das künstlerische Programm entworfen hatte. Die Stukkaturen schuf Domenico Antonio Rossi, die Skulpturen und Malereien Matthias Rauchmiller. Zwischen den gotischen Strebepfeilern befinden sich Nischen, die zur Aufbewahrung der Särge dienen und die durch Arkaden mit dem Inneren verbunden sind. Die Wände sind durch Pilaster gegliedert, die Malereien dazwischen stellen Szenen aus dem Leben der schlesischen Piasten dar. Dazu in Arkadenhöhe lebensgroße Figuren: Fürst Christian, der letzte schlesische Piast Georg Wilhelm, Fürstin Luise sowie deren Tochter Charlotte. In der Kuppel Helios mit den Gesichtszügen von Georg Wilhelm. Dazu einzelne Szenen aus der Frühgeschichte der polnischen Piasten. »Die Hauptelemente des Programms zur Geschichte der Piasten sind die Skulpturen der letzten Piastenfamilie. Sie stellen eine moderne Version der mittelalterlichen

Liegnitz/Legnica, Piastenmausoleum in der Pfarrkirche des Hl. Johannes d. T./Kościół Farny Św. Jana Chrzciciela

Communio sanctorum in der Art einer Communio familiae dar. Die Theatralik wird verstärkt durch die Wirkung der szenischen Anordnung, das Klima der antiken Tragödie in barocker Ausgabe wird unterstrichen durch den Versus adonicus der Trauertexte.« (K. Kalinowski)

Neben der Kirche das frühere **Jesuitenkolleg,** in dem heute wieder ein Franziskanerkloster untergebracht ist. Das Bauwerk entstand 1700–06 nach einem Entwurf des Baumeisters

Johann Georg Knoll. Bemerkenswert ist das Treppenhaus mit prächtigen Stukkaturen und Skulpturen. Ein Brand zerstörte 1966 zum Teil das Kloster und die Spitze des westlichen Turms. Die Erneuerungsarbeiten wurden in den Jahren 1975–78 geleistet.

Gegenüber der Kirche (ul. Partyzantów 1) finden wir im früheren Palais der Äbte von Leubus/Lubiąż das **Kupfermuseum/Muzeum Miedzi.** Gezeigt werden die Technik der Kupferherstellung sowie eine archäologische und kunsthistorische Abteilung mit entsprechenden Kunstwerken. Das Palais wurde 1728 als Stiftung des Abts Ludwig Bauch erbaut. Das schöne Barockportal ist geschmückt mit den Figuren der hl. Hedwig und des hl. Johannes des Täufers, unterhalb des Tympanons das Wappen des Klosters von Leubus. Im Inneren ein prächtiges Treppenhaus.

Im **Schloß/Zamek,** das von 1816 bis 1945 als Sitz des preußischen Regierungspräsidenten diente, sind heute verschiedene Behörden, Ausbildungsstätten und auch ein Archiv untergebracht. Herzog Friedrich II. von Liegnitz ließ das Schloß Anfang des 16. Jh. bauen; aus dieser Zeit stammt das Renaissanceportal am Haupteingang (1533). Das Portal aus Sandstein mit getrenntem Durchlaß für Wagen und Fußgänger ist besonders an den Säulen mit Orna-

Liegnitz/Legnica, Fenster im Innenhof des Schlosses und Eingang des Kupfermuseums/Muzeum Miedzi, ehem. Palais der Äbte von Leubus

menten verziert. Über dem Tor das Wappen und die Brustbilder des Herzogs und seiner Gemahlin Sophie von Ansbach-Hohenzollern.

An der Ostseite des Schlosses der **Glogauer Torturm** aus dem 14. Jh. als Teil der mittelalterlichen Stadtbefestigung mit einer neugotischen Durchfahrt aus dem 19. Jh. Im Hintergrund als Teilgebäude das *Hauptpostamt* von 1892. Nach den Zerstörungen im Zweiten Weltkrieg wurde das Schloß in den Jahren 1960–70 wiederaufgebaut, wobei man neugotische Zinnen und Türmchen wegließ, die 1835 bei Erneuerungsarbeiten nach einem Brand hinzugefügt worden waren. Überreste der mittelalterlichen Burg sind die Untergeschosse des runden *Hedwigsturms* und des achteckigen *Petersturms.* Desgleichen hat man im Zuge des Wiederaufbaus in den 60iger Jahren Reste einer romanischen Kapelle aus dem 13. Jh. freigelegt und in einem Pavillon im Schloßhof ausgestellt.

Am Übergang vom Kleinen zum Großen Ring (Nordseite) steht der alte **Fischweib-Brunnen** von 1412. Das hübsche **›Haus zum Wachtelkorb‹/Dom Pod Przepiorczym Koszem,** am nördlichen der beiden Häuserblöcke im Zentrum des Rings, hat man in den 60er Jahren wieder aufgebaut. Die Hinweistafel an diesem Bürgerhaus aus der Renaissancezeit mit dem Runderker und dem Sgraffitoschmuck an der Seitenfassade erinnert allerdings noch etwa an die ideologischen Verklemmungen des realen Sozialismus: der Text ist in polnisch, französisch, russisch und englisch, nicht aber in deutsch.

Teil des südlichen Häuserblocks ist das **Theater/Teatr,** 1842 unter der Leitung von Carl Ferdinand Langhans nach dem Vorbild des Palazzo Strozzi in Florenz erbaut. Nicht im besten Zustand sind die Fassaden der früher **›Heringsbuden‹/›Kramy śledziowe‹** genannten Giebelhäuser an der Rückseite des Theaters hin zum Großen Markt. Die acht schmalen Barockhäuser mit jeweils nur zwei Fensterachsen, zwei davon mit Sgraffitoschmuck an den Fassaden, hat man ebenfalls nach den Zerstörungen im Zweiten Weltkrieg wiederhergestellt. Im Erdgeschoß der Häuser ein Laubengang.

Das sogenannte **›Alte Rathaus‹,** das heute dem *Dramatischen Theater/Teatr Dramatyczny* zur Verfügung steht, entstand in den Jahren 1737–41 unter der Leitung des Liegnitzer Baumeisters Franz Michael Scheerhofer. Die Freitreppe des Barockgebäudes, deren steinernes Geländer mit Laternen in Vasenform geschmückt ist, geht auf einen Entwurf des Liegnitzer Steinmetzen Johann Christian Bobersacher zurück, gestaltet 1739. Unterbrechungen der Bauarbeiten durch die schlesischen Kriege führten dazu, daß der geplante Turm nicht ausgeführt wurde. Erst 1928, unter Leitung des Architekten Lorenz Huber, setzte man das heutige Mansarddach auf und erhöhte den Turm durch Aufsetzen eines Helms. Turm und Treppe unterstreichen die Wirkung des Rathauses auf dem Ring. Das Gebäude wurde in den Jahren 1960/61 restauriert.

Zwischen dem Alten Rathaus und der **Pfarrkirche St. Peter und Paul/Kościół Farny Św. Piotra i Pawła** der **Neptunbrunnen/Fontanna Nepomucena** von 1731. Wertvollstes Kunstwerk der Pfarrkirche ist ein romanischer Taufkessel, ein Bronzeguß vom Ende des 13. Jh.; dazu die reich geschmückte Kanzel von 1588 und der große Barockaltar von 1767 sowie die Sarkophage des hl. Wenzel I. von Liegnitz (gest. 1364) und seiner Gemahlin Anna (1367). An den Außenfassaden Grabsteine mit deutschen und lateinischen Inschriften. Die Kirche

Liegnitz/Legnica, Pfarrkirche St. Peter und Paul/Kościół Farny Św. Piotra i Pawła und ›Altes Rathaus‹

wurde um 1327 als gotische Hallenkirche begonnen und dann bis 1378 in eingeschränkter Form als Basilika vollendet; im 15. Jh. hat man einen Kranz von Kapellen hinzugebaut. Das heutige Aussehen im Stile der Neugotik geht auf die durchgreifende Restaurierung im 19. Jh. zurück.

Am Friedrichsplatz/Plac Słowiański steht das neue, 1902–06 im Stil der Neorenaissance erbaute **Rathaus/Ratusz** mit schönen Erkern und dominierenden volutengeschmückten Giebeln. Daneben in der Petristraße/ul. Św. Piotra i Pawła ein dreigeschossiges **Schulgebäude** aus dem 16. Jh.

Älteste Kirche von Liegnitz ist die **Kirche der Allerheiligsten Jungfrau Maria/Kościół Najświętszej Marii Panny** am Marienplatz/Plac Mariacki. Das Gotteshaus aus dem 14. Jh. steht heute den Gläubigen der orthodoxen, der nationalpolnischen und der evangelisch-augsburgischen Gemeinde zur Verfügung.

Weithin sichtbar, etwa von der Autobahn zwischen Liegnitz und Breslau, sind die Türme der **Pfarrkirche der Hl. Hedwig** (früher Kirche des Benediktinerklosters)/**Kościół Farny Św. Jadwigi** von **Wahlstatt/Legnickie Pole.** Die Kirche wurde in den Jahren 1727–31 im Auftrag des Braunauer Benediktinerabts Othmar Zinke nach einem Entwurf von Kilian Ignaz Dientzenhofer gebaut, die Steinmetzarbeiten leistete Johann Christian Bobersacher aus Liegnitz. Die zweitürmige Fassade wird von den Flügeln des früheren Klostergebäudes (1723–26) flankiert. Auffallend ist die starke Betonung der vertikalen Gliederung der Fassade; die Helme der Türme sind als Herzogshüte gestaltet, über dem Segmentgiebel des Portals steht die Figur der hl. Hedwig (ein Werk von Karl Hiernle aus Prag).

Eine Synthese von Lang- und Zentralraum bestimmt die architektonische Gliederung des Inneren; der elliptischen Form der Joche passen sich die konkav geschwungenen Wände und Wandpfeiler an. Ein kompliziert gestaltetes Gewölbe überdeckt den Raum. Die *Fresken* (Farbabb. 11) sind ein Werk des berühmten Malers Cosmas Damian Asam von 1733, dabei im Mittelfeld die Szene der Kreuzauffindung durch die Kaiserin Helena. Über dem Chor die Verklärung des hl. Benedikt und des Benediktinerordens sowie der Muttergottes, über der

Wahlstatt/Legnickie Pole, Pfarrkirche der Hl. Hedwig/Kościół Farny Św. Jadwigi ▷

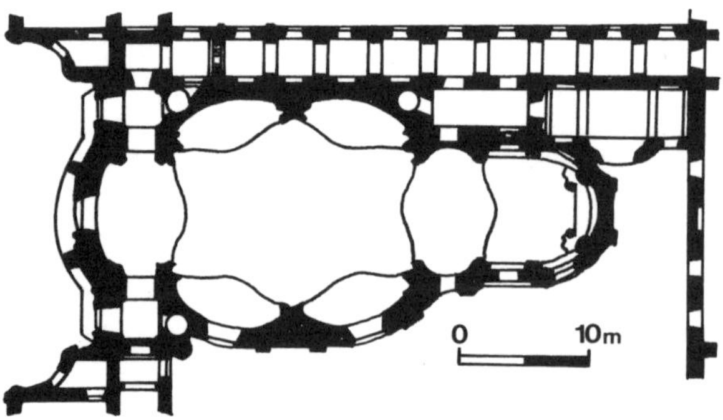

Wahlstatt/Legnickie Pole, Pfarrkirche der Hl. Hedwig/Kościół Farny Św. Jadwigi, Grundriß (K. Kalinowski, Barock in Schlesien, 1990)

Orgelempore die Szene der Auffindung der Leiche des Fürsten Heinrichs II. auf dem Schlachtfeld von Wahlstatt. Franz de Becker schuf 1733 das Bild des Hochaltars ebenfalls zum Thema der Schlacht, die Bilder der Seitenaltäre führte 1729 Wenzel Lorenz Reiner aus Prag aus, die Skulpturen 1728–30 Karl Hiernle.

In der Schlacht auf der Wahlstatt stellte sich Heinrich II. mit einem Heer deutscher und polnischer Ritter und Bauern dem mongolischen Reiterheer entgegen. Die Mongolen siegten, drangen aber nicht weiter vor, sondern schlossen sich dem nach Ungarn ziehenden Hauptheer wieder an.

□ Lüben/Lubin · Guhrau/Góra · Fraustadt/Wschowa · Glogau/Glogów · Haynau/Chojnów

Das barocke **Schloß/Zamek** von **Brauchitschdorf/Chróstnik** entstand in den Jahren 1723–28, als das vorhandene Renaissancebauwerk im Auftrag des Generals Georg von Haugwitz gründlich umgestaltet wurde. Als Überbleibsel des älteren Baukerns besteht die niedrige, dreischiffige Diele. Ein großer Saal bestimmt die beiden oberen Stockwerke, dessen Decke mit Malereien ausgeschmückt war, die wahrscheinlich von Georg Wilhelm Neunhertz stammten. Vermutlich war Martin Frantz der Architekt des Umbaus. Das heutige Aussehen des Schlosses geht zurück auf die 1907–09 durchgeführten neubarocken Umbauten, als man das Hauptgebäude erweiterte, einen Seitenflügel anbaute und ein Balkonportal über dem Eingang errichtete. Bei einem Brand 1976 stürzte die Decke des Saals ein und die Dächer wurden zerstört. Vorher befand sich in dem Gebäude eine Schule für Landwirtschaftsmechanik. Renovierungsarbeiten sind vorgesehen (1991).

Lüben/Lubin wurde zum Zentrum des niederschlesischen Kupferreviers, nachdem man 1957 in dieser Region neue Kupfererzlager entdeckt hatte. Schon die Einwohnerzahl verweist auf den wirtschaftlichen Aufschwung; lebten hier 1960 etwa 20000 Menschen, waren es 1980 schon 60000. Wichtigster Betrieb der Stadt ist das Kupferkombinat, hinzu kommen Fabriken der Holz- und Metallverarbeitung. Außerhalb des Stadtzentrums wurden große Wohnsiedlungen für die Arbeiter der Betriebe und deren Familien errichtet. Die Kehrseite des wirtschaftlichen Aufschwungs ist heute die Umweltverschmutzung, die im Gebiet Lüben – Glogau ein ähnliches Maß wie im oberschlesischen Industrierevier erreicht hat.

Nach den schweren Kriegszerstörungen wurde am Ring/Rynek nur das **Rathaus/Ratusz** in den Formen von 1768 wiederhergestellt. Am vergrößerten Ring auch der **Glogauer Torturm/Brama Głogówska** als Rest der mittelalterlichen Stadtbefestigung. Auch die **Stadtpfarrkirche St. Marien/Kościół Parafialny Najświętszej Marii Panny** mußte nach dem Zweiten Weltkrieg wieder aufgebaut werden. Von der Innenausstattung blieb dabei nur

1 BRESLAU/WROCŁAW Rathaus, Erker an der Südostseite ▷

DWOR WAZOW

3 BRESLAU/WROCŁAW Kathedrale des Hl. Johannes d. T. / Katedra Św. Jana Chrzciciela

◁ 2 BRESLAU/WROCŁAW Ring/Rynek, Westseite

4 BRESLAU/WROCŁAW Blick zum Salzring/Pl. Solny mit dem A.-Fredro-Denkmal neben dem Rathaus

6 Hl. Hedwig vom Hauptaltar der früheren Augustiner-Chorherrenkirche, heute Nationalmuseum

◁ 5 BRESLAU/WROCŁAW Aula Leopoldina in der Universität

7 BRESLAU/WROCŁAW Kirche St. Maria auf dem Sande ▷

8 BRESLAU/WROCŁAW Remter im Rathaus

10 MILITSCH/MILICZ Fachwerkturm der Gnadenkirche ▷

9 MILITSCH/MILICZ Gnadenkirche, Emporen im Innenraum

IOANNIS
CAP·XIX

LUCAE
CAP·XXIII.

12 TREBNITZ/TRZEBNICA Klosterkirche und Kloster
◁ 11 WAHLSTATT/LEGNICKIE POLE Deckenfresko von C. D. Asam in der Pfarrkirche der Hl. Hedwig
13 SCHWEIDNITZ/ŚWIDNICA Ev. Friedenskirche zur Hl. Dreifaltigkeit

16 GRÜSSAU/KRZESZÓW Kirche des Hl. Joseph, Fresko von Michael Willmann

◁ 15 HIRSCHBERG/JELENIA GÓRA Hochaltar in der Stadtpfarrkirche St. Erasmus und Pankratius
◁ 14 LEUBUS/LUBIĄŻ Kloster

17 Kirche ›Wang‹ in Brückenberg/Bierutowice ▷

 Schloß Fürstenstein/Książ

19 KAMENZ/KAMIENIEC ZĄBKOWICKI

21 GLATZ/KŁODZKO Brücktorbrücke und Minoritenkirche ▷

20 HEINRICHAU/HENRYKÓW Klosterkirche und Kloster

23 PATSCHKAU/PACZKÓW Glatzer Straße mit Glatzer Tor/Brama Kłodzka
◁ 22 Landschaft bei Glatz/Kłodzko
24 Kirche in Schönfeld/Obórki bei Brieg/Brzeg

25 OPPELN/OPOLE Häuser an der Oder

26 BRIEG/BRZEG Innenhof des Schlosses

27 NEISSE/NYSA Kirche St. Jakobus und St. Agnes ▷

die Kanzel im Stil der Spätrenaissance mit den Figuren der Propheten und der Evangelisten erhalten. Zwei gotische Schnitzaltäre stehen in der Kathedrale und dem Nationalmuseum von Breslau. Die **Kirche der Hl. Hedwig/Kościół Św. Jadwigi,** 1358 als Schloßkapelle errichtet, diente bis 1908 als katholische Pfarrkirche. In der Zeit nach dem Zweiten Weltkrieg wurde sie wiederaufgebaut und für Kunstausstellungen hergerichtet. Erhalten blieb der Fachwerkbau der ehemaligen **ev. Kirche** vom Ende des 17. Jh. mit einer schönen Innenausmalung, heute von der polnisch-katholischen Gemeinde genutzt.

Die kleine Stadt **Steinau/Ścinawa** liegt an der Stelle, wo die Oder den Schlesischen Landrücken durchbricht. 1348 erhielt sie zum ersten Mal das Recht zum Bau einer Oderbrücke, die dann bis zur Zerstörung im Dreißigjährigen Krieg 1632 bestand. Erst 1858 wurde dann eine neue Straßenbrücke und 1873 eine Eisenbahnbrücke errichtet. Auch am Ende des Zweiten Weltkriegs war dieser Oderübergang hart umkämpft. Die beiden Brücken hat man in der Nachkriegszeit wiederhergestellt. Zu den erhaltenen Baudenkmälern gehören die gotische **Stadtpfarrkirche/Kościół Parafialny** von 1450, Reste der mittelalterlichen Stadtmauern und der gotische Turm des (neuen) **Rathauses/Ratusz.**

Bis 1975 Kreisstadt in der Wojwodschaft Breslau, gehört **Guhrau/Góra** heute zur nördlich angrenzenden Wojwodschaft Lissa/Leszno. Mit zehn Hektar Fläche innerhalb der Stadtmauer war Guhrau im Mittelalter eine der größten Städte Niederschlesiens. Zwei Wirtschaftszweige spielten in der Stadtgeschichte eine besondere Rolle: zunächst die Tuchmacherei, dann das Müllereigewerbe (um 1840 gab es hier, begünstigt durch die Hochfläche, nicht weniger als 80 Windmühlen). Zwar blieb der mittelalterliche, ovale Stadtgrundriß erhalten, aber gleichzeitig gingen fast alle historisch wichtigen Bauwerke verloren, als die Stadt nach der Schlacht bei Kunersdorf 1759 durch russische Truppen in Brand gesteckt wurde. Lediglich die **St. Katharinen-Kirche/Kościół Św. Katarzyny** (Backsteingotik, 15. Jh.) existiert weiter, allerdings war ein Wiederaufbau nötig, nachdem 1960 einzelne Bauteile eingestürzt waren; der wertvolle gotische Flügelaltar dieser Kirche gelangte nach 1945 in die Kathedrale von Posen/Poznan.

Fraustadt/Wschowa blickt auf eine wechselvolle Geschichte staatlicher Zugehörigkeit zurück. Im 13. Jh. umkämpft, fiel die Stadt 1346 für lange Zeit an den polnischen Staat, wobei ihr weitgehend deutscher Charakter bewahrt blieb. Im Zuge der zweiten Teilung Polens 1793, endgültig 1815, kam das ganze sog. Fraustädter Ländchen an Preußen und dabei zur Provinz Posen. Ein Teil des Gebiets wurde aufgrund des Versailler Vertrages ab 1920 Bestandteil des neuen polnischen Staates, Fraustadt selbst Kreisstadt in Posen-Westpreußen und ab 1938 in der Provinz Schlesien. Ab 1950 der Wojwodschaft Grünberg/Zielona Gora zugehörig, liegt es seit 1975 auf dem Gebiet der Wojwodschaft Lissa/Leszno.

Das **Rathaus/Ratusz** von Fraustadt ist ursprünglich schon für 1435 belegt, das heutige Bauwerk stammt aus den Jahren 1860–70. Von der mittelalterlichen Stadtmauer blieben einige Bestandteile erhalten. Im Norden des Stadtzentrums steht die katholische **Stadtpfarrkirche/Kościół Parafialny,** die in ihrer heutigen Gestalt im wesentlichen auf den barocken Umbau 1720–26 zurückgeht (einige Bauelemente aus dem 14. Jh., der hochragende Turm von 1580). Den Franziskanern dient heute das *alte Bernhardinerkloster* östlich des Zentrums mit der zugehörigen **Josephskirche/Kościół Św. Jozefa;** nach einem Brand des ursprünglichen Bauwerks hatte man Kloster (1629) und Kirche (1639) in den Formen der Spätrenaissance und des Frühbarocks wieder aufgebaut, das Kircheninnere wurde später im Rokokostil prächtig ausgestaltet.

Südöstlich vom Stadtzentrum finden wir die **Kirche ›Zum Kripplein Christi‹**, ursprünglich evangelisch, heute zur Verfügung der katholischen Gläubigen. Wie Guhrau war auch Fraustadt im 18. Jh. eine Stadt der Windmühlen (um 1710 etwa 100).

Die Stadt **Glogau/Głogów,** heute mit fast 70000 Einwohnern, wurde am Ende des Zweiten Weltkriegs zu über 90 % zerstört. Alle historisch bedeutenden Kirchen und Profanbauwerke brannten dabei aus. Da in der Nachkriegszeit nur einige wenige Gebäude wiederaufgebaut wurden, sind die heute noch vorhandenen Ruinen ein Mahnmal für die Schrecken des Weltkriegs. Öffentlich wenig hinterfragt blieb bislang allerdings die Entscheidung der polnischen Behörden, Stadtentwicklung und Ausbau von Glogau im wesentlichen volkswirt-

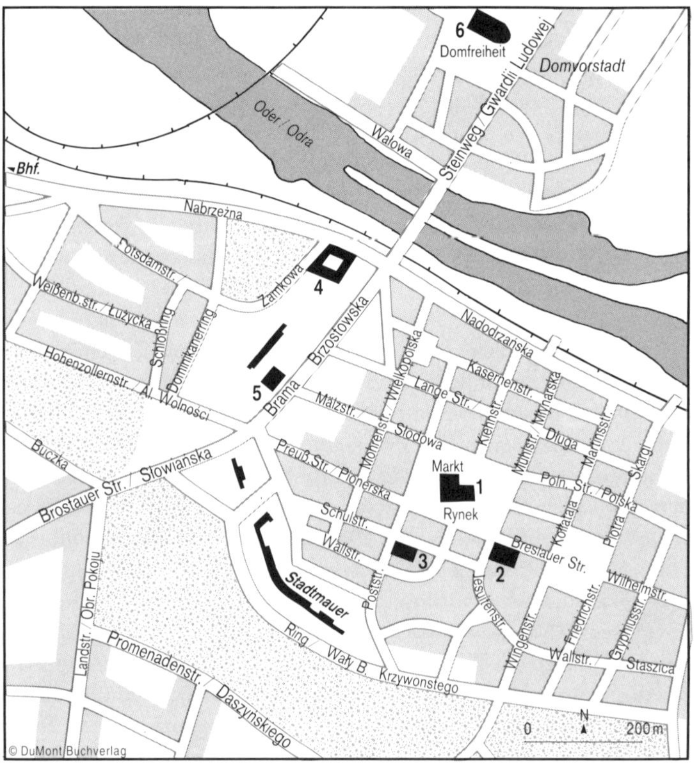

Glogau/Głogów
1 Ruine des Rathauses/Ratusz
2 Jesuitenkirche/Kościół Jezuitów und Jesuitenkolleg
3 Ruine der Pfarrkirche St. Nikolaus/Kościół Św. Mikołaja
4 Schloß/Zamek (Museum für Hüttenwesen und Buntmetallverarbeitung)
5 Reste der St. Peter-und-Paul-Kirche/Kościół Św. Piotra i Pawła
6 Ruine des Doms

Glogau/Głogów, Ruine des Doms. Lithographie, nach 1830

schaftlichen Gesichtspunkten unterzuordnen (1971 Errichtung der Hütte zur Verarbeitung von Kupfererzen) und dabei die Wiederherstellung historischer Bauten zu vernachlässigen.

Glogau hat eine lange Geschichte; 1010 spricht Thietmar von Merseburg von der ›urbs glogua‹ als wichtigem slawischen Stützpunkt, 1253 erhält Glogau deutsches Stadtrecht. 1630–32 zur Festung ausgebaut, erlitt die Stadt später im Dreißigjährigen Krieg starke Zerstörungen. Nach 1742 wurde Glogau auf Veranlassung Friedrichs des Großen erneut zur Festungs- und Garnisonsstadt. Bis 1809 (Verlegung nach Liegnitz) war sie auch Verwaltungssitz für Niederschlesien.

Zu den Ruinen von Glogau zählt die des **Rathauses/Ratusz** (1835 unter Einbeziehung älterer Teile erbaut) auf dem Markt/Rynek; erhalten blieben nur drei Säle im Erdgeschoß mit den gotischen Netzgewölben. An der Ostseite des Rathauses stand das Theater/Teatr, an dessen Ruine noch das alte Portal mit der Büste von Andreas Gryphius (1616 in Glogau geboren) zu erkennen ist.

Im Südosten des Rings finden wir die **Jesuitenkirche/Kościół Jezuitów** und angrenzend das frühere *Jesuitenkolleg*/heute: Lyzeum. Die Kirche wurde in den Jahren 1696–1715 unter Leitung des italienischen Architekten Giulio Simonetti, später des fürstbischöflichen Baumeisters Johann Peintner errichtet, das Kolleg 1730 fertiggestellt. Südlich des Rings die Ruine der **Pfarrkirche St. Nikolaus/Kościół Św. Mikołaja** (für 1311 erstmals belegter Backsteinbau). Den Kirchturm hat man im Zustand nach Einschlagen eines Artilleriegeschosses befestigt, auch die Mauern des Langhauses und der Chor wurden ähnlich gesichert. Möglicherweise wird die gesamte Anlage für Ausstellungszwecke wieder aufgebaut.

Nach den Kriegszerstörungen vollständig wiederaufgebaut wurde das **Schloß/Zamek** nordwestlich des Markts an der Oderbrücke. In der heutigen Gestalt geht es zurück auf den barocken Neubau aus den Jahren 1562–69, bei dem lediglich der heute noch existierende Bergfried erhalten blieb. Seit 1978 ist im Schloß das *Museum für Hüttenwesen und Buntmetallverarbeitung/Muzeum Hutnictwa i Odlednictwa Metali Kolorowych* untergebracht. Unweit des Schlosses wurden Reste der **St. Peter-und-Paul-Kirche/Kościół Św. Piotra i Pawła** gesichert, Glogaus älteste Kirche von 1258.

Über die Oderbrücke gelangt man auch zur Ruine des **Doms;** die gotische dreischiffige Hallenkirche entstand im 15. Jh. unter Übernahme romanischer Bauelemente, bei dem Brand 1945 blieb nur der 1842 neuerrichtete Turm im wesentlichen erhalten. Kurz nach dem Krieg hat man die Ruine gesichert, die Außenmauern teilweise vervollständigt und die Kapellen mit Schutzdächern versehen. Bis 1945 befanden sich im Dom die Grabfigur der Herzogin Mechthilde (gest. 1318), der Grabstein der Herzogin Margarethe von Cili (gest. 1480) und eine von Lucas Cranach gemalte Madonna mit Kind.

Weithin sichtbar ist der Turm der **Kirche St. Johannes des Täufers/Kościół Św. Jana Chrzciciela** von **Groß Kauer/Kurów Wielki,** westlich von Glogau. Die Kirche entstand im letzten Viertel des 15. Jh. aus Findlingssteinen. In der Vorhalle befindet sich eine Sammlung mittelalterlicher Grabsteine. Wichtigste Kunstwerke der Innenausstattung sind Altargemälde, die zu einem gotischen Triptychon des 15. Jh. gehören, die Renaissancekanzel von 1625, ein Taufbecken von 1607, schließlich an einem Seitenaltar eine ›Madonna mit Traube‹, die an den Weinbau des Mittelalters rund um Grünberg/Zielona Gora erinnert.

Am westlichen Stadtrand von **Kotzenau/Chocianów** inmitten eines verwilderten Parks steht das verfallene **Schloß/Zamek** des Grafen Melchior Gottlob von Redern, 1728–32 durch den Umbau einer Anlage aus dem 15. Jh. entstanden. Baumeister war Martin Frantz, die Steinmetzarbeiten lieferte Johann Christian Bobersacher, beide aus Liegnitz. Die Gruppierung der vier Flügel um den hohen Turm geht auf die ursprüngliche Anlage zurück. Im Zuge des barocken Umbaus hat man an der Westfront eine zweiläufige Paradetreppe angelegt, im Süden eine riesige Freitreppe. Denkmalpflegerische Maßnahmen wurden zuletzt 1973 durchgeführt.

In **Haynau/Chojnów** sind trotz der Zerstörungen im Zweiten Weltkrieg die wichtigsten Baudenkmäler erhalten geblieben. So steht noch als Teil der mittelalterlichen Stadtbefestigung der sogenannte **Weberturm/Wieża Tkaczów** von etwa 1400 mit einer Renaissanceattika aus dem 16. Jh. Am Ostrand des langgestreckten Marktplatzes, einer der größten in Schlesien, erhebt sich die gotische katholische **Pfarrkirche Unserer Lieben Frau/Kościół Farny Najświętszej Marii Panny,** 1535 bis 1945 im Dienst der evangelischen Gläubigen. Die ältesten Teile der dreischiffigen Basilika stammen aus der ersten Hälfte des 14. Jh., das Sterngewölbe im Mittelschiff ist von 1468, die Kapelle des Wolf von Buswoy im Renaissancestil von 1543. An der Westseite des Marktes steht ein Teilgebäude des alten Renaissance-**Schlosses,** das 1546/47 anstelle der 1503 abgebrannten gotischen Burg errichtet wurde. In dem Gebäude ist heute das *Regionalmuseum/Muzeum Regionalne* untergebracht. Über dem Portal die Brustbilder des Herzogs Friedrichs III. und seiner Gemahlin Katharina von Mecklenburg, wahrscheinlich nach einem Entwurf von Franz Pahr, unter dessen Leitung auch das Schloß in Brieg/Brzeg gebaut wurde. – Die schlichte, einschiffige **Maria- und Josefskirche/Kościół Św. Józefa i Św. Marii** im Nordwesten der Altstadt aus den Jahren 1770–74 wird heute nicht mehr genutzt.

□ Goldberg/Złotoryja · Gröditzberg/Grodziec · Jauer/Jawór

Der Name der Stadt **Goldberg/Złotoryja,** südwestlich von Liegnitz, geht darauf zurück, daß hier bereits um 1200 Gold gewaschen wurde. Nach Versiegen der Goldvorräte wandten sich die Bergleute im 15. Jh. dem Kupferbergbau zu, der noch heute betrieben wird. Daneben ist Goldberg vor allem eine Stadt der Textilindustrie. Wichtigstes Baudenkmal der Stadt ist die **Stadtpfarrkirche St. Marien/Kościół Parafialny Św. Marii,** für 1269 erstmals nachgewiesen. Die ursprünglich als Basilika angelegte Kirche wurde im 14. Jh. als gotische Hallenkirche vollendet. Das heutige Bauwerk enthält noch einige bedeutsame spätromanische Elemente, so besonders den Chorraum und das Südportal des Querschiffs. Der große Turm vor dem Chor stammt aus dem 16. Jh., die Hauben beider Türme aus dem 18. Jh. Das **Rathaus/Ratusz** am Ring/Rynek wurde 1852 vollendet. Die barocke **St. Hedwigskirche/Kościół Św. Jadwigi,** bis 1810 Klosterkirche der Franziskaner, entstand Anfang des 18. Jh. Von der mittelalterlichen Stadtbefestigung blieb nur der sogenannte **Schmiedeturm/Wieża Kuźni** erhalten.

Das **Schloß/Zamek** von **Gröditzberg/Grodziec,** 1718–27 für Heinrich Wolf von Frankenberg erbaut, ist eine der wichtigsten Barock-Residenzen Schlesiens. Die dreiflügelige Anlage umfaßt einen kleinen Hof, zu dem eine Auffahrtsrampe führt. Die zwei oberen Stockwerke des Mittelflügels nimmt ein großer ovaler Saal ein, dessen Decke mit einer Darstellung olympischer Götter und reichem Stuck geschmückt ist.

Beeindruckendes Symbol evangelischer Kirchengeschichte in Schlesien ist die **Friedenskirche zum Hl. Geist/Kościół Pokoju Św. Ducha** in **Jauer/Jawór,** eine der drei Kirchen, die im Westfälischen Frieden von 1648 den evangelischen Gläubigen der habsburgischen Erbfürstentümer von Schlesien zugebilligt wurden. Der Entwurf für die Kirche stammte vom Breslauer Festungsbaumeister Albrecht von Saebisch (1610–88), die Bauarbeiten in den Jahren 1654/55 leitete Andreas Kempner. Der rechteckige, 44 × 24 m große Fachwerkbau mit einem Fassungsvermögen von 5000 bis 6000 Personen hat ein 19 m hohes Mittelschiff und zwei niedrigere, von Pultdächern gedeckte Seitenschiffe, in denen zunächst zwei, später vier Emporen übereinander angebracht wurden. Nach der Altranstädter Konvention von 1707 hat man an der südlichen Langhauswand einen reichgegliederten Glockenturm angebaut. Diesen Kirchentypus hat man im 17. und 18. Jh. mehrfach nachgebaut.

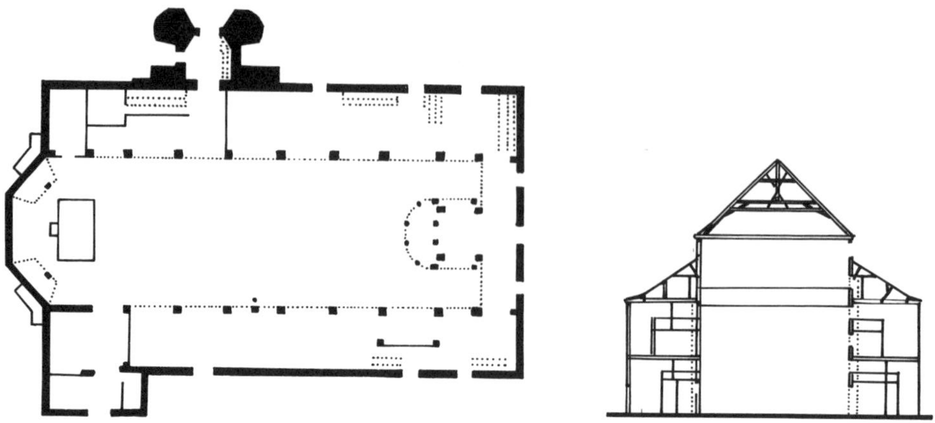

Jauer/Jawór, Friedenskirche zum Hl. Geist/Kościół Pokoju Św. Ducha, Grundriß und Querschnitt

Die Kirche ist im Inneren besonders an den Emporen mit volkstümlicher schlesischer Malerei geschmückt. Sie gehört weiterhin der evangelischen-augsburgischen Gemeinde und wird von deren Pfarramt in Liegnitz betreut. Besichtigungen ermöglicht auch der neben der Kirche wohnende Kustos. 1983/84 und 1991 fanden Restaurierungen statt.

Das **Rathaus/Ratusz** von Jauer im Stil der Neorenaissance entstand 1896/97 nach einem Brand des 1373 erstmals erwähnten und im 16. sowie 17. Jh. mehrfach umgebauten ursprünglichen Bauwerks, von dem immerhin der achteckige, 65 m hohe Turm erhalten blieb, mit acht fast lebensgroßen Figuren an den Ecken. Diese stellen unter anderem Kaiser Karl IV. und Herzog Bolko II. von Schweidnitz dar.

Am **Ring/Rynek** sind zum Teil die alten **Bürgerhäuser** (in sehr unterschiedlichem Zustand – Anfang 1992) erhalten geblieben. Sie stammen im wesentlichen aus der Zeit nach dem großen Brand 1776, wenngleich einzelne Renaissance- und Barockfassaden auf das 16. und 17. Jh. zurückgehen. Eine der 1945 verursachten baulichen Lücken am Ring hat man durch ein Bauwerk mit völlig stilloser Betonfassade gefüllt.

Nördlich des Rings in der Kirchenstraße/ul. Koscielna steht die katholische **Stadtpfarrkirche St. Martin/Kościół Parafialny Św. Marcina,** eine dreischiffige gotische Hallenkirche aus dem 14. Jh. (einzelne Bauelemente vom Ende des 13. Jh.) mit gotischer und Renaissanceplastik an den Portalen und einer spätbarocken Innenausstattung.

Die **St. Marienkirche** in der Klosterstraße/ul. Klasztorna, früher Teil des nur noch als Ruine existierenden Franziskanerklosters, beherbergt heute ein kleines *Regionalmuseum/Muzeum Regionalne*. Die Kirche mit dem schönen Backsteinlinsengiebel stammt aus den Jahren 1485–88.

Unweit des Dorfes **Groß Rosen/Rogoźnica** an der Bahnlinie Jauer–Striegau/Strzegom errichteten die Nationalsozialisten ab 1941 ein *Konzentrationslager.* Zunächst wurde vom

März 1941 bis Mai 1942 das sogenannte ›Kleine Lager‹ mit vier Blocks und einer Lazarettbaracke errichtet, dann bis Frühjahr 1944 das ›Große Lager‹, und schließlich das ›Auschwitz-Lager‹, die zusammen auf 45 000 Häftlinge angelegt waren. Die Gefangenen mußten in den benachbarten Granitsteinbrüchen Zwangsarbeit leisten. Historiker geben die Zahl der Gefangenen mit insgesamt 160 000 an, die der Opfer mit 100 000. In einer ehemaligen Lagerbaracke befinden sich eine Gedenkstätte und ein Museum, in dem die damaligen Verbrechen dokumentiert sind.

Groß Rosen/Rogoźnica, Eingangstor zum Konzentrationslager

Wojwodschaft Grünberg/Zielona Góra

□ Grünberg/Zielona Góra

Die Wojwodschaft Grünberg/Województwo Zielonogórskie, weniger die Stadt Grünberg/ Zielona Góra selbst, macht ihrem Namen alle Ehre, denn sie gehört zu den waldreichsten in ganz Polen. Auch wegen der vielen Seen und Naturschutzgebiete gilt sie als wichtiges Erholungsgebiet.

Die alte schlesische Weinbaustadt **Grünberg/Zielona Góra** wird heute als Zentrum des Lubusker Landes/Ziemia Lubuska angesehen; anknüpfend an den Namen des Landes Lebus, das vor der deutschen Besiedlung im 13. Jh. von den slawischen Lebuzzi besiedelt war. Seit 1950 ist Grünberg Verwaltungssitz der gleichnamigen Wojwodschaft, die aus Teilen der früheren Regierungsbezirke Frankfurt/Oder und Liegnitz gebildet wurde.

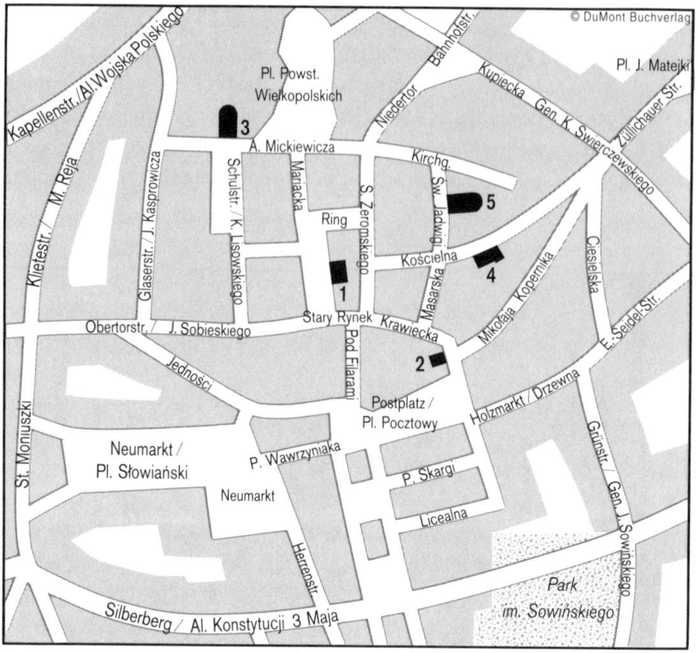

Grünberg/
Zielona Góra
1 *Rathaus/Ratusz*
2 *Hungerturm/ Wieża Głodowa*
3 *Pfarrkirche Muttergottes von Tschenstochau/ Kościół Farny Matki Boskiej Częstochowskiej*
4 *Ehem. ev. Schule*
5 *Pfarrkirche St. Hedwig/Kościół Farny Św. Jadwigi*

Die urkundlich belegte Stadtgeschichte geht zurück auf das Jahr 1323, als Grünberg das Crossener Stadtrecht erhielt. Ab 1331 dem Herzogtum Glogau zugehörig, geriet Grünberg nacheinander zu Böhmen, Habsburg und schließlich 1742 zu Preußen.

Schon früh wußte man die günstigen klimatischen Bedingungen und den Sonnenreichtum an den Südhängen des Grünberger Gebiets für den Weinbau zu nutzen; ein erster Hinweis darauf stammt von 1314. Im 15. Jh. hat man Traminer Reben aus Tirol hier angepflanzt. 1826 entstand in Grünberg die erste deutsche Sektkellerei. Heute allerdings hat der Obstanbau die Weinkultur weitgehend verdrängt.

Nach dem Zweiten Weltkrieg wurde Grünberg zu einem der Schwerpunkte staatlicher Wirtschaftsförderung in Polen. Man baute die bestehenden Industriezweige (Textilindustrie, Eisenverarbeitung, Maschinenbau, Lebensmittelfabriken) aus und fügte neue (Lokomotiven- und Güterwagenbau, Elektroindustrie, Fleischkombinate) hinzu. Auch die günstige Verkehrslage kommt Grünberg zugute: unweit der West-Ost-Verbindung Berlin – Warschau und direkt an der Nordsüdtrasse Stettin – Schlesien – Prag. In den Bereichen Kultur und Wissenschaft gehört Grünberg zu den wichtigen Zentren des westlichen Polens; heute zählt die Stadt rund 100000 Einwohner.

Die industrielle Förderung zog natürlich auch den Bau neuer großer Wohnsiedlungen nach sich, so besonders die Piastowskisiedlung im Süden der Stadt und die Siedlungen

Wazow I, II und III im Osten. Gleichzeitig blieb das historische Bild der Altstadt weitgehend gewahrt, wovon die vielen klassizistischen Bürgerhäuser des 19. Jh. zeugen.

Den Mittelpunkt der Altstadt bildet ein rechteckiger Marktplatz/Stary Rynek, in dessen Mitte das **Rathaus/Ratusz** steht. Weithin sichtbar ist der schlanke, 56 m hohe Rathausturm mit der dreifach gestaffelten Barockhaube. Das heutige Bauwerk geht auf das Jahr 1590 zurück, mit einem weitgehenden Wiederaufbau nach dem Brand von 1651, Turmneubau 1670. 1967 wurden Restaurierungsarbeiten durchgeführt.

Reste der mittelalterlichen Stadtbefestigung finden sich südlich und nördlich des Marktplatzes, insbesondere auch der sog. **Hungerturm/Wieża Głodowa** an der Ecke ul. Krawiecka/ul. Kopernika.

Die kath. **Pfarrkirche Muttergottes von Tschenstochau/Kościół Farny Matki Boskiej Częstochowskiej** war früher evangelische Kirche ›Zum Garten Christi‹. Der Fachwerkbau in Kreuzform mit einer klassizistischen Fassade entstand 1746/47 aufgrund des Toleranzedikts Friedrichs des Großen. Der Turm wurde 1821–23 errichtet. Die dreistöckige hölzerne Galerie im Innern, auch der Hauptaltar und die Kanzel weisen Stilelemente des Rokoko auf. Unweit in der ul. Lisowskiego/ehem. Schulstraße steht die frühere ev. **Schule,** ein Barockbau von 1770.

Die kath. **Pfarrkirche St. Hedwig/Kościół Farny Św. Jadwigi** (bis 1419 St. Nikolaus) in der gleichnamigen Straße wurde in den Jahren 1372–94 erbaut und nach Bränden 1582 und 1651 wiederhergestellt. Der Turm stammt von 1832. Das Bauwerk ist als spätgotische Hallenkirche gestaltet. Restaurierungsarbeiten erfolgten zuletzt 1966.

□ Neusalz/Nowa Sól · Carolath/Siedlisko · Beuthen a. O./Bytom Odrzański · Freystadt/Kożuchów · Sagan/Żagan

Der Name der Stadt **Neusalz/Nowa Sól** geht zurück auf das Jahr 1563, als Kaiser Ferdinand I. hier das Kammergut ›zum Neuen Saltze‹ errichten ließ mit einem Siedewerk, in dem geläutertes Meersalz von den französischen und spanischen Küsten verarbeitet wurde, eingeführt auf den Binnenschiffahrtswegen über Hamburg und Stettin. Der Siedebetrieb wurde bis 1710 aufrechterhalten, als Schweden die Salzzufuhr aus Stettin stoppte. Inzwischen hatte sich Neusalz auch zum größten Schiffahrtsumschlagplatz an der schlesischen Oder entwikkelt. 1743 erhielt es das Stadtrecht. Die industrielle Entwicklung im 19. Jh. führte insbesondere zur Gründung von Gießereien und Emaillewerken. 1897 wurde ein vergrößerter und modernisierter Hafen in Betrieb genommen. Nach 1945 hat man die vorhandenen Industriezweige ausgebaut, den Hafen aber weitgehend vernachlässigt.

Ältestes Bauwerk der Stadt ist die Anfang des 16. Jh. errichtete heutige **Kirche Mariä Himmelfahrt/Kościół Wniebozięcia Matki Boskiej,** das frühere Bethaus der Brüdergemeinde. Die ehemalige evangelische Dreifaltigkeitskirche, ein Backsteinbau der Neoromanik von 1835/36, trägt heute den Namen **St. Antoniuskirche/Kościół Św. Antonina** und dient den katholischen Gläubigen.

Das Renaissance-**Schloß/Zamek** von **Carolath/Siedlisko** am rechten Oderufer zwischen Neusalz und Beuthen a. O./Bytom Odrzański entstand 1597–1618 nach Plänen des Grundherrn Georg von Schönaich, ausgeführt von dem Maurermeister Melchior Deckhart aus Liegnitz. Die hufeisenförmige Schloßanlage mit dem freistehenden Torhaus und der Kapelle samt Emporen war eines der schönsten Bauwerke der Renaissance in Schlesien, 1945/46 brannte sie völlig aus. Erhalten sind das Torhaus und der Ostflügel, der nach 1970 restauriert wurde und seither einer Pfadfindervereinigung zur Verfügung steht.

Georg von Schönaich (1557–1619) war es auch, der einen wichtigen Beitrag zur Entwicklung von **Beuthen a. O./Bytom Odrzański** leistete. So ließ er einen Damm bauen, die rechte Oderseite kultivieren und auch die erste Brücke über den Strom errichten. Auf seine Initiative ging außerdem der Bau eines **Rathauses/Ratusz** (1602–09) zurück, das später allerdings nach dem Brand von 1694 neu errichtet werden mußte und in dieser Gestalt bis heute erhalten ist. Eindrucksvoll ist der Turm mit der durchbrochenen Barockhaube und dem aufgesetzten Kreuz. Die klassizistischen und barocken Fassaden der **Bürgerhäuser** am Markt/Rynek wurden nach einem großen Brand 1967 Anfang der siebziger Jahre restauriert. Die katholische **Stephanskirche/Kościół Św. Stefana** entstand 1584–86. Das frühere evangelische Bethaus, dem 1861 ein Turm angefügt wurde, wird heute als Magazin genutzt.

In **Freystadt/Kożuchów** ist die doppelte Stadtmauer aus dem Mittelalter fast vollständig erhalten geblieben, insbesondere der Crossener Torturm/Brama Krośnieńska. Das heutige Bauwerk der katholischen **Pfarrkirche/Kościół Farny** nordwestlich des Rings (erstmals um 1300 erwähnt) wurde im 15. Jh. begonnen und im 16. Jh. vollendet. Die dreischiffige Hallenkirche mit dem achteckigen Turm wirkt etwas merkwürdig durch die verschiedenartige Bedachung der Kirchenschiffe. Das **Schloß/Zamek** an der Stadtmauer, eine umgebaute Burg der Glogauer Herzöge aus dem 14. Jh., dient nach der Restaurierung Ende der siebziger Jahre als Bibliothek und Kulturhaus der Stadt. Von der 1709 aufgrund der Altranstädter Konvention erbauten evangelischen **Gnadenkirche** auf dem sog. Weinberg (damals außerhalb der Stadtmauer) zeugt nur noch der (sehr baufällige) Kirchturm. Die katholische Kirche **Zum Heiligen Geist/Kościół Św. Ducha** an der Saganer Str./ul. Żagańska, wahrscheinlich im 14. Jh. errichtet, besitzt einen zweijochigen Chor aus Feldsteinen. Teil des alten klassizistischen Rathauses von 1848/49 ist der **Turm** auf dem Ring/Rynek, der allerdings nach dem Zweiten Weltkrieg von einem neuen gesichtslosen Gebäude umgeben wurde. Am Ring blieben außerdem einige **Bürgerhäuser** erhalten, z. B. Haus Nr. 22 (von 1569) mit Renaissancegesimsen.

Wahrzeichen der Stadt **Sagan/Żagan** ist das **Schloß/Zamek.** Es entstand in den Jahren 1670–85 im Auftrag des Fürsten Wenzel Eusebius von Lobkowitz nach einem Entwurf des italienischen Architekten Antonio della Porta; dabei hat man Teile eines 1627 an dieser Stelle begonnenen Bauwerks für Albrecht von Wallenstein miteinbezogen. Das Schloß ist eine dreiflügelige Anlage, wobei die Gänge an der Hofseite ursprünglich offen waren. Mit seiner massiven architektonischen Gliederung sowie den geschlossenen, blockartigen Fassaden wirkt es fast wie eine Festung – eine der wenigen schlesischen Residenzen im frühbarocken Stil italienisch-böhmischer Prägung. Bei der Modernisierung 1845–55 entstand auf der Gartenseite eine Rampe, unter der sich eine Orangerie befindet. Die aufgrund des Brandes von 1945 notwendigen Restaurierungsarbeiten wurden 1970 abgeschlossen, wobei die Fassaden nicht den originalen Farbton erhielten. Im Schloß sind heute kulturelle Institutionen der Stadt untergebracht.

Etwa 500 m südöstlich vom Schloß in der Sprottauer Str./ul. Szprotawa steht die neugotische **Kirche zum Hl. Kreuz/Kościół Św. Krzyża** aus den Jahren 1847–59.

Am früheren Ludwigsplatz/heute Plac Słowianski finden wir die 1692–99 im Auftrag der Jesuiten und später von den Franziskanern genutzte Klosteranlage samt Kirche, die nach 1773 Gymnasialkirche hieß und heute den Aposteln Peter und Paul gewidmet ist **(Kościół Św. Piotra i Pawła).** Im Klostergebäude ist gegenwärtig eine *Textilfachschule* untergebracht. – Seit etwa 1340 steht der alte **Rathausturm** auf dem Ring/Rynek, seit 1869 mit einer Loggia nach Florentiner Vorbild versehen.

Die katholische **Stadtpfarrkirche St. Marien/Kościół Parafialny Najświętszej Marii Panny** entstand im 14. Jh. zusammen mit dem anschließenden Kloster der Augustiner. Die dreischiffige gotische Hallenkirche wurde nach Bränden im 15., 16. und 18. Jh. erneuert und umgestaltet: mit einem spätgotischen Treppengiebel auf der Westseite, dem Backsteinturm von 1604 (Nothaube nach dem Brand von 1730) und einer Renaissancevorhalle. Die barocke Innenausstattung schuf der Liegnitzer Martin Frantz in den Jahren 1732–38, mit Ausnahme des Hauptaltars (1695), der dem anonymen ›Meister von Leubus‹ zugeschrieben wird. Der architektonische Aufbau des Altars füllt wie eine riesige Kulisse fast den gesamten Chor. Vor den Säulen stehen auf einer Art Podium die Figuren der Kirchenväter, die sich mit ihren Gesten sowohl den Gläubigen als auch dem Altarbild (Verkündigung) zuwenden: ein wichtiges Beispiel der expressiven schlesischen Plastik dieser Zeit. 1971–73 fanden außen wie innen Instandsetzungs- und Restaurierungsarbeiten statt. – Das **Klostergebäude,** bis 1945 Pfarrhaus und Amtsgericht, dient heute als Ausflugsheim der staatlichen PTTK (›Polskie Towarzystwo Turystyczno-Krajoznawcze‹ (Polnische Gesellschaft für Tourismus und Landeskunde).

Besonders nördlich und westlich des Stadtzentrums sind wesentliche Abschnitte der mittelalterlichen **Stadtmauer** erhalten geblieben. An die evangelische **Gnadenkirche,** ein Fachwerkbau von 1712, erinnert noch der später (1845) angebaute neugotische Turm. Im Stadtteil *Eulau/Iława* steht die spätromanische **St. Andreaskirche/Kościół Św. Andrzeja** (vor 1260).

In **Lugknitz/Łęknica** an der Görlitzer Neiße wurde am 30. Oktober 1991 ein Gedenkstein für den Fürsten Hermann von Pückler-Muskau (30. 10. 1785–4. 2. 1871) wiederaufgestellt, zusammen mit einem rekonstruierten Medaillon des Fürsten. Der Stein steht damit wieder an seiner ursprünglichen Stelle in dem größeren Teil jenes berühmten Schloßparks, den Pückler damals unter dem Eindruck einer Englandreise anlegen ließ. Zu seiner Zeit handelte es sich um einen der größten Landschaftsparks in Europa. Dieser Teil des Parks, in dem auch noch ein inzwischen sehr baufälliger Viadukt von damals steht, ist durch die gemeinsame Arbeit polnischer und deutscher Denkmalpfleger aus Warschau, Grünberg, Berlin, Cottbus und Dresden rekonstruiert worden. Der kleinere, aber wichtigere Teil des

Parks mit allen bedeutenden Gebäuden (Schloß, Orangerie, Tropenhaus) befindet sich auf deutscher Seite in *Bad Muskau*. Seit 1992 existieren Pläne, eine Fußgängerbrücke (zum Teil mit deutscher Finanzierung) zu errichten.

In Schlesien einmalig in seiner Gestalt ist das doppeltürmige **Rathaus/Ratusz** von **Sprottau/Szprotawa.** Sein wuchtiger Renaissanceturm mit Umgang und doppelt durchbrochener Haube stammt aus den Jahren 1536–92 (wie das gesamte Bauwerk), der elegantere Barockturm wurde 1730–32 angefügt (Baumeister war Martin Frantz aus Liegnitz). Auch die katholische **Stadtpfarrkirche/Kościół Parafialny** ist ein gewaltiges Bauwerk. Ihr ältester Teil wurde einschiffig aus Feldsteinen errichtet (im Turm der älteste datierte Grabstein Schlesiens von 1316), 1416–24 hat man sie zur dreischiffigen Hallenkirche erweitert. Die evangelische Kirche **›Zur Burg Christi‹/Kościół** existiert nur noch als konservatorisch gesicherte Ruine. Sie wurde 1747 errichtet, ihr Turm ist von 1821.

Hirschberg/Jelenia Góra, Riesengebirge/Karkonosze, Isergebirge/Góry Izerskie

□ Hirschberg/Jelenia Góra · Bad Warmbrunn/Cieplice Śląskie Zdrój · Agnetendorf/Jagniątkow · Schreiberhau/Szklarska Poręba

Die Einwohnerzahl von **Hirschberg/Jelenia Góra** hat sich innerhalb von 40 Jahren fast verdreifacht. Betrug sie 1950 knapp 35000, so waren es 1990 beinahe 100000. Die verschiedenen Trabantenstädte insbesondere rechts des Bober/Bobr sind Zeugnisse dieser Entwicklung, die vor allem in den 60er Jahren durch den Ausbau der städtischen Industrie forciert wurde. Zu den vorhandenen Maschinen-, Holz-, Papier- und Zementfabriken kamen in dieser Zeit Betriebe der optischen und pharmazeutischen, der Möbel- und Bekleidungsindustrie. Diese starke Industriekonzentration führte gleichzeitig zu einem rapiden Ansteigen der Umweltbelastung, so daß Hirschberg – auch aufgrund der geographischen und meteorologischen Bedingungen – heute vor ähnlichen Problemen wie etwa Waldenburg/Wałbrzych steht.

Polnische Darstellungen führen die Stadtgründung durch König Bolesław Krzywousty auf das Jahr 1108 zurück, in deutschen Quellen ist von 1299 die Rede. 1348 erhielt Hirschberg durch Herzog Bolko II. von Schweidnitz das Meilenrecht, in der Folgezeit kamen weitere Privilegien wie das Münzrecht, die Zollfreiheit im Handel mit Böhmen und schließlich 1502 die freie Ratswahl hinzu. Zu Beginn des 16. Jh. wurde die mittelalterliche Tuchmacherei durch die Weberei abgelöst. Die eigentliche Industrialisierung setzte dann im 19. Jh. ein. Die seit 1936 existierende ›Schlesische Zellwolle AG‹ wird heute als Zellulose- und Kunstfaserwerk ›Celwiskoza‹ weitergeführt. Hirschberg mußte im Zweiten Weltkrieg kaum Zerstörungen hinnehmen, litt jedoch im Folgejahrzehnt unter einem starken Verfall der alten Bausubstanz.

Hirschberg/ Jelenia Góra
1 Burgtor/Brama Zamkowa
2 Rathaus/Ratusz
3 St. Erasmus und Pankratius/Kościół Parafialny Św. Erazma i Pankr.
4 St. Anna-Kirche/ Kościół Św. Anny
5 Stadtpfarrkirche der orth. Kirche/ Prawosławny Kościół P.
6 Kirche der Garnisonspfarrei zum Hl. Kreuz/Kościół Garnizonowy pod wez. Św. Krzyża
7 Kunst- und Vereinshaus
8 Riesengebirgsmuseum

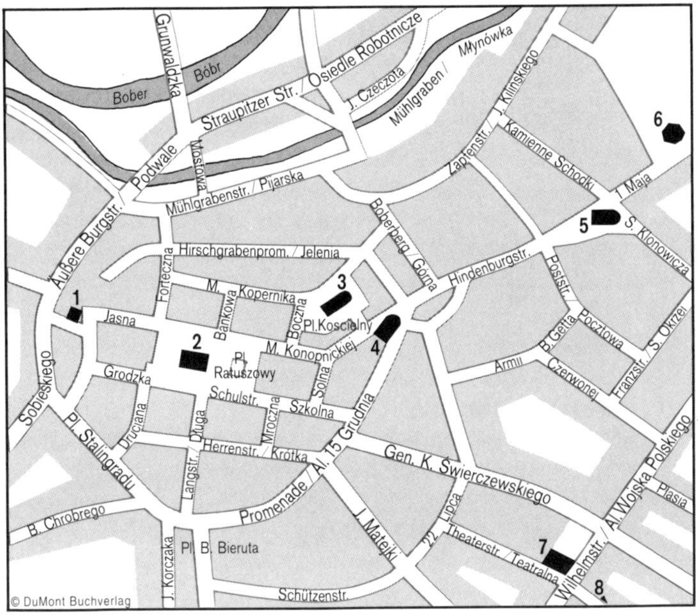

Als Bestandteil der mittelalterlichen Stadtbefestigung blieb am Westrand der Altstadt das **Burgtor/Brama Zamkowa,** ein hoher Rundturm mit achteckigem Aufsatz, erhalten. Das **Rathaus/Ratusz** von Hirschberg stand ursprünglich an der Nordwestseite des Rings/ Rynek, wo auch im 16. Jh. ein Folgebauwerk errichtet wurde. Als 1739 dessen Turm einstürzte, kam es 1747–49 zu einem Neubau, diesmal in der Mitte des Marktes. Dabei handelte es sich um das erste neuerbaute öffentliche Gebäude nach der Eroberung Schlesiens durch Friedrich den Großen, dem eine Signalwirkung für den Übergang vom Spätbarock zum Klassizismus preußischer Ausprägung zukam.

Direkt neben dem Rathaus wurden die sog. ›Siebenhäuser‹, kleine traditionelle Markthallen, nach 1945 durch ein neues Bauwerk ersetzt. Ein den ganzen Platz umziehender Laubengang charakterisiert die den Markt umgebenden Häuser. Diese gehen in den Fundamenten z. T. bis ins späte Mittelalter zurück, die Fassaden sind den kunsthistorischen Epochen zwischen dem 16. und dem 19. Jh. angepaßt, wobei Barock- und Rokokoformen im Vordergrund stehen. Bei der Restauration in den 60er Jahren wurden nicht alle Häuser in der ursprünglichen Tiefe von 30 m wiederhergestellt. Anfang 1992 waren nur die Fassaden der Häuser an der Ostseite in befriedigendem Zustand.

Ältestes Bauwerk der Stadt ist die katholische **Stadtpfarrkirche St. Erasmus und Pankratius/Kościół Parafialny Św. Erazma i Pankracego** unweit der Nordostecke des Marktes. Die Bruchsteinbasilika mit lichtem, hohem Chor und Westturm stammt aus der zweiten

Hälfte des 14. Jh. Die barocke Krönung des Turms wurde 1736 aufgesetzt. Kostbarstes Stück der Inneneinrichtung ist der barocke *Hochaltar* aus den Jahren 1713–18 mit Figuren des Bildhauers Thomas Weisfeld und einem Altarbild von Johann Kretschmer, das von einer Schreinerarbeit des Hirschberger Tischlers Hielscher eingerahmt ist. Vor dem Westportal der Kirche steht eine **Mariensäule/Kolumna Matki Boskiej** von 1712.

An der Ecke ul. 15 Grudnia/Promenade und ul. Konopnickiej/Schildauer Straße finden wir die **St. Anna-Kirche/Kościół Św. Anny,** die ursprünglich unter Verwendung der Mauern einer alten Bastei erbaut worden war, dann aber nach einem Brand 1634 im barocken Stil erneuert und dabei dem früheren **Schildauer Torturm** angebaut wurde. Der Turm erhielt zu dieser Zeit eine barocke Haube. – Die frühere Marienkirche an der ul. 1 Maja/Hindenburgstraße ist seit 1948 **Stadtpfarrkirche der orthodoxen Kirche/Prawosławny Kościół Parafialny.** Das Gotteshaus stammt aus dem Jahre 1737.

Eine jener sog. ›Gnadenkirchen‹, die den evangelischen Gläubigen im Rahmen der Altranstädter Konvention zugestanden wurden, steht ebenfalls an der ul. 1 Maja, gebaut 1709–18 als Stiftung der protestantischen Bürger der Stadt. Den architektonischen Entwurf lieferte Martin Frantz, der auch selbst die Bauarbeiten leitete. Sein Vorbild war die Stockholmer St. Katharinenkirche von Jean de Vallee, 1656–75 errichtet. Das Gotteshaus hat den Grundriß eines griechischen Kreuzes, wobei ein Arm durch ein quadratisches Joch verlängert wurde, in dem sich Altar und Orgelprospekt befinden. Mit der massiven Kuppel und den vier schlanken Türmen in den Ecken der Kreuzarme folgt die Kirche ihrem Vorbild, ist aber gleichzeitig viel höher und monumentaler, da für die zwei Stockwerke hohe Empore Platz geschaffen werden sollte.

Das Innere wird besonders durch die Emporen dominiert. Der Orgelprospekt verdeckt das Instrument, das der Berliner Orgelbaumeister Johann Michael Röder schuf. Die Skulpturen des Orgelprospekts stammen von Johann Georg Urbanski (1727–29), die Kanzel von 1717. Die Fresken ›Himmelfahrt Christi‹ (1751) und ›Hl. Dreifaltigkeit‹ (1751) im Kirchenschiff malte Felix Anton Scheffler. Um die Kirche herum sind einzelne Teile des alten Friedhofs (1716–80) erhalten geblieben, so besonders an den Mauern barocke *Grabkapellen.*

Die Kirche wurde in den 70er Jahren restauriert, entsprechende Arbeiten an den Fresken waren Anfang 1992 noch im Gange. Das Gotteshaus dient heute als katholische **Kirche der Garnisonspfarrei zum Hl. Kreuz/Kościół Garnizonowy Parafia Św. Krzyża.**

Südlich der Gnadenkirche an der früheren Wilhelmstraße/heute: Aleja Wojska Polskiego entstand 1904 im Jugenstil (Architekt: A. Daehmel) das **Kunst- und Vereinshaus,** in dem heute das **Cyprian-Norwid-Theater** untergebracht ist. – Weiter außerhalb an dieser Straße wurde in den Jahren 1912–14 unter Leitung des Architekten Karl Grosser ebenfalls im Jugendstil das Gebäude des **Riesengebirgsmuseums**/heute **Muzeum Regionalny** errichtet. Das Museum verfügt vor allem über eine umfangreiche Sammlung zur Glaskunst aus dem

◁ *Hirschberg/Jelenia Góra, Blick vom Rathausturm über Marktplatz und Stadt*

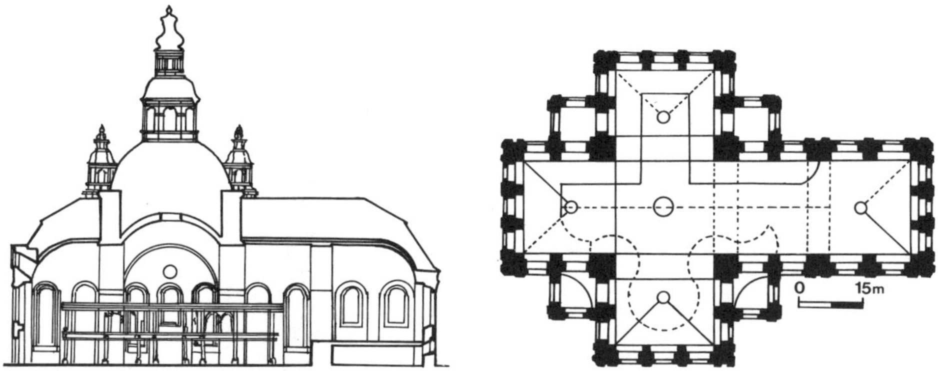

Hirschberg/Jelenia Góra, ›Gnadenkirche‹, heute Kirche der Garnisonspfarrei zum Hl. Kreuz/Kościół Garnizonowy Parafia Św. Krzyża, Aufriß und Grundriß

Riesengebirge. Die vor dem Zweiten Weltkrieg hier vorhandene reichhaltige volkskundliche Sammlung zur politischen sowie wirtschaftlichen Entwicklung von Hirschberg und seiner Umgebung ist nicht im vollen Umfang erhalten geblieben.

Bad Warmbrunn/Cieplice Śląskie-Zdrój, erst 1935 zur Stadt erhoben, gehört heute zum Stadtgebiet von Hirschberg. Schon im 13. Jh. wurde hier die erste warme Quelle gefunden. Später waren es die Mönche der 1403 gegründeten Zisterzienserpropstei, die den Badebetrieb förderten. Auf Initiative der Grafen Schaffgotsch entwickelte sich Bad Warmbrunn dann im 19. Jh. zu einem der wichtigsten Kur- und Heilbäder Schlesiens, wenn nicht gar Deutschlands. Bis heute sind es insgesamt acht schwefelhaltige Thermalquellen, die zur Heilung von Rheuma, von Haut- und Nervenkrankheiten genutzt werden. Allerdings bedarf der gesamte Kurbetrieb dringend der Modernisierung.

Ältestes Kurgebäude von Bad Warmbrunn ist das früher **›Langes Haus‹** genannte Bauwerk in der ul. Kościelna/Klosterstraße, anstelle eines Holzbaus von 1537 im Auftrag der Zisterzienser 1546 errichtet und 1691–93 noch einmal im barocken Stil umgestaltet.

Von der mittelalterlichen Klosteranlage war bei einem Brand 1711 nur der freistehende Glockenturm der Propsteikirche erhalten geblieben. In dem wenige Jahre später wiedererrichteten Abteigebäude ist heute das katholische Pfarramt untergebracht. Ebenfalls zu dieser Zeit entstand eine neue Propsteikirche, heute **Pfarrkirche/Kościół Farny,** deren Bau der Hirschberger Stadtbaumeister Kaspar Jentsch leitete. Wichtigstes Kunstwerk der Inneneinrichtung ist das von Michael Willmann gemalte Hochaltarbild der Himmelfahrt Mariens. Von großem Wert sind auch sieben Heiligenbilder des aus Oppeln stammenden Malers Carl Hermann. – Am Plac Piastowski/Schloßplatz steht das ehemalige **Palais** der Familie Schaffgotsch, in dem heute eine Filiale der *Technischen Hochschule Breslau* untergebracht ist, erbaut 1784–88 unter Leitung des Architekten Johann Georg Rudolf. Die Fassade wird

Burg Kynast/Chojnik bei Hermsdorf/Sobieszów. Aufnahme vor 1945

durch zwei flache Risalite mit Pilastergliederung belebt, über denen sich hohe Giebel mit Figuren und Vasen erheben. Das spätbarocke Bauwerk wurde im Inneren klassizistisch ausgestaltet, wie sich besonders am sog. Großen Saal ablesen läßt.

Auch **Hermsdorf/Sobieszów** gehört heute zum Stadtgebiet von Hirschberg. Der Ort liegt am Fuß eines 627 m hohen, *Kynast/Chojnik* genannten Granitfelsens. Von der ursprünglichen **Burganlage** auf der Bergkuppe (Beginn des Baus im 14. Jh., Vollendung im 16. Jh.) blieben im wesentlichen der Bergfried und ein Kapellenerker erhalten. Letzterer ragt aus einer Burgmauer heraus, gestützt auf einen als bärtigen Kopf ausgebildeten Konsolstein. Das **Schloß** von Hermsdorf (1705–12 erbaut) wird heute als landwirtschaftliche Schule genutzt. Die frühere **evangelische Kirche,** ein einfacher Saalbau des Hirschberger Baumeisters Georg Porrmann aus den Jahren 1744–45, dient seit 1946 den katholischen Gläubigen. Die frühere katholische **St. Martin-Kirche/Kościół Św. Marcina** (1778) wird nicht genutzt.

Wenige Kilometer weiter in dem Ort **Agnetendorf/Jagniątków** steht das frühere **›Haus Wiesenstein‹**, das Gerhart Hauptmann von 1901 bis zu seinem Tod 1946 als wichtigster Wohnsitz diente. Das 1900/01 im Jugendstil erbaute Haus dient heute als Kinderheim. Eine in polnisch abgefaßte Gedenktafel an einer Seitenwand erinnert an die frühere Bedeutung.

Mit den Vereinigten Glaswerken/Zjednoczone Zakłady Szklarkie wird in **Petersdorf/ Piechowice** eine alte Tradition fortgeführt. Schon im 15. Jh. begann man hier mit der Glasherstellung, ihr folgte unter Ausnutzung der Wasserkraft Ende des 17. Jh. die Glasschleiferei. Die 1866 gegründete Glashütte Fritz Heckert entwickelte sich zu einem bedeutenden Werk für Bleikristall. 1923 wurde sie mit Betrieben aus Hermsdorf und Schreiberhau zur Josephinenhütte zusammengefaßt, aus der dann die heutigen Glaswerke entstanden sind.

Erst seit 1959 existiert die Stadtgemeinde **Schreiberhau/Szklarska Poręba.** Vorher gab es drei selbständige Gemeinden Ober(Górna)-, Mittel(Średnia)- und Nieder(Dolna)-Schreiberhau. Fast 20 km zieht sich die Stadt durch das Tal nördlich des Riesen- und südlich des Isergebirges. Der Name bezieht sich auf den hier traditionsreichen Handwerkszweig der Glasmacherei, konkret die ›Glashütte in der Schribirshau‹ (in einem Dokument von 1366) und ›Schreibershow‹ (1372). Der polnische Name für Glas ist szklo, für Glaser szklarz. Die Blütezeit der handwerklichen Glasmacherei lag im 17. Jh. Um 1900 entwickelte sich die 60 Jahre zuvor gegründete *Josephinenhütte* zur bedeutendsten Kunstglashütte Schlesiens, insbesondere durch die Herstellung von Kristallglas. Seit 1956 wird sie als ›Huta Julia‹ weitergeführt.

Nach Erstellung des Eisenbahnanschlusses wurde Schreiberhau außerdem zu einem Zentrum des Fremdenverkehrs, insbesondere des Wintersports. Bis heute kann man getrost vom

Schreiberhau/Szklarska Poręba, ehem. Josephinenhütte. Aufnahme vor 1945

Schreiberhau ist auch heute noch Anziehungspunkt für Erholungssuchende und Wintersportler. Aufnahme vor 1945

wichtigsten Ferienort der Sudeten sprechen. Über hundert Ferien- und Erholungsheime vor allem staatlicher Institutionen werden hier genutzt.

Empfehlenswert ist eine Bahnfahrt von Hirschberg über Schreiberhau hinaus bis in das hochgelegene **Jakobsthal/Jakuszyce** mit einem Höhenunterschied von über 500 m.

□ Erdmannsdorf/Mysłakowice · Krummhübel/Karpacz · Riesengebirge/ Karkonosze

Mysłakowice ist heute der Name einer Gemeinde, die aus dem Zusammenschluß zweier Siedlungen mit sehr unterschiedlicher Geschichte entstanden ist: **Erdmannsdorf** und **Zillerthal.** Erdmannsdorf ist seit dem 14. Jh. als Herrschaftssitz bekannt. 1832 erwarb König Friedrich Wilhelm III. von Preußen das dortige Gut und ließ das zugehörige Herrenhaus durch Karl Friedrich Schinkel im Stil eines englischen Landschlosses umbauen. Das Schloß ist gut erhalten und wird heute als Schule genutzt. Zillerthal wiederum entstand, als 1837 auf königlichem Grund und Boden etwa 400 Tiroler Bauern angesiedelt wurden, die ihre Heimat wegen ihres evangelischen Glaubens verlassen mußten. Viele dieser Bauern wanderten später aus Armut nach Chile aus. Fast alle der damals nach Tiroler Vorbild errichteten Häuser stehen bis heute.

Schinkel lieferte auch den Entwurf für die **Evangelische Kirche/Kościół Ewangelicki** unweit des Schlosses, die in den Jahren 1837–40 gebaut wurde. Die Vorhalle der Kirche ruht auf antiken Marmorsäulen aus Pompeji.

Wichtigster Betrieb des Ortes ist die schon 1840 gegründete Spinnerei und Weberei, die heute den Namen ›Orzeł‹ trägt.

Krummhübel/Karpacz wurde bekannt durch die sogenannten Laboranten. Das waren Laienapotheker, die den Kräuterreichtum der dortigen Bergregion ausnutzten und auf der Basis wachsender Erfahrungen und Kenntnisse Arzneien herstellten. Diese wurde dann weit über die Grenzen von Schlesien hinaus vertrieben. Ende des 17. Jh. existierte in Krummhübel sogar eine Zunft der Laboranten. Theodor Fontane schrieb 1891 ›Der letzte Laborant‹, eine Erzählung, in der er den letzten Vertreter dieser Zunft, Ernst August Zölfel, beschreibt.

Seit Ende des 19. Jh. entwickelte sich in Krummhübel auch der Fremdenverkehr, insbesondere der Wintersport. Etwa siebzig Ferienheime vorwiegend staatlicher Institutionen sind hier in Betrieb.

Das gut erhaltene Schloß von Erdmannsdorf/Mysłakowice

Blick auf den Fremdenverkehrsort Krummhübel/Karpacz im Riesengebirge

Touristenbesuche in **Brückenberg/Bierutowice** gelten in der Regel der norwegischen Stabwerkkirche, die aus der Gegend um den Vanger Fjord stammt. Diese Kirche ›**Wang**‹ (Farbabb. 17), etwas außerhalb auf einem Hochplateau gelegen, war 1840 in Norwegen von dem Landschaftsmaler J. C. C. Dahl ersteigert und später an König Friedrich Wilhelm VI. verkauft worden. Nach dem Abbruch wurden die Einzelteile per Schiff über Bergen und Stettin nach Berlin gebracht, um dort ausgestellt zu werden, wozu es nicht kam. Vielmehr übertrug der König die Kirche auf Vermittlung der Grafen von Reden den Bewohnern von Brückenberg und ließ sie 1842–44 dort aufbauen. Nach den erhaltenen Runenschriften und Schnitzereien nimmt man das frühe 13. Jh. als ursprüngliche Bauzeit für die Kirche an. Heute wird sie von der kleinen evangelisch-augsburgischen Gemeinde genutzt und mit den Einkünften aus den Besichtigungen instand gehalten.

Das **Riesengebirge** ist der höchste Teil jener Kette von Gebirgen im schlesisch-böhmischen Grenzgebiet, die der Sammelname *Sudeten/Sudety* umfaßt. Nach den Alpen und den Karpaten gehört das Riesengebirge auch zu den höchsten Erhebungen in Mitteleuropa. Es erstreckt sich über eine Länge von mehr als 40 km zwischen dem Paß von Jakobstal/Jakuszyce und dem Paß von Schmiedeberg/Kowary. Infolge der geographischen Lage als Wetterscheide zwischen Böhmen und Schlesien herrscht im Riesengebirge ein sehr rauhes und wechselhaftes Klima.

Bestimmend für das Wirtschaftsleben waren seit langem Ackerbau und Viehzucht im Gebirgsvorland, Vieh- und Forstwirtschaft in den höheren Lagen. Mit der dichter werdenden Besiedlung entfalteten sich auch Glasmalerei, Glasveredelung, Weberei und Holzschnitzkunst. Einen Aufschwung brachte dann der Fremdenverkehr seit dem Ende des

Schneekoppe/Śnieżka, mit 1603 m der höchste Berg des Riesengebirges. Aufnahme vor 1945

Das Schneekoppemassiv ist heute beliebt bei Wanderern und Wintersportlern ▷

19. Jh. Je mehr sich die Industrie insbesondere in Hirschberg/Jelenia Góra entwickelte, desto mehr Arbeitskräfte wanderten aus den Gebirgsregionen in die Stadt ab.

Seit 1959 ist das Riesengebirge auf beiden Seiten der Grenze Naturschutzgebiet, was aber die wachsende Umweltverschmutzung durch die regionale Industrie und stärker noch durch die schädlichen Einflüsse aus Oberschlesien sowie aus der ehemaligen DDR und der Tschechoslowakei nicht zu bremsen vermochte. Deutliche Krankheitssymptome zeigen insbesondere der Wald des Riesengebirges (Fichtenbestände) und die Gewässer.

Höchste Erhebung des Riesengebirges ist die *Schneekoppe/Śnieżka* (1603 m), die in ihrer Form einer unregelmäßigen dreikantigen Pyramide gleicht. Ihre steilen Abfälle nach Norden in den Melzergrund/Kocioł Łomniczki und nach Süden in den Aupagrund/Úpska jáma entsprechen alpinen Verhältnissen. Durch Verwitterung entstanden auf dem Kamm der Schneekoppe und im Vorgebirge zahlreiche Felsgruppen, die zum Teil sehr merkwürdige Formen zeigen und schon früh den Volksmund zu Namen anregten: Quarksteine, Pferdekopfsteine, Sausteine u. a.

Seit Martin Opitz haben sich immer wieder Dichter und Schriftsteller mit dem Riesengebirge und insbesondere seinem Berggeist, dem Rübezahl, befaßt. Sage und Dichtung über Rübezahl haben enorm zur Bekanntheit des Riesengebirges als deutsche Kulturlandschaft

Skigelände an der Prinz-Heinrich-Baude

Blick über den Kamm des Riesengebirges/Karkonosze mit Teichbaude und Hampelbaude (Hintergrund Mitte). Aufnahme vor 1945

beigetragen. Wie keine andere deutsche Märchenfigur war Rübezahl mit einer bestimmten Landschaft und ihren Bewohnern verbunden. Man nimmt an, daß Bergleute aus Hessen und aus dem Harz, die zum Ausgang des Mittelalters ins Riesengebirge kamen, den Rübezahl als Geist der Bergleute in ihre neue Heimat übertragen haben. Mit dem Niedergang des Bergbaus entwickelte sich Rübezahl mehr und mehr zum Dämon des Wetters, der die Naturgewalten entfesselte und mit dem Teufel im Bunde stand. Kein Wunder, daß ihm in der Phantasie der Menschen übersinnliche, geheimnisvolle Kräfte zugestanden wurden, daneben aber auch Gutmütigkeit sowie Sinn für Lebensfreude und Humor. Polnische Holzschnitzer im Riesengebirge fertigen bis heute Figuren des ›Pan Liczyrzepa‹, wie Rübezahl im Polnischen genannt wird.

Ähnlich wie Dichter und Schriftsteller befaßten sich auch Maler seit der Vorromantik, der Romantik und der Biedermeierzeit mit dem Riesengebirge. Insbesondere Caspar David Friedrich, der eine ganze Anzahl von Ölgemälden, Radierungen und Zeichnungen dem Riesengebirge gewidmet hat, nachdem er im Sommer 1810 eine Reise dorthin unternommen hatte. Ihm folgte Ludwig Richter mit 30 Stahlstichen zu dem Buch ›Wanderungen durch das Riesengebirge und die Grafschaft Glatz‹ (Leipzig 1840) im Rahmen der von dem Leipziger

Berggeist Rübezahl

»Viele Menschen wollen Rübezahls Gunst und Gnade erfahren haben. Noch mehrere seine niederträchtigen Tollheiten und gemeingefährlichen Tücken. Einem würdeerstarrten Gerichtsherrn in Hirschberg soll er einen dicken Strohwisch statt eines gehenkten Diebes am Galgen hinterlassen haben. Unterdessen er selber mit dem Delinquenten in dem Ratsstübel in Hirschberg freche Lieder grölte und zechte. Manche wollen ihn gesehen haben, als er die steile Schneewand zum Großen Teiche, den Wildeber vor seine erbärmliche Schlittenhitsche gespannt, als Junker mit wehendem Federhut johlend niedersauste. Verwegene Schatzgräber, die von weit her, selbst aus Venedig kamen, behaupten, daß sie gemeine Holzspäne oder Kieselsteine daheim aus ihren Ranzen ausgeschüttet, die er ihnen in der Mitternachtsstunde als blinkende Goldstükke vor die Augen gegaukelt. Und der sorglose Schneidergeselle Siebenhaar, der dann in Warmbrunn bis zum Lebensende ein ehrsamer Meister und Hausbesitzer wurde, führte seinen Reichtum auf eine unheimliche Angstnacht oben auf der Elbwiese zurück. Dort hatte er mit Rübezahl Kegel geschoben. Dieser Siebenhaar behauptete, daß ihm der Berggeist einen gemeinen Holzkegel in seiner Tasche auf dem Heimwege in einen schweren Klumpen Goldes verwandelt hätte. Aber richtig gesehen hat Rübezahl keiner. Oder vielmehr, das ist eben das Rätsel. Ein jeder von denen, die einmal in seinem Banne waren, hat Rübezahl gesehen. Ein jeder schwört, daß er ihn Auge in Auge vor sich gehabt, leibhaftig wie einen alten Eichenstamm oder einen mächtigen Steinklotz. Schwört, daß Rübezahls Auge so listig gespielt hätte, wie der Elbbrunnen mit den Sonnenstrahlen. Daß Rübezahls Mund gelacht hätte, wie das siebenfache Echo in den Schneegruben lacht, so hart und gellend...

Moritz von Schwind, ›Rübezahl‹. Gemälde, Bayer. Staatsgemäldesammlungen, Schackgalerie München

Alle schwören, daß sie den Rübezahl leibhaftig gesehen hätten. Sogar als einen in die Lüfte in Menschengestalt sich aufhebenden und mit den Nebeln fortwirbelnden Heuschober... Das ist eben das große Geheimnis, daß Rübezahl als der *Geist* des Gebirges mit Händen nicht zu packen ist...«

Carl Hauptmann.

Verleger Wieland herausgebrachten Reihe ›Das malerische und romantische Deutschland‹. Die bekannteste Darstellung des Rübezahl schuf Moritz von Schwind 1859 für den Grafen Schack, ein Bild, das heute in der Münchener Schack-Galerie hängt.

□ Schmiedeberg/Kowary · Landeshut/Kamienna Gora · Grüssau/Krzeszów

Am Fuße des Kreuzbergs/Krzyżna Góra (654 m) steht das **Schloß/Zamek** von **Fischbach/ Karpniki,** ein neugotisches Bauwerk von 1844. 1956 wurde dort eine psychiatrische Klinik untergebracht, seit ein paar Jahren wird es nicht mehr genutzt. Schon im 15. Jh. stand an dieser Stelle ein Wasserschloß, das dann 1603 im Renaissancestil umgebaut wurde. Die Inschrift an einem erhalten gebliebenen Portal an der Rückseite des heutigen Bauwerks erinnert an dieses Jahr. Auch in der Barockepoche wurde es noch einmal umgestaltet. Das heutige Schloß enthält nur wenige der alten Renaissance- und Barockelemente.

Der Ort **Schmiedeberg/Kowary** geht auf eine mittelalterliche Bergarbeitersiedlung zurück, die 1513 zur Stadt erhoben wurde. Bis heute wird in Schmiedeberg Magneteisenerz abgebaut. Von der mittelalterlichen Bebauung zeugt lediglich die katholische *Pfarrkirche/ Kościół Farny,* wobei nur die Fundamente des Chors aus dem 13. Jh. stammen. Ansonsten stammt das Bauwerk aus der Zeit um 1500, erneuert 1792 nach mehreren Bränden. Auch die angebauten Barockkapellen sind von 1792. Das klassizistische *Rathaus/Ratusz* ist von 1788, die auf einem Hügel gelegene *St. Anna-Kapelle/Kaplica Św. Anny* von 1727.

Der Name von **Landeshut/Kamienna Góra** ergab sich aus der Funktion der hier im Mittelalter stehenden Piastenburg, nämlich die nahe Grenze zu schützen: ›Des Landes Hut‹. 1334 erhielt Landeshut die Stadtrechte mit freier Ratswahl. Heute wie vor 100 Jahren ist die Stadt bedeutendster Leinenproduzent ganz Schlesiens; die drei wichtigsten Betriebe sind der leinenherstellende Betrieb ›Len‹, die Seidenspinnerei ›Floreta‹ und die Konfektionsfirma ›Intermoda‹.

In Landeshut steht eine jener denkwürdigen Gnadenkirchen, die den protestantischen Christen Schlesiens aufgrund der Altranstädter Konvention zugestanden wurden, die **Kirche zur Hl. Dreifaltigkeit/Kościół Św. Trójcy,** gebaut nach dem Vorbild der Stockholmer Katharinenkirche und ausgehend von einem Entwurf des Baumeisters Martin Frantz. Anders als die Hirschberger Gnadenkirche mit fünf Türmen verfügt das hiesige Gotteshaus nur über einen Turm. Der Grundriß ist der eines griechischen Kreuzes. Im Inneren zahlreiche Kunstwerke: Altar, Kanzel, Orgel und farbige Emporenbemalung.

Die heute **katholische Pfarrkirche St. Peter und Paul/Kościół Farny Św. Piotra i Pawła** ist vom evangelischen Kirchenbau beeinflußt: an den gotischen Chor (für 1295 nachgewiesen) wurde Ende des 16. Jh. entsprechend der Funktion einer Predigtkirche ein vierschiffiges Langhaus mit Zuhöreremporen im Stil der Renaissance angebaut.

Das **Rathaus/Ratusz** stammt von 1905, einige barocke Giebelhäuser mit Lauben im Erdgeschoß am Ring/Plac Wolności aus dem 18. Jh. Aus Landeshut stammte der große Architekt Carl Gotthard Langhans (1732–1808).

Die Stiftung des Klosters **Grüssau/Krzeszów** ging ursprünglich zurück auf Herzog Heinrich II. von Schlesien, kam aber wegen seines Todes bei Wahlstatt/Legnickie Pole (1841) nicht zustande. Die Gründung erfolgte dann am 8. 5. 1242 durch seine Witwe Anna. Zunächst zogen Benediktiner aus Böhmen in das Kloster ein, 1292 Zisterzienser aus Heinrichau/Henryków. Die Hussitenkriege waren für das Kloster eine schwierige Zeit, später insbesondere der Dreißigjährige Krieg. Der Name des Abts Bernardus Rosa (1660–96) steht für Grüssaus ›Goldenes Zeitalter‹, in dem auch eine der beiden Grüssauer Kirchen erbaut wurde: die **Kirche des Hl. Joseph/Kościół Św. Józefa** (1690–96). 1727–35 entstand dann die **Abteikirche der Allerheiligsten Jungfrau Maria/Kościół Opacki Najświętszej Marii Panny.** Der lange geplante Neubau des Klosters erfolgte in den Jahren 1768–87. 1810 wurde das Kloster säkularisiert, erst 1919 konnten hier wieder Benediktiner einziehen. Seit 1947 bewirtschaften Benediktinerinnen aus Lemberg das Kloster.

Der Klosterbaumeister Martin Urban, der anfänglich den Bau der Josephskirche leitete, wurde ersetzt durch Michael Klein aus Neiße, nachdem ein schwerer Unfall 1693 die Bauarbeiten zeitweilig zum Erliegen gebracht hatte. Anschließend wurde die Kirche ohne die eigentlich geplanten Türme vollendet. Die Malereien im Inneren (1693–98) sind eines der größten Werke Michael Willmanns, entstanden unter Assistenz verschiedener Mitglieder seiner Werkstatt, insbesondere seines Sohnes Michael Leopold. Gemeinsam ist den 50 einzelnen Kompositionen der Bezug auf die Person des hl. Joseph: Im Plafond und in den Lunetten des Gewölbes Vorfahren von Joseph, Maria und Christus, an den Wänden des Chors die Anbetung der Heiligen Drei Könige, in den Kapellen die sieben Freuden und Leiden des hl. Joseph, insbesondere die ›Flucht nach Ägypten‹. Die Fresken wurden in den 80er Jahren gründlich restauriert, das Kirchengebäude selbst außen 1988/89.

Der Entwurf zur Marienkirche stammt möglicherweise von Kilian Ignaz Dientzenhofer, die Bauleitung hatte der Klosterbaumeister Joseph Anton Jentsch. Schlesiens größte Barockkirche wurde anstelle eines älteren gotischen Gotteshauses an dieser Stelle errichtet.

Ausgehend von dieser älteren Kirche hat sie den Grundriß eines lateinischen Kreuzes mit breitem Querschiff und dem an der Ostseite angefügten Mausoleum der Schweidnitzer

Grüssau/Krzeszów, Westfassade der Klosterkirche ▷

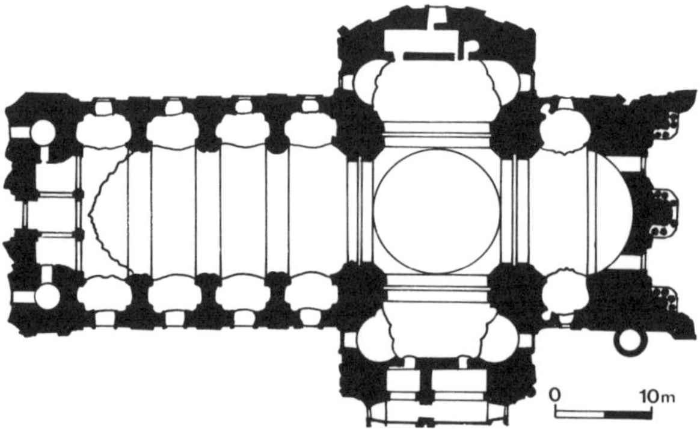

Grüssau/Krzeszów, Abteikirche der Allerheiligsten Jungfrau Maria/Kościół Opacki Najświętszej Marii Panny, Grundriß (K. Kalinowski, Barock in Schlesien, 1990)

O quam pulchra est
casta generatio cum
claritate, immortalis
est enim
memoria illius
Sap. 4

Piasten/Mauzoleum Pistow Swidnickich sowie der Maria-Magdalena-Kapelle. Die gewaltige zweitürmige Westfassade mit dem reichen Skulpturenschmuck dominiert die gesamte Klosteranlage. Anton Dorazil und Johann Georg Gode schufen 1729–33 die riesigen Skulpturengruppen der Dreifaltigkeit, Mariä Verkündigung, Mariä Heimsuchung und die Figuren der Maria Immaculata, Gregors, Mosis sowie der Gründer des Benediktiner- und des Zisterzienserordens.

Der prachtvollen äußeren Erscheinung der Kirche entspricht die innere Gestaltung, die eingezogenen Strebepfeiler mit der reich gestalteten Pilasterordnung und der vielfältigen Stuckdekoration, die Fresken, die zahlreichen Altäre, Kanzel, Chorgestühl und Orgelprospekt. Die Altäre und der Orgelprospekt stammen von Anton Dorazil (1730–58), die Kanzel von Joseph Anton Lachel (1761–67), der Hauptaltar wiederum von Anton Dorazil (1738–58) mit dem Altarbild von Peter Brandl. Das Chorgestühl (1730–35) wurde in der Werkstatt von Dorazil gestaltet; die am Chorgestühl angebrachten insgesamt 56 Figuren – Propheten, Apostel, Kirchenlehrer, Heilige, Märtyrer – illustrieren die Worte der Hymne ›Te Deum‹. Wichtige Beispiele schlesischer Rokokoplastik sind die ›Zwei Engel mit den Weihbechern‹ von Anton Dorazil (um 1750). Georg Wilhelm Neunhertz gestaltete 1733–35 die Fresken, denen als Programm der Emanuelgedanke zugrunde liegt, d. h. die Worte Isaias: »Sein (Emanuel) Name wird genannt: Admirabilis – Wunderbarer, Consilarius – Rat, Deus – Kraft, Fortis – Held, Pater futuri saeculi – Ewiger Vater, Princeps pacis – Friedensfürst.« Gezeigt werden Szenen aus dem Leben Christi und seiner Mutter, die auf diese Attribute hinweisen: Geburt Christi, Szenen im Tempel, Flucht nach Ägypten, Aufnahme Mariens in den Himmel. Dazu Szenen aus dem Alten Testament und aus der Ordensgeschichte der Benediktiner sowie der Zisterzienser.

Das *Mausoleum der Schweidnitzer Piasten* besteht aus zwei symmetrisch angeordneten kuppelgedeckten Räumen. Die Statuen (Figuren der Gemahlinnen der Piastenfürsten Bolko I. und Bolko II., Erzengel Michael und Raphael, Allegorien der Liebe und der Vorsehung Gottes) stammen von Anton Dorazil, die Kuppelfresken (Stiftungsgeschichte und Geschichte des Klosters) von Georg Wilhelm Neunhertz. Das Mausoleum wurde 1728–35 gestaltet.

1974–86 erfolgte eine Restaurierung des Kircheninneren, insbesondere der Fresken. Die 1978 begonnene Renovierung der Kirchenfassaden und ihres Statuenschmucks war (Anfang 1992) zu etwa 80 % abgeschlossen.

An die Blütezeit der Leinenweberei erinnern die hölzernen **Laubenhäuser** der Zwölf Apostel am Stadtrand von **Schömberg/Chełmsko Śląskie,** einige auch am Ring/Rynek, in deren Nischen Heiligenfiguren angebracht sind. Aus der Barockzeit stammen das **Rathaus/Ratusz** (1687) und die **Pfarrkirche St. Joseph/Kościół Farny Św. Józefa** (1670).

◁ *Grüssau/Krzeszów, Langhaus der Klosterkirche*

☐ Bober-Katzbach-Gebirge/Góry Kaczawskie · Bolkenhain/Bolków · Schweinhaus/Świny · Schönau/Świerzawa

Das **Bober-Katzbach-Gebirge/Góry Kaczawskie** ist eine Hochfläche, aus der einzelne Berge, Berggruppen und Höhenzüge herausragen, so besonders der *Rosengarten/Rozanka* (628 m), die *Eisenkoppe/Zelezniaka* (666 m), die *Hogolie/Okole* (721 m) und der *Probstainer Spitzberg/Ostrzyca* (510 m). Mit seiner landschaftlich reizvollen Gestaltung, mit den altertümlichen Städtchen, Waldhufendörfern und Burgen war dieses Gebirge schon immer ein beliebtes Wandergebiet. Auch heute sind zahlreiche Wanderwege ausgeschildert. Wer keine großen Ansprüche stellt an Unterbringung und Verpflegung, kann hier durchaus Erholung finden.

Besuche in **Bolkenhain/Bolków** gelten in erster Linie der gewaltigen Burganlage auf einem Bergrücken über dem Tal der Wütenden Neiße/Nysa Szalona. Herzog Bolko I. ließ die **Burg/Zamek** nach den Zerstörungen durch die Mongolen ab 1278 wieder aufbauen. Später im 15. Jh. geriet sie zeitweise in die Hände von Raubrittern. 1532–70 im Besitz der Familie von Salza, wurde sie unter Leitung des italienischen Baumeisters Jakob Pahr um 1540 zu einer Renaissanceburg aus- und umgebaut. Im Dreißigjährigen Krieg dreimal von

Bober-Katzbach-Gebirge/Góry Kaczawskie: Waldhufendörfer, Felder, Wiesen und Waldstücke bilden ein landschaftliches Mosaik

Die mächtige Burganlage von Bolkenhain/Bolków

schwedischen Truppen belagert, ab 1703 im Besitz des Klosters Grüssau, ging die Burg 1810 in den Besitz des preußischen Staates über. In den Burggebäuden befinden sich heute eine Jugendherberge und ein Heimatmuseum; den Zwinger hat man zu einer Freilichtbühne umgebaut, in der jährlich Festspiele stattfinden. Lohnend ist ein Ausblick vom 22 m hohen Bergfried, dem ältesten Teil der Burg (aus gotischer Zeit).

Die mittelalterliche rechteckige Stadtanlage von Bolkenhain am Fuß des Burghügels hat als Zentrum einen langgestreckten Markt/Rynek, in dessen Mitte das 1670 wiedererrichtete, 1827 im klassizistischen Stil umgebaute **Rathaus/Ratusz** steht. An der schmalen Südwestseite des Markts steht die **Pfarrkirche St. Hedwig/Kościół Farny Św. Jadwigi,** ein frühgotisches Bauwerk mit einzelnen romanischen Elementen am Turm, der im 19. Jh. noch einmal umgebaut wurde.

Etwa 2 km entfernt auf einer Anhöhe über dem gleichnamigen Dorf thront die Burgruine **Schweinhaus/Świny** als Stammsitz des nach ihr benannten Geschlechts der von Schweinichen (vorher de Swyn, Zuini, Swein, seit dem Ende des 15. Jh. Schweinichen). Die Burg wird erstmals 1108 erwähnt. Ältester Teil der heute ruinösen Anlage ist der wuchtige, mehrstöckige Wohnturm in der Oberburg. Im 15. Jh. wurden die anschließenden Gebäude errichtet, im 16. Jh. erfolgte ein Gesamtumbau im Stil der Renaissance. Um 1620 kamen Erweiterungen hinzu, insbesondere die Niederburg und verschiedene Vorburgen.

Burg Schweinhaus wird schon seit Mitte des 18. Jh. nicht mehr bewohnt. Sicherungsarbeiten ermöglichen aber den freien Zutritt zur gesamten Anlage. In einem Teilgebäude ist ein kleines *Heimatmuseum* untergebracht.

Eines der ältesten Gotteshäuser dieser Region ist die spätromanische, vor 1241 entstandene **St. Johanniskirche/Kościół Św. Jana** in der Nähe von **Schönau/Świerzawa,** vor dem Zweiten Weltkrieg Begräbniskirche, jetzt als geschütztes Baudenkmal zu besichtigen. Die Kirche wurde als einschiffiger Raum aus Bruchsteinen errichtet, dazu ein rechteckiger Chor mit halbrunder Apsis, das romanische Portal mit einem frühgotischen Tympanon.

☐ Isergebirge/Góry Izerskie · Bad Flinsberg/Świeradów Zdrój · Greiffenberg/Gryfów Śląski · Marklissa/Leśna

Der Name **Isergebirge/Góry Izerskie** – gemeint ist die Berglandschaft zwischen der Lausitzer Neiße/Nysa Łużycka im Westen und dem Riesengebirge/Karkonosze im Osten – hat sich eigentlich erst zu Beginn des 19. Jh. eingebürgert. Im Gegensatz zum Riesengebirge besteht das Isergebirge mehr aus breiten, schwächer gewölbten Bergrücken und nur einigen wenigen Felsspitzen. Hauptgebirgszug ist der *Hohe Iserkamm* mit der *Tafelfichte/Smrk* (1124 m) auf tschechischer Seite, gegenüber die *Hohe Kappe/Wysoka Kopa* (1126 m) und das *Heufuder/Stóg Izerskie* (1107 m) auf polnischer Seite, und am Ostrand nahe Ober-Schreiberhau/Górna-Szklarska-Poręba der *Hochstein/Wysoki Kamień* (1058 m). Alle vier Kämme des Isergebirges sind mit dichten Nadelwäldern bedeckt. Hinzu kommen ausgedehnte Hochmoore. So ist auch diese Gebirgslandschaft von jeher ein beliebtes Wandergebiet.

Mehrere Heilquellen in **Bad Flinsberg/Świeradów Zdrój** sind seit fast 500 Jahren bekannt, so durch eine dokumentierte Notiz des Hirschberger Arztes Kaspar von Schwenckfeld von 1601. Badehäuser, die vor und nach der Jahrhundertwende errichtet wurden, sind bis heute in Betrieb: das *Leopoldsbad* (1890), das *Ludwigsbad* (1879) und das *Marienbad* (1904). Das 1899 eingeweihte *Kurhaus* mußte nach einem Brand 1969 wieder aufgebaut werden. Nach 1978 hat man eine moderne Kurheilanstalt errichtet. Weiterhin existieren Pläne, den gesamten Kurbetrieb modernen Erfordernissen anzupassen. Die traditionellen Wanderwege von Bad Flinsberg aus sind beschildert: nach Schreiberhau/Szklarska Poręba, zum Heufuder/Stóg Izerskie, zum Großen Geierstein/Sępia Góra und zum Hasenstein/Zajęcznik.

In **Friedeberg/Mirsk** spielte um 1800 das Edelsteinschneiden und -schleifen eine wichtige Rolle, was sogar Johann Wolfgang von Goethe 1790 veranlaßte, der kleinen Stadt einen Besuch abzustatten. Bis ins 18. Jh. zumeist aus Holzbauten bestehend, wurde die Stadt mehrfach von Bränden heimgesucht. So stammt das **Rathaus/Ratusz** aus dem Wiederaufbau nach dem Brand von 1767. Zu dieser Zeit mußte auch der Außenbau der **Stadtpfarrkirche St. Marien/Kościół Parafialny Św. Marii** (1562–67 erbaut) erneuert werden.

Isergebirge/Góry Izerskie: anmutige Täler und waldbedeckte Bergflanken

Das **Rathaus/Ratusz** von **Greiffenberg/Gryfów Śląski** zeugt vom früheren Reichtum dieser Stadt der Leinenweber und Tuchhändler: 1524 errichtet, später im 18. Jh. noch einmal ausgebaut. Auch die **Stadtpfarrkirche der Hl. Hedwig/Kościół Parafialny Św. Jadwigi** verrät alten Glanz. Die dreischiffige Hallenkirche mit einem Tonnengewölbe im Hauptschiff und Netzgewölben in den Seitenschiffen entstand um 1512. Der Hauptaltar im Stil der Renaissance ist ein Werk von Paul Meyners von 1606. In der dem Hauptportal vorgebauten Grabkapelle findet sich ein Grabmal der Familie Schaffgotsch (1545) mit elf lebensgroßen Figuren. Heute ist Greiffenberg eine wirtschaftlich unbedeutende Kleinstadt.

In **Marklissa/Leśna** arbeitete ab 1855 die erste Kammgarnspinnerei Deutschlands, nach 1888 Concordia Spinnerei und Weberei AG, heute fortgeführt als Dolnośląskie Zakłady Przemysłu Jedwabniczego. Bei Marklissa hat man auch 1901–05 die erste schlesische Talsperre erbaut, 1907 ein zugehöriges Elektrizitätswerk, heute trägt der See den Namen *Jezioro Leśniańskie*. Von der alten Bebauung der Stadt blieb im wesentlichen nur die **Pfarrkirche zur Heiligen Dreifaltigkeit/Kościół Farny Św. Trójcy** (1703–11) erhalten.

Auch **Liebenthal/Lubomierz** war einmal ein Zentrum der Tuchhändler. Davon zeugen die *Laubenhäuser* (16. und 17. Jh.) am langgestreckten Marktplatz/Rynek und auch das *Staatliche Leinwandhaus*. Das frühere *Kloster der Benediktinerinnen* (1278 gestiftet, 1726–30 zusammen mit der Klosterkirche neu errichtet) beherbergt heute eine von Ordensschwestern betreute *Höhere Pädagogische Fachschule/Wyższa Szkoła Pedagogiczna.* Die hohe, leicht geschwungene Fassade der *Barockkirche* dominiert das Bild des Marktplatzes.

□ Boberröhrsdorf/Siedlęcin · Löwenberg/Lwówek Śląski · Lauban/Lubań · Bunzlau/Bolesławiec · Görlitz-Ost/Zgorzelec

Eines der bedeutendsten mittelalterlichen Baudenkmäler Schlesiens ist der **Wohnturm** von **Boberröhrsdorf/Siedlęcin.** Dabei handelt es sich um einen jener typischen fränkischen Wohntürme, wie sie besonders in der Schweiz und am Oberrhein noch anzutreffen sind. Das Bauwerk stammt aus dem 14. Jh. und wurde im 15. Jh. um ein viertes Stockwerk auf eine Höhe von 19 m erweitert. Ursprünglich Teil einer 1443 zerstörten Burg, besitzt dieser Wohnturm im dritten Geschoß einen Rittersaal mit tiefen Fensternischen und einer mächtigen Balkendecke. Die Wandmalereien in diesem Saal (eine Darstellung des Christophorus, eine Memento-mori-Szene und eine Darstellung aus einem Ritterroman) sind das einzige bekannte Beispiel profaner Fresken aus der Mitte des 14. Jh.

Mittelalterlicher Wohnturm von Boberröhrsdorf/Siedlęcin

Bis zum vergangenen Jahrhundert wurde in **Lähn/Wleń** regelmäßig ein berühmter Taubenmarkt abgehalten, für den Händler und Käufer sogar aus Wien, Leipzig, Warschau und anderswo anreisten. Daran erinnert die sog. **›Taubengustel‹** am Brunnen vor dem Rathaus: die Gestalt einer jungen Bäuerin mit einer Taube auf der Schulter, errichtet 1914 anläßlich des 700jährigen Stadtjubiläums. Das **Rathaus/Ratusz** von Lähn stammt aus den Jahren 1823/24, die katholische **Stadtpfarrkirche St. Nikolai/Kościół Parafialny Św. Mikołaja** von 1864. Über der Stadt thront die **Burg Lehnhaus/Wleński Grodek,** für 1155 erstmals belegt, 1570 ausgebaut.

Löwenberg/Lwówek Śląski wurde einmal das »schlesische Rothenburg« genannt. Kriegszerstörungen und wirtschaftlicher Niedergang in den Nachkriegsjahrzehnten haben der Stadt den alten Glanz genommen, wenngleich die wichtigsten Zeugnisse der Baugeschichte erhalten blieben. Da ist besonders das **Rathaus/Ratusz,** das mit dem von Breslau zu den schönsten in Schlesien

Löwenberg/Lwówek Śląski, gotische Gewölbe im Rathaus

zählt. Das Gebäude im Mittelpunkt des Rings/Rynek mit seinem schlanken, von einer Barockhaube gekrönten Turm wurde im 15. und 16. Jh. gebaut, möglicherweise unter Leitung des Görlitzer Ratsbaumeisters Wendel Roßkopf. 1905 erfolgten stilgerechte Aus- und Umbauten, die der Direktor der Breslauer Kunstakademie Hans Poelzig beaufsichtigte. Die Räume, insbesondere die Gewölbe sind im gotischen Stil gehalten, die Giebel tragen Merkmale der Renaissance.

Die im 13. Jh. errichtete **Pfarrkirche zur Himmelfahrt Mariä** wurde um 1500 gotisch umgebaut, vom romanischen Bau steht noch das Westwerk mit zwei Türmen und dem Portal. An der Südseite der Kirche befindet sich eine Nepomukfigur von 1760. Am Ring sind, zwischen Neubauten, einige Renaissancegiebelhäuser erhalten geblieben.

Etwa 2 km vor Löwenberg an der Straße nach Goldberg/Złotoryja steht in **Plagwitz/Płakowice** eines der bedeutendsten schlesischen Adelsschlösser des 16. Jh., allerdings weitgehend in ruinösem Zustand. Besitzer waren Rampold von Talkenberg, Caspar von Schaffgotsch, August von Nostiz und schließlich ab 1824 der preußische Staat, in dessen Auftrag hier eine Heil- und Pflegeanstalt eingerichtet wurde. Vom alten Glanz zeugen das schöne, mit dekorativen Flachreliefs ausgestattete Renaissanceportal, Renaissanceschmuck an den Fassaden sowie rund um den Innenhof der Arkadengang im Untergeschoß.

Lauban/Lubań besaß im Mittelalter eine starke Tuchmacherzunft, später im 17. Jh. kamen der Leinen- und Garnhandel hinzu. Schließlich spezialisierte man sich auf die Produktion von Taschentüchern, die in industrialisierter Form bis heute weitergeführt wird. Wichtigste Industriezweige der Stadt sind jetzt die Basaltsteingewinnung und eine große Eisenbahnwerkstätte. Das sogenannte **›Haus zum Schiff‹/›Dom pod Okrętem‹**, um 1700 im Auftrag eines Tuchhändlers erbaut, in der ul. Dzielna erinnert an die alten handwerklichen und kaufmännischen Traditionen.

Lauban/Lubań, Rathaus. Aufnahme um 1910

Trotz starker Zerstörungen 1945 sind in Lauban wichtige Bestandteile der mittelalterlichen Stadtmauer mit halbkreisförmigen Verteidigungstürmen und insbesondere dem gewaltigen **Brüderturm** (1318) erhalten geblieben. Inmitten des Rings/Rynek steht der **Krämerturm** als Rest des mittelalterlichen Rathauses aus dem 14. und 15. Jh. Das 1539–41 unter der Leitung von Hans Lindner erbaute **Rathaus/Ratusz** blieb erhalten und befindet sich an der Südseite des Rings. In dem Barockbau des ehemaligen Gymnasiums an der Ostseite ist heute eine Berufsschule untergebracht. An die alte **Pfarrkirche zur Hl. Dreifaltigkeit** erinnert ebenfalls nur ihr schon seit über 200 Jahren allein stehender Turm. Die Kirche war 1760 einem großen Stadtbrand zum Opfer gefallen.

Schon von weitem sichtbar ist die katholische **Pfarrkirche/Kościół Farny** von **Naumburg a. Queis/Nowogrodziec,** 1789–93 im friderizianischen Barock erbaut. Die Turmhaube stammt aus den 80er Jahren des 19. Jh. Die gewaltige Kirche wirkt etwas deplaziert in dem kleinen Ort mit seinen 3000 Einwohnern.

Die Töpferei von **Bunzlau/Bolesławiec** ist seit dem 14. Jh. bekannt. Mindestens seit 1543 bestand eine Töpferzunft. Die Besonderheit der Keramik aus Bunzlau besteht in der Eignung des hier verwendeten Tons für hohe Temperaturen beim Brennen, d. h. auch beim Aufbrennen des Glasurlehms. Schon im 17. Jh. war das Bunzlauer Braungeschirr weltberühmt. Im 19. Jh. wurden die reichen Tonlager in der Umgebung auch zur Grundlage für industrielle Keramikfertigung, die bis heute weitergeführt wird. Hinzu kommen Sandsteinbearbeitung, chemische Betriebe, Eisen- und Textilindustrie. Mit 40000 Einwohnern ist Bunzlau die zweitgrößte Stadt der Wojwodschaft Hirschberg.

Das **Keramikmuseum/Muzeum Keramiki w Bolesławcu** in der ul. Mickiewicza 13 dokumentiert diese wirtschaftsgeschichtliche Entwicklung. Dort ist altes Bunzlauer Braungeschirr und Buntkeramik zu sehen sowie Beispiele der Produktion aus der Zeit nach dem Zweiten Weltkrieg.

Die Stadtanlage zeigt den alten typischen ovalen Grundriß mit dem **Ring/Rynek** im Zentrum eines schachbrettartigen Systems der Straßen. Reste der mittelalterlichen Stadtbefestigung aus Sandsteinquadern sind erhalten geblieben.

In der Mitte des Rings steht das Renaissance-**Rathaus/Ratusz,** das 1525–35 unter Leitung von Wendel Roßkopf erbaut wurde. Drei Renaissanceportale am Rathaus stammen von früheren Bürgerhäusern und wurden später hier angebracht. Im längeren Flügel des Gebäudes befinden sich der Ratskeller mit einem prächtigen Gewölbe sowie zwei Sitzungssäle im gotischen Stil. Der zweite Flügel diente der Ratswaage.

Am Ring hat man einzelne Bürgerhäuser mit schönen Renaissance- und Barockportalen wiederhergestellt oder restauriert, z. B. **Haus Nr. 29 ›Zum Goldenen Engel‹/›Pod Złotym Aniołem‹.** Neubauten am Ring wurden zum Glück dem Stil der traditionellen Häuser angepaßt.

Die spätgotische katholische **Stadtpfarrkirche/Kościół Parafialny Św. Marii** (1524–1629 und 1632–37 ev.) wurde 1482–93 errichtet, mit dreischiffigem, vierjochigem Langhaus und einer neugotischen Turmspitze aus dem 19. Jh. Die Kirche brannte während des Dreißigjäh-

Bunzlau/Bolesławiec, Rathaus. Aufnahme um 1920

rigen Krieges aus, wobei nur im Chor das gotische Deckengewölbe erhalten blieb. Vor der Kirche stehen sechs barocke Statuen, wovon eine Maria mit dem Jesuskind darstellt.

Das **Kutusow-Museum/Muzeum Kutusowa** an der gleichnamigen Straße südlich des Rings, 1945 eingerichtet, erinnert an den russischen Marschall, der im Frühjahr 1813 während des Feldzugs gegen Napoleon in diesem Haus verstarb. Desgleichen der *Kutusow-Obelisk* in den Grünanlagen davor, der 1819 zunächst auf dem Markt aufgestellt, dann aber 1893 nach hier versetzt wurde. Karl Friedrich Schinkel erarbeitete den entsprechenden Entwurf im Auftrag König Friedrich Wilhelms III.

Die frühere **evangelische Stadtpfarrkirche,** ein Bauwerk des Spätbarock von 1752–56, dient heute den katholischen Gläubigen. Das ehemalige Arsenal von 1822 wurde 1857 zum **Stadttheater** umgebaut. Ältester und längster Viadukt in Schlesien ist am nördlichen Stadtrand die **Brücke über das Tal des Bober/Bóbr,** erbaut für die Bahnlinie Görlitz/Zgorzelec–Liegnitz/Legnica 1844–46.

Inmitten eines 20 ha großen Parks mit alten Eichen steht das Renaissance-**Schloß/Zamek** von **Klitschdorf/Kliczków,** erbaut Mitte des 16. Jh., 1881–83 modernisiert. An dieser Stelle war schon 1301 eine Wasserburg als Grenzfeste errichtet worden.

Seit der Grenzziehung 1945 auf der Basis des Potsdamer Abkommens ist **Görlitz-Ost/Zgorzelec** selbständige Stadt und Sitz eines gleichnamigen Kreises. Fast ein halbes Jahrhundert später läßt sich beobachten, wie sich Görlitz und Zgorzelec auf der Grundlage der 1991 ratifizierten deutsch-polnischen Verträge gerade in kommunalpolitischen Angelegenheiten wieder annähern, ähnlich wie Guben und Gubin sowie Frankfurt/Oder und Słubice. Das Zollamt an der Neiße-Brücke zwischen Görlitz und Zgorzelec ist der meistbenutzte Übergang auf dem Weg von Deutschland nach Schlesien und umgekehrt.

Zgorzelec blieb 1945 fast unzerstört, und so ist viel der alten Bausubstanz erhalten geblieben, etwa eine ganze Anzahl der **Jugendstilwohnhäuser,** die allerdings dringend der Renovierung bedürfen. Die ehem. **Oberlausitzer Gedenkhalle** am Plac Świerczewskiego, 1902 unter der Leitung von Hugo Behr im Jugendstil erbaut, ist heute städtisches *Kulturhaus.*

Waldenburg/Wałbrzych · Eulengebirge/Góry Sowie · Glatzer Bergland/Kotlina Kłodzka

□ Waldenburg/Wałbrzych · Fürstenstein/Książ · Freiburg/Świebodzice · Altreichenau/Stary Bogaszowice

Das Waldenburger Bergland ist eine Art Bindeglied zwischen verschiedenen Gebirgslandschaften der Sudeten: dem Riesengebirge/Karkonosze und dem Landeshuter Kamm/Rudawy Janowickie im Westen, dem Bober-Katzbach-Gebirge/Góry Kaszawskie im

Nordwesten und dem Eulengebirge/Góry Sowie im Südwesten. Zur geologischen Struktur dieses Berglands gehören verschiedene Erhebungen als Zeugen früherer vulkanischer Tätigkeit wie etwa der Heidelberg/Waligóra und der Hochwald/Chełmiec, dazu Buntsandsteinfelsen und Ablagerungen aus der jüngeren Kreidezeit.

Die wirtschaftliche Entwicklung des Waldenburger Berglands wurde seit dem Spätmittelalter bestimmt durch den Erzbergbau, dann vor allem durch die Weberei und schließlich durch den Kohlebergbau, der seit Mitte des 19. Jh. immer mehr an Bedeutung gewann. Nach 1900 entwickelte sich die Waldenburger Region mit ihren Zechen, Hüttenwerken und Porzellanfabriken zu einem der wichtigsten Industriegebiete Niederschlesiens.

Wer heute durch das Waldenburger Bergland fährt, spürt zwei Seelen in seiner Brust. Einerseits möchte er die landschaftlichen Schönheiten dieses Gebiets genießen, andererseits bemerkt er, daß die von der Industrie ausgehende Umweltverschmutzung diese Schönheiten mehr und mehr zunichte macht. Das Waldenburger Bergland gehört heute zu den ökologischen Krisen-, wenn nicht gar Katastrophenregionen Schlesiens und Polens insgesamt. Das tatsächliche Ausmaß des Waldsterbens dort ist den regional und städtisch Verantwortlichen noch nicht richtig ins Bewußtsein gedrungen.

Mit knapp 150000 Einwohnern ist **Waldenburg/Wałbrzych** heute die zweitgrößte Stadt Niederschlesiens. Ein Blick auf den Stadtplan zeigt, daß Schachtanlagen und Bergrücken einzelne Stadtteile voneinander trennen, die ursprünglich als selbständige Ortschaften existierten, nach und nach aber eingemeindet wurden. Die drei wichtigsten sind das *Zentrum/Srodmiescie,* dann im Norden *Waldenburg-Altwasser/Stary Zdrój,* bis 1875 Kurort, dann versiegten die Quellen durch den Einfluß des Bergbaus, schließlich *Waldenburg-Dittersbach/Podgorze,* seit langem ein wichtiger Eisenbahnknotenpunkt.

Schon im 16. Jh. wurde auf dem heutigen Gebiet Waldenburgs die sog. Schmiedekohle abgebaut. Der eigentliche Aufschwung kam aber erst zur Zeit Friedrichs des Großen, als der Kohleabbau staatlich gefördert wurde. 1793–1861 existierte das ›Königliche Bergamt Waldenburg‹. Um 1800 begann man auch, Koks zu erzeugen, Anfang des 19. Jh. entstanden die ersten Hüttenwerke, ebenso die ersten Porzellanfabriken. Bis heute lebt Waldenburg hauptsächlich von der Kohle, die in vier großen Gruben gefördert wird: Victoria, Thorez, Walbrzych und Nowa Ruda, allesamt traditionelle Industriestandorte. 20000 Bergleute (mit etwa 40000 Familienangehörigen) sind hier beschäftigt.

Der Waldenburger Bergbau zeichnet sich aus durch niedrige Produktivität, hohe Kosten und mindere Qualität der geförderten Kohle. Schon Ende der 80er Jahre begann man Umstrukturierungskonzepte zu diskutieren, von denen aber bislang keines in die Tat umgesetzt wurde. Der gesundheitliche Zustand der Bergleute liegt weit unter dem Landesdurchschnitt.

Das Atmen kann zeitweise zur Last werden, so läßt sich vereinfacht der ökologische Zustand von Waldenburg beschreiben. Zur Umweltverschmutzung durch die Industrie kommen die Auswirkungen der noch weit verbreiteten Beheizung der Haushalte durch Kohleöfen. Die Lage der einzelnen Stadtteile zwischen den Bergen sorgt nicht gerade für den

Waldenburg/
Wałbrzych
1 Rathaus/Ratusz
2 Kirche der Ev.-Augsburgischen Gemeinde/Kościół Ewangelicki-Augsburski
3 Pfarrkirche/Kościół Farny
4 Heilig-Geist-Kirche/Kościół Św. Ducha
5 Bezirksmuseum/Muzeum Okręgowe (ehem. Waldenburger Berglandmuseum)
6 Palais von Czettritz
7 Ehem. Schillerbaude/Harcówka

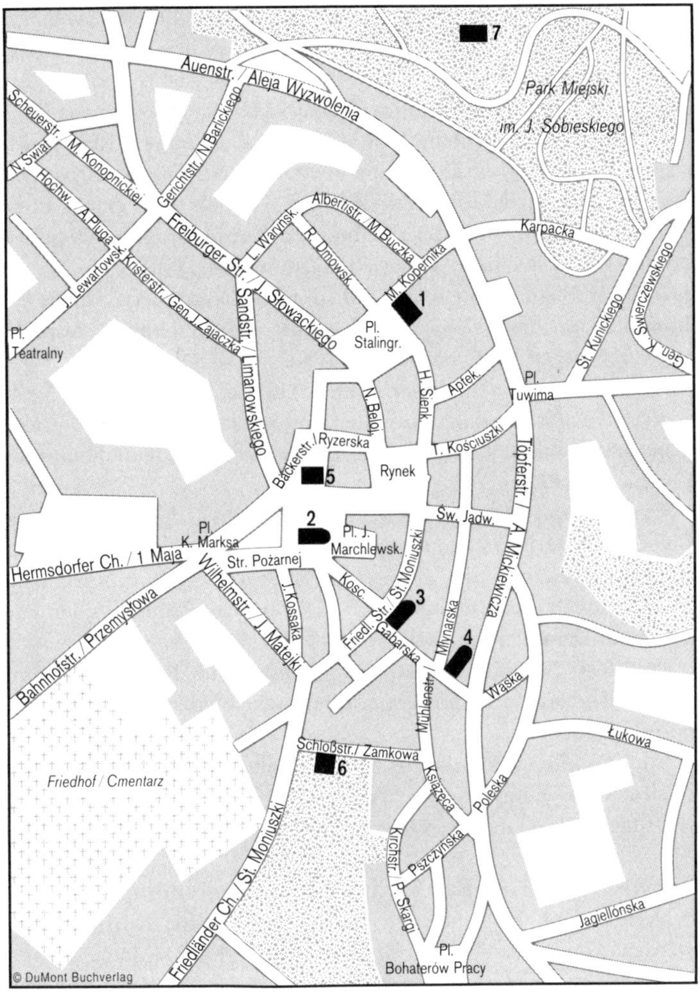

Zuzug frischer Luft. Waldenburg liegt außerdem in dem ohnehin arg belasteten Drei-Länder-Eck Polen, Tschechoslowakei und ehemaliger DDR. Wer Waldenburg besucht, sollte sich also nicht wundern, daß die Fassaden vieler Häuser grau bis schwarz sind, daß die Stadtreinigung große Mühe hat, die Straßen sauber zu halten. Das Bild einzelner Straßenzüge ist teilweise so erschreckend, daß die Auslagen der Geschäfte, die bunte Kleidung der Kinder und das großzügige Make-up vieler Frauen geradezu als Erholung für die Augen wirken.

Das **Rathaus/Ratusz** von Waldenburg am Plac Obrońców Stalingradu wurde 1855/56 im neugotischen Stil errichtet. Am Ring, etwas weiter südlich, sind einige **Bürgerhäuser** erhalten geblieben: so das Haus Nr. 9, früher ›Tagblatthaus‹ genannt, das Haus Nr. 22, das ›Haus zu den drei Rosen‹/›Kamienica Pod Rozami‹, sowie das Haus Nr. 23 ›Zum Anker‹/›Kamienica Pod Kotwica‹. Anfang 1991 fanden an allen drei Häusern Restaurierungsarbeiten statt.

Am Plac Marchlewskiego steht die **Kirche der Evangelisch-Augsburgischen Gemeinde/ Kościół Ewangelicki-Augsburski,** die 1785–89 nach einem Entwurf von Carl Gotthard Langhans errichtet wurde. Der massive Turm wurde anstelle der alten Konstruktion 1863 errichtet. Die kleine evangelisch-augsburgische Gemeinde ist bemüht, mit Spenden aus Deutschland die Kirche innen und außen zu restaurieren. Da die Kirche aus Geldmangel bei kaltem Wetter nicht geheizt werden kann, finden dann die Gottesdienste in der Kapelle des gegenüberliegenden Gemeindebüros statt.

An der Ecke ul. St. Moniuszki/ul Garbarska finden wir die katholische **Pfarrkirche/ Kościół Farny,** einen neugotischen Bau aus den Jahren 1900–04, früher Schutzengelkirche genannt. Ebenfalls in der ul. Garbarska steht die kleine **Heilig-Geist-Kirche/Kościół Św. Ducha** von 1848.

Das frühere *Waldenburger Berglandmuseum* in der Gottesberger Straße/heute: ul. 1 Maja fungiert als **Bezirksmuseum/Muzeum Okręgowe,** wobei ein Teil der mineralogischen und der Porzellansammlung aus der Vorkriegszeit übernommen wurde. Hinzu kommt eine volkskundliche Sammlung zur Geschichte des Waldenburger Bezirks. Das Gebäude des Museums stammt vom Anfang des 19. Jh.

Das 1604–28 errichtete und 1881–82 umgebaute **Palais von Czettritz** in der Schloßstraße/ heute: ul. Zamkowa dient gegenwärtig verschiedenen Verwaltungsbehörden der Stadt und der Wojwodschaft.

Vom *Jan-Sobieski-Park* auf der Parkhöhe/früher Schillerhöhe bietet sich ein guter Ausblick auf das Zentrum von Waldenburg. Die dortige frühere *Schillerbaude* ist heute ein Ausflugszentrum namens *Harcówka,* wörtlich übersetzt: Clubhaus der Pfadfinder.

Die Glanzzeiten von **Bad Salzbrunn/Szczawno Zdrój** als eines der bedeutsamsten Bäder Schlesiens sind sicher lange vorbei, auch wenn der Kurbetrieb weitergeht. Nach wie vor werden kohlensäurehaltige und alkalische Mineralquellen für Trink- und Badekuren genutzt. Die Entwicklung zum Badeort begann 1815, nachdem weitere Heilquellen entdeckt worden waren. Später fanden sich zeitweise bis zu 30000 Gäste pro Jahr in Bad Salzbrunn ein. In der ›Preußischen Krone‹, heute als Sanatorium genutzt, wurden die Brüder Carl (1858) und Gerhart Hauptmann (1862) geboren. Durch verschiedene Produktionsbetriebe, u. a. eine Spiegelglashütte/Zakłady Szkła Lustrzanego, ist Bad Salzbrunn eine seltsame Mischung aus Kur- und Industriestandort.

Ein schöner Wanderweg führt zu dem ganz im Norden des Waldenburger Stadtgebiets auf einem hohen Felsen gelegenen **Schloß/Zamek** von **Fürstenstein/Książ** (Farbabb. 18), der größten Schloßanlage Schlesiens. Fürstenstein ist das ganze Jahr über ein vielbesuchter Ort. Ein kleines Hotel, verschiedene Cafés und Gaststätten sowie ein Kunstgewerbeladen stehen

Bad Salzbrunn/Szczawno Zdrój, ehemals eines der beliebtesten schlesischen Bäder, heute Kurort und Industriestandort. Aufnahme der 20er Jahre

den vielen Gästen zur Verfügung. Auch ein Museum mit Exponaten aus den verschiedenen Phasen der Schloßgeschichte wurde eingerichtet.

Kernbau des Schlosses ist der Bergfried, der in seiner quadratischen Basis auf die mittelalterliche Anlage von etwa 1300 zurückgeht; die neubarocke Haube des Turms wurde Anfang des 19. Jh. aufgesetzt. Der mittlere Renaissanceabschnitt des Schlosses ist ein Werk des 16. Jh. An diesen wurden in den Jahren 1722–24 die fünfgeschossigen Schloßflügel samt dem dazwischenliegenden Treppenhaus in barocken Formen angebaut, auch das Torhaus mit den beiden Türmen und den anschließenden Wirtschaftsgebäuden stammt aus dieser Zeit. Architekt des barocken Aus- und Umbaus war Felix Anton Hammerschmied, die Steinmetzarbeiten sind von Johann Schwibs, die Deckenmalereien im Inneren von Felix Anton Scheffler. Der letzte Ausbau (Terrassenanlagen, Gärten, Springbrunnen) erfolgte in den Jahren 1910 bis 1930. 1509–1945 war das Schloß im Besitz der Familie von Hochberg, nach 1847 zugleich Fürsten von Pless in Oberschlesien. Nach der Emigration des letzten Fürsten im Zweiten Weltkrieg ließ der NSDAP-Gauleiter von Schlesien das Bauwerk beschlagnahmen und als mögliches Quartier für Hitler vorbereiten. In den Wirren der Nachkriegszeit wurde das Schloß mehrfach geplündert. Ein halbstaatliches polnisches Komitee kümmerte sich dann ab 1962 um die Restaurierung und die Wiederbeschaffung der verlorengegangenen Inneneinrichtung.

Freiburg/Świebodzice ist heute eine Stadt der optischen und feinmechanischen Industrie, aber lange Zeit stand hier die Uhrenfabrikation im Vordergrund. 1875, 25 Jahre nach der Anmeldung seines ersten Betriebs, besaß der Uhrmacher Gustav Becker bereits über 20 Werkstätten in Freiburg und anderswo; ebenfalls in diesem Jahr konnte er stolz melden, die 100000ste Uhr fabriziert zu haben. Vor dem Zweiten Weltkrieg entstand aus diesem Familienbetrieb durch den Zusammenschluß mit anderen Unternehmen die ›Vereinigte Freiburger Uhrenfabrik‹. Auf dem städtischen Friedhof existiert noch das Familiengrab der Bekkers. Das **Rathaus/Ratusz** auf dem Ring stammt aus dem Jahr 1781, die katholische **Pfarrkirche St. Nikolaus/Kościół Farny Św. Mikołaja** von 1811.

In ruinösem Zustand befindet sich die zur Zeit nicht genutzte, einstmals prächtige **Barockkirche** von **Altreichenau/Stare Bogaszowice.** Die Kirche war 1685–89 im Auftrag des Abts von Grüssau/Krzeszów unter Leitung des Stiftsbaumeisters Martin Urban errichtet worden. Das Gemälde am zweigeschossigen Altar könnte von Michael Willmann stammen.

□ Schweidnitz/Świdnica · Kreisau/Krzyżowa · Striegau/Strzegom · Groß Rosen/Rogoźnica

Bis heute nennt man das Restaurant im Kellergeschoß des Breslauer Rathauses den ›Schweidnitzer Keller‹. Dieser Name geht zurück auf das 14. und 15. Jh., als **Schweidnitz/Świdnica** ein Zentrum der Bierbrauerei war. Gleichzeitig entwickelte sich die Stadt damals zu einem bedeutenden Handelsplatz. Hier handelte man mit Vieh und Getreide aus Polen, Holz und Fellen aus Rußland, Wein aus Ungarn und Italien, Hopfen aus Böhmen, Tuch aus Flandern. Um 1550 war Schweidnitz mit 5000 Einwohnern fast ebenso groß wie Breslau und stand auch in wirtschaftlicher Hinsicht an zweiter Stelle. Diese prosperierende Entwicklung wurde durch den Dreißigjährigen Krieg unterbrochen und fand erst im 19. Jh. wieder einen richtigen Anfang. Dann nämlich, als Schweidnitz 1844 ans Eisenbahnnetz angeschlossen wurde und in der Folgezeit neue Industrien in der Stadt entstanden: Maschinen- und Waggonfabriken, Möbel-, Spielzeug- und Kleiderfabriken. Nach 1900 kamen die Landmaschinenherstellung, die Spirituosenbrennerei und auch Lebensmittelfabriken hinzu. Diese Struktur hat sich bis heute in der 60000 Einwohner zählenden Stadt im wesentlichen erhalten.

Das **Rathaus/Ratusz** am Markt stammt in seiner heutigen Form aus den Jahren 1717–20, nachdem das vorangegangene, im Mittelalter errichtete Bauwerk 1716 abgebrannt war. Der Rathausturm stürzte 1967 ein. Am besten erhalten sind die Renaissancefassade auf der Westseite und ein auf zwei Säulen ruhender Erker auf der Nordseite, der früher als Altar-

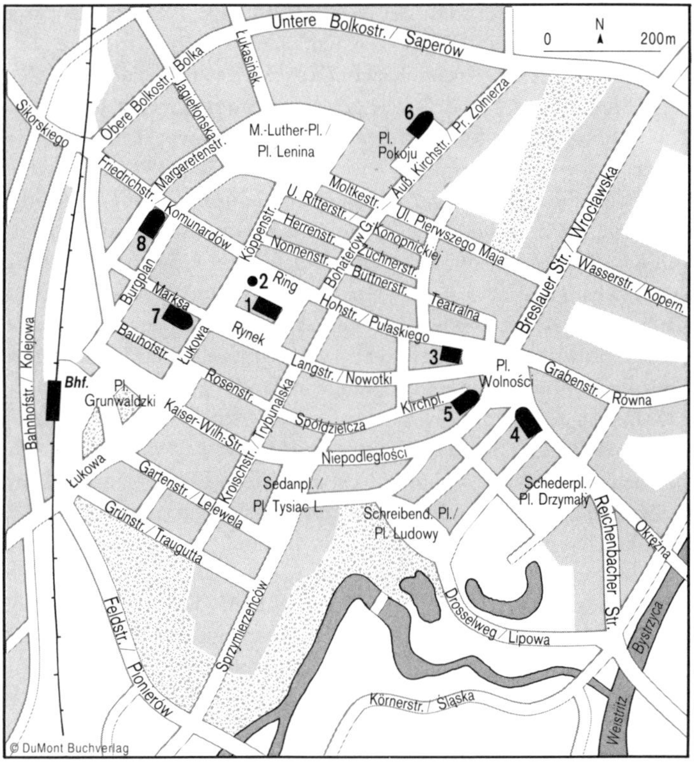

Schweidnitz/Świdnica
1 Rathaus/Ratusz
2 Neptunbrunnen/Fontanna Neptuna und Dreifaltigkeitssäule/Kolumna Św. Trójcy
3 ›Grundhof‹
4 Heilig-Kreuz-Kirche/Kościół Św. Krzyża
5 Stadtpfarrkirche St. Stanislaus und St. Wenzel/Kościół Parafialny Św. Stanisława i Św. Wacława
6 Friedenskirche zur hl. Dreifaltigkeit/Kościół Pokoju pod wez. Św. Trójcy
7 St. Josefs-Kirche/Kościół Św. Józefa
8 Barbarakirche/Kościół Św. Barbary (Ruine)

raum der Ratskapelle diente. Im Rathaus ist heute auch das *›Museum des früheren Kaufmannsstandes‹/›Muzeum Dawnego Kupiectwa‹* untergebracht.

Zwei Beispiele für den barocken Wiederaufbau der Stadt nach dem Brand von 1716 sind der **Neptunbrunnen/Fontanna Neptuna** und die **Dreifaltigkeitssäule/Kolumna Św. Trójcy** an der Nordwestecke des Rathauses. Der Brunnen wurde 1732 durch den Bildhauer Georg Leonhard Weber aus Schweidnitz gestaltet. Die Dreifaltigkeitssäule, Schöpfer unbekannt, war damals eine Stiftung des Grafen von Sinzendorf, Hauptmann des Fürstentums Schweidnitz.

Die Bürgerhausfassaden rund um den Markt machen nicht den besten Eindruck, den engagierten Restauratoren fehlen die finanziellen Mittel. Lediglich die Front des Hauses Nr. 29 erstrahlt in neuem Glanz. Die ul. Pulaskiego, früher Hohestraße, die vom Markt zum Plac Wolnosci, früher Niedertorplatz führt, vermittelt mit den hoch über der Straße liegenden Bürgersteigen, den herabführenden Treppen und den schmiedeeisernen Geländern ein Bild des alten Schweidnitz.

Am Plac Wolnosci steht der ›**Grundhof**‹, ein massiver Barockbau mit zwei Stierskulpturen an der Fassade als Wahrzeichen, damals wie heute eine Apotheke. Hier findet sich ebenfalls die **Heilig-Kreuz-Kirche/Kościół Św. Krzyża** von 1720.

Wahrzeichen der Stadt ist die gewaltige **Stadtpfarrkirche St. Stanislaus und St. Wenzel/ Kościół Parafialny Św. Stanisława i Św. Wacława,** deren Turm mit 104 m die Häuser der Innenstadt weit überragt. Die Kirche wurde 1325–1488 als gotische Basilika erbaut und nach der Übergabe an die Jesuiten 1666 in den Jahren 1692–1708 im Inneren barockisiert. Altäre und Kanzel kamen aus der Bildhauerwerkstatt des Johann Riedel in Prag, der Schweidnitzer Bildhauer Georg Leonhard Weber lieferte den Orgelprospekt und die Figuren im Mittelschiff. Der Hauptaltar ist in Form eines runden Baldachins gestaltet, gestützt auf sieben Säulen; dargestellt werden die Hauptargumente in der Auseinandersetzung mit den Protestanten, insbesondere herausgehoben ist die Rolle Mariä. Der Schweidnitzer Altar symbolisiert den Thron Salomons und zugleich den Jerusalemer Tempel.

Inmitten eines alten Friedhofs am Plac Pokoju steht die evangelische **Friedenskirche zur hl. Dreifaltigkeit/Kościół Pokoju pod wez. Św. Trójcy,** das größte der drei Gotteshäuser, die den schlesischen Protestanten nach dem Dreißigjährigen Krieg zugestanden worden waren. Die Kirche wurde 1656/57 errichtet als Fachwerkbau auf dem Grundriß eines griechischen Kreuzes mit flachen Querarmen und der östlichen Sakristei; Entwurf von Albrecht von Säbisch, Zimmermann Andreas Gamper. Das geräumige Innere mit zwei Emporenstockwerken kann 7500 Gläubige aufnehmen (3000 Sitzplätze, 4500 Stehplätze). Ende des 17., Anfang des 18. Jh. wurden zahlreiche Logen für den protestantischen Adel des Fürsten-

Schweidnitz/Świdnica, Stadtpfarrkirche St. Stanislaus und St. Wenzel/Kościół Parafialny Św. Stanisława i Św. Wacława, Hauptaltar

tums Schweidnitz und für die Zünfte angebaut oder zwischen die Stockwerke der Emporen eingefügt. Die Brüstungen der Emporen sind geschmückt mit 78 Bibelversen in Schmuckumrahmungen sowie 47 Illustrationen von Glaubensprinzipien. Die Dekoration der Decke ist ein Werk von Christoph Kalicki und Christian Süßenbach; dabei handelt es sich um Darstellungen der Hl. Dreifaltigkeit, des Falls von Babylon, des Jüngsten Gerichts und des Himmlischen Jerusalem. Kanzel (1729) und Altar (1752) sind ein Werk von August Gottfried Hoffmann. Der Altar symbolisiert den Jerusalemer Tempel als Haus der Weisheit Gottes und ist somit eine Antwort auf Form und Inhalt des Hauptaltars in der Stadtpfarrkirche und damalige Kirche der Jesuiten. In den Darstellungen wird die Rolle Christi im Werk der Erlösung hervorgehoben. Zahlreiche barocke hölzerne Epitaphien finden sich an den Brüstungen der Emporen.

Eine gründliche Restaurierung der Kirche erfolgte in den Jahren 1956–58, die Deckenmalereien mit der Darstellung der Hl. Dreifaltigkeit wurde 1973–75 restauriert. Der ursprünglich nicht genehmigte Glockenturm stand 1708 in einiger Entfernung zur Kirche. Auf dem Friedhof sind zahlreiche alte Grabmale mit deutschen Inschriften erhalten geblieben.

Im Westteil der Innenstadt von Schweidnitz steht die **St. Josefs-Kirche/Kościół Św. Józefa,** ein Barockbau aus der Zeit 1754–72. Unweit davon existiert die gotische **Barbarakirche/Kościół Św. Barbary** nur noch als Ruine.

Denkwürdiges geschah am 12. November 1989, als sich der polnische Premier Tadeusz Mazowiecki und Bundeskanzler Helmut Kohl zu einem Versöhnungsgottesdienst in **Kreisau/Krzyżowa** trafen. Denn der Ort, das frühere **Landgut** der Familie von Moltke, einige Kilometer südöstlich von Schweidnitz, hatte eine bedeutsame Rolle im Rahmen des Widerstands gegen das Hitlerregime gespielt. Helmuth James Graf von Moltke, letzter Besitzer des Gutes, war Gründer und führender Kopf des ›Kreisauer Kreises‹; am 23. Januar 1945 wurde er in Berlin-Plötzensee hingerichtet. Etwa einen halben Kilometer oberhalb des Gutes steht noch das Berghaus, in dem Moltke, von Wartenburg, Delp, Leber, Reichwein und andere Männer christlicher, liberaler und konservativer Geisteshaltung politische Perspektiven für das Deutschland nach Hitler entwarfen.

1867–91 war das Gut Land- und Ruhesitz des preußischen Generalfeldmarschalls Helmuth von Moltke, 1858–88 Chef des preußischen Generalstabs. Vom Geist des alten Moltke zeugen noch zwei abblätternde Wandfresken im Treppenhaus des Gutshauses, die – vom preußischen Heroismus und Chauvinismus angehaucht – aus seinem Leben berichten.

Beeindruckend wirkt die ganze Anlage eigentlich nur noch durch ihre Ausmaße, elf einbis dreigeschossige Gebäude bilden ein unregelmäßiges Viereck von etwa 100 × 200 m. Ansonsten ist das Gut, obwohl teilweise landwirtschaftlich genutzt, nur noch eine bessere Ruine. Erst 1984 war es durch den Wojwodschaftskonservator von Waldenburg unter Denkmalschutz gestellt worden.

Am traurigsten wirkt das *Gutshaus* selbst, das wegen Einsturzgefahr nicht mehr betreten werden darf. Es regnet durch das Dach; vor dem Treffen Kohl – Mazowiecki wurden hastig ein paar Fenster eingesetzt, um das Schlimmste zu vertuschen. Die zur Rettung notwendigen geodätischen und dokumentarischen Arbeiten können erst durchgeführt werden, wenn die Außenmauern gegen das Auseinanderfallen gesichert sind.

Seit dem Frühjahr 1989 verfolgen der Krakauer und der Breslauer ›Klub der katholischen Intelligenz‹ den Plan, Kreisau zu einer internationalen Jugendbegegnungsstätte auszubauen; ein Plan, der später auch von der Bundesregierung als förderungswürdig anerkannt wurde.

Die Silhouette von **Striegau/Strzegom** wird dominiert durch das mächtige Bauwerk der **Stadtpfarrkirche St. Peter und Paul/Kościół Parafialny Św. Piotra i Pawła,** eine spätgotische Basilika mit Querhaus und dreiapsialem Chor. Die Kirche mit dem 26 m hohen Dach wirkt aus der Ferne unvollendet, turmlos, da die beiden Türme nicht hochgeführt wurden und nur die Höhe des Langhausdachs erreichen. Das Bauwerk stammt aus der zweiten Hälfte des 14. Jh. und wurde im 16. Jh. vollständig fertiggestellt. Die drei Portale zeigen Szenen aus dem Leben des hl. Paulus (Hauptportal im Westen), Krönung Mariens (im Norden) und Tod Mariens (im Süden). Die Kanzel der Kirche ist gotisch, der Altar neugotisch. Neben der Kirche steht der **Pfarrhof,** früher Kommende der Johanniter, errichtet 1704.

Die **Antoniuskapelle** am Ostrand der Stadtmitte wird nicht mehr genutzt und ist weitgehend dem Verfall preisgegeben. Bei der frühgotischen **Barbarakirche/Kościół Św. Barbary** begannen Anfang 1991 Restaurierungsarbeiten, so daß dieses Bauwerk in absehbarer Zeit den Gläubigen wieder zugänglich gemacht werden kann. Die frühere **Kirche der evangelischen Christen/Kościół Chrzeszcian Ewangelicznych** aus dem 15. Jh. bedürfte ebenfalls dringend der Restaurierung, insbesondere das schöne gotische Hauptportal.

□ Reimswaldau/Rybnica-Leśna · Kynsburg/Zamek Grodno · Reichenbach/ Dzierżoniów

Gottesberg/Boguszów, südwestlich von Waldenburg, nannte sich früher einmal die höchstgelegene Stadt Preußens (592 m ü. d. M.). Die Gründung der Stadt geht zurück auf eine Ansiedlung sächsischer Bergleute im 14. Jh. Bis zum Dreißigjährigen Krieg wurde hier Silber abgebaut, später im 18. und 19. Jh. dominierte der Kohlebergbau, kamen Spinnereien, Leinewebereien und Strumpfstrickereien hinzu. Die barocke **Dreifaltigkeitskirche/Kościół Św. Trójcy** von Gottesberg stammt aus den Jahren 1720–23. Die ebenfalls barocke evangelische Kirche von 1775 wird heute als Turnhalle genutzt.

Eine der wenigen niederschlesischen Schrotholzkirchen steht in **Reimswaldau/Rybnica-Leśna.** Sie wurde 1557 als evangelische Kirche erbaut und nach dem Westfälischen Frieden den katholischen Gläubigen übergeben. 1684 errichtete man über dem Tor des Friedhofs, an dem die Kirche steht, einen freistehenden Holzturm. Altar und Kanzel stammen ebenfalls aus dem 17. Jh., das Kircheninnere hat man mit einfachen Schablonenmalereien ausgeschmückt.

10 km südöstlich von Waldenburg liegt der traditionsreiche Kurort **Bad Charlottenbrunn/Jedlina Zdrój.** Bereits 1694 hat man hier die sog. Theresienquelle entdeckt und sie

fortan bei der Heilung von Erkrankungen der Atemwege genutzt. 1928 kam die sog. Nierenquelle hinzu. Luft und Klima in Bad Charlottenbrunn leiden allerdings mehr und mehr unter den schädlichen Einflüssen der Waldenburger Industrie, die großen Wälder zwischen Bad Charlottenbrunn und Waldenburg zeigen deutliche Spuren der industriellen Verschmutzung.

Die doppeltürmige **Dorfkirche** im Stadtteil *Erlenbusch/Olszyniec* wurde 1535 von evangelischen Bergleuten erbaut und 1540 erweitert. 1611 erhielt sie eine in 16 rechteckige Felder aufgeteilte Kassettendecke, die mit Spätrenaissancemustern verziert ist. Zwei Glocken stammen von 1599 und 1613.

Der Ort **Kynau/Zagórze Śląskie** liegt inmitten eines Erholungsgebiets, das seit langem von Wochenendtouristen aus Waldenburg, Schweidnitz und sogar Breslau bevorzugt wird, aber ebenso durch schädliche Umwelteinflüsse zunehmend gefährdet ist.

Am Ortsausgang von Kynau beginnt der Aufstieg zur **Kynsburg/Zamek Grodno.** Herzog Bolko I. von Schweidnitz (1291–1301 regierend) ließ die Burg errichten, um von hier aus die Handelsstraße nach Böhmen schützen zu können. Seither hat das Bauwerk bei einer Fülle von Besitzern verschiedene Umbauten erlebt, so im 16. Jh., als es zu einem Herrensitz im Renaissancestil umgestaltet wurde. Aus dieser Zeit stammt das Torhaus mit einer Sgraffitodekoration, die 1905 restauriert wurde. Weitere Umbauten erfolgten im 18. Jh. sowie zwischen 1907 und 1929. Nach Zerstörungen im Zweiten Weltkrieg wurde die Burg in den 60er Jahren wiederhergestellt. Wie vor dem Zweiten Weltkrieg beherbergt sie seither wieder ein kleines *Museum.*

Die Geschichte der beiden Industrieorte **Wüstewaltersdorf/Walim** und **Wüstegiersdorf/Głuszyca** ist eng mit der Entwicklung der Textilindustrie verbunden. Seit 1765 gab es in Wüstewaltersdorf Leinwandmärkte, 1843 wurde hier die erste Textilfabrik errichtet. Um 1900 wurde der Ort zu einem regionalen Zentrum der Baumwollverarbeitung. In Wüstegiersdorf hat man, nachdem hier schon vorher Leinenweberei existierte, 1838 die erste mechanische Baumwollweberei eingerichtet, 1862 kam eine Flachgarnspinnerei hinzu. Sehenswert ist in Wüstegiersdorf die katholische **Kirche St. Marien/Kościół Matki Boskiej,** 1742 als Kirche für die evangelischen Gläubigen errichtet, 1804–09 klassizistisch umgebaut. Im Stadtteil **Głuszyca-Górna/Ober-Wüstegiersdorf** steht noch das alte **Gasthaus ›Zum Hirsch‹/›Pod Jeleniem‹** von 1784. Die **St. Barbara-Kirche/Kościół Św. Barbary** in Wüstewaltersdorf stammt von 1548.

Reichenbach/Dzierżoniów, Peterswaldau/Pieszyce und **Langenbielau/Bielawa** bilden heute einen geschlossenen Siedlungsbereich. Der polnische Nachkriegsname von Reichenbach bezieht sich auf den bekannten Pfarrer und Bienenforscher Dr. Johannes Dzierżon. Schon im Mittelalter war die Stadt ein Zentrum der Tuchmacherei. Im 16. und 17. Jh. stellte man sich dann auf die Leinenherstellung um. Während im 18. Jh. die Weberei mehr und mehr in die umliegenden Dörfer wie eben Peterswaldau und Langenbielau verlagert wurde, entwickelte sich Reichenbach zum Sitz der Textilkaufleute, die Baumwolle einführten und in den Dörfern verspinnen ließen. Als die einheimische Baumwollspinnerei den steigenden

Reichenbach/Dzierżoniów, Torbogen an der Stadtmauer

Bedarf nicht mehr decken konnte, führten die Kaufleute englische, maschinell gefertigte Garne ein, was schließlich zum Niedergang der hiesigen Herstellung führte. Gerhart Hauptmann hat in seinem berühmten, 1891 uraufgeführten Drama die Not der Weber beschrieben, die zum Aufstand 1844 in Peterswaldau und Langenbielau führte. Die Umstellung auf Textilfabriken wurde eben besonders in diesen Dörfern vollzogen, während Reichenbach mehr zum administrativen Zentrum dieser Industrie wurde. Nach 1900 kamen dann Zellwollherstellung und auch eine Fabrik für Webstühle hinzu. Bis in die heutige Zeit ist die Stadt ein wichtiger Textilstandort.

Die Innenstadt von **Reichenbach** zeigt weiterhin den im Mittelalter begründeten, fast kreisrunden Grundriß. Große Teile der vermutlich Ende des 13. Jh. entstandenen *Stadtmauer* sind erhalten geblieben, ebenso der *Turm* des *alten Rathauses,* erneuert 1616 und später mit einer kupfernen Haube versehen, und auch die spätgotische *Tuchhalle/Sukien-*

nice. Das neue **Rathaus/Ratusz** in der Mitte des Rings, neben dem alten Rathausturm, wurde in den Jahren 1873–75 errichtet.

Südöstlich des Rings steht das Wahrzeichen der Stadt, die katholische **Stadtpfarrkirche St. Georg/Kościół Parafialny Św. Grzegorza,** ursprünglich aus dem 14. Jh., dann aber zwischen 1555 und 1612 zunächst spätgotisch, dann in Renaissanceformen ausgebaut (Erhöhung des Mittelschiffs, zweites Südschiff u. a.). Zur wertvollen Innenausstattung gehören eine holzgeschnitzte Kanzel von 1609 sowie der Hochaltar von 1615. Am Ring sind einige Fassaden alter Bürgerhäuser erhalten geblieben, so z. B. an der abgehenden ul. Krasińskiego (barock). Die ursprünglich evangelische Kirche, heute katholische **Pfarrkirche/Kościół Farny** in der ul. Świdnicka wurde 1795–98 nach Plänen von Carl Gotthard Langhans erbaut und nach einem Brand 1973 wiederhergestellt.

1840 gab es in **Peterswaldau** etwa 800 Woll-, Baumwoll-, Leinen- und andere Webstühle. Zentrum des Aufstands am 3. 6. 1844 war das Werk des Fabrikanten Zwanziger, der einen Arbeiter verhaften ließ, nachdem dieser ein traditionelles Weberlied gesungen hatte.

Das heute in **Langenbielau** arbeitende Textilunternehmen ›Bielawskie Zakłady Przemysłu Bawełnianego‹ geht ursprünglich zurück auf die 1805 gegründeten Dierig-Werke, die sich später zum größten Textilunternehmen in Schlesien entwickelten. 1900 richtete man in Langenbielau die Preußische Fachschule für Textilindustrie ein. 1930 waren hier zwei große Spinnereien, 30 Textilfabriken und 18 Färbereien in Betrieb. Der zweite wichtige Industriezweig ist heute die Elektroindustrie.

Nimptsch/Niemcza blieb im Zweiten Weltkrieg unzerstört. So ist die innere **Stadtmauer** aus der Zeit des Dreißigjährigen Krieges (1926–34 und noch einmal 1966 restauriert) erhalten geblieben. Weniger erfreulich ist das Schicksal anderer Baudenkmäler, denn das Renaissanceoktogon des Schlosses (1830 wieder aufgebaut) und auch die katholische Hedwigskirche wurden 1964 abgetragen, nachdem beide vorher schon weitgehend verfallen waren. Die barocke Innenausstattung der Kirche wird heute im Breslauer Nationalmuseum aufbewahrt. Den verbliebenen Teil des Schlosses hat man Anfang der 60er Jahre zu einer Fabrik umgebaut und dabei das Innere des zweistöckigen Gebäudes vollständig umgestaltet. Erhalten blieben dort nur einige Sgraffitoornamente an den Fassaden aus der Renaissancezeit und ein Barockportal von 1735. Die **Stadtpfarrkirche St. Peter und Paul/Kościół Parafialny Św. Piotra i Pawła,** ursprünglich von 1295, hatte man nach einem Brand 1853 im neoromanischen Stil wieder aufgebaut. Im Inneren sind drei Barockaltäre erhalten geblieben.

Faszinierend ist die Vor- und Frühgeschichte von Nimptsch. So führen die von polnischen und deutschen Forschern gleichermaßen bestätigten Siedlungsspuren bis ins 12. Jh. v. Chr. zurück. Angehörige der Lausitzer Kultur schufen zwischen 1000 und 800 v. Chr. die ersten Befestigungsanlagen. Silingische Sippen, die die Völkerwanderung nicht mitgemacht hatten, wählten im 4. Jh. n. Chr. den Platz als befestigtes Zentrum. Auf die im 6. Jh. erfolgte Ansiedlung geht der Ortsname zurück, denn die Silinger nannten die von ihnen noch angetroffenen Bewohner Nemci = Stumme. Seit 990 war der Ort polnischer Besitz und nahm im Kampf Polens und später Böhmens um Schlesien eine Schlüsselstellung ein. Seit 1155 ist Nimptsch als Mittelpunkt einer polnischen Kastellanei belegt. 1282 erfolgte neben dem

Gelände der alten polnischen Stadt eine deutschrechtliche Stadtgründung. Besonders Herzog Bolko II. von Schweidnitz betrachtete Nimptsch als strategischen Ort in der Auseinandersetzung mit König Johann von Böhmen. 1430 wurde Nimptsch von den Hussiten besetzt.

□ Eulengebirge/Góry Sowie · Neurode/Nowa Ruda · Wartha/Bardo Śląskie · Frankenstein/Ząbkowice Śląskie · Heinrichau/Henryków · Kamenz/Kamieniec Ząbkowicki

Das **Eulengebirge/Góry Sowie** verbindet das Waldenburger mit dem Glatzer Bergland. Zu den höchsten Erhebungen gehören die *Hohe Eule/Wielka Sowa* (1015 m), die *Sonnenkoppe/Słoneczna* (952 m), die *Ascherkoppe/Popelniak* (856 m), der *Otterstein/Bukowa Kalenica* (841 m) und der *Hohe Stein/Wysokie Skałki* (815 m). In den höheren Lagen des Eulengebirges finden sich fast nur Fichtenbestände, die Vorberge tragen auch noch Mischwälder. Gerade an den Nordhängen sind durch den Einfluß der Industriegebiete von Waldenburg und Reichenbach zum Teil irreparable Umweltschäden eingetreten, was auch die frühere Attraktivität des Eulengebirges als Touristen- und Freizeitzentrum inzwischen stark eingeschränkt hat. Auf dem Rücken des Zentralmassivs verläuft der Hauptwanderweg, der an verschiedenen Stellen, etwa vom Felsen des Ottersteins, den Blick auf die Ebene freigibt.

Schon in den früheren Jahrhunderten reichten Landwirtschaft und Forstwirtschaft nur für ein karges Leben der Menschen insbesondere in den Dörfern auf der Südseite des Eulengebirges. Auch die Weberei änderte wenig an diesem Zustand. Erst das Aufkommen des Fremdenverkehrs um die Jahrhundertwende schuf eine bessere Einkommensbasis. Ein Teil der Dörfer in den Bergen wurde durch die Eulengebirgsbahn an das Eisenbahnnetz angeschlossen. In den Wintermonaten entwickelte sich der Skibetrieb vor allem durch die Besucher aus Breslau.

Neurode/Nowa Ruda macht heute den düsteren Eindruck einer von Industriebelastungen schwer gezeichneten Stadt, der Kohlestaub hat die meisten Häuser grau und schmutzig werden lassen. Am ehesten das **Rathaus/Ratusz** auf dem Ring, ein Jugendstilbau von 1894, zeigt noch etwas Farbe. Das **Schloß/Zamek,** zuletzt 1796 aus- und umgebaut, dient schon seit der Jahrhundertwende als Verwaltungsbau. In gutem Zustand ist die **Stadtpfarrkirche St. Nikolaus/Kościół Parafialny Św. Mikołaja,** nach dem Brand von 1884 in den Folgejahren im neugotischen Stil erbaut. Ältestes Bauwerk ist die Anfang des 16. Jh. errichtete kleine **Kirche Mariä Himmelfahrt/Kościół Wniebowzięcie Matki Boskiej,** die ebenfalls sorgfältige Pflege verrät. Die 1868 gebaute evangelische Kirche dient heute als Lagerhaus.

In **Schlegel/Słupiec** arbeitet seit 1970 das größte und modernste Kohlebergwerk Niederschlesiens. Anfang der 60er Jahre hatte man mit dem Ausbau der vorhandenen Schachtanlage begonnen, nachdem neue Kohlevorkommen entdeckt worden waren. Die Kohleförderung hat Tradition in Schlegel, für 1641 ist der erste Schacht belegt. Heute ist Schlegel eine große Arbeitersiedlung, die seit 1973 zur Gemeinde Nowa Ruda gehört. Von hier aus lohnt die

Auffahrt auf den nordwestlich gelegenen **Allerheiligenberg/Góra Wszystkich Św.**, von dem sich ein schöner Blick auf das Eulengebirge, das Reichensteiner Gebirge und bei sehr gutem Wetter sogar bis zum Anna-Berg (s. S. 283) bietet. Das 1685 erbaute **Schloß/Zamek** existiert seit dem Zweiten Weltkrieg nur noch als Ruine.

In der **Pfarrkirche St. Peter und Paul/Kościół Farny Św. Piotra i Pawła** von **Eckersdorf/Bożków,** etwas abseits der Hauptstraße nach Glatz/Kłodzko, finden wir eine barocke Schiffskanzel. Sie versinnbildlicht den in der Heiligen Schrift beschriebenen Fischfang des hl. Petrus, am Segel ist das Wappen der Stifter – der damalige Gutsbesitzer von Eckersdorf, Johann Joseph Leonard von Götzen und seine Gattin Katharina von Bredow – angebracht. Die von dem Bildhauer Ludwig Wilhelm Jaschke gestaltete Kanzel stammt aus den 60er Jahren des 18. Jh.

Bis heute ist **Wartha/Bardo** an der **Glatzer Neiße/Nysa Kłodzka** ein vielbesuchter Wallfahrtsort. Die große **Wallfahrtskirche** mit der zweitürmigen Front überragt den kleinen, inmitten bewaldeter Bergrücken gelegenen Ort; sie entstand in den Jahren 1686 bis 1704 unter Leitung des Architekten Michael Klein. Eigentliches Ziel der Wallfahrer ist eine 42 cm hohe romanische, schon im Mittelalter verehrte Skulptur, die die hl. Maria mit Christuskind zeigt. Der Hochaltar enthält das 1705 von Michael Willmann geschaffene Gemälde der Heimsuchung Mariä. Bemerkenswert auch die Barockkanzel von 1696 und das Orgelwerk

Blick auf den Marktplatz von Frankenstein/Ząbkowice Śląskie. Aufnahme vor 1945

mit einem Rokokoprospekt aus dem Jahre 1759. Seit 1900 werden die Wallfahrer durch die Redemptoristen betreut. 1980 hat man die Kirche innen und außen sorgfältig restauriert.

Das *Kloster* auf einem Hügel über dem Städtchen wurde in den 30er Jahren als Noviziat der Breslauer Marienschwestern erbaut und dient heute als Kinderheim. Die steinerne *Neißebrücke* stammt aus dem 15. Jh.

Wahrzeichen von **Frankenstein/Ząbkowice Śląskie** ist der Glockenturm der **Stadtpfarrkirche St. Anna/Kościół Parafialny Św. Anny,** der seit Erdsenkungen Ende des 16. Jh. ›Schiefer Turm‹ genannt wird. Nach einem Brand 1858 sollte der Turm eigentlich abgerissen werden, was aber auf den Widerstand der katholischen Kirchengemeinde stieß. So hat man auf den bestehenden Turm einen weiteren Bauabschnitt aufgesetzt, wodurch das ganze Bauwerk jetzt einen merkwürdig wirkenden Knick hat. Der Bau der Annakirche begann 1415, 1450 hat man sie zur gotischen Hallenkirche erweitert und 1547–60 noch einmal umgebaut.

Bis heute ist eine ganz ansehnliche Ruine des 1532 erbauten und 1646 im Dreißigjährigen Krieg gesprengten *Schlosses/Zamek* erhalten geblieben. Ebenso einige Fragmente der mittelalterlichen *Stadtmauer.* Das älteste Rathaus von Frankenstein stammte von 1345; der Neubau von 1534 brannte 1858 ab, das heutige *Rathaus/Ratusz* entstand 1862–64.

35 km südlich von Breslau auf dem Weg über Strehlen/Strzelin liegt das berühmte **Kloster/Klasztor** von **Heinrichau/Henryków** (Farbabb. 20). In der Ortsmitte führt von der Durchgangsstraße eine schmale, gepflasterte und auf beiden Seiten von Mauern begrenzte Zufahrt zum Kloster.

Aufgrund einer Stiftung durch Heinrich I. von Schlesien war hier, aus Leubus/Lubiąz kommend, 1227 der erste Zisterzienserkonvent eingezogen. Ein Jahr später wurde die erste Kirche geweiht, stellte man ein grundlegendes Stiftungsprivileg aus. Schon im 13. Jh. hatte das Kloster mit erheblichen Schwierigkeiten zu kämpfen, besondere Rückschläge brachten im 15. Jh. die Hussitenkriege und später der Dreißigjährige Krieg. Die erste wirkliche Blütezeit erlebte die Zisterze erst in der zweiten Hälfte des 17. Jh. 1810 erfolgte die vollständige Aufhebung des Klosters, die Stiftskirche wurde in eine katholische Pfarrkirche umgewandelt.

Heute werden Pfarrkirche und Klostergebäude von Franziskanern betreut. Im Kloster befand sich bis 1990 eine landwirtschaftliche Fachschule, heute beherbergt es das ›Bischöfliche höhere geistliche Seminar Breslaus mit Sitz in Heinrichau‹/›Metropolitalne Wyższe Seminarium Duchowne we Wrocławiu z Siedziba w Henrykowie‹.

Die gotische *Klosterkirche* ist der älteste erhaltene Zisterzienserbau Schlesiens (Chor 13. Jh., Langhaus 14. Jh., Turm 1608). Mit der Barockisierung der gesamten Klosteranlage in den Jahren 1682 bis 1698 zur Amtszeit des Abts Heinrich III. Kahlert erhielt die Kirchenfront einen barocken Westgiebel und einen überkuppelten Vorbau, dem Turm wurde eine barocke Haube aufgesetzt.

Den Gesamtentwurf lieferte der Baumeister Matthias Kirchberger, in dessen Werkstatt Bauhandwerker und Stukkateure aus Oberbayern arbeiteten. Kirchberger leitete auch die

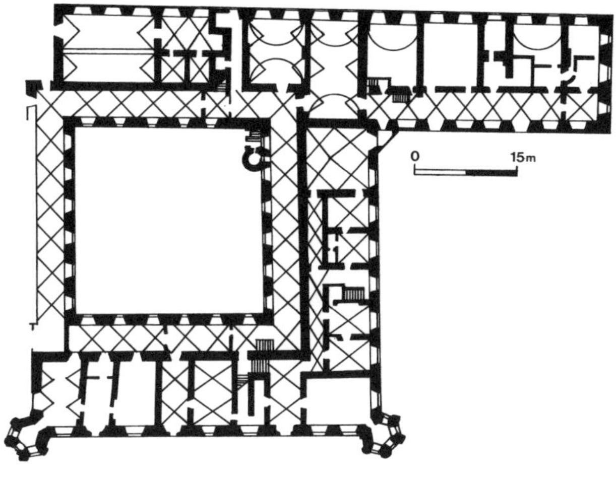

Heinrichau/Henryków, Kloster, Grundriß (K. Kalinowski, Barock in Schlesien, 1990)

Bauarbeiten. Das Kloster, in dieser Zeit anstelle einer älteren Anlage errichtet, wird an den Ecken von schlanken Türmen flankiert; neben den barocken Bauformen lassen sich auch jene für das süddeutsche Bauwesen typischen Spätrenaissanceanklänge finden, etwa zweiteilige Fenster mit dreieckigen oder bogenförmigen Blendgiebelverdachungen. Alpenländischen Vorbildern nachempfunden sind auch der Putz und die Farbgebung der Fassaden: Wandflächen des Erdgeschosses in rot, in den oberen Geschossen in gelb, architektonische Gliederung in weiß. Seit der letzten Restaurierung haben sich diese Farben am ehesten an der Vorder- und Seitenfront erhalten, die Gartenfront sieht inzwischen weniger erfreulich aus.

Auch das Innere der mittelalterlichen Klosterkirche erfuhr eine umfassende Barockisierung: Pilaster wurden angebracht ebenso wie rundbogige Arkaden. Der Hauptaltar stammt aus den Jahren 1682–84, das Altarbild schuf Michael Willmann, die Heiligenfiguren sind ein Werk von Matthias Steinl. Auch das Renaissancechorgestühl von 1576 wurde umgestaltet: Nach 1700 hat man an die zwei Reihen des Gestühls die Logen des Abtes und des Priors angefügt, die zum Altar gerichtet sind, sowie eine plastische Dekoration über dem Dorsale. 1709 schließlich wurden acht freistehende Figuren von Päpsten, Kardinälen, Bischöfen und Äbten aufgestellt. Die Plastiken, ein Werk des anonymen ›Meisters von Heinrichau‹, sind nicht mit der ursprünglichen Komposition des Gestühls verbunden. Die Reliefs an den Lehnen des Gestühls mit Szenen aus dem Leben Christi sind gefertigt nach Stichen der sog. ›Grüssauer Passion‹, deren Vorlagen ebenfalls Michael Willmann geschaffen hatte. Der Rokoko-Orgelprospekt stammt aus den 60er Jahren des 18. Jh. Skulpturen in der Sakristei vom Anfang des 18. Jh. demonstrieren ebenso die expressive Strömung in der schlesischen Barockplastik. – Das weitläufige Parkgelände hinter dem Kloster ist seit Jahren verwildert.

Der Name von **Münsterberg/Ziębice** geht zurück einerseits auf den alten slawischen Ort ›Sambice‹, andererseits auf das deutsche ›Munsterberch‹. Das ›Münster auf dem Berge‹, die heutige Stadtpfarrkirche St. Georg, war von 1282 an Kern des Stadtwappens.

Kommt man aus Richtung Heinrichau, dann bietet die Silhouette von Münsterberg ein eindrucksvolles Bild. Das beginnt im Osten mit der früheren **evangelischen Kirche,** 1796/97 auf den Grundmauern des alten herzoglichen Schlosses erbaut, nach dem Vorbild typischer Werke von Carl Gotthard Langhans. Vor dem rechteckigen Bau, der heute als Gymnastiksaal genutzt wird, ein Rundturm. Dem schließt sich an die **Stadtpfarrkirche St. Georg/ Kościół Parafialny Św. Grzegorza,** deren älteste Bauelemente der Glockenturm und das zweischiffige Langhaus sind (1265–75). 1484 wurde anstelle des romanischen ein spätgotischer Chor angebaut. Zu den Kunstwerken im Kircheninneren gehören: ein Sakramentshäuschen aus dem 15. Jh., die Kanzel von 1595, der barocke Hochaltar aus dem Jahre 1705, schließlich die Seitenaltäre ›Dreifaltigkeit‹ und ›Kreuzigung‹ von 1740. Weiter sehen wir die Spitze des Rathausturms. Das **Rathaus/Ratusz** ist ein Jugendstilbau aus den Jahren 1888–91, in das der Turm des vorangegangenen Bauwerks (14./15. Jh.) einbezogen wurde. Schließlich der Turm der **Kirche St. Peter und Paul/Kościół Św. Piotra i Pawła,** ein barockes Bauwerk aus den Jahren 1726–30, am Westrand der Altstadt gelegen.

Bereits 1210 richteten die Augustiner in **Kamenz/Kamieniec Ząbkowicki** eine Propstei ein, 1246 wurde dieses Kloster durch Zisterzienser aus Leubus übernommen. In der ersten Hälfte des 14. Jh. entstand ein neues Kloster sowie die gotische Abteikirche. Vom **Kloster/ Klasztor,** das 1682–85 noch einmal in barocken Formen umgebaut wurde, steht heute nur noch der sogenannte Prälatenflügel. Die **Kirche** (heute Pfarrkirche/Kościół Farny) dagegen blieb, einschließlich der barocken Veränderungen von 1700, erhalten. Zu diesen Barockelementen gehören neue Giebelfronten, ein Vorbau am Eingang und vor allem die Innenausstattung, die von den Werkstätten der drei Bildhauer Christoph Königer, Thomas Weissfeldt und Anton Jörg gestaltet wurde. Der Hauptaltar, 1704/05, nach einem Entwurf von Michael Willmann, gefertigt durch Christoph Königer. Der polnische Kunsthistoriker Konstanty Kalinowski schreibt zu den 14 Nothelferfiguren vor den Arkadenpfeilern: »Diese Figuren von Thomas Weissfeldt 1709–11 gehören zu den Hauptwerken der expressiven Strömung in der schlesischen Barockplastik des 18. Jahrhunderts. Besonders schön sind zwar die Figuren der hl. Eustachius, Isidor, Katharina und Margarethe; am ausdrucksstärksten aber die eines anonymen Gesellen von Weissfeldt: hl. Erasmus, Blasius, Barbara und Pantaleon. Alle Figuren hatten ursprünglich eine blau-graue Fassung, die schlesischen Marmor imitierte. Die Figuren der hl. Anna und Joachim 1710 von Christoph Königer, zeitgleich mit den Werken Weissfeldts entstanden, zeigen deutlich die gegenseitige Beeinflussung beider Meister.«

Das **Schloß/Zamek** (Farbabb. 19) auf dem Berg oberhalb von Kirche und Kloster wurde in den Jahren 1838–63 für Prinz Albrecht von Preußen, einen Bruder Friedrich Wilhelms IV., erbaut und nach dessen Scheidung seiner ehemaligen Gemahlin Prinzessin Friederike Louise Wilhelmine, der späteren Königin der Niederlande, überlassen. Es war eines der letzten Werke von Karl Friedrich Schinkel, die Bauleitung übernahm Ferdinand Martius (1811–1889). Der riesige, rote Backsteinbau knüpfte in seinen Detailformen an Burgen des Mittelalters an. Vier kräftige Türme an den Ecken halten vier Flügel um einen rechteckigen

Hof zusammen, der durch einen zweistöckigen Verbindungsgang in zwei Hälften geteilt wird. Anlage und Äußeres des Schlosses, das sich heute weitgehend in ruinösem Zustand befindet, sind von strenger Regelmäßigkeit. 1946 wurde es in Brand gesteckt. Seit 1987 bemüht sich ein britischer Staatsbürger polnischer Herkunft um einen Wiederaufbau. Der unterhalb des Schlosses angelegte große Landschaftsgarten mit Wasserspielen und Laubengängen ist völlig verfallen.

□ Glatzer Bergland/Kotlina Kłodzka · Glatz/Kłodzko · Albendorf/Wambierzyce · Habelschwerdt/Bysztrzyca Kłodzka

Das **Glatzer Bergland/Kotlina Kłodzka** hat die Form eines auf der Spitze stehenden Rechtecks und ragt als solches tief in böhmisches und mährisches Gebiet hinein. Verschiedene Gebirgszüge umgeben dieses Gebiet; im Uhrzeigersinn sind dies das *Reichensteiner Gebirge/Góry Słote* im Nordosten, das *Glatzer Schneegebirge/Śnieżnik Kłodzki* im Südosten, der *Habelschwerdter Kamm/Góry Bystrzyckie* und das *Adlergebirge/Góry Orlickie* im Südwesten sowie das *Heuscheuergebirge/Góry Stołowie* und das *Eulengebirge/Góry Sowie* im Nordwesten.

Traditionell bestimmen Forstwirtschaft, Ackerbau und Viehzucht das wirtschaftliche Geschehen in dieser Region, nach und nach kamen die Glas- und Holzindustrie, Zement- und Textilfabriken sowie die Steinmetzarbeit hinzu. Seit dem 19. Jh. hat sich auch der Fremdenverkehr entwickelt, zu dessen Attraktion vor allem Luftkurorte und Heilbäder wie Bad Kudowa/Kudowa Zdrój, Bad Reinerz/Duszniki Zdrój, Bad Altheide/Polanica Zdrój und Bad Landeck/Lądek Zdrój geworden sind.

Politisch erlitt das Glatzer Bergland in besonderer Weise das Schicksal Schlesiens, indem es immer wieder zwischen die Fronten geriet. Als Gründer der Stadt Glatz/Kłodzko wird allgemein der böhmische Fürst Slavnik (gest. 981) genannt, um 1000 war das Gebiet zwischen Böhmen und Polen umkämpft. König Ottokar II. von Böhmen (gest. 1278) rief deutsche Einwanderer in das bis dato dünn besiedelte Land. 1534 kaufte der Habsburger Ferdinand I., König von Böhmen, die Grafschaft Glatz, die rechtlich fortan Prag unterstand. Nach dem Ersten Schlesischen Krieg ging die Grafschaft 1742 an Preußen. Im Anschluß an die Vertreibung der Deutschen 1945/46 ließen sich polnische Umsiedler aus Galizien hier nieder. Bis heute haben sich im Glatzer Bergland auch tschechische Sprachinseln erhalten.

Infolge seiner exponierten geographischen Lage hatte **Glatz/Kłodzko,** heute eine Stadt von 30 000 Einwohnern, historisch gesehen hauptsächlich politische und militärische, auch kulturelle, weniger aber wirtschaftliche Bedeutung: Glatz war vor allem Festungsstadt. Schon vor dem Jahre 1000 besaß der böhmische Fürst Slavnik hier eine gegen Polen gerichtete Grenzfestung namens ›Cladsko‹. Unter König Ottokar II. wurde im 13. Jh. eine gotische Burg zum Schutz der Stadt erbaut, die nach dem Dreißigjährigen Krieg noch einmal erheblich erweitert und verstärkt wurde. Friedrich der Große ließ die Festung nach 1742

Die Altstadt von Glatz/Kłodzko wird von der Festung überragt. Aufnahme vor 1945

zusätzlich ausbauen; erst ab 1866 wurde sie bedeutungslos, 1877 wurde dann ihre militärische Funktion aufgehoben.

Religionsgeschichtlich spielte Glatz auch für die Reformation eine wichtige Rolle. Den Jesuiten, die schon 1595 in die Stadt gekommen waren, gelang es erst nach 1655, eine rege Tätigkeit zu entfalten, die lutherische Lehre zurückzudrängen und die Rekatholisierung der Bevölkerung einzuleiten.

Wirtschaftlich gehen die wichtigen Anfänge ins 14. Jh. zurück, als Tuchmacherei und Leinenweberei in Glatz mehr und mehr an Bedeutung gewannen. Die Beauftragten Friedrichs des Großen bemühten sich dann Mitte des 18. Jh., also lange nach den katastrophalen Folgen des Dreißigjährigen Krieges, durch die Förderung der Glas- und anderer Industriezweige neue Impulse zu geben. Im 19. Jh. wurde die Stadt auch zum Ausgangspunkt für den Fremdenverkehr im ganzen Bergland und den umgebenden Gebirgen. Metall-, Holz- und Textilindustrie sorgen heute durch Verschmutzung der Umwelt für Schwierigkeiten, die dem Tourismus zu schaffen machen.

Das jetzige **Rathaus/Ratusz** von Glatz hat man 1887–90 im Jugendstil errichtet. Der hohe Rathausturm von 1654, der die Häuser der Innenstadt weit überragt und so ihre Silhouette prägt, ist dabei mit einbezogen worden. Turmspitze und der charakteristische Umgang im oberen Drittel sind ein Werk der Spätrenaissance. Die **Mariensäule/Kolumna**

Matki Boskiej auf der Westseite des Rings stammt aus dem Jahre 1682 (zum Gedenken an eine verheerende Pestepidemie), der **Löwenbrunnen/Fontanna Lwu** von 1700. Am Ring und in den angrenzenden Straßen sind einzelne Bürgerhäuser aus Renaissance, Barock und Klassizismus erhalten geblieben.

Der Bau der gotischen **Mariä-Himmelfahrtskirche/Kościół Wniebowzięcie Matki Boskiej** an der Schwedeldorfer Straße, heute ul. Armii Czerwonej, begann im 14. Jh. und wurde 1430 vollendet. Nach Übernahme der Kirche durch die Jesuiten 1624 erfolgte in den Jahren 1660–70 eine weitgehende Barockisierung, wobei die gotische Struktur der Kirche unverändert blieb. Die Bauarbeiten wurden unter Leitung der Baumeister Francesco Canavale und Andrea Carove durchgeführt, die Stuckdekorationen sind ein Werk von Geronimo Fatchone und dessen Mitarbeitern. Die Ausstattung stammt aus den 20er Jahren des 18. Jh. Der Hauptaltar (1727–29) wurde ausgeführt nach einem Entwurf des Jesuiten Christoph Tausch, die Skulpturen stammen von Johann Albrecht Siegwitz, die Marmorisierung von Johann Anton Schatzel. Ein herausragendes Werk sind die Beichtstühle (1720), die zusammen mit der Kanzel (1717) und dem Orgelprospekt (1722–24) von Michael Klahr geschaffen wurden. Mit ihren für den Spätbarock typischen reichen plastischen Formen nehmen sie jeweils die ganze westliche Partie der Seitenschiffe ein. Die Malereien an den Wänden des Hauptschiffs (1693) schuf Karl Dankwart.

Da das Entwässerungssystem der unterirdischen Gänge, die zwischen der Stadt und der Festung existierten, sehr schlecht funktionierte, begannen Häuser der Altstadt nach dem Zweiten Weltkrieg mehr und mehr abzusinken. Ein Teil der Gebäude mußte deshalb in den Nachkriegsjahren abgerissen werden. Spezialisten der Bergbauakademie in Krakau übernahmen dann in den 60er Jahren die Leitung der Sicherungsarbeiten, wobei wesentliche Abschnitte des unterirdischen Systems verfüllt und gleichzeitig die Fundamente der zu erhaltenden Gebäude verstärkt wurden. Erhalten blieb ein über 600 m langer *Gang*, der seit 1966 als *›Touristenroute der Tausendjahrfeier des Polnischen Staates‹/›Trasa Turystyczna Tysiąclecia Państwa Polskiego‹* fungiert.

In der **Festung** selbst gibt es verschiedene Besichtigungsrouten durch Kasematten und Bastionen, insbesondere auch Führung durch das ›Labyrinth‹, ein System unterirdischer Gänge. Von der ›Hohen Bastion‹ bietet sich ein schöner Rundblick auf die Stadt und das Glatzer Bergland.

Zwischen Neiße/Nysa Kłodzka und Mühlengraben/Młynowka steht die barocke **Minoritenkirche/Kościół Bracia Mniejsi** (Farbabb. 21) aus den Jahren 1699–1722. Von der Kirche führt die **Brücktorbrücke/Most Gotycki,** errichtet 1390, über den Mühlengraben in die Altstadt.

Der Marienkult in **Albendorf/Wambierzyce,** nordwestlich von Glatz, geht zurück bis ins Jahr 1218 und ist verbunden mit der Legende von der Heilung eines Blinden beim Gebet vor einer Figur der Maria mit dem Jesuskind, die man an einer Linde angebracht hatte. Ein später im 14. Jh. geschaffenes Gnadenbild ist bis heute erhalten geblieben. Bereits 1263 wurde die erste *Wallfahrtskirche* geweiht. Daniel Paschasius von Osterberg, in dessen Besitz Albendorf 1677 kam, war bemüht, hier ein »Jerusalem in deutschem Land« zu schaffen, indem er um 1700 zahlreiche Kalvarienkapellen errichten ließ. Er stiftete auch eine neue Wallfahrtskirche (1710 geweiht), die aber ein Jahr später wegen baulicher Fehler schon wieder abgerissen werden mußte. 1715 ließ der neue Besitzer, Graf Franz Anton von Götz, den Wiederaufbau beginnen, wobei die dreischiffige Anlage zum Zentralbau umgestaltet wurde, die Fassade in ihrer ursprünglichen Form aber erhalten blieb. 1720 weihte man dieses Gotteshaus. Die monumentale Treppe mit den 33 Stufen (Alter Christi) errichtete man 1724. Die barocke Ausstattung mit dem Hauptaltar (1720), der Kanzel (1723), den Altären des hl. Johannes von Nepomuk und des hl. Antonius (1733) sowie den Figuren der Kirchenväter schuf der Glatzer Bildhauer Karl Sebastian Flacker. Das Gotteshaus, das den Namen Kirche der **Heimsuchung Mariä/Kościół Nawiedzewia Marii** trägt, wurde zwischen 1972 und 1980 restauriert. Jesuiten betreuen den Wallfahrtsort.

Wünschelburg/Radków (3000 E.), am Nordrand des **Heuscheuer Gebirges/Góry Stołowy** nahe der Grenze zur Tschechoslowakei, lebt bis heute von der um 1900 begründeten Sandsteinindustrie. Damals wurden die ersten Steinbrüche angelegt, baute man auch das bis dato in Europa größte Steinsägewerk, das sogar als Zulieferer für den Bau des Berliner Reichstagsgebäudes fungierte. Das **Rathaus/Ratusz** der Stadt (1609) wurde nach Zerstörungen 1738 wieder aufgebaut. Auf dem Ring steht eine **Mariensäule/Kolumna Matki Boskiej** zur Erinnerung an die Pest von 1680. Die kath. **Pfarrkirche St. Dorotheen/Kościół Farny Św. Doroty,** 1571–80 gebaut, diente ursprünglich den evangelischen Gläubigen.

Die höchste Erhebung des Heuscheuer Gebirges, die ›**Große Heuscheuer**‹/›**Szczeliniec Wielki**‹, erinnert tatsächlich an ein Scheunendach oder einen Heuschober, der aus einer Ebene herausragt, und so ist der Name im Volksmund wohl auch entstanden. Geologisch bestimmt Sandstein das Gebirge; Verwitterungsprozesse haben in erdgeschichtlicher Zeit Felsenlabyrinthe und bizarre Gesteinsbildungen geschaffen. Der polnische Name ›Szczeliniec Wielki‹ bedeutet auch soviel wie ›Große Spalte‹. Das Gebiet um die Große Heuscheuer ist seit 1982 Naturschutzgebiet (Stołowogórski Park Krajobrazowy), vorgeschriebene Wanderwege sind ausgeschildert. Von der höchsten Felsplatte bietet sich eine umfassende Sicht auf das Glatzer Bergland und die dazugehörenden Gebirge.

Schon um 1870 war **Bad Kudowa/Kudowa Zdrój,** im Westen des Glatzer Berglands gelegen, Deutschlands berühmtester Kurort für Herzleidende. Fünf kohlensäurehaltige Heilquellen begründeten den Ruf des Ortes. Auch heute gehören zum Kurbetrieb Bade- und Trinkkuren sowie medizinische Behandlungen nach traditionellen und nach Naturheilkundeverfahren. Im 15 ha großen *Kurpark* mit subtropischen Pflanzen steht gegenüber der Trinkhalle das 1772 errichtete **Schlößchen/Zameczek,** in dem heute ein Forschungs- und Rehabilitationszentrum untergebracht ist. Ältestes Bauwerk des Ortes ist die barocke **St. Katharinen-Kirche/Kościół Św. Katarzyny** von 1679, hundert Jahre später noch einmal umgebaut. – In dem unweit gelegenen Dorf **Tscherbeney/Czermna** findet sich die sog. *Schädelkapelle* mit Gebeinen von gefallenen Soldaten des Siebenjährigen Krieges, 1776 errichtet.

Berühmt ist die originelle Kanzel in der **Pfarrkirche St. Peter und Paul/Kościół Farny Św. Piotra i Pawła** von **Bad Reinerz/Duszniki Zdrój,** ein Werk des Glatzer Bildhauers Michael Kössler von 1720–22. Das geöffnete Maul des Wals aus der biblischen Erzählung über Jonas bildet Korb und Baldachin der Kanzel. Über dem Baldachin findet sich eine zusätzliche Bekrönung, die aus Fontänen besteht, die aus den Nüstern des Wals ausgestoßen werden, sowie aus Akanthusranken und Wolken, vor deren Hintergrund die Vision Hesekiels erscheint. An der Spitze steht eine Gestalt Christi, aus dessen Wunden Blut in einen Kelch tropft. Prediger, die auf dieser Kanzel stehen, sollten so mit dem biblischen Jonas identifiziert werden. Die Kirche selbst mit dem wuchtigen mittelalterlichen Turm wurde Ende des 16. Jh. errichtet und 1708–20 im Stile des Barock umgestaltet.

Das **Rathaus/Ratusz** am Ring stammt von 1844, auch einige Bürgerhäuser aus der Renaissance- und Barockzeit sind erhalten geblieben. Die schöne **Mariensäule/Kolumna Matki Boskiej** wurde 1725 aufgestellt. Im Gebäude der alten **Papiermühle** von 1605 am Stadtausgang Richtung Glatz befindet sich heute ein Museum zur Geschichte der Papierherstellung. Die erste Papiermühle des Ortes wird 1562 urkundlich erwähnt.

Abtendorf/Wambierzyce mit Heuscheuer Gebirge. Vor 1945

Die erste Heilquelle wiederum, die sogenannte ›Kalte Quelle‹, ist für 1408 nachgewiesen, wurde aber erst unter Friedrich dem Großen in Gebrauch genommen. Um 1800 hat man die erste Kuranstalt eingerichtet. 1872 fand in Bad Reinerz der Erste Schlesische Bädertag statt, aus dem sich der Schlesische und später der Deutsche Bäderverband entwickelten. 1826 gab Frédéric Chopin sein erstes öffentliches Konzert im alten Kurtheater, das heute als *Chopin-Haus* fungiert. 1897 hat man im Kurpark ein *Chopin-Denkmal* aufgestellt. Seit 1946 finden alljährlich Chopin-Festivals statt. Die Kur- und Heiltradition von Bad Reinerz wird nicht zuletzt durch vier wissenschaftliche Forschungszentren fortgeführt, die hier in Zusammenarbeit mit den Medizinischen Akademien in Breslau und Lodz betrieben werden.

In **Bad Altheide/Polanica Zdrój** begann der breit angelegte Kurbetrieb erst um 1900. Bis heute werden auch hier die kohlensäurehaltigen Quellen zur Heilung genutzt. Die traditionsreiche Kristallglashütte ist der wichtigste Industriebetrieb von Bad Altheide.

Die schlichte gotische **Pfarrkirche/Kościół Farny** in **Eisersdorf/Żelasno** (14. Jh.) ist von einer Mitte des 18. Jh. erbauten Mauer umgeben, an die eine mit hölzernen Säulen, Balustraden und mit einem Schindeldach versehene Galerie angebaut ist, die zahlreiche Grabsteine enthält.

Die Pfarrkirche **St. Maria Magdalena/Kościół Farny Św. Marii Magdaleny** von **Grafenort/Gorzanów** steht ganz malerisch auf einem Hügel, umgeben von einer Wehrmauer mit

Toren. Das ursprünglich gotische Bauwerk, 1384 erstmals erwähnt, wurde 1658 durch das Versetzen einer Fassade und die Vereinheitlichung der Außenwände durch Pilastergliederung barockisiert. Im Inneren hat man das Kreuzrippengewölbe des Chores durch eine reiche Stuckdekoration verkleidet: Blumengirlanden, Kartuschen u. a. Die Stuckarbeiten stammen wahrscheinlich von Domenico Rossi, Andrea Galli und Andrea Cyrus, der Hauptaltar ist ein Werk von Michael Klahr, die Bauarbeiten wurden von Carlo Lurago geleitet. In den 70er Jahren erfolgte eine gründliche Restaurierung der Kirche, wobei man einige Stuckformen veränderte.

Das *Schloß* von Grafenort, eine Renaissanceanlage aus den Jahren 1653–58, wird gegenwärtig nicht genutzt und ist dem Verfall preisgegeben; Fenster- und Türöffnungen hat man zugemauert.

Mit den zusammengedrängten Häusern und den Resten der Stadtmauer bietet **Habelschwerdt/Bystrzyca Kłodzka** das Bild der mittelalterlichen Stadt, aus der verschiedene Türme herausragen. So der Turm des **Rathauses/Ratusz,** das als Renaissancebauwerk im

Blick auf Habelschwerdt/Bystrzyca Kłodzka

16. Jh. errichtet und dann nach Zerstörungen 1852–54 von Grund auf erneuert wurde. Desgleichen der Turm der **Stadtpfarrkirche St. Michael/Kościół Parafialny Św. Michała,** eine gotische Hallenkirche aus dem 14. Jh., die nach Bränden 1475 und 1753 erneuert und 1914 noch einmal umgebaut wurde. Im Kircheninneren steht ein Renaissancetaufbecken von 1577. Schließlich der heutige **Wasserturm/Wieża Wodna,** der ursprünglich Stadtbergturm genannt wurde. Außerdem der Glockenturm der früheren, 1821–23 erbauten evang. **Kirche,** in der heute ein *Zündholzmuseum/Muzeum Filumenistyczne* untergebracht ist. Von der alten Stadtbefestigung ist auch das **Glatzer Tor/Brama Kłodzka** erhalten geblieben.

Kunsthistorisches Schmuckstück von Habelschwerdt ist die **Dreifaltigkeitssäule/ Kolumna Sw. Trójcy** auf dem Markt/Rynek, 1736 aufgestellt als Stiftung zweier Komman-

Bad Landeck/Lądek Zdrój, Barockhäuser am Markt

danten der örtlichen Zollkammer, Kaspar Rudolf Kelinwächter und Franz Tischbauer, geschaffen von Anton Jörg, dem langjährigen Bildhauer des Zisterzienserklosters in Kamenz. Auf dreieckigem Grundriß mit zahlreichen Figuren gestaltet, gehört sie zu den größten und reichhaltigsten Dreifaltigkeitssäulen in ganz Schlesien.

Im äußersten Süden des Glatzer Berglandes liegt **Mittelwalde/Międzylesie.** Das dortige **Schloß/Zamek** am Markt/Rynek, 1580 erbaut, bedarf dringend der Restaurierung; bemerkenswert ein Renaissanceportal mit dem Wappen der Adelsfamilie von Althann. Unweit steht die ursprünglich gotische, 1643 dann im barocken Stil umgebaute katholische **Pfarrkirche/Kościół Farny.** Am Markt sind die meisten der niedrigen Bürgerhäuser erhalten geblieben. In einer Grünanlage steht die **Mariensäule/Kolumna Matki Boskiej** von 1698.

Höchste Erhebung des Glatzer Schneegebirges ist der **Schneeberg/Śnieżnik** mit 1425 m. Südlich davon, schon auf böhmischem Gebiet, liegt die sog. *Trojmarski Wierch,* eine Wasserscheide zwischen drei Meeren: von hier aus fließen die Wasser der Glatzer Neiße/Nysa Kłodzka über die Oder zur Ostsee, die der Leiße/Lipka über die Adler/Ticha Orlice und die Elbe zur Nordsee, sowie die der March über die Donau ins Schwarze Meer. Auch im Glatzer Schneegebirge gibt es eine ganze Reihe ausgeschilderter schöner Wanderwege.

Auch am Markt/Rynek von **Bad Landeck/Lądek Zdrój** erhebt sich eine jener für Schlesien so typischen **Mariensäulen/Kolumna Matki Boskiej,** 1739–41 von Michael Klahr gestaltet. Die Bogengänge der nördlichen Häuserreihe des Marktes und die gesamte westliche Marktseite sind von der ursprünglichen barocken Bebauung aus dem 18. Jh. erhalten geblieben. Haus Nr. 1, dessen Giebel die Figur einer Muttergottes aus Stuck schmückt, gehörte 1724–42 Michael Klahr. Nahe dem Markt finden wir die alte **Johannisbrücke/Most Św. Jana** von 1565 mit einem Standbild des hl. Nepomuk von 1783. Die barocke **Pfarrkirche/Kościół Farny** wurde in den Jahren 1692–1742 gebaut, Hauptaltar und Kanzel sind ein Werk von Michael Ignaz Klahr d. J. (1727–1807). Am Kurpark steht der kuppelgekrönte Bau des alten **Marienbades** von 1880, heute Naturheilanstalt ›**Wojciech**‹ genannt. Bad Landeck gehört zu den ältesten Bade- und Kurorten Schlesiens; schon im 16. Jh. wurden die hier fließenden radiumhaltigen Schwefelquellen genutzt.

Der heutige polnische Name von **Reichenstein** lautet **Złoty Stok,** was soviel bedeutet wie goldener Abhang oder Böschung. Tatsächlich wurde hier nach 1699 fast zwei Jahrhunderte lang Gold zutage gefördert, allerdings nur in ganz kleinen Mengen als Nebenprodukt der Gewinnung von Arsenkies. Heute befassen sich die dortigen Bergbau- und Chemiebetriebe/ Zakłady Górniczo-Chemiczny mit der Verarbeitung von Mineralien. Am *Markt/Rynek* stehen noch einige der Renaissance-*Bürgerhäuser* aus dem 16. Jh.

Oberschlesische Schrotholzkirchen

Die Johanniskirche/Kościół Św. Jana in dem kleinen Ort Ponischowitz/Poniszowice nordwestlich von Gleiwitz/Gliwice stammt aus dem 15. Jh. Im 17. Jh. wurde sie noch einmal umgebaut, ebenso 1755, der Turm stammt aus dem 16. Jh. Sie gehört zu den ältesten und schönsten Holzkirchen in ganz Schlesien. Ein Blick auf das Bauwerk zeigt, daß die katholische Gemeinde des Ortes um den Erhalt ihrer Kirche sehr bemüht ist.

Die Michaelskirche/Kościół Św. Michała in dem unweit gelegenen Ort Rudzinitz/Rudziniec wurde 1657 gebaut. Auch sie ist bestens erhalten. Traditionell wird sie von Bergleuten und Hüttenarbeitern sowie deren Familien besucht.

In ganz Schlesien gibt es noch annähernd 100 dieser Holzkirchen, die meisten davon in den Gebieten westlich von Kattowitz/Katowice und nordöstlich von Oppeln/Opole. Man nennt sie Schrotholzkirchen, weil die benutzten Stämme vor dem eigentlichen Kirchenbau mit der Schrotsäge und anschließend mit der Axt bearbeitet werden. Die ältesten dieser Kirchen stammen aus der zweiten Hälfte des 15. Jh., die jüngsten aus dem 18. Jh. Kunsthistorisch überwiegen dabei Bau- und Inneneinrichtungselemente des Barock.

Das historische Verbreitungsgebiet solcher Holzkirchen reicht von Skandinavien über den Ostseeraum, das ostmitteleuropäische Tiefland, die Sudeten und Beskiden, Böhmen-Mähren bis zur Donau und in das Alpenland. Gerade im waldreichen Schlesien hat sich der Steinbau später durchgesetzt als in den Siedlungsgebieten Mittel- und Westeuropas. Bis ins

Guttentag/Dobrodzien. Handzeichnung von Wolfgang Halfar, 1979

Klutschau/Klucze.
Handzeichnung von Wolfgang Halfar, 1979

13. Jh. hinein standen z. B. in Breslau fast nur Holzkirchen. Von etwa 800 Kirchen im Schlesien des 14. Jh. waren ca. 100 aus Stein. Städte und Dörfer wurden noch im 16. Jh. vielfach in Holz errichtet.

Die Wände dieser Kirchen bestehen aus waagerecht aufeinander geschichteten Stämmen, die an den Ecken auf verschiedene Weise verzahnt wurden. Die Türme sind in Ständerbauweise errichtet. Typisch sind die steil aufragenden, oft gleichzeitig auch weit heruntergezogenen verschindelten Dächer. Vielfach umläuft die Dachtraufe die gesamte Kirche in einer Höhe von zwei Metern. Die Fenster sind in der Regel sehr klein. Derartige Konstruktionen zeigen das Bemühen, auch extremen Witterungen zu widerstehen.

Im Inneren sind diese Kirchen nicht selten kunstvoll gestaltet. Das gilt für Bankreihen wie Chorgestühl, für den Altar und den Orgelprospekt. Gemälde, Ornamente und Schnitzereien wurden vielfach von anonymen Künstlern ausgeführt, die in der Regel auch in der entsprechenden Ortschaft ansässig waren.

Die meisten dieser Holzkirchen stehen in Dörfern und Kleinstädten Schlesiens, weit abseits der gängigen Touristen- und Besucherrouten. Einige wenige hat man in Friedhöfe, Parks und Freilichtmuseen großer Städte verlegt, um sie auf diese Weise zu erhalten. Die Schrotholzkirchen sind ein authentischer Bestandteil der schlesischen Kulturlandschaft.

Auswahl erhalten gebliebener Schrotholzkirchen

Boitschow/Bójszów, Kreis Gleiwitz
Allerheiligenkirche/Kościół Wszystkich Św., Ende 15. Jh., Turm 1728

Bürgsdorf/Brzezinki, Kreis Kreuzburg
Marienkirche/Kościół pod wez. Najśw. Marii Panny, 1550, 1776 umgebaut

Groß Blumenau/Świniary Duże, Kreis Kreuzburg
früher Bartholomäuskirche, heute Pfarrkirche/Kościół Farny, 1762

Guttentag/Dobrodzien, Kreis Lublinitz
Valentinskirche/Kościół Św. Wałentego, 2. H. 17. Jh.

Kaltwasser/Zimna Wódka, Kreis Groß-Strehlitz
Magdalenenkirche/Kościół pod. wez. Św. Marii Magdaleny, 1748

Klutschau/Klucze, Kreis Groß-Strehlitz
Elisabethkirche/Kościół pod. wez. Św. Elżbiety, 1748

Koschentin/Koszęcin, Kreis Lublinitz
Kirche zur Hl. Dreifaltigkeit/Kościół Św. Trójcy, 1724

Latscha/Łącza, Kreis Gleiwitz
Mariä-Himmelfahrts-Kirche/Kościół pod. wez. Matki Boskiej Wniebowziętej, 2. H. 15. Jh.

Lublinitz/Lubliniec, Kreis Lublinitz
Annakirche/Kościół pod. wez. Św. Anny, 1653

Olschowa/Olszowa, Kreis Groß-Strehlitz
Maria-Schnee-Kirche, Kościół pod. wez. Matki Boskiej Śnieżnej, 1748

Ponischowitz/Poniszowice, Kreis Gleiwitz
Johanniskirche/Kościół pod. wez. Św. Jana, 15. Jh.

Rachowitz/Rachowice, Kreis Gleiwitz
Kirche zur Hl. Dreifaltigkeit/Kościół Św. Trójcy, 1668, 1780 erneuert

Reimswaldau/Rybnica Leśna, Kreis Waldenburg
Pfarrkirche/Kościół Farny, 1557

Rudzinitz/Rudziniec, Kreis Gleiwitz
Michaelskirche/Kościół pod. wez. Św. Michała, 1657

Schirakowitz/Sierakowice, Kreis Gleiwitz
Katharinenkirche/Kościół pod. wez. Św. Katarzyny, 1675

Schönfeld/Krzywiczyny, Kreis Kreuzburg
früher Trinitatiskirche, heute Pfarrkirche/Kościół Farny, 1623.

Kaltwasser/Zimna Wódka. Handzeichnung von Wolfgang Halfar, 1979

Oppeln/Opole, Wojwodschaft Oppeln

□ Oppeln/Opole

Bei Erdarbeiten 1930–33 wurden auf *Ostrówek*, so heißt die Nordspitze der Oderinsel Pascheka in **Oppeln/Opole**, unter den Fundamenten der alten Piastenburg wichtige Funde gemacht. Polnische Grabungen 1947–69 haben die damaligen Erkenntnisse bestätigt. Diese Funde, die den Grundriß einer Altslawischen Stadt zeigen, umfassen die Zeit vom 9. bis zum 13. Jh. Danach war Opole, was im Altslawischen soviel wie Gebiet, Region, Territorium bedeutete, Hauptsitz des slawischen Stamms der Opolini.

Bald nach der Einbeziehung Schlesiens in den polnischen Staat wurde Oppeln Sitz einer Kastellanei. Die Existenz einer deutschrechtlich begründeten Stadt auf dem östlichen Oderufer gegenüber der Insel Pascheka ist zum ersten Mal für 1217 belegt. 1327 wurde Oppeln böhmischer Lehenshoheit unterstellt, 1532 fiel die Stadt an die Krone der Habsburger, die sich später auch nicht scheuten, sie als Tauschobjekt in politischen Geschäften zu behandeln. So kam Oppeln 1551–57 an die ungarische Königin Isabella, 1622/23 an Fürst Gabriel Bethlen von Siebenbürgen und 1645–66 an das polnische Königshaus. 1742 ergab sich dann auch für Oppeln der Übergang an Preußen. Am 14. 10. 1919 wurde Oppeln die Hauptstadt der neu geschaffenen Provinz Oberschlesien, verlor diesen Rang bei der erneuten Vereinigung Schlesiens am 21. 3. 1938. Heute ist Oppeln Verwaltungssitz der gleichnamigen Wojwodschaft, neben Kattowitz die zweite Wojwodschaft Oberschlesiens.

Im Mittelalter war Oppeln als zentraler Verkehrsknotenpunkt ein bedeutender Handelsplatz, ab dem 14. Jh. ist auch die Tuchmacherei belegt. Mit der Verlagerung der wichtigsten Handelswege trat seit dem 16. Jh. ein wirtschaftlicher Niedergang ein, der erst mit dem Bau der Oberschlesischen Eisenbahn, die 1843 Oppeln erreichte, durch einen neuen Aufschwung abgelöst wurde. Die Oppelner Kalksteinlager ermöglichen fortan die Entfaltung der Zementindustrie, die bis heute in Oppeln eine Rolle spielt (Zementwerk ›Odra‹). Hinzu kamen die Beton- und Kunststeinindustrie, Bauindustrie, Sägewerke, Papier- und Bekleidungsindustrie. Bis heute ist Oppeln außerdem ein wichtiger Umschlagplatz landwirtschaftlicher Güter aus der Umgebung.

Direkt am Hauptbahnhof von Oppeln/Opole befindet sich das wichtigste Hotel der Stadt, ›Hotel Opole‹, das aufgrund seiner günstigen Lage am Rande der Altstadt als Ausgangspunkt für eine Stadterkundung dienen kann. Am 7. März 1991 kam es in diesem Hotel zu einer denkwürdigen Begegnung, als Bundestagspräsidentin Rita Süssmuth zu einem ausführlichen Gedankenaustausch mit Vertretern der deutschen Minderheit zusammentraf. Frau Süssmuth besuchte als bis dato ranghöchste politische Persönlichkeit aus der Bundesrepublik Oberschlesien. Das Gespräch wirkte wie ein Symbol für die Tatsache, daß das Zusammenleben zwischen deutschen und polnischen Oberschlesiern sowie jenen Polen, deren Familien nach 1945 aus den ehemaligen polnischen Ostgebieten vertrieben und in

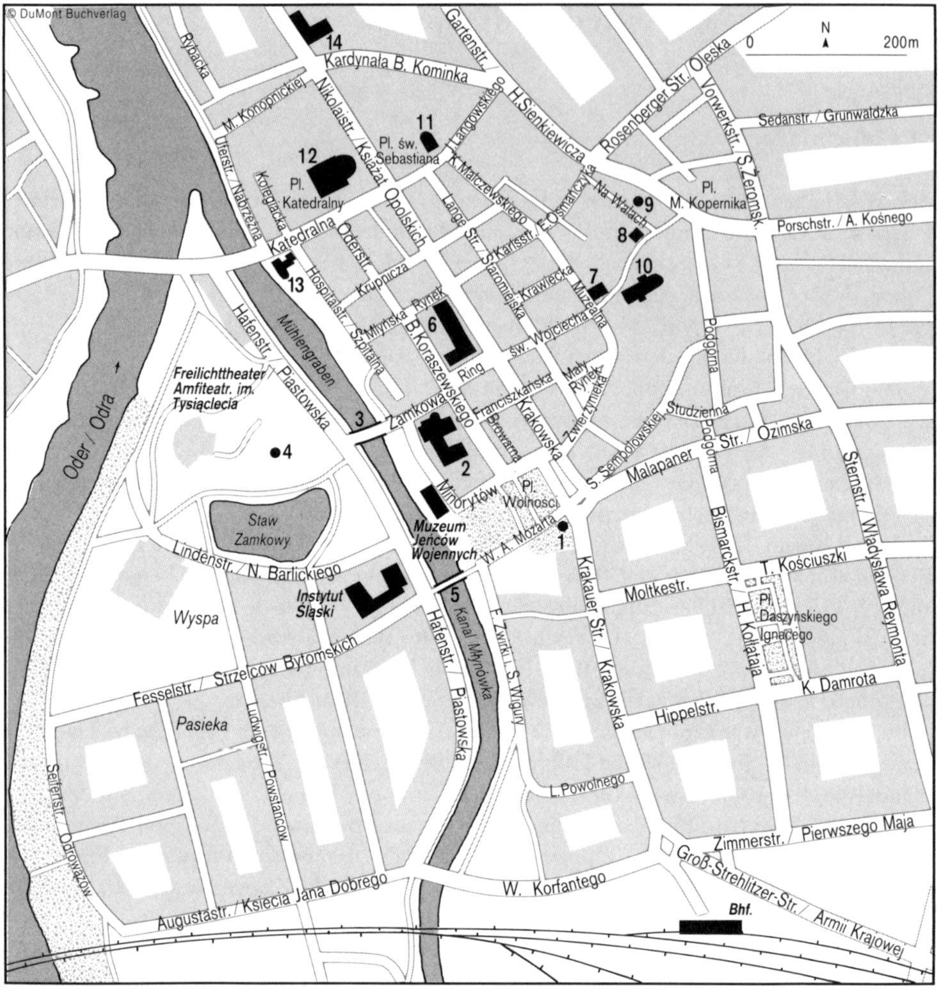

Oppeln/Opole 1 Denkmal ›Kämpfer um die Freiheit des Oppelner Schlesiens‹/›Bohaterom o Wolnośc Śląska Opolskiego‹ 2 Franziskanerkirche und -kloster zur hl. Dreifaltigkeit/Kościół i klasztor franciszkański św. Trojcy 3 Schloßbrücke/Most Zamkowy 4 Piastenturm 5 Fußgängerbrücke (Ehem. ›Pfennigbrücke‹) 6 Rathaus/Ratusz 7 Museum des Oppelner Schlesiens/Muzeum Śląska Opolskiego 8 Viereckturm (ehem. Burg) 9 Jozef-Lompa-Denkmal 10 Kirche der Allerheiligsten Schmerzensmutter Maria/Kościół Najświętszej Marii Panny Bolesnej 11 Sebastianskapelle/Kaplica Sebastiana 12 Kathedrale zum hl. Kreuz/Kościół Katedralny Św. Krzyża 13 Alexis-Kapelle/Kaplica Aleksego 14 Diözesanmuseum/Muzeum Diecezjalne

Schlesien angesiedelt wurden, nach den Auseinandersetzungen früherer Zeiten nun in ruhigeren Bahnen verlief; nicht zuletzt auch aufgrund des Zwangs, in einer wirtschaftlich, sozial und ökologisch arg gebeutelten Region gemeinsam Kommunalpolitik machen zu müssen.

Der Weg zum Marktplatz/Ring in der Altstadt führt vorbei an einem Denkmal, das den polnischen **›Kämpfern um die Freiheit des Oppelner Schlesiens‹/›Bohaterom o Wolności Śląska Opolskiego‹** gewidmet ist. Das Denkmal wurde in jenem massiven, wuchtigen Stil gestaltet, der viele Kriegerdenkmäler überall in Polen kennzeichnet.

Direkt vor dem Ring auf der linken Seite an der ul. Zamkowa stehen die **Franziskanerkirche und das -kloster zur hl. Dreifaltigkeit/Kościół i klasztor franciszkański św. Trójcy.** Das existierende Kirchengebäude wurde während des 14. Jh. im gotischen Stil errichtet, der Turm stammt aus dem 15. Jh., die Kapellen entstanden mit einer Ausnahme im 16. und 17. Jh. Die Innenausstattung der Kirche ist im wesentlichen barock. Nach 1811 (Säkularisierung) den evangelischen Christen zur Verfügung gestellt, wird die Franziskanerkirche heute wieder von den katholischen Gläubigen genutzt.

Kunsthistorisch wichtigster Bauabschnitt der Kirche und insgesamt wichtigstes Denkmal der Stadt ist die gotische *St. Anna-Kapelle* oder auch *Kapelle der Piasten/Kaplica Św. Anny,* bzw. *Kaplica Piastów,* die 1309 entstand. Der geschnitzte Altar kam 1401 hinzu. In der Kapelle befinden sich zwei steinerne, von einem unbekannten Meister gefertigte Grabtumben. Die Deckplatten zeigen die liegenden Gestalten der Oppelner Piastenherzöge Bolko I., Bolko II. und Bolko III. sowie dessen Gemahlin Anna. Zwei 1953 an der Rückwand der Kapelle angebrachte Tafeln dienen der Erläuterung des Stammbaums der Piasten und der Stiftungsurkunde der Kirche. Die Existenz eines Klosters der Franziskaner ist bereits für 1248 belegt.

Die **Schloßbrücke/Most Zamkowy** über dem Mühlengraben/Młynówka führt zum Wojwodschaftsgebäude an der ul. Piastowska, dem Verwaltungszentrum der den westlichen Teil Oberschlesiens umfassenden Wojwodschaft Oppeln. An der ul. Piastowska liegen auch das Instytut Slaski, in dem u. a. landeskundliche Studien betrieben werden, und auch das Regionalstudio von Polskie Radio.

Direkt hinter dem Wojwodschaftsgebäude steht der runde **Piastenturm,** Rest der mittelalterlichen Burg, Anfang der 70er Jahre als Aussichtsturm freigegeben. Der Turm bildet das Zentrum der von Oder und Mühlengraben gebildeten Insel/Wyspa Piaseka, nicht weit von den freigelegten Fundamenten der alten slawischen Stadt. Das 1963 neben dem Piastenturm errichtete *Freilichttheater/Amfiteatr* ist Schauplatz von Musikfestivals und anderen Kulturveranstaltungen.

Südlich der Schloßbrücke ist eine gußeiserne **Fußgängerbrücke** erhalten geblieben, die früher den Namen ›Pfennigbrücke‹ trug. Das 1822–24 entstandene, nach dem Zweiten Weltkrieg wieder hergerichtete **Rathaus/Ratusz** auf dem Marktplatz erinnert auf den ersten Blick an den Palazzo Vecchio in Florenz und ist von den Erbauern auch als Nachahmung gedacht gewesen. Das massive, dunkelgraue Bauwerk mit den kahlen Fronten erweist sich aber bei genauem Hinsehen nur als sehr entfernter Verwandter des italienischen Renaissancepalastes.

Oppeln/Opole, Blick zum Rathausturm

Die **Bürgerhäuser** am Ring rund um den Marktplatz (Barock, Rokoko), die im Zweiten Weltkrieg sehr gelitten hatten, wurden später sorgfältig restauriert. Inzwischen machen die meisten ihrer Fassaden einen erneuten Einsatz der Restauratoren erforderlich. Sehenswert sind vor allem die Häuser Nr. 11/12 und 13/14 an der Nordseite des Rings.

In sehr gutem Zustand ist das **Museum des Oppelner Schlesiens/Muzeum Śląska Opolskiego** an der ul. Św. Wojciecha östlich des Marktplatzes. Das Gebäude war ursprünglich Teil des 1668 errichteten Jesuitenkollegs, zu dem auch ein angrenzendes, zweites Gebäude gehörte, in dem heute eine *technische Fachschule* untergebracht ist (Zugang von der ul. R. Mondrzyka). Letzteres wurde an einen gewaltigen **Viereckturm** angebaut, der als einziger Bestandteil der 1387 errichteten und 1615 abgebrannten zweiten Burg der Stadt erhalten geblieben war. Diese Burg hatte man in die **Stadtmauer** miteinbezogen, von der wiederum nur zwei Fragmente noch heute existieren: am kleinen Marktplatz/Mały Rynek und an der ul. Kolegiacka unweit der Kathedrale. In einer kleinen Grünanlage vor dem Viereckturm steht das 1964 errichtete *Denkmal* des polnischen Schriftstellers *Jozef Lompa.*

Am Ende der ul. Sw. Wojciecha neben dem Museum führt eine große Freitreppe hinauf zur **Kirche der Allerheiligsten Schmerzensmutter Maria/Kościół Najświętszej Marii Panny Bolesnej.** Ursprünglich war sie als gotische Kirche (fertiggestellt 1399) errichtet worden, wurde dann aber, nach einem Brand 1613, barock erneuert (weitgehende Restaurierung 1931–38). An dieser Stelle stand wahrscheinlich Oppelns erste Kirche, eine 984 gebaute Holzkapelle. Daneben errichteten die Dominikaner 1295 ein Kloster, ebenfalls aus Holz. Das später errichtete steinerne Kloster ist seit 1846 Krankenhaus.

Die kleine, 1681 nach einer Pest gestiftete **Sebastianskapelle/Kaplica Sebastiana** am gleichnamigen Platz/pl. Sebastiana nördlich des Rings wirkt etwas bedrängt durch ein angebautes und sie überragendes Wohnhaus. Der Platz selbst gehört zu jenen Stellen in der Stadt, die noch an Ruhe und Beschaulichkeit alter Zeiten erinnern.

Nicht weit entfernt an der ul. Katedralna ragt die mächtige Fassade der **Kathedrale zum hl. Kreuz/Kościół Katedralny św. Krzyża** in den Himmel. Die Doppelturmfassade wurde der dreischiffigen, im 15. Jh. errichteten gotischen Hallenkirche allerdings erst in den Jahren 1899–1902 vorgesetzt. Die Innenausstattung der Kirche ist weitgehend barock, enthält aber auch das Renaissancegrab des letzten Piastenfürsten von Oppeln, Jan II., der 1532 starb. Seit der 1972 erfolgten Schaffung einer selbständigen Diözese Oppeln ist das Gotteshaus Bischofskirche. Die erste Kreuzkirche an dieser Stelle ist für 1223 belegt.

Die kleine Alexis-Kapelle/Kaplica Aleksiego, ebenfalls an der ul. Katedralna und unmittelbar am Mühlgraben, geht zurück auf die Schaffung des ältesten Krankenhauses von Oppeln, des Alexis-Hospitals von 1421 (heutiges Bauwerk von 1866). Die Kapelle wurde 1691 umgebaut.

1980 begann man mit dem Bau des **Diözesanmuseums/Muzeum Diecezjalne** an der ul. M. Buczka/ul. Książat Opolskich, am 21. November 1987 wurde es feierlich durch Bischof Alfons Nossol (s. S. 93) eröffnet. Wichtigste Aufgabe der Museumsmitarbeiter unter Leitung von Pfarrer Piotr P. Maniurka ist das Sammeln religiöser Objekte aus Schlesien sowie deren Schutz, Konservierung und Ausstellung. Dementsprechend befinden sich im Museum

Oppeln/Opole, Kirche der Allerheiligsten Schmerzensmutter Maria/Kościół Najświętszej Marii Panny Bolesnej

neben den Ausstellungsräumen auch Lagerräume, Konservierungs- und Fotowerkstätten, außerdem das Diözesanarchiv und die Aula der Katholischen Universität von Lublin. Im Ausstellungsraum des Erdgeschosses überwiegt die gotische Skulptur; darunter ein Kruzifix von 1480 aus der Schule Riemenschneiders und eine Pieta von 1507 aus der Oppelner Alexiskapelle, die auf Einfluß von Veit Stoß hinweist. In diesem Raum findet sich auch Malerei verschiedener Stilepochen; insbesondere eine Mutter Gottes im Rosengarten von 1480 aus dem Kreis um Martin Schongauer, ein niederländisches Bildnis des Christus Salvator von der Mitte des 15. Jh. sowie ein Gemälde des Stammbaums der Oppelner Piasten von 1700. Der zweite Ausstellungsraum in der ersten Etage präsentiert insbesondere liturgische Gefäße, die in schlesischen Goldschmiedewerkstätten (vor allem in Breslau und Neiße) gefertigt wurden. Dazu einzelne Reliquien. Der dritte Ausstellungsraum ist für Wechselausstellungen zeitgenössischer sakraler Kunst gedacht.

□ Brieg/Brzeg · Namslau/Namysłów · Kreuzburg/Kluczbork

Vorgeschichtliche Funde deuten auf eine frühzeitliche Besiedlung des Gebiets um die Kleinstadt **Löwen/Lewin Brzeski,** auf halbem Wege zwischen Oppeln und Brieg/Brzeg, etwas abseits der Europastraße 22 und auch nicht weit von der Mündung der Glatzer Neiße in die Oder. Zu den Funden zählen ein Steinzeitgefäß, Steinhämmer, ein Bronzebeil und verschiedene Bronzenadeln. Einige Urkunden aus dem 13. Jh. geben Auskunft über eine slawische Siedlung auf diesem Gebiet. Für 1333 ist die Existenz eines Ortes mit deutschem Stadtrecht verbürgt.

Auf dem Marktplatz von Löwen ist das spätklassizistische **Rathaus/Ratusz** von 1837 erhalten geblieben. Ebenso die ehemals evangelische **Peter-und-Paul-Kirche/Kościół Św. Piotra i Pawła** aus dem 14. Jh., ausgebaut im 16. und 17. Jh., heute evangelisch-augsburgisch. Das an der Neiße gelegene **Schloß/Zamek** von 1722 ist 1955 abgebrannt, wurde dann aber teilweise wieder aufgebaut.

Der Name der Stadt **Brieg/Brzeg** geht auf ein bereits um 1200 dort bestehendes Fischerdorf namens Wysokibrzeg oder Wisokebrzeg zurück, was soviel bedeutet wie hohes Ufer. Spätere Latinisierungen des Stadtnamens lauteten Brega und Briga. Für die Stadtgründung gibt es in den Quellen nicht weniger als drei Daten: 1246, 1247 und 1250.

1311–1675 war Brieg die Residenz der Herzöge von Liegnitz und Brieg, einer Teillinie der schlesischen Piasten. Dabei wurden in der zweiten Hälfte des 14. Jh. die wichtigsten gotischen Bauten der Stadt errichtet oder begonnen. Das ist zum einen die **Schloßkirche/Kościół Zamkowy** links neben dem Torbau des Schlosses, nordwestlich des Rings gelegen. Sie geht auf das Jahr 1369 zurück, wobei nach den Zerstörungen von 1741 (preußische Kanonen im Kampf mit österreichischen schossen den ganzen Schloßkomplex in Brand) nur der Chor erhalten blieb. 1783 bis 1786 als Kapelle barockisiert. Beim Wiederaufbau nach dem Zweiten Weltkrieg wurde das Gesamtbauwerk in seiner gotischen Gestalt wiederhergestellt.

Das ist zum anderen die früher evangelische und heute katholische **St. Nikolaikirche/ Kościół Św. Mikołaja** südöstlich des Rings, eine dreischiffige Pfeilerbasilika, zwischen 1370 und 1417 errichtet, die neugotischen Helme der beiden Türme wurden 1855 aufgesetzt. Das schmale, mit einem steilen Satteldach gedeckte Mittelschiff überragt die beiden durch Kapellen erweiterten und mit flachen Dächern gedeckten Seitenschiffe. Nach den Zerstörungen von 1945 wurde das Satteldach 1962 in Stahlkonstruktion wiedererrichtet. Polnische Restauratoren legten an der Südwand der Sakristei gotische Wandmalereien frei. Wo die 1724 bis 1730 von dem Breslauer Michael Engler erbaute Barockorgel verblieb, ist ungeklärt.

Ein trauriges Schicksal nahm die **Franziskanerkirche/Kościół Franciszkanów,** nordöstlich des Rings. Sie wurde bereits im 16. Jh. in ein Zeughaus umgewandelt, heute ziert ein Schild mit der Aufschrift ›Agencyjny Skład Materiałów Budowlanych‹/›Baustofflager und -handlung‹ ihren Eingang.

Ebenso wie durch die Gotik wurde Brieg durch die Renaissance geprägt. Nach der Grundsteinlegung 1544 erhielt das **Schloß/Zamek** in der 1547 beginnenden Regierungszeit Herzog Georgs II. seine Renaissancegestalt, wobei die Arbeiten von oberitalienischen Baumeistern (Jakob Pahr, Bernhard Niuron) geleitet wurden. Prunkstück ist das *Stadtportal*, das 1961–67 restauriert wurde. Über den von Pilastern flankierten Torbogen erhebt sich eine Attika, die mit den fürstlichen Wappen und überlebensgroßen Figuren des Herzogs und seiner Gemahlin Barbara von Brandenburg geschmückt ist. Darüber finden sich in zwei Reihen 24 Porträtbüsten der Ahnen des Paars. Der Hauptbau des Schlosses, um einen fast

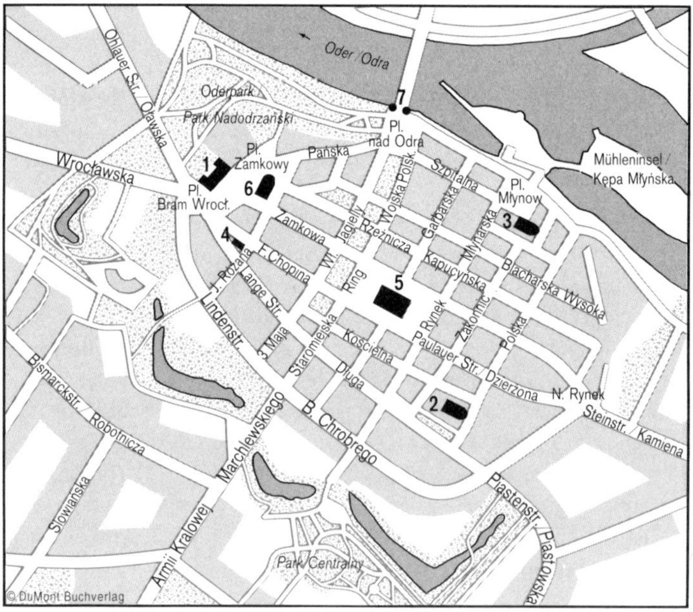

Brieg/Brzeg
1 *Schloßkirche/ Kościół Zamkowy und Schloß/Zamek (Piastenmuseum)*
2 *St. Nikolaikirche/ Kościół Św. Mikołaja*
3 *Franziskanerkirche/Kościół Franciszkanów*
4 *Gymnasium*
5 *Rathaus/Ratusz*
6 *Hl. Kreuz-Kirche/ Kościół Św. Krzyża*
7 *Dreifaltigkeitssäule/Kolumna Św. Trójcy und Statue des hl. Nepomuk/Statua Św. Nepomucena*

Brieg/Brzeg, Stadtportal des Schlosses

quadratischen Hof gruppieren sich vier dreigeschossige Flügel, blieb nach dem Siebenjährigen Krieg zerstört. Erste Restaurierungsarbeiten begannen in den 30er Jahren, 1966–80 erfolgte dann die vollständige Wiederherstellung nach historischen Vorlagen, insbesondere auch der mehrgeschossigen Arkaden rund um den *Innenhof* (Farbabb. 26). Das Erdgeschoß des Schlosses beherbergt seit 1952 das *Piastenmuseum*, in dem schlesische Kunstwerke aus dem 15. Jh., Siegelkunst, eine Numismatiksammlung und sieben Prunksärge der Piastenfürsten von Liegnitz und Brieg ausgestellt sind.

Schräg gegenüber dem Hauptportal steht das 1564–69 errichtete **Gymnasium**, das auf eine Lateinschule aus dem Jahre 1280 zurückging. Dieses sog. ›Illustre Gymnasium Bregense‹ war vor allem im 17. Jh. eine Art evangelische Hochschule, die auch von jungen Studierenden aus Polen und Böhmen besucht wurde. Heute dient es ebenfalls als Lyzeum.

Zweites Renaissancejuwel von Brieg ist das **Rathaus/Ratusz** im Zentrum des Rings, nach dem großen Brand der Stadt 1569 ebenfalls während der Regierungszeit Georgs II. von 1570–77 erbaut. Auch hier waren die leitenden Baumeister Jakob Pahr und Bernhard Niuron. Das Bauwerk besteht aus vier Flügeln mit einem engen Innenhof, an der Nordostecke erhebt sich ein die Innenstadt weit überragender Turm mit einer durchbrochenen Haube. An der Westfront werden zwei vorspringende Treppentürme durch zwei Laubengänge im Parterre und im ersten Geschoß verbunden, deren fünf dorische Säulen im Erdgeschoß durch fünf Holzstützen im ersten Geschoß fortgesetzt werden. Das hohe Satteldach über der Westfront wird unterbrochen durch drei vorspringende Giebel.

Brieg/Brzeg, Hl. Kreuz-Kirche/Kościół Św. Krzyża

1675 kam das Fürstentum Liegnitz-Brieg an das Haus Habsburg, wenig später ließen sich die ersten Jesuiten in der Stadt nieder, die dann barocke Akzente setzten. So insbesondere die **Hl. Kreuz-Kirche/Kościół Św. Krzyża** am Schloßplatz, die 1746 geweiht wurde und deren Türme erst 1856 vollendet wurden. Der prachtvolle Barock des Kircheninneren widerspricht etwas dem klaren, strengen äußeren Aufbau des Gotteshauses. Die Deckengemälde und der auf die Wand hinter dem Altar aufgemalte Hochaltar sind Arbeiten des Jesuitenpaters Johannes Kuben. Aus der Zeit der Jesuiten stammen auch die **Dreifaltigkeitssäule/Kolumna Św. Trójcy** (1731) sowie die **Statue des hl. Nepomuk/ Statua Św. Nepomucena** (1729) an der Brücke über die Oder.

Einen starken wirtschaftlichen Aufschwung erlebte Brieg, das zeitweise auch Sitz eines Oberbergamts war, im 19. Jh. nach dem Bau der Eisenbahn und der Schiffbarmachung der Oder. Die Zerstörungen im Zuge des Zweiten Weltkriegs sind bis heute nicht vollständig behoben.

Etwa 5 km westlich von Brieg liegt der kleine Ort **Mollwitz/Małujowice**, der durch das Datum 10. 4. 1741 Eingang in die Geschichtsbücher fand. Damals, nach dem Einfall Friedrichs II. in Schlesien, fand die erste Schlacht zwischen Preußen und Österreich statt. Obwohl der preußische Sieg Friedrichs Schlachtenruhm begründete, ging der Erfolg der preußischen Infanterie mehr auf die militärischen Künste seines Feldmarschalls Graf Kurt Christoph von Schwerin zurück. Der junge Preußenkönig hatte, mutlos geworden, zeitweise das Schlachtfeld verlassen.

Die einschiffige, flachgedeckte **Dorfkirche** von Mollwitz aus der ersten Hälfte des 14. Jh. mit einem frühgotischen Portal und einer Renaissancevorhalle birgt im Innenraum reiche, spätgotische Wandmalereien, die zuletzt 1974 restauriert wurden.

Mollwitz/Małujowice, Dorfkirche mit spätgotischen Wandmalereien

Am Rand des Ortes **Minkowsky/Mińkowskie** (nach 1937 Seydlitzruh genannt) steht das Rokoko-**Schloß/Zamek** des friderizianischen Reitergenerals Friedrich Wilhelm von Seydlitz, erbaut in den Jahren 1765 bis 1784. Zu seinen Lebzeiten hatte der General einen freien Durchblick zur damaligen Garnisonsstadt Ohlau/Olawa, wo er nach 1757 stationiert war. Das einstöckige Schloß, das den Einfluß von Sanssouci verrät, wurde 1969/70 restauriert. Jetzt ist es in Privatbesitz und teilweise bewohnt, aber insgesamt wiederum stark vernachlässigt. Was die bauliche Gestaltung angeht, sind für die damalige Zeit neue Tendenzen in der Palastarchitektur erkennbar, etwa in der Verlegung der Belétage in das Erdgeschoß und in der Anlage des Salons, der direkte Verbindung mit dem Park hat. Die Gliederung der Fassaden knüpft dagegen noch an die Bautradition der ersten Hälfte des 18. Jh. an. Gleichzeitig zeugen antikisierende Reliefs über den Fenstern und kannelierte Pilaster von der Rezeption eines klassizistischen Repertoires.

Namslau/Namysłów, ein Städtchen mit 14000 Einwohnern, liegt ganz im Nordwesten der Wojwodschaft Oppeln. Im 19. Jh. entwickelte sich hier eine Industrie, die ganz auf die Landwirtschaft der Umgebung abgestellt war: Mühlen, Sägewerke, Ziegeleien, auch eine Maschinenfabrik, die bis heute als Betrieb der Motortechnik (Zakład Techniki Motoryzacyjnej) arbeitet. Ebenso existiert noch die 1862 gegründete Brauerei der Stadt, damals im Besitz der Familie Haselbach, heute als Schloßbrauerei/Browar Zamkowy.

Von der mittelalterlichen Stadtanlage, die deutschrechtliche Gründung von Namslau erfolgte 1270, sind noch Elemente der Stadtmauer sowie am Ostausgang das **Krakauer Tor/Brama Krakowska** (um 1350) erhalten geblieben. In der Mitte des Rings steht das **Rathaus/Ratusz** mit dem Turm aus den Jahren 1381–89 sowie den anderen Bauabschnitten von 1500, 1600 und 1800. Bedeutendstes Baudenkmal der Stadt ist die katholische **Pfarrkirche St. Peter und Paul/Kościół Farny Św. Piotra i Pawła**, eine spätgotische, dreischiffige Hallenkirche, zwischen 1405 und 1493 errichtet. Vor der Kirche steht ein *Nepomukbrunnen*. Westlich des Rings finden wir die **Franziskanerkirche/Kościół Franciszkanów** sowie den erhaltenen Westflügel des alten **Franziskanerklosters/Klasztor Franciszkanów**. Der Chor des eindrucksvollen Backsteinbaus stammt aus dem frühen 14. Jh., das Langhaus aus dem 15. Jh. Von 1812 bis 1945 wurden beide als Lagerraum zweckentfremdet, Anfang der 70er Jahre hat man unter Leitung des Wojwodschaftskonservators von Oppeln erste Restaurierungsarbeiten am Dachstuhl und an den Außenmauern durchgeführt.

Nördlich von Oppeln, an der Straße nach Posen/Poznan, Kalisz und Lodz, liegt die Stadt **Kreuzburg/Kluczbork**, im Mittelalter ein bedeutsamer Handelsplatz im Grenzgebiet zu Großpolen; der Salzmarkt, die Tuchmacherei und Leinenweberei bestimmten damals das dortige wirtschaftliche Geschehen. Im 19. Jh. baute man Dampfmühlen, eine Lederfabrik und verschiedene Maschinenfabriken. Wichtigster Wirtschaftszweig heute ist die Verarbeitung der landwirtschaftlichen Produkte aus der Umgegend.

Das **Rathaus/Ratusz** auf dem Ring wurde nach dem Brand von 1737 neu erbaut und mit Barockgiebeln versehen. Von den damals neben dem Rathaus ebenfalls errichteten kleinen barocken Giebelhäusern, den sogenannten ›Zwölf Aposteln‹, sind nur zwei erhalten geblieben. Am Westrand des Rings steht die **Salvatorkirche/Kościół Zbawiciela**, nach der Reformation evangelisch, um 1700 rekatholisiert, 1707 den evangelischen Gläubigen zurückgegeben, heute evangelisch-augsburgisch. Das aus dem 14. Jh. stammende Bauwerk wurde nach Bränden im 18. Jh. rekonstruiert und im Inneren neu ausgestattet.

Der Ort **Pitschen/Byczyna** liegt wenige Kilometer südlich der früheren deutsch-polnischen Grenze, der in diesem Gebiet auch die heutige Nordgrenze der Wojwodschaft Oppeln entspricht. Im 16. Jh. wurde der Ort stark in Mitleidenschaft gezogen durch polnisch-habsburgische Auseinandersetzungen, später auch im Dreißigjährigen Krieg und im Siebenjährigen Krieg, und noch einmal am Ende des Zweiten Weltkriegs.

Trotzdem ist fast die gesamte Stadtmauer aus dem 15. Jh. mit drei Tortürmen erhalten geblieben. Das **Rathaus/Ratusz** inmitten des quadratischen Rings war nach einem Brand 1757 in klassizistischen Formen wiederhergestellt worden und wurde nach den Zerstörungen des Zweiten Weltkriegs vorbildgetreu wieder aufgebaut. Die **Pfarrkirche St. Nikolaus/Kościół Farny Św. Mikołaja**, ebenfalls am Ring, ist eine gotische Basilika aus dem 14. Jh.

Bereits zur Wojwodschaft Tschenstochau/Częstochowa gehört **Rosenberg/Olesno**, bis zum Zweiten Weltkrieg unweit der deutsch-polnischen Grenze gelegen. Ausgehend vom Mittelalter war Rosenberg ein wichtiger Handelsplatz. Pferde, Leder, Wolle und Talg aus Polen wurden hier angeboten, ebenso Web- und Tuchwaren sowie andere Handwerkserzeugnisse aus Schlesien. Im 19. Jh. entstanden dann zahlreiche Manufakturen und Industriebetriebe: Lederfabriken, Kürschnereien, Glockengießereien, Druckereien, Mühlen, Sägewerke, Maschinen- und Zementfabriken.

Das **Rathaus/Ratusz** von Rosenberg wurde 1820 auf den Fundamenten des hundert Jahre zuvor abgebrannten Baus von 1640 errichtet, mit eindrucksvollen dorischen Säulen an der Vorderfront. Vor dem Rathaus das barocke **Nepomukdenkmal/Pomnik Nepomucena** und die **Mariensäule/Kolumna Matki Boskiej**, ebenfalls barock. Die 1226 geweihte, an der Nordecke des Rings stehende **Pfarrkirche St. Michael/Kościół Farny Św. Michała**, 1353 Propsteikirche, wurde nach Bränden mehrfach umgebaut, zuletzt im 19. Jh. Der Turm stammt von 1856.

In Rosenberg und Umgebung finden sich drei der typischen oberschlesischen *Schrotholzkirchen* (s. S. 254 ff.): an der Straße nach Landsberg/Gorzów **Śląski St. Anna/Św. Anny**, 1516 errichtet, 1668 erfolgte der sternförmige Anbau von fünf Kapellen, die **Magdalenenkirche/Kościół Św. Magdaleny** von 1680 in *Alt-Rosenberg/Stare Olesno*, schließlich die **Rochuskirche/Kościół Św. Rochusa** in *Grötsch/Grodzisko* von 1710.

In **Malapane/Ozimek**, östlich von Oppeln, wurde Industriegeschichte geschrieben. Hier ließ Friedrich der Große schon 1753/54 zwei Hochöfen errichten, hier wurde auch erstmals in Oberschlesien Koks statt Holzkohle für Eisenschmelze verwendet (1789) und eine Dampfmaschine gebaut (1794). Aus dem Eisenhüttenwerk in Malapane kamen 1783 die ersten in Preußen produzierten Eisengeschütze. Das Hütten- und Edelstahlwerk war später vor dem Zweiten Weltkrieg eines der größten in Oberschlesien. Auch heute arbeitet in Malapane ein Hüttenkombinat namens ›Mała Panew‹. Bekannt wurde der Ort außerdem durch die eiserne Kettenbrücke über den Fluß Malapane von 1827, die erhalten geblieben ist.

□ Proskau/Prószków · Falkenberg/Niemodlin · Neiße/Nysa · Ottmachau/Otmuchów · Patschkau/Paczków

Proskau/Prószków, gut 10 km südwestlich von Oppeln, wurde weithin bekannt durch die Fayence- und Steingutmanufaktur, die hier in den Jahren 1763 bis 1850 arbeitete. Basis waren die reichen Tonlager in der Umgebung des Ortes. Viele Einzelstücke des damals äußerst beliebten keramischen Kunsthandwerks wurden nach Entwürfen Breslauer Kunstprofessoren angefertigt.

Gut erhalten ist das **Schloß/Zamek** von Proskau, das auf eine nach 1563 errichtete Renaissanceanlage mit vier Flügeln, Arkadeninnenhof und bastionsartigen Eckbauten zurückgeht. Nach der weitgehenden Zerstörung durch schwedische Truppen im Dreißigjährigen Krieg wurde das Schloß unter der Leitung des italienischen Architekten Johann Seregno wieder aufgebaut und dabei im barocken Stil weiterentwickelt, unter anderem durch Hinzufügen zweier Türme in der Hauptfassade und natürlich durch Umgestaltung des Inneren. Verschiedene Quellen besagen, daß Seregno auch den Bau der barocken **Pfarrkirche St. Georg/Kościół Farny Św. Grzegorza** am Markt von Proskau geleitet hat.

Falkenberg/Niemodlin, an der Straße von Oppeln nach Neiße gelegen, ist eines jener vielen Beispiele für die wechselvolle Nationalgeschichte Oberschlesiens. So wird das slawische Dorf Nemodlin erstmals 1224 erwähnt. Im Zuge deutscher Zuwanderung erfolgt 1283 die Gründung einer deutschrechtlichen Stadt. Während im 15. Jh. wiederum das polnische Element überwiegt, stellt sich im 16. und besonders im 17. Jh. erneut eine deutsch orientierte Entwicklung ein.

Falkenberg besitzt einen jener typischen, langgestreckten Marktplätze, der im Westen von der katholischen **Pfarrkirche/Kościół Farny** abgeschlossen wird. Der gotische Backsteinbau stammte ursprünglich aus dem 14. und 15. Jh. und wurde nach einem Brand im Dreißigjährigen Krieg erneuert. Erhalten blieb ebenso das **Schloß/Zamek** am Ostrand der Stadt, in dem heute eine staatliche Schule untergebracht ist. Schon im 14. Jh. stand hier eine Burg des Herzogs von Falkenberg. Ende des 16. Jh. erfolgte dann der umfangreiche Ausbau zu einer um einen Arkadeninnenhof gruppierten Renaissanceanlage. 1870 Hinzufügung des Balkons mit der Freitreppe und der Säulenhalle an der Südseite. Nach dem Zweiten Weltkrieg waren umfangreiche Instandsetzungen notwendig.

Bis heute bestehen in **Tillowitz/Tułowice** jene beiden Industriezweige, die schon früh begründet wurden. Bereits um 1700 nahm man ein Eisenhammerwerk in Betrieb, das 1783 durch Hochöfen ergänzt wurde. Dieses, ab 1823 *Theresienhütte* genannte Werk, stellte man in der zweiten Hälfte des 19. Jh. auf Eisenguß, Maschinen-, Draht- und Blechwarenfabrikation um. Um 1800 errichtete man auch eine Tonwarenfabrik, die 1889 in einen reinen Porzellanbetrieb überging.

Das in einem großen Park gelegene, gut erhaltene **Schloß/Zamek** beherbergt heute ein forstwirtschaftliches Technikum. Die Anlage wurde 1826/27 nach den Plänen italienischer Architekten in Form eines Hufeisens mit drei Flügeln erbaut.

Lager Lamsdorf/Łambinowice

Mit einem Artikel in der renommierten katholischen Wochenzeitung ›Tygodnik Powszechny‹, die in Krakau erscheint, wurden polnische Leser im Mai 1990 zum ersten Mal ausführlich über die Verbrechen im Lager von Lamsdorf/Łambinowice informiert. Der Ort Lamsdorf liegt unweit der Stadt Falkenberg/Niemodlin. Hier unterhielten die polnischen Behörden von Juli 1945 bis Januar 1947 in Zusammenhang mit den Vertreibungsaktionen ein Sammellager für deutsche Oberschlesier, in dem zeitweise aber auch Polen, die man fälschlicherweise für Deutsche hielt, festgehalten wurden. Am 29. Juli 1945 kamen die ersten Internierten nach Lamsdorf, vor allem deutsche Oberschlesier aus den Dörfern des Kreises Falkenberg. Wenige Monate später, im Februar 1946, untersuchte eine staatliche Kommission die Zustände in dem Lager.

In einer der damaligen Zeugenaussagen hieß es: »Die Gefangenen wurden verprügelt. Frauen und Kinder wohnten getrennt. Die Verpflegung bestand in der Regel aus einer Suppe und zwei faulen Kartoffeln pro Tag. Es gab Seuchen wie Typhus und Ruhr, auch zahlreiche Todesfälle. Gefangene wurden gezwungen, ihre Mithäftlinge zu schlagen. Eine unbekannte Zahl von Gefangenen ist von Wächtern erschossen worden. Im Lager erzählte man sich immer wieder, daß Gefangene gefoltert würden.«

Infolge dieser Untersuchung wurde der Lagerkommandant, der damals zwanzigjährige Czesław Gęborski festgenommen. Doch aufgrund seiner guten Verbindungen im staatlichen Sicherheitsdienst gelang es ihm bald, aus der Haft wieder freizukommen. Als zehn Jahre später, 1957, neue Zeugenaussagen vorlagen, wurde Gęborski, diesmal zusammen mit seinem damaligen Stellvertreter, wieder verhaftet. In der gerichtlichen Anklageschrift war die Rede von Mord und Beihilfe zum Mord in mindestens 100 Fällen. Trotz zwingender Beweise lautete das Urteil: Freispruch.

Der Kommentator von ›Tygodnik Powszechny‹ schrieb dazu 1990, es sei für die damalige Zeit ganz charakteristisch gewesen, daß das Gericht trotz der Morde große Nachsicht an den Tag gelegt habe. Beide Angeklagten konnten 1960 ihren Dienst im Sicherheitsapparat wieder aufnehmen.

Am 2. Juni 1992 fand im Warschauer Kino ›Kultura‹ die Premiere eines Dokumentarfilms über Lamsdorf statt, den der Regisseur Leszek Baron aus Łódź gedreht hatte. Der Film dokumentiert die damaligen Ereignisse anhand von Zeugenausagen in Lamsdorf Inhaftierter, Gerichtsakten und internen staatlichen Untersuchungsberichten. Auf einer anschließenden Pressekonferenz sagte Baron, für ihn sei es im Zuge der neuen politischen und kulturellen Öffnung in Polen wichtig, über alles die Wahrheit zu sagen, über die Verbrechen der anderen und die der Polen. Und der Produzent des Films, ein Industrieller aus Łódź, fügte hinzu, wenn man Filme über Katyn mache, müsse man auch einen über Lamsdorf drehen.

Als Wojwodschaftshospital für Rehabilitation wird das **Schloß/Zamek** von **Friedland/Korfantów** genutzt. Ursprünglich 1616 im Stil der Spätrenaissance erbaut, wurde es 1826 erneuert und um einen dritten Flügel erweitert. Nach Beschädigungen im Zweiten Weltkrieg hat man es im Auftrag des Wojwodschaftskonservators in den Jahren 1963–66 wiederhergestellt. Die jetzige **Dreifaltigkeitskirche/Kościół Św. Trójcy** mit Jugendstilelementen wurde 1909 geweiht, erhalten blieb der Turm des ursprünglichen Bauwerks von 1751.

Das ursprünglich barocke **Schloß/Zamek** von **Moschen/Moszna** ließ 1768 der friderizianische General von Knobelsdorff errichten. Nach dem Brand von 1896 entstand ein neues Bauwerk, das dem historisierenden Zeitgeschmack nach Elemente verschiedener Kunstepochen erhielt. Dieses Schloß blieb im Zweiten Weltkrieg weitgehend unversehrt, wurde 1969–71 wieder benutzbar gemacht und beherbergt heute ein psychiatrisches Sanatorium.

Wie so häufig in seiner Geschichte ist das grenznahe **Neustadt/Prudnik** auch am Ende des Zweiten Weltkriegs stark zerstört worden. Danach kam noch einmal ein weitgehender Verfall der Bausubstanz im Stadtzentrum hinzu. Erst in den 60er Jahren baute man zumindest die eingestürzten Häuser am Ring und teilweise auch das Rathaus wieder auf. Doch bis heute macht die Innenstadt von Prudnik den Eindruck eines heillosen Durcheinanders von renovierten und ungepflegten alten Häusern, von Trümmergrundstücken, freien Flächen und ›modernen‹ Wohn- bzw. Büroblocks.

Das neoklassizistische **Rathaus/Ratusz** mit seinem Renaissanceturm stammt ursprünglich von 1782. Auf dem Ring sind die **Mariensäule/Kolumna Matki Boskiej** (1694), der **Adlerbrunnen/Fontanna Orłów** (1696) und die **Nepomuksäule/Kolumna Nepomucena** (1733) erhalten geblieben. Etwas abseits des Rings steht die von Dominikanern betreute **Pfarrkirche St. Michael/Kościół Farny Św. Michała**; das erste Gotteshaus an dieser Stelle ist für 1321 belegt, der jetzige schlichte Barockbau wurde 1738 vollendet. Im Kircheninneren, das von einem gewaltigen Tonnengewölbe überspannt wird, finden sich nicht weniger als neun Altäre. – An die mittelalterliche Stadtbefestigung erinnern der Niedertorturm, unten viereckig, darüber achteckig mit Schießscharten, sowie ein Rundturm.

Ziegenhals/Głuchołazy, am Nordhang des Altvatergebirges und nahe der Grenze zur Tschechoslowakei, war schon im 15. und 16. Jh. ein Ort, in dessen unmittelbarer Umgebung Eisenerz abgebaut wurde. Zu Zeiten Friedrichs des Großen war Ziegenhals auch eine Stadt der Weber. Mitte des 19. Jh. entstanden außerdem Holzverarbeitungs- und Papierfabriken. Desgleichen war Ziegenhals schon Ende des 19. Jh. als Kneippbad beliebt, später nahm es einen regelrechten Aufschwung als Luftkurort, der Lungenkranken besonders empfohlen wurde. Wer heute frische Luft sucht, muß Ziegenhals allerdings in Richtung Altvatergebirge verlassen.

Wichtigstes Baudenkmal der Stadt ist die **Stadtpfarrkirche St. Lorenz/Kościół Parafialny Św. Wawrzyńca**, die 1729–31 als Barockkirche entstand. Schon in der zweiten Hälfte des 13. Jh. war hier ein frühgotisches Bauwerk entstanden, das nach Zerstörungen durch die Hussiten 1442 wieder aufgebaut wurde. Von dieser Kirche blieb in der Doppelturmfront des jetzigen Bauwerks das gotische Portal erhalten. Am Ring steht das von Bürgerhäusern eingekeilte alte **Rathaus/Ratusz**, erkennbar am Ziegenhalswappen und dem hölzernen

Uhrturm. Ebenfalls am Ring findet sich das barocke Haus einer Apotheke. Die Linde inmitten des Platzes soll über 300 Jahre alt sein. Von der mittelalterlichen Stadtbefestigungsanlage ist ein Torturm aus dem 15. Jh. erhalten geblieben.

Neiße/Nysa gehört zu den historisch bedeutendsten Städten in Schlesien. Das gilt besonders für das 16. und 17. Jh., als die Stadt Residenz der Bischöfe von Breslau und auch Hauptort des Bistumslandes war. In diesem Zeitraum erlebte Neiße auch einen wirtschaftlichen und kulturellen Aufschwung. So wurde die Stadt zu einem Zentrum des Garn- und Leinenhandels sowie zu einem berühmten Umschlagplatz für österreichische Weine. Mit dem Einzug der Reformation in Schlesien, die in Neiße erst 1622 durch die Jesuiten beendet wurde, entwickelte sich die Stadt zum kirchlichen Mittelpunkt der Diözese Breslau. 1575–1655 war Neiße Sitz des Breslauer Priesterseminars. 1622 erfolgte die Gründung des Jesuitengymnasiums Carolinum, eine wichtige Bildungsstätte, die sogar über eine Vielzahl historischer Dokumente und Quellentexte verfügte. Aber bereits der Dreißigjährige Krieg beendete diese Blüte der Stadtentwicklung. Die preußische Herrschaft nach 1741 führte dann zu einer starken Einschränkung der bischöflichen Hoheitsrechte, bis mit der Säkularisierung die

Neiße/Nysa
1 *Neptunbrunnen*
2 *St. Peter und Paul/ Kościół Św. Piotra i Pawła*
3 *Ehem. Stadtwaage*
4 *St. Jakobus und St. Agnes-Kirche/ Kościół Św. Jakuba i Św. Agnieszka*
5 *Schöner Brunnen*
6 *Breslauer Torturm*
7 *Barbarakirche (Ev. Pfarrkirche/Kościół Ewangelicki*
8 *Altes Bischofspalais*
9 *Bischofshof*
10 *Mariä-Himmelfahrts-Kirche/Kościół Wniebowzięcia M. B.*
11 *St. Annen-Kolleg*
12 *›Carolinum‹*
13 *Kirche Mariä Verkündigung/Kościół Zwiastowania Najświętszej Marii P.*
14 *Berliner Torturm*
15 *Dominikanerk./Kościół Poddominik.*
16 *Städtischer Friedhof*

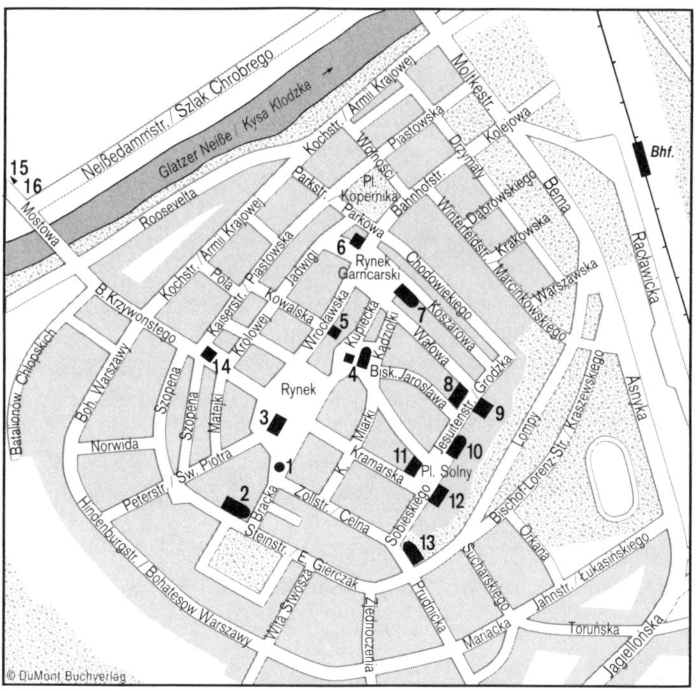

weltliche Herrschaft der Bischöfe endgültig aufgehoben wurde. Neiße wurde zur preußischen Festung ausgebaut. Im 19. Jh. entwickelte sich Neiße immer mehr zu einem Wirtschaftszentrum, in dem die landwirtschaftlichen Erzeugnisse der Umgebung verarbeitet wurden, und in dem sich sowohl der Maschinenbau (gerade für die Landwirtschaft) als auch die Gardinen- und Spitzenindustrie entwickelten. Berühmt wurde außerdem das ›Neißer Konfekt‹. Nach und nach kamen Eisengießereien, Kesselfabriken und Brauereien hinzu. Die Fabryka Samochodow Dostawczych ›Polmo‹ produziert heute unter der Marke ›Nysa‹ Kleinbusse und Transportfahrzeuge.

Das Zentrum von Neiße wurde im Zweiten Weltkrieg zu zwei Dritteln zerstört. Da durch den anschließenden Aufbau nur ein Teil der historischen Bausubstanz wiederhergestellt wurde, bietet speziell der **Markt/Rynek** ein gemischtes Bild aus traditionellen Bauwerken und modern-einfallslosen Büro-, Geschäfts- und Wohnblocks. Nur die alten *Giebelhäuser* an der Südwestseite des Marktes wurden wiederhergestellt, desgleichen eine Häuserreihe in der dort abgehenden ul. Bracka. Dort steht auch der **Neptunbrunnen/Fontanna Neptuna,** 1701 in freimütiger Anlehnung an die Fontana di Trevi in Rom gestaltet.

Am Ende der ul. Bracka finden wir die frühere **Kreuzherrenkirche St. Peter und Paul/ Kościół Św. Piotra i Pawła,** deren Äußeres nicht gerade den besten Eindruck macht (Schalbretter in einzelnen Fensteröffnungen u. a.), die aber im Inneren ihre ganze barocke Pracht entfaltet. Das Gotteshaus wurde in den Jahren 1720–28 errichtet, zunächst unter Leitung des bischöflichen Hofbaumeisters Michael Klein, später unter der seines Nachfolgers Felix Anton Hammerschmidt. Neben der Jesuitenkirche in Liegnitz haben wir eine weitere schlesische Replik der Prager St. Nikolauskirche. Das nahezu quadratische Schiff ist von acht Kapellen umgeben, über denen sich Emporen befinden. Die schräggestellten Pfeiler sowie die Abrundung der Ecken des Schiffs geben den einzelnen Jochen eine Form ineinander verzahnter Ellipsen. Die Pfeiler sind in der Emporenpartie als freistehende Stützen behandelt.

Die Fresken sind ein Werk der Brüder Felix Anton und Christoph Thomas Scheffler, geschaffen 1730. Das Programm gilt der Anbetung der Hl. Dreifaltigkeit sowie der Anbetung des Kreuzes als Symbol der Passion. Der Hochaltar ist ebenfalls von 1730 mit einem Gemälde von Philipp Christian Benthum. Zur Innenausstattung gehören 13 Altäre, eine Kanzel und Beichtstühle aus den 30er Jahren des 18. Jh. Seit 1945 gehört die Kirche zum Priesterseminar der Diözese Oppeln, das im anschließenden, alten Klosterkomplex untergebracht ist.

Ein stattliches Bauwerk der Renaissance ist die 1604 errichtete und nach dem Zweiten Weltkrieg wiederhergestellte **Stadtwaage/Waga Miejska** im Zentrum des Markts, das spätere Kämmereigebäude.

Von hier fällt der Blick auf das gewaltige Kirchenschiff und den freistehenden, nie vollendeten *Glockenturm* der **St. Jakobus und St. Agnes-Kirche/Kościół Św. Jakuba i Św.**

Neiße/Nysa, St. Jakobus und St. Agnes-Kirche/Kościół Św. Jakuba i Św. Agnieszka und Glockenturm ▷

Neiße/Nysa, Epitaph an der Jakobus-Kirche und ›Schöner Brunnen‹

Agnieszka, eine gotische Hallenkirche mit umlaufendem Chorraum aus den Jahren 1401 bis 1430 (Farbabb. 27). Der hohe Dachstuhl mit dem Giebel brannte 1945 ab und wurde in den 50er und 60er Jahren mit großzügiger Unterstützung des polnischen Staates wieder errichtet. Die Kirche besitzt nicht weniger als 20 Kapellen, davon 16 gotisch ausgestaltete. Dort blieben einige Grabmale Breslauer Bischöfe erhalten: Grabtumba des Bischofs Jakob von Salza (gest. 1539), Epitaph des Balthasar von Promnitz (1562), Grabmale der Bischöfe Kaspar von Logau (1574), Martin von Gerstmann (1585) sowie Johannes von Sitsch (1608), allesamt Meisterwerke der Renaissance, sowie das barocke Epitaph des Bischofs Sebastian Rostock, 1674 aufgestellt. Den Brand überstanden außerdem ein gotisches Taufbecken und ein im Krieg ausgelagerter gotischer Flügelaltar, der jetzt den Hauptaltar bildet.

Unweit der Kirche an der ul. Wrocławska steht der sog. **›Schöne Brunnen‹**, bestehend aus einem runden steinernen Trog und einem aufgesetzten schmiedeeisernen Gehäuse in Form eines Bienenkorbs, 1686 geschaffen vom bischöflichen Hofschlosser Wilhelm Helleweg. Den Brunnen hatte man im Zweiten Weltkrieg ausgelagert.

Am Ende der Wrocławska steht der **Breslauer Torturm/Brama Wrocławska** aus dem 14. Jh. mit einer mehrfach gestuften Renaissancebekrönung von 1600.

Südöstlich des Breslauer Torturms finden wir die kleine **Barbarakirche,** heute **Evangelische Pfarrkirche/Kościół Ewangelicki** und zugleich **Kirche der Pfingstgemeinde/Kościół Zielonoświątkowy.** Ursprünglich als Teil des Barbarahospitals nach 1341 errichtet (nach einem Brand 1542 wieder aufgebaut), gehörte sie 1742–1810 den Franziskanern und diente ab 1818 als evangelische Stadtpfarrkirche.

An der Ecke ul. Biskupa Jarosława/ul. Grodzka steht das **alte Bischofspalais,** vor dem Zweiten Weltkrieg Amts- und Landgericht, seit 1986 **Stadtmuseum/Muzeum Miasta.** Das Palais wurde in zwei Bauphasen errichtet; zunächst entstanden in den 60er und 70er Jahren des 17. Jh. (Baumeister Carlo Rossi) drei Flügel um einen nach Westen hin offenen Hof; dann wurde 1729 der vierte Flügel mit seiner repräsentativen Fassade (zwei Balkonportale) angebaut. Im Inneren blieben Kamine mit reicher Stuckausstattung (1660–80) erhalten. Nach einem Brand 1945 wurde das Bauwerk in den 70er Jahren gründlich restauriert.

In der ul. Grodzka schräg gegenüber ist der sog. **Bischofshof/Dwór Biskupów,** die mittelalterliche Residenz der Bischöfe, nicht gerade im besten Zustand. Zum Teil schon im 14. Jh. errichtet, diente er nach der Säkularisierung dem Militär, in den 40er und 50er Jahren dieses Jahrhunderts verschiedenen Handwerksbetrieben und gegenwärtig einem Verband von Invaliden.

Unweit des Bischofshofs am Salzring/pl. Solny finden wir die ehemalige Jesuitenkirche und heutige **Mariä-Himmelfahrts-Kirche/Kościół Wniebowzięcia Matki Boskiej,** der erste von Jesuiten in Schlesien errichtete Sakralbau, gedacht als Muster für alle zukünftigen Ordenskirchen dieser Provinz. Die Kirche wurde errichtet in den Jahren 1688–92 unter der Leitung von Matthias Kirchberger und nach dessen Tod von Michael Klein. Der Bau knüpft an den Typ der Basilika an, im Inneren dominiert ein breites, hoch gewölbtes Schiff. Das Presbyterium mit einer kleinen Apsis ist durch einen Triumphbogen vom Schiff getrennt. Die hohe, doppeltürmige Fassade dominiert den pl. Solny. Die Malereien führte Karl Dankwart 1689 aus, der Stuck stammt von einer norditalienischen Werkstatt, die Figuren an der Fassade wahrscheinlich von Antonio Ciavino. Vom ursprünglichen Altar, 1691 von Sebastian Artatsch, blieb nur im Oberteil der Apsis die von Engeln erhobene Mariengruppe erhalten. Die Kirche wurde in den 70er Jahren gründlich restauriert. – An der Westseite des pl. Solny steht das ehemalige **St. Annen-Kolleg,** heute eine Musikschule.

An die ehemalige Jesuitenkirche schließt sich in der ul. Sobietskiego/früher: Gymnasialstraße das traditionsreiche Jesuitenkollegium ›**Carolinum**‹ an, das mit diesem Namen heute als städtisches Gymnasium fungiert. Das Bauwerk entstand 1669–86 unter Leitung des Baumeisters Peter Schüller aus Olmütz. Die Form des Gebäudes sowie die Pilastergliederung, die über drei Stockwerke verläuft, verleiht ihm einen monumentalen Charakter und bestimmt neben der Kirche die städtebauliche Struktur in diesem Stadtbereich.

Unweit des Carolinums steht die kleine frühere Corpus-Christi-Kirche, heute **Kirche Mariä Verkündigung/Kościół Zwiastowania Najświętszej Marii Panny** von 1741.

Vom Rynek nach Nordwesten durch den ehemaligen Münsterberger Torturm aus dem 14. Jh., später **Berliner Torturm/Brama Berlińska** genannt, über die Neißebrücke zur **Dominikanerkirche/Kościół pod Dominikański** von 1788 zum rund 1 km entfernten ehemaligen Jerusalemer Friedhof, heute **Städtischer Friedhof/Cmentarz Komunalny,** wo sich das Doppelgrab des Dichters Joseph Freiherr von Eichendorff und seiner Gemahlin Luise befindet.

Die Stadt **Ottmachau/Otmuchów** hat im Zweiten Weltkrieg keine Schäden erlitten, so daß alle wesentlichen Baudenkmäler erhalten geblieben sind. Dominiert wird die Stadt durch den *Burgberg*, wo sich schon vor 1155 eine unter Hoheit der Breslauer Bischöfe stehende Burg befand. Nach Zerstörungen durch die Hussiten baute man 1585–96 ein neues *Schloß*, von dem der Nordostflügel erhalten blieb, in dem sich heute ein Hotel befindet. Am Fuße des Burgberges ein kleines *Barockschlößchen*, 1706/07 unter Leitung von Michael Klein errichtet, heute Sitz der Stadtbehörden.

Oberhalb des Marktplatzes erhebt sich die doppeltürmige katholische **Pfarrkirche/Kościół Farny,** ein gewaltiges Barockbauwerk, das 1691–95 unter Leitung des Architekten

Die barocke Pfarrkirche von Ottmachau/Otmuchów

Johann Peter Tobler errichtet wurde. Die Ausmalung besorgte Karl Dankwart, drei Altargemälde sind von Michael Willmann. In einem Seitenaltar findet sich eine gotische Madonnenfigur von 1500. Die Kirche wurde Anfang der 80er Jahre innen und außen vollständig restauriert. Unterhalb der Kirche steht eine **Mariensäule/Kolumna Matki Boskiej** von 1734. Besonders bemerkenswert am Renaissance-**Rathaus/Ratusz** aus dem Jahre 1538 ist die Sonnenuhr von 1575; sie wurde gestiftet vom Breslauer Bischof Martin Gerstmann, dessen Wappen sich über dem Zifferblatt befindet; die Uhr wurde 1828 aus der damals abgetragenen Burgkapelle entfernt und hier angebracht.

Ottmachau/Otmuchów, Sonnenuhr am Rathaus

Patschkau/Paczków wurde früher einmal »schlesisches Rothenburg« genannt. Es gehört zu den wenigen Städten in Schlesien, in denen die mittelalterliche Stadtmauer in fast ganzer Länge erhalten ist. Zu dieser Stadtbefestigung gehören insgesamt 13 nach innen offene Mauertürme sowie drei Stadttore: das **Glatzer Tor/Brama Kłodzka** (Farbabb. 23) im Südwesten, das **Frankensteiner Tor/Brama Ząbkowicka** im Nordwesten und das **Breslauer Tor/Brama Wrocławska** im Nordosten.

Berühmt wurde die Stadt allerdings durch die burgartig gestaltete katholische **Pfarrkirche/Kościół Farny**, eine dreischiffige Hallenkirche aus der zweiten Hälfte des 14. Jh. Einwölbung und Anbau der Marienkapelle sowie des Turms erfolgten im 15. Jh., die barocke St. Rochus-Kapelle stammt von 1701. Außerdem erhielt die Kirche im 16. Jh. eine die Dächer verdeckende Zinnenbewehrung im Renaissancestil. Das gotische Hauptportal ist umrahmt von Wappen und Fialen.

Das **Rathaus/Ratusz** von Patschkau wurde 1542 begonnen und zehn Jahre später vollendet, 1821/22 erfolgte ein wesentlicher Umbau, 1911/12 hat man das Bauwerk durchgreifend restauriert. Den ursprünglichen Renaissancecharakter bewahrte lediglich der Turm von 1552.

□ Rogau/Rogów Opolski · Krappitz/Krapkowice · Oberglogau/Głogówek · Leobschütz/Głubczyce

Rogau/Rogów Opolski, südlich von Oppeln an der Straße nach Krappitz/Krapkowice, beherbergt ein kleines Renaissance-**Schloß/Zamek** von 1600, im 18. Jh. noch einmal umgebaut, dazu einen fast 20 ha großen Park. Im Schloß wird eine Sammlung alter Handschriften und karthographischer Arbeiten aufbewahrt.

Auch in **Krappitz/Krapkowice** sind Fragmente der mittelalterlichen Stadtmauer aus dem 14. Jh. erhalten geblieben. Dazu als eines der damaligen insgesamt vier Stadttore der sog. **Obertorturm/Brama Górna**. Dem Turm, bis heute ein vielbesuchter Aussichtspunkt, wurde 1580 eine Attika aufgesetzt. Die **Pfarrkirche St. Nikolaus/Kościół Farny Św. Mikołaja** stammt in ihrer heutigen gotischen Form aus der Zeit um 1400; im 16. Jh., nach 1722 und im 19. Jh. erfolgten verschiedene Umbauten. Neben der Kirche steht das barocke, 1678 erbaute, aus vier Flügeln bestehende **Schloß/Zamek** mit einem Arkadenhof.

Wichtigstes Kunstdenkmal der Stadt **Oberglogau/Głogówek** ist die **Pfarrkirche St. Bartholomäus/Kościół Farny Św. Bartłomieja,** ein gotisches Bauwerk aus dem 14. Jh. (Gewölbe Ende 15. Jh.), das 1776–81 im Inneren vollständig barockisiert wurde. Die Wandmalereien stammen von Franz Anton Sebastini, die Stuckdekoration und die bildhauerische Ausschmückung von Johann Schubert. Stuck wie illusionistische Malerei spielen die gleiche Rolle: Das Zusammenwirken von malerischen und bildhauerischen Elementen bewirkt, daß die Stuckornamente in die illusionistisch gemalten übergehen; die gemalten Figuren täuschen vollplastische vor. Der Baldachin des Taufbeckens in Form eines Podiums, auf dem die Weltkugel angebracht ist, die von der Schlange (dem Teufel) umschlungen wird, verdient besondere Aufmerksamkeit. Neben der Weltkugel stehen Adam und Eva, die nach oben weist, wo die Taufe im Jordan dargestellt ist – Voraussage der Aufhebung des Sündenfalls. Insgesamt ein typisches Beispiel für die barocke Rhetorik. Wandmalereien wurden 1969/70 restauriert, allerdings ist ihre Farbe inzwischen wieder relativ stark verblaßt. Die beiden Türme der Kirche tragen Barockhelme.

Die gotische **Franziskanerkirche/Kościół Franciszkanów** (14. Jh., Innenausstattung Rokoko) beherbergt als große Seltenheit die Loretto- und Antoniuskapelle aus dem 17. Jh., die als vollkommen selbständiger Baukörper im Kirchenschiff steht. Neben der Kirche das alte *Minoritenkloster* (1246–1810), das heute von Franziskanern bewirtschaftet wird.

Im Norden der Altstadt steht das **Schloß/Zamek**, das im Auftrag der Grafen von Oppersdorff auf den Fundamenten einer alten Piastenburg als Renaissancebau errichtet und ab dem 16. Jh. zu einem weitläufigen Komplex mit Ober- und Vorschloß, Freitreppe, Fürstensaal, Kapelle, Wällen und Parkanlagen ausgebaut wurde. Ein Flügel wurde im Zweiten Weltkrieg zerstört. Am Vorderflügel finden wir an der zur Stadt hin gewandten Seite ein großartiges Sandsteinportal mit den Wappen der Oppersdorffs unter dem Uhrenturm, der eine barocke Haube trägt. Vor dem Schloß erinnern ein Gedenkstein an den Aufenthalt des polnischen Königs Jan Kazimierz 1655 und eine Gedenktafel an die Anwesenheit Ludwig van Beethovens, der seinen Gastgebern seine vierte (B-Dur) Symphonie widmete.

Oberglogau/Glogówek, Portal und Uhrturm des Schlosses

Das **Rathaus/Ratusz** (1608) auf dem Markt/Rynek besitzt einen schönen Renaissancegiebel, der Rathausturm ist mit einer Barockhaube ausgestattet.

Nordwestlich des Ortes **Kostenthal/Gościęcin** liegt auf einer Anhöhe eine Wallfahrtsstätte, die dem hl. Brixius geweiht ist. Seit Jahrhunderten wird hier Quellwasser genutzt, dem man Heilkraft zuspricht. 1594 entstand neben der Quelle eine hölzerne Kapelle, die man 1880 durch einen Steinbau ersetzte. 1661 wurde hier außerdem eine der typischen Schrotholzkirchen errichtet. Zur Wallfahrtsstätte gehört auch ein achteckiges Brunnenhaus.

An das alte **Rathaus/Ratusz** von **Leobschütz/Głubczyce** (1383 erstmals erwähnt, 1570 umgebaut, 1863 neugotisch erweitert) erinnert nur noch der 1606 errichtete Turm. Vor der Rathausruine steht eine **Mariensäule/Kolumna Matki Boskiej** von 1738. Als Teil der mittelalterlichen Stadtbefestigung sind insgesamt sechs halbkreisförmige Wachtürme erhalten geblieben; die ringförmige Ummauerung der Stadt erfolgte gegen Ende des 13. Jh., im 15. und 16. Jh. hat man sie noch einmal befestigt (ab dem ausgehenden 18. Jh. abgetragen).

Weithin sichtbares Wahrzeichen der Stadt ist die doppeltürmige **Pfarrkirche Mariä Geburt/Kościół Farny.** Kernelemente der Kirche (Chor, Langhaus) stammen aus der zweiten Hälfte des 13. Jh., West-, Süd- und Nordportal vom Anfang des 14. Jh. Beim Umbau nach 1900 hat man an das Langhaus ein neues Querschiff angebaut und den Chorraum unter Verwendung alter Werkstücke neu errichtet. In ihrer ursprünglichen gotischen Gestalt ist die neben der Kirche stehende *Fabians- und Sebastianskapelle* erhalten geblieben.

Franziskanerkirche und -kloster/Kościół i Klasztor Franciszkanów gehen ursprünglich auf das Jahr 1480 zurück. Nach den Wirren des Dreißigjährigen Krieges wurden das Kloster (1753–70) und die Kirche (1758) im barocken Stil wieder aufgebaut. Nach 1824 diente das Gotteshaus als Kirche für das im Kloster untergebrachte Gymnasium. 1921 wurde das Kloster wieder mit Franziskanern besetzt. – Die **St. Annenkirche/Kościół Św. Anny** ist ein Barockbau von 1776.

Auf dem Friedhof von **Bauerwitz/Baborów** steht die Schrotholzkirche **St. Joseph/Kościół Św. Józefa** von 1700 mit einem Schnitzaltar im volkstümlichen Barock.

Die bereits im 13. Jh. erwähnte **Pfarrkirche/Kościół Farny** von **Katscher/Kiertrz** wurde im 16. und 17. Jh. erneuert sowie mit einer barocken Innenausstattung versehen. Das **Schloß/Zamek** aus dem 16. Jh. existiert nur noch als Ruine. Am Ring, unweit der Pfarrkirche, ist eine barocke **Mariensäule/Kolumna Matki Boskiej** von 1730 erhalten geblieben.

☐ Himmelwitz/Jemielnica · Groß Strehlitz/Strzelce Opolskie · St. Anna-Berg/Góra Św. Anny · Kandrzin-Cosel/Kędzierzyn-Koźle

Das Kloster **Himmelwitz/Jemielnica** war eine frühe Zisterziensergründung in Schlesien (1282) und gehörte wie Groß Rauden/Rudy (s. S. 298) südwestlich von Gleiwitz bis 1616 zur kleinpolnischen Ordensprovinz, bevor es der neuerrichteten schlesischen Ordensprovinz eingegliedert wurde. Allerdings erreichte es nicht die kulturelle und geistige Bedeutung wie Heinrichau, Leubus oder Groß Rauden. 1810 wurde das Kloster durch die preußische

Regierung aufgelöst, das Gebäude erwarb ein Adliger aus Groß Strehlitz. 1733 wurden Kirche und Kloster auf den Trümmern der alten Anlage neu errichtet. Die gotische Basilika mit polygonalem Chor erhielt eine barocke Turmfront, zur erhaltenen barocken Innenausstattung gehört der Hochaltar mit einem Gemälde von Georg Wilhelm Neunhertz, gehören verschiedene Seitenaltäre mit Holzskulpturen und ein reichgeschnitzter Orgelprospekt. Die Prälatur und der südliche Flügel des Stiftsgebäudes von 1733 werden als Pfarrhaus genutzt. Die Klosterkirche ist heute **Pfarrkirche/Kościół Farny.**

In **Stephanshain/Szczepanek**, ebenfalls südöstlich von Oppeln, steht die **Schrotholzkirche St. Marien/Kościół Św. Marii** von 1668, 1960 aus dem Ort Polnisch Neudorf/Polska Nowa Wieś nach hier überführt. Auf einer Tafel an der Kirche heißt es: »Der Zimmermann Antoni Piątek demontierte das Bauwerk, überführte es, und baute es neben seinem Hause wieder auf. Auswechslung zerstörter Balken der Wände, Schwellen und des Dachstuhls, abgeschlossen 1962 mit der Unterstützung der örtlichen Bevölkerung und des Staates.« 1967 hat man den Altar restauriert.

Auch auf dem Friedhof von **Groß Strehlitz/Strzelce Opolskie** finden wir eine der alten Schrotholzkirchen, die **Kirche der Hl. Barbara/Kościół Św. Barbary**, 1505 erstmals erwähnt, 1683–90 neu errichtet. Die gotische **Pfarrkirche/Kościół Farny** aus dem 14. Jh. erhielt im 17. Jh. einen Turm der mittelalterlichen Stadtbefestigung, den man barock umgestaltete, als Glockenturm. Vom **Schloß/Zamek**, 1562–95 auf den Fundamenten einer alten Anlage errichtet, stehen seit 1945 nur noch Ruinen. Beim Neubau des heutigen **Rathauses/Ratusz** (1846) wurde der alte Turm aus dem 16. Jh. miteinbezogen.

30 km südöstlich von Oppeln/Opole auf dem Weg nach Groß Strehlitz/Strzelce Opolskie überragt der 400 m hohe **St. Anna-Berg/Góra Świętej Anny** die Äcker und Wiesen des Oppelner Landes. Die landschaftliche Dominanz des Berges, den man in früheren Zeiten ›Chełm‹, altpolnisch: Hügel nannte, mag dafür stehen, daß er zum religiösen und auch politischen Symbol in der schlesischen Geschichte wurde. Wobei die Politik für das Trennende und die Religion für das Gemeinsame steht; lange Zeit hielten es polnische wie deutsche Oberschlesier, wenn man diese Unterscheidung gebrauchen will, für selbstverständlich, gemeinsam zum St. Anna-Berg zu pilgern und an zweisprachigen Messen teilzunehmen.

Schon für den 25. 6. 1516 wird auf dem Anna-Berg eine Kapelle in Zusammenhang mit der Dreifaltigkeitskirche in dem am Fuße des Berges gelegenen Leschnitz/Leśnica erwähnt. Die Gründung des Klosters erfolgte dann am 9. 2. 1657, als 22 Franziskaner begannen, die rapide wachsende Zahl der Pilger zu betreuen. Nach acht Jahren Bauzeit erfolgte die Weihe der barocken **Wallfahrtskirche** am 30. 4. 1673, die Kirche wurde allerdings 1781 noch einmal umgebaut. Die umschließenden Klostergebäude entstanden zwischen 1733 und 1749. Außerdem errichtete man 1700–09 auf dem Anna-Berg nicht weniger als 33 kleine *Kapellen,* deren Zahl dann bis heute sogar auf 40 anwuchs. Die Kapellen symbolisieren die wichtigsten Stationen des Leidensweges Christi.

Das von den Pilgern verehrte Heiligtum ist die Figur der sog. Anna Selbdritt, eine 55 cm große bemalte Holzskulptur (15. Jh.) im Zentrum des Hauptaltars der Kirche.

Auch heute noch sind es die Franziskaner, denen die Betreuung der Pilger obliegt und die auch ein Pilgerheim führen, das unterhalb der Kirche liegt.

Zum politischen Wahrzeichen wurde der Anna-Berg im dritten polnischen Aufstand, als ›polnische Insurgenten‹, wie es auf deutscher Seite hieß, den Berg am 4. Mai 1921 zum Protest gegen das offizielle Ergebnis der Volksabstimmung vom 21. 3. 1921 besetzten. Freiwillige des deutschen ›Selbstschutzes‹ eroberten den Berg am 21. Mai 1921 zurück. Ein 1934 erbautes und nach 1945 gesprengtes Ehrenmal erinnerte an die in diesem Kampf gefallenen Deutschen. An der Stelle wurde später ein Ehrenmal für die polnischen Kämpfer errichtet.

Pfingsten 1991 fand zum ersten Mal seit dem Ende des Zweiten Weltkrieges wieder ein kulturelles Freundschaftstreffen der deutschen Oberschlesier auf dem Anna-Berg statt. Unter tatkräftiger Mithilfe der Franziskaner gelang es den Organisatoren, das Treffen aus den ideologischen Verwirrungen deutsch-polnischer Politik herauszuhalten und so zum Symbol für die Zukunft zu machen.

Der Hafen von **Cosel/Kandrzin**, heute Teil der 1975 geschaffenen Doppelstadt **Kędzierzyn-Koźle** beiderseits der Oder, war in den Jahren vor dem Ersten Weltkrieg der zweitgrößte Binnenhafen Deutschlands (nach Duisburg). Schon Ende des 18. Jh. hatte man zwischen Cosel und Gleiwitz eine Kanalverbindung geschaffen, um Erze und Kohle zu transportieren. 1934–39 wurde dann der neue, sog. *Gleiwitzer Kanal* gebaut, der nach dem Zweiten Weltkrieg erneut eine bedeutsame Rolle als Wasserstraße (Kanal Gliwicki) spielte. 1939 begann die IG Farben mit dem Bau eines großen chemischen Werks in Kandrzin auf der rechten Oderseite, in dem 1944 14000 Beschäftigte arbeiteten. Nach der Demontage 1945 wurde das Werk ab 1949 wieder aufgebaut, heute wird dort die Hälfte des in Polen benötigten Kunstdüngers produziert. Wichtigstes Baudenkmal der Stadt ist die gotische **Pfarrkirche St. Sigmundis/Kościół Farny Św. Zygmunta** von 1449, deren Marienkapelle einigen Angaben nach von 1323 stammt.

Jakobswalde/Kotlarnia war einer der ältesten Industriestandorte in Oberschlesien. Bereits 1709 wurde hier ein Messinghammer eingerichtet, noch im 18. Jh. kamen eine Draht- und eine Löffelfabrik hinzu. Nach 1810 wurden hier Hütten- und Walzwerke errichtet. Einige der alten Arbeitersiedlungen vom Ende des 19. Jh. sind bis heute erhalten geblieben.

Kattowitz/Katowice, Wojwodschaft Kattowitz

□ Kattowitz/Katowice · Bendzin/Będzin · Königshütte/Chorzów · Tichau/Tychy · Rybnik · Loslau/Wodzisław Śląski

Die Wojwodschaft Kattowitz/Katowice ist die Verwaltungsregion mit dem stärksten Industrieaufkommen und der größten Bevölkerungsdichte in ganz Polen. Hier leben fast 4 Mill. Menschen in nicht weniger als 44 Städten und 48 Gemeinden. Der mittlere, industriell am stärksten entwickelte und urbanisierte Teil der Wojwodschaft wird *Oberschlesisches Indu-*

striegebiet/Górnośląski Okręg Przemysłowy genannt und ist, zumindest was das Produktionsvolumen, weniger die -qualität angeht, das Rückgrat der polnischen Volkswirtschaft. Es umfaßt auf relativ engem Raum dreizehn größere Städte, darunter Kattowitz mit 360000, Sosnowiec mit 252000, Beuthen/Bytom mit 240000, Gleiwitz/Gliwice mit 210000, Hindenburg/Zabrze mit 198000 und Königshütte/Chorzów mit 170000 Einwohnern. Diese Städte sind durch Eisenbahn-, Omnibus- und Straßenbahnlinien miteinander verbunden und bilden letztendlich einen einheitlichen städtisch-industriellen Organismus. 60 Kohlegruben sind hier in Betrieb, darunter Europas größte, die Grube ›Piast‹ bei Tichau/Tychy, dazu 20 Eisenhütten, mit der gewaltigen ›Huta Katowice‹ an der Spitze, schließlich elf Kokereien. Generell überwiegen im oberschlesischen Industriegebiet die Großbetriebe mit 3000, 5000 und sogar noch mehr Beschäftigten. Kleinere Unternehmen mit weniger als 500 Beschäftigten tragen nur 5% zum Produktionsaufkommen bei. Dieses Revier ist heute, wie es ein polnischer Experte formulierte, »eine sich selbst zerstörende Enklave mit Monokulturcharakter und einem in hohem Maße verschlissenen Produktionsapparat«.

Über Entstehung und Entwicklung dieses Industriezentrums entschieden die hier lagernden Bodenschätze, insbesondere die Metallerze (Eisen, Zink, Blei) und die Steinkohleflöze. Schon im Mittelalter waren die Bodenschätze Oberschlesiens bekannt, Bergleute aus Beut-

Eisenhüttenwerk ›Huta Katowice‹

hen/Bytom gruben bereits im 13. Jh. nach Silber und Blei. Der eigentliche Aufschwung dieser Region, wie sie in Europa nur mit dem Ruhrgebiet vergleichbar ist, erfolgte allerdings erst im 18. und besonders im 19. Jh. mit der Entwicklung der modernen Industrie. Die Einwohnerzahlen der Städte stiegen explosionsartig an, die Lebensbedingungen vieler Arbeiterfamilien waren hart und entbehrungsreich. Das heutige Gesicht Oberschlesiens wurde Ende der 60er/Anfang der 70er Jahre geprägt. Die nach dem politischen Systemwechsel 1990/91 in Polen in Angriff genommene Privatisierung hat – nur für Oberschlesien gesehen – bislang kaum Erfolg gebracht. Es gab Konkurse und Schließungen, aber kaum zukunftsträchtige Privatisierung. In ganz Polen leidet die Wirtschaftsreform unter dem großen Mangel an Privatkapital. Wer also soll die Industriekolosse Oberschlesiens sanieren?

Ende 1991 betrug die Zahl der Arbeitslosen allein in der Wojwodschaft Kattowitz bereits 100 000, davon 30 000 im Alter von 18 bis 24 Jahren, vor allem Bauarbeiter, Elektriker, Schlosser, Verkäufer und Köche. Ein weiteres Ansteigen der Zahl wurde prognostiziert.

Die Belastung der Umwelt in dieser Region ist so groß, daß das polnische Parlament Oberschlesien bereits 1986 als »ökologische Katastrophenregion« klassifiziert hat (s. S. 57 f.). Nur noch Hilflosigkeit demonstrierten die Zivilschutzbehörden in Kattowitz, als sie im Oktober 1991 ankündigten, man wolle 50 000 Gasmasken an die Bewohner besonders gefährdeter Stadtviertel ausgeben.

Ökonomen, Geschäftsleute und Kommunalbeamte sind der Ansicht, daß nur eine Änderung der Wirtschaftsstruktur Oberschlesien helfen kann: High-Tech, Handel und Dienstleistung statt Kohle, Stahl und Energie. Aber dafür ist westliche Hilfe nötig.

Die Wojwodschaftshauptstadt **Kattowitz/Katowice** ist in erster Linie Industriemetropole mit den typischen Kennzeichen, die das Stadtbild prägen: Fördertürme von Kohlegruben, Hochöfen, hohe Verwaltungsgebäude, Hotels, riesige Trabantensiedlungen. Gleichzeitig ist im Stadtzentrum die alte Gliederung mit gradlinigen Straßen und dem Ring als Verkehrsknotenpunkt nach dem Muster mittelalterlicher Stadtgründungen weiter erkennbar.

Direkt im Zentrum unweit des Rings/Rynek in der Mühlenstraße/ul. Młyńska steht das 1929–31 errichtete **Stadthaus,** auch heute Sitz der *Stadtbehörden/Gmach Urzędu Miejskiego.* Nicht weit entfernt blieb das Jugendstilgebäude (1890–1906) des **früheren Bahnhofs** erhalten, in dem ein Teil der Eisenbahnverwaltung untergebracht ist. Das Gebäude des jetzigen *Bahnhofs* stammt aus den Jahren 1965–72. 1907 wurde das modernisierte Bauwerk des früheren *Stadttheaters* Ring/Ecke Theaterstr. (ul. Teatralna) fertiggestellt, heute Sitz des **Staatlichen Theaters Stanisław Wyspiański/Państwowy Teatr im. St. Wyspiańskiego.** Weithin sichtbar ist die **ev. Auferstehungskirche/Kościół Ewangelicki Zmartwychwstania,** ein neoromanisches Bauwerk, 1858 fertiggestellt und in den Jahren 1888–1902 noch einmal ausgebaut (Friedrichstr./ul. Warszawska). Durch Zusammenlegung der Pädagogischen Hochschule und der Zweigstelle der Krakauer Jagiellonen-Universität entstand 1968 die **Schlesische Universität/Uniwersytet Śląski** an der Ecke ul. Uniwersytecka/ul. St. Moniuszki. Die katholische **Kirche der Allerheiligsten Jungfrau Maria/Kościół Najświętszej Marii Panny** in der früheren Holtzestraße/heute: ul. Mariacka wurde 1870 vollen-

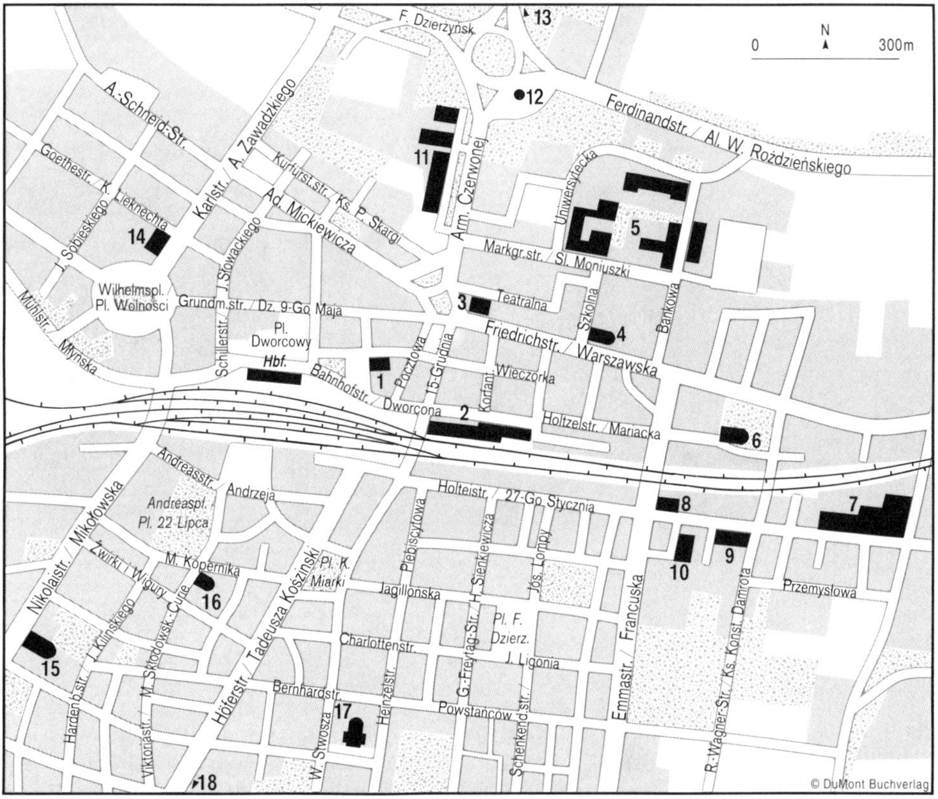

Kattowitz/Katowice 1 Haus der Stadtbehörden/Gmach Urzędu Miejskiego 2 Ehem. Bahnhof 3 Staatl. Theater Stanisław Wyspiański/Państwowy Teatr im. St. Wyspiańskiego 4 Ev. Auferstehungskirche/ Kościół Ewangelicki Zmartwychwstania 5 Schlesische Universität/Uniwersytet Śląski 6 Kirche der Allerheiligsten Jungfrau Maria/Kościół Najświętszej Marii Panny 7 Didaktisch-wissenschaftliches Zentrum des Schlesischen Polytechnikums/Ośrodek Dydaktyczno-Naukowy Politechniki Śląskiej 8 Schlesische Bibliothek/Biblioteka Śląska 9 Musikakademie/Akademia Muzyczna 10 Museum der Geschichte der Stadt Kattowitz/Muzeum Historii Miasta Katowice 11 Gebäudekomplex an der ul. Armii Czerwonej (ehem. ›Bogutschützer Hammer‹) 12 Denkmal der polnischen Aufständischen/Pomnik Powstańców Śląskich 13 Veranstaltungs- und Sporthalle der Wojwodschaft/Wojewódzka Hala Widowisko-Sportowa 14 Staatl. Schlesische Philharmonie/Państwowa Filharmonia Śląska 15 Peter-und-Paul-Kirche/Kościół Św. Piotra i Pawła 16 Kirche des Hl. Kasimir/Kościół Św. Kazimierza 17 Christuskathedrale/Katedra im. Chrystusa 18 T. Kościuszko-Park/Ogród działkowy im. T. Kościuszka mit Michaelskirche/Kościół Św. Michała

Kattowitz/Katowice, Friedrichplatz. Aufnahme um 1905

det. Im Gebäude der ehemaligen Schlesischen Technischen Lehranstalt (1922–39) in der ul. Krasińskiego/früher: Holteistraße befindet sich das **Didaktisch-wissenschaftliche Zentrum des Schlesischen Polytechnikums/Ośrodek Dydaktyczno-Naukowy Politechniki Śląskiej.** Heute fast eine Million Bände umfaßt die **Schlesische Bibliothek/Biblioteka Śląska** ul. Francuska/Ecke ul. 27 Stycznia, deren Gebäude 1933/34 entstand. Schräg gegenüber in einem eklektizistischen Gebäude von 1898 hat die **Musikakademie/Akademia Muzyczna** ihren Sitz. Das **Museum der Geschichte der Stadt Kattowitz/Muzeum Historii Miasta Katowice** in der ul. Szafranka, der früheren Rütgerstraße, verfügt vor allem über eine Galerie polnischer Malerei des 19. und 20. Jh. Der riesige, in den 60er und 70er Jahren entstandene **Gebäudekomplex** an der Westseite der ul. Armii Czerwonej, der alten Schloßstraße, befindet sich auf historischem Gelände; hier stand im 14. Jh. der sog. *›Bogutschützer Hammer‹*, ein Hochofen samt Eisengießerei, vierhundert Jahre später ab 1832 das erste schlesische Zinkblechwalzwerk. Das **Denkmal der polnischen Aufständischen/Pomnik Powstańców Śląskich** am Rondo soll an die drei Aufstände nach dem Ersten Weltkrieg erinnern. Hier an der wichtigsten Straßenkreuzung von Kattowitz steht auch das auffälligste Gebäude der Stadt: die **Veranstaltungs- und Sporthalle der Wojwodschaft/Wojewódzka Hala Widowisko-Sportowa**, die bis zu 11 000 Zuschauer aufnehmen kann und auch über eine Kunsteisbahn sowie zusätzliche Sport- und Trainingsräume verfügt.

In Kattowitz findet sich bis heute eine ganze Reihe bemerkenswerter *Jugendstilhäuser*, so in der *ul. 3 Maja* (Grundmannstraße) die *Nr. 6, 8, 17* und *40*, in der *ul. Adama Mickiewicza* (August-Schneider-Straße) die *Nr. 26*, sowie ein Haus an der *Ecke ul. Chopina* (Meisterstraße) und *ul. Zawădzkiego* (Karlstraße). Ebenfalls in der ul. Zawadzkiego steht das Gebäude der **Staatlichen Schlesischen Philharmonie/Państwowa Filharmonia Śląska**.

Für das Stadtgebiet südlich des Bahnhofs ist auf drei bedeutende Kirchen hinzuweisen: die neugotische **Peter-und-Paul-Kirche/Kościół Piotra i Pawła** in der ul. Mikołowska/früher: Nikolaistraße (1899–1900 errichtet), die **Kirche des Hl. Kasimir/Kościół Św. Kazimierza** an der ul. Kopernika (Kopernikusstraße) von 1931 sowie die **Christuskathedrale/Katedra imienia Chrystusa** an der ul. Powstańców, in langer Bauzeit zwischen 1927 und 1955 errichtet, ein gewaltiges Bauwerk von 101 m Länge, 50 m Breite und 64 m Höhe.

Im südlich des Stadtzentrums gelegenen *T. Kościuszko-Park/Ogród działkowy im. T. Kościuszka* stehen einige historische Holzbauten, darunter die **Michaelskirche/Kościół Św. Michała** von 1510, 1938 von Syrynia koło Rybnika nach Kattowitz überführt, sowie ein *Speicher* von 1683.

Stadtauswärts in Richtung Nordwesten an der Aleja Feliksa Dzierżyńskiego liegt der **Wojwodschaftspark für Kultur und Erholung/Wojewódzki Park Kultury i Wypoczynku**, ein riesiges Gelände mit einem großen Fußballstadion, einer Kirmes, einem Schwimmbad, Tennisplätzen und langen Wanderwegen.

Myslowitz/Mysłowice, östlich von Kattowitz, lag bis 1922 an der alten Grenze Schlesiens in Polen. Nicht weit von Myslowitz, in Richtung Auschwitz, findet sich auch die alte ›Dreikaiserreichsecke‹, wo bis 1917 die Grenzen Rußlands, Deutschlands und Österreichs aneinanderstießen. Diese Grenzlage brachte 1893 die HAPAG dazu, in Myslowitz eine Aufnahmestation für Flüchtlinge einzurichten, die aus diesen Ländern nach Amerika emigrieren wollten. Wichtigstes Baudenkmal der Stadt ist die **Pfarrkirche St. Marien/Kościół Farny Św. Marii** (ul. Bytomskiej), deren heutiger Bau aus den Jahren 1888–91 stammt.

Będzin ist eine der ältesten Städte des Dábrowa-Kohlebeckens östlich der alten, vor 1922 bestehenden deutsch-polnischen Grenze. Schon im 11. und 12. Jh. existierte hier eine hölzerne Wehrburg, die aber 1241 durch die Tataren zerstört wurde. Kasimir der Große ließ dann im 14. Jh. die bis heute existierende gotische **Burg/Zamek** errichten, deren mehrere Meter dicke Wände auf die alte Funktion hinweisen, nämlich Grenzbefestigung zu sein. 1358 erhielt Będzin das Stadtrecht. Im 17. Jh. war der Ort wegen seiner Tucherzeugnisse berühmt. 1766 entstand hier das erste Kohlebergwerk. Heute ist Będzin eine jener traurigen Industriestandorte in der Wojwodschaft Kattowitz, mit heruntergekommenen Wohnblocks älteren und neueren Datums, wo die alte Piastenburg wie eine Fata Morgana aus vergangenen Zeiten wirkt. Vom Burghügel geht der Blick auf Kohlezechen, Zinkhütten und riesige Wohnsiedlungen. Das 1956 eröffnete Burgmuseum enthält einige interessante Exponate aus der Stadtgeschichte.

In **Siewierz**, nördlich von Kattowitz und Będzin an der Straße nach Kattowitz, existiert nur noch eine Ruine der gotischen **Burg/Zamek**, die allerdings erahnen läßt, welches gewal-

Die wuchtige Burgruine von Siewierz

tige Bauwerk hier einmal gestanden hat. Die flache Auenlandschaft unterhalb des Burghügels verstärkt diesen Eindruck. Die schlichte romanische **Kirche d. hl. Johannes des Täufers/Kościół Św. Jana Chrzciciela,** einschiffig, mit östlicher Apsis und westlichem Portal, stammt vom Anfang des 12. Jh. Zerstörungen wurden 1950 behoben. Die Westempore in Form eines Balkons ruht auf Arkaden.

Königshütte/Chorzów ist die Stadt mit der größten Bevölkerungsdichte im oberschlesischen Industriegebiet (4600 Einwohner pro qkm). Fast alle dortigen größeren Betriebe stammen aus der Vorkriegszeit und wurden nach 1945 lediglich umgebaut oder erweitert. Der Name geht zurück auf die in den Jahren 1797–1802 unter Leitung des preußischen Bauingenieurs Friedrich Wedding und unter Mitwirkung des schottischen Ingenieurs John Baildon errichtete ›Königshütte‹. Die anschließend neben der Hütte entstandenen Arbeitersiedlungen wurden 1868 mit dem Betrieb zur Stadt Königshütte zusammengefaßt. 1905 war Königshütte mit 66000 Einwohnern nach Breslau die zweitgrößte Stadt Schlesiens. Heute leben dort 170000 Menschen. Die ›Königshütte‹, das größte Eisenhüttenwerk des oberschlesischen Industriegebiets, trägt seit Jahrzehnten den Namen ›Kosciuszko‹. Wichtigstes Baudenkmal der Stadt ist die Schrotholzkirche **St. Laurentius/Kościół Św. Wawrzynca,** 1599 erbaut und nach dem Zweiten Weltkrieg aus dem Ort Knurow nach Königshütte gebracht.

Ruda/Ruda Śląska, 1951 durch die Zusammenlegung der Gemeinden Ruda, Friedenshütte/Nowy Bytom und Antonienhütte sowie sieben Dörfern entstanden, fehlt bis heute der Charakter einer gewachsenen Stadt mit einem Zentrum. Ruda gleicht eher einem Konglomerat von Gemeinden, die zwar eine gemeinsame Verwaltung haben, aber sonst mehr oder weniger nebeneinanderherleben. Auch wenn der Eisen- und Stahlbetrieb ›Huta Pokoju‹, 1840 als ›Friedenshütte‹ gegründet, größte Fabrik der Stadt ist, steht doch die Kohleindustrie mit acht Gruben und zwei Kokereien im Vordergrund. Schon im 18. Jh. existierten in Ruda fünf Zechen, darunter die älteste Oberschlesiens aus dem Jahre 1748, sowie drei Hochöfen. Der Kohlebergbau führte dann im 19. Jh. auch zum Entstehen der Eisenhütten- und Zinkindustrie.

Der Name der Stadt **Deutsch Piekar/Piekary Śląskie** geht zurück auf eine Siedlung polnischer Bäcker der Kastellanei Beuthen (Bäcker auf polnisch: piekarz, Bäckerei: piekarnia). Der Zusatz ›Deutsch‹ entstand dann während des Zuzugs deutscher Handwerker und Kaufleute. Das aus dem 15. Jh. stammende Muttergottesbild ist seit der zweiten Hälfte des 17. Jh., als Jesuiten die Leitung der Pfarrei übernahmen, Ziel alljährlicher Wallfahrten. Das Original wurde bis 1702 in der 1326 entstandenen Pfarrkirche aufbewahrt und dann vor den schwedischen Truppen in Sicherheit gebracht. Seither befindet es sich in der Oppelner Kreuzkirche, das jetzige Bild in der Pfarrkirche von Piekar ist eine damals entstandene Kopie. Der polnische König Jan Sobieski weilte hier 1683 vor der Schlacht bei Wien, August der Starke bekannte sich 1697 in dieser Kirche zum katholischen Glauben, bevor er in Krakau zum polnischen König gekrönt wurde. Die alte hölzerne Pfarrkirche wurde 1848 durch einen neoromanischen Steinbau ersetzt (Entwurf August Stoller, Architekt Daniel Grötschel).

Auch die Geschichte der Stadt **Tarnowitz/Tarnowskie Góry** ist eng mit dem Bergbau verbunden. Schon im 16. Jh. wurden hier Blei- und Silbererze abgebaut. Bis 1850 gehörte Tarnowitz zu den Zentren der oberschlesischen Industrie. Mit der Erschöpfung der Bodenschätze ging dann die Bedeutung der Stadt mehr und mehr zurück. Sogar Johann Wolfgang von Goethe besuchte 1790 Tarnowitz, um dort die zwei

›Huta Pokoju‹ in Ruda/Ruda Śląska

Jahre zuvor aufgestellte erste Dampfmaschine auf dem europäischen Festland zu besichtigen. Heute dominieren in der Stadt Fabriken, die dem Bergbau zuliefern: vor allem Betriebe für Bergbaumaschinen, Strebanlagen u. a. So gibt es in Tarnowitz am Ring im Haus Nr. 1 auch ein **Bergbaumuseum/Kopalnia Muzeum ›Orzel‹**. Am Ring steht ebenfalls die katholische **Pfarrkirche St. Peter und Paul/Kościół Farny Św. Piotra i Pawła**, erbaut 1531 bis 1562, Mitte des 19. Jh. umgebaut. Aus dem 16. Jh. sind außerdem zahlreiche Bürgerhäuser – vor allem am Ring – erhalten geblieben, die z. T. allerdings im 19. Jh. klassizistisch umgestaltet wurden.

Naklo/Nakło, nicht weit von Tarnowitz, war früher bekannt durch die dort gezüchteten Rennpferde. Das erhaltene neugotische *Schloß*, 1858 errichtet und 1891 ausgebaut, wird heute als landwirtschaftliches Technikum genutzt.

Der Ort **Georgenberg/Miasteczko Śląskie** beherbergt eine der typischen oberschlesischen Schrotholzkirchen (s. auch S. 254 ff.). 1660 erbaut mit einem freistehenden Glockenturm, dient die **St. Marien-Kirche/Kościół Św. Marii** als Museum.

Das gut erhaltene klassizistische Schloß von **Koschentin/Koszęcin** ist Sitz des Staatlichen Gesangs- und Tanzensembles ›Śląsk‹. Die **Dreifaltigkeitskirche/Kościół Św. Trójcy** des

Schrotholzkirche von Koschentin/Koszęcin. Handzeichnung von Wolfgang Halfar, 1979

Ortes enthält eine beachtliche Innenausstattung mit Altären und Plastiken des 16. und 18. Jh.

In **Lublinitz/Lubliniec** finden wir mit der katholischen **St. Anna-Kirche/Kościół Św. Anny** eine weitere Schrotholzkirche, errichtet 1653. Vom alten Schloß der Stadt ist noch ein barockes Teilgebäude aus dem 17. Jh. erhalten. Die **Hl. Kreuz-Kirche/Kościół Św. Krzyża** am Stadtrand stammt aus dem Jahr 1842. Lublinitz erlebte seine historisch bedeutsamste Zeit im 15. und 16. Jh., als die Haupthandelsstraße zwischen Breslau und Krakau durch den Ort führte.

Nikolai/Mikołów, südlich von Kattowitz, war wie so viele andere Gemeinden Oberschlesiens im 19. Jh. vor allem eine Stadt des Bergbaus. Heute bestimmt eine große Transformatorenfabrik das industrielle Bild. Unweit des Rings im Stadtzentrum steht noch die kleine **St. Nikolai-Kirche/Kościół Św. Mikołaja** aus der zweiten Hälfte des 13. Jh. Etwas außerhalb weit sichtbar auf einem Hügel thront die **St. Adalbert-Kirche/Kościół Św. Wojciecha** (heutiger Bau aus dem 16. Jh.).

Über Jahrhunderte hinweg war **Tichau/Tychy** eigentlich nicht mehr als ein großes Dorf, noch 1946 lebten hier nur 12000 Einwohner. Doch dann beschloß man, den Ort und seine Umgebung systematisch als Wohn- und Erholungsgebiet für das oberschlesische Industriegebiet zu entwickeln. Inzwischen ist die Einwohnerzahl auf 170000 angestiegen. Zwei Papierfabriken bilden die wichtigste wirtschaftliche Basis der Stadt. Eine der beiden Brauereien von Tychy ist schon für 1613 nachgewiesen. Die barocke **Pfarrkirche/Kościół Farny** am Markt der Altstadt stammt aus den Jahren 1780–82 und wurde Anfang des 20. Jh. umgebaut. Das zweiflügelige barocke **Schloß** nahe dem Markt ließ Prinz Friedrich Erdmann von Anhalt-Köthen 1775/76 erstellen.

Die Stadt **Pleß/Pszczyna,** ganz im Süden der Wojwodschaft Kattowitz, ist in ihrer Bevölkerungsentwicklung symbolträchtig für die ganze Region. Wahrscheinlich um 1276 als deutschrechtliche Stadt gegründet, waren ihre Bewohner im 15. Jh. vorwiegend Deutsche, 100 Jahre später mit Ausnahme der adligen Herren und deren Dienerschaft vorwiegend Polen. Im 18. und 19. Jh. stieg dann der Anteil der Deutschen wieder stark an und betrug 1919 67%. Seit 1743 war Pleß preußische Kreisstadt, im Zuge der Teilung Oberschlesiens 1922 kam es zu Polen.

Pleß wurde mehrfach durch Brände weitgehend zerstört, zuletzt im Jahr 1748. Die Altstadt zeigt allerdings noch den mittelalterlichen Grundriß mit dem großen rechteckigen Marktplatz. Die katholische **Pfarrkirche/Kościół Farny,** ursprünglich aus dem 14. Jh., die evangelische Kirche und das unmittelbar daran angebaute **Rathaus/Ratusz** mit dem Säulenvorbau stammen in ihrer heutigen Baustruktur aus der Zeit nach 1748, wurden allerdings zum Teil im 19. und 20. Jh. noch verändert. Das **Schloß/Zamek** geht in seiner heutigen Gestaltung mit drei Flügeln auf den 1743–67 errichteten Bau zurück, wurde aber 1847 und 1870 noch einmal umgebaut. Das Torhaus stammt von 1687, außerdem sind Reste der alten gotischen Burg (im Erdgeschoß und der Rundturm) erhalten geblieben. Im Schloß findet sich ein *Kulturgeschichtliches Museum/Muzeum Wnętrz Pałacowych*, das unter anderem wertvolle Barockmöbel enthält. In dem fast 80 ha großen Schloßpark mit einem Teich und wertvollem alten Baumbestand steht das um 1800 errichtete *Landhaus ›Ludwigswunsch‹* im klassizistischen Stil.

Sohrau/Żory hat eine ähnliche Bevölkerungsentwicklung wie Pleß durchgemacht. Seit 1922 gehört die Stadt zu Polen. Im Zweiten Weltkrieg wurde sie zu etwa 80 % zerstört. Nur im Süden und Nordosten blieben Fragmente der alten Stadtmauer aus dem 15. Jh. erhalten. Ältestes Sakralbauwerk der Stadt ist die kleine **Marienkirche/Kościół Św. Marii,** für 1393 erstmals belegt, nach einem Brand 1661 wieder hergestellt. Nördlich des Marktplatzes steht die **Pfarrkirche St. Philippus und St. Jakobus/Kościół Farny Św. Filipa i Jakuba.** Die dreischiffige gotische Hallenkirche mußte ebenfalls nach Bränden und Zerstörungen mehrfach (vor allem 1661–68 und 1946/47) wieder aufgebaut werden.

Das Dorf **Boguschowitz/Boguszowice,** 1975 nach Rybnik eingemeindet, gehörte vom Spätmittelalter bis 1725 zum Zisterzienserkloster von Groß Rauden/Rudy (s. S. 298) auf halbem Wege zwischen Gleiwitz/Gliwice und Ratibor/Racibórz. Aus dieser Zeit (1717) stammt noch die in Kreuzform erbaute Holzkirche mit einem Altarbild von Michael Willmann.

Der Name von **Rybnik,** heute eine Stadt von 130 000 Einwohnern, geht zurück auf eine dort im Mittelalter bestehende Siedlung von Fischern (Fisch, polnisch: ryba, Fischer, polnisch: rybak). Hier stand einmal das älteste überlieferte Gotteshaus Oberschlesiens, die **Marienkirche/Kościół Św. Marii,** geweiht vor 1198, als Stiftung des Ratiborer Piastenherzogs Mieszko. Um 1300 wurde Rybnik nach deutschem Recht zur Stadt.

Das klassizistische **Rathaus/Ratusz** von Rybnik an der Westseite des Stadtrings entstand 1823. Die barock-klassizistische **Pfarrkirche zur Schmerzhaften Muttergottes/Kościół Farny Matki Boża Bolesnej** wurde 1798–1801 nach Plänen von Franz Ilgner errichtet. Das **Schloß/Zamek,** zwischen 1650 und 1682 erbaut, wurde 1789 durch ein klassizistisches Bauwerk ersetzt, das dann ab Mitte des 19. Jh. als Gerichtsgebäude diente. Ebenfalls ab 1789 wurde ein Nebengebäude des Schlossses als evangelische Kirche genutzt.

Die aus dem 14. Jh. stammende Kirche von **Pschow/Pszów** wurde ein ständiges Ziel von Wallfahrten, nachdem ein Kirchenkaplan 1722 eine Kopie des Muttergottesbildes aus Tschenstochau dorthin gebracht hatte. Die heutige spätbarocke, doppeltürmige **Pfarrkirche/Kościół Farny** erbaute man in den Jahren 1743–46, wobei die Türme 1847 hinzugefügt wurden.

Königsdorff-Jastrzemb/Jastrzębie Zdrój, wo außer in Danzig und Stettin im August 1980 ein Abkommen über die Bildung freier Gewerkschaften ausgehandelt wurde, war früher einmal ein stiller Kurort. 1859 wurden hier jod-, brom- und kohlensäurehaltige Solen entdeckt, als man eigentlich auf der Suche nach Steinkohle war. Graf von Königsdorff, nach dem 1862 der Ort benannt wurde, ließ daraufhin Kuranlagen bauen. Die Inbetriebnahme zweier großer Steinkohlegruben in den 60er Jahren war dann das endgültige Aus für den Kurbetrieb.

□ Beuthen/Bytom · Hindenburg/Zabrze · Gleiwitz/Gliwice

Wie Hindenburg/Zabrze und Gleiwitz/Gliwice verblieb **Beuthen/Bytom** bei der Teilung Oberschlesiens 1922 auf deutscher Seite. Fortan ragte das Stadtgebiet wie ein Zipfel in das benachbarte Polen hinein.

Schon im 13. Jh. wurden auf dem Beuthener Gebiet Blei und Silber abgebaut. In der preußischen Zeit kamen der Eisen- und Zinkerzbergbau hinzu, Mitte des 19. Jh. auch der Kohlebergbau. Beuthen wurde Sitz von Bergwerksgesellschaften, Bergämtern und entsprechenden Ausbildungsstätten.

Die wichtigsten Baudenkmäler der Stadt sind die **Marienkirche/Kościół Św. Marii** am Plac Grunwaldzki mit früh- und spätgotischen sowie barocken Bauelementen, die **Franziskanerkirche/Kościół Franciszkanów** nahe der Ulica Katowicka, ursprünglich frühgotisch, 1783 im Barockstil umgebaut, sowie die **Trinitatiskirche/Kościół Św. Trójcy** nördlich der Innenstadt, 1886 im Stil der Neugotik erbaut.

Im Beuthener Stadtpark steht außerdem die 1530 in Mikultschütz errichtete und 1902 von dort überführte **Schrotholzkirche.**

Hindenburg entstand als Dorfgründung unter dem Namen **Zabrze** um 1300, als man dort bereits nach Erzen grub und die ersten Eisenhämmer aufstellte. Mit dem Bau der ersten Kohlegrube 1790 wurde in Zabrze der erste große Hochofen auf Kohle umgestellt. 1853 kam

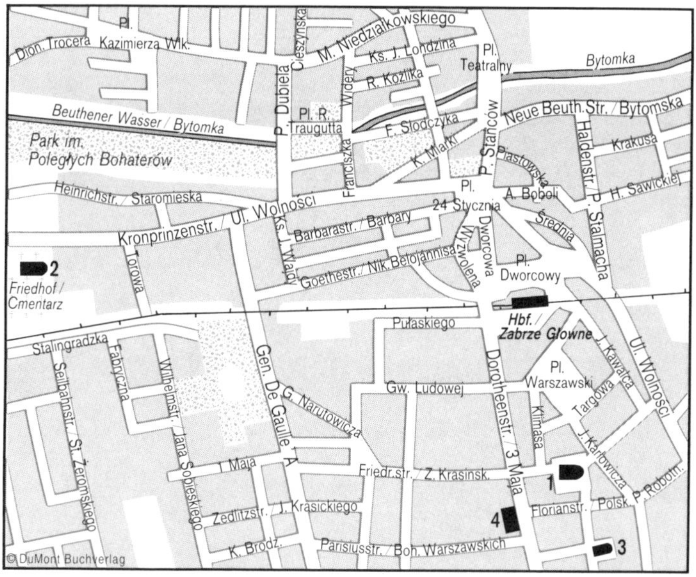

Hindenburg/Zabrze
1 *Friedenskirche/ Kościół Pokoju*
2 *Kath. Pfarrkirche/ Kościół Farny*
3 *St. Anna-Kirche/ Kościół Św. Anny*
4 *Bergbaumuseum/ Muzeum Gornictwa Węglowego*

eine Dampfkesselfabrik hinzu. Den Grundstoffindustrien folgten die Investitionsgüterindustrien, z. B. die oberschlesischen Borsigwerke. 1905 wurden die verschiedenen Landgemeinden zur Großgemeinde Zabrze mit fast 55000 Einwohnern zusammengefaßt (heute rund 200000 E.). Nach der Tannenbergschlacht 1915 erhielt die Stadt den Namen Hindenburg. Aber erst 1922, nach der Teilung Oberschlesiens, erfolgte die eigentliche Stadterhebung. Seit dem Ende des Zweiten Weltkriegs gilt wieder der ursprüngliche Name Zabrze.

Insbesondere drei Kirchen sind zu erwähnen: Die ursprünglich evangelische **Friedenskirche/Kościół Pokoju** von 1874 am Plac Krakowski, die katholische **Pfarrkirche/Kościół Farny** an der ul. Wolności und die **St. Anna-Kirche/Kościół Św. Anny** nahe der ul. 3ego Maja. Dort findet sich auch das **Bergbaumuseum/Muzeum Gornictwa Węglowego,** zu dem eine Untertageabteilung gehört.

Die deutschrechtliche Gründung der Stadt **Gleiwitz/Gliwice** ist für das Jahr 1276 nachgewiesen. Ihr eigentlicher Aufschwung setzte allerdings erst gegen Ende des 18. Jh. ein, als hier eine königliche Eisenhütte mit dem ersten Kokshochofen des europäischen Festlands gebaut wurde. Zu dieser Hütte gehörten auch eine Kanonen- und Munitionsgießerei sowie eine Kunstgießerei. Einige Bauabschnitte der Hütte sind bis heute erhalten geblieben. 1863 entstand in Gleiwitz das erste oberschlesische Röhrenwerk. Nach der Teilung Oberschlesiens wurde die Stadt zum Zentrum des Kohlebergbaus auf deutscher Seite.

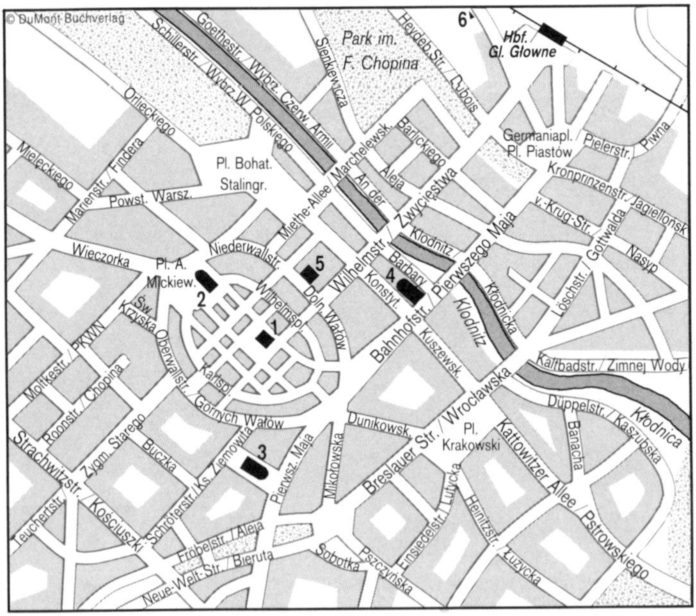

Gleiwitz/Gliwice
1 *Rathaus/Ratusz und Neptunbrunnen*
2 *Allerheiligenkirche/Kościół Wszystkich Świętych*
3 *Hl. Kreuz-Kirche/Kościół Św. Krzyża*
4 *St. Barbara-Kirche/Kościół Św. Barbary*
5 *Stadtmuseum (›Schlößchen‹)*
6 *Schrotholzkirche (Hauptfriedhof)*

Eingang in die Geschichtsbücher fand Gleiwitz am 31.8.1939, als am Vorabend des Zweiten Weltkriegs ein von der nationalsozialistischen SS organisierter Anschlag eines als polnische Soldaten verkleideten Trupps auf den Gleiwitzer Sender zum Vorwand für den deutschen Überfall auf Polen wurde.

Das Zentrum von Gleiwitz (heute rund 210000 Einwohner) mit dem Gitterstraßennetz auf ovalem Grundriß zeigt die mittelalterliche Anlage. Reste der Stadtbefestigung aus dieser Zeit sind erhalten geblieben. Das **Rathaus/Ratusz**, ursprünglich von 1534, wurde 1784 zur bis heute erhaltenen Gestalt umgebaut und als solches 1981–83 restauriert. Der davor stehende **Neptunbrunnen** stammt aus dem Jahre 1794. Nordwestlich des Rings steht die katholische **Allerheiligenkirche/Kościół Wszystkich Świętych**, die für 1279 zum ersten Mal belegt ist. Der Chor des heutigen Bauwerks ist von etwa 1450, die dreischiffige Halle vom Ende des 15. Jh., der Turm ist mit der Jahreszahl 1504 versehen. Vom Ring nach Süden kommen wir zur **Hl. Kreuz-Kirche/Kościół Św. Krzyża**, die im Auftrag der Franziskaner an Stelle eines älteren Bauwerks in den Jahren 1658–77 im Barockstil errichtet wurde. In Richtung Plac Piastów steht die gotische **St. Barbara-Kirche/Kościół Św. Barbary** aus dem 14. Jh. Auch Gleiwitz hat seine **Schrotholzkirche** (auf dem Hauptfriedhof), errichtet 1777 in dem Dorf Zembowitz/Zębowice und dann 1923 nach hier überführt.

Im alten Park von **Plawniowitz/Plawniowice** findet sich ein *Schloß*, das 1884/85 im Stil der Neorenaissance erbaut wurde. Die Schloßkapelle dient im Ort als Kirche. Auftraggeber und Bewohner des Schlosses war Graf Franz von Ballestrem, Zentrumspolitiker, 1872–93 und 1898–1906 Reichstagsabgeordneter und im zweiten Zeitraum auch Reichstagspräsident.

Der originelle Name von **Peiskretscham/Pyskowice** geht auf zwei Umstände zurück. Vor der Stadtgründung stand hier ein Dorf in Besitz der Adligen Lutozat und Lonek; als sie den Bau einer Kirche initiierten, wurde der Name ihres Vaters, nämlich Pisco, im Ortsnamen verewigt. Hinzu kam das Wort Kretscham, was soviel wie Schänke bedeutet. Das *Rathaus/Ratusz* stammt in seiner heutigen Form von 1866, die katholische *St. Nikolaus-Kirche/Kościół Św. Mikołaja* von 1622 (barocke Elemente) und 1822 (neugotische Bauabschnitte).

Die mittelalterliche, aus dem 12. Jh. stammende **Burg/Zamek** von **Tost/Toszek** zwischen Groß-Strehlitz/Strzelce Opolskie und Gleiwitz/Gliwice ist Gegenstand verschiedener Gedichte von Joseph von Eichendorff, auch in seinem Tagebuch und in seinem Entwurf zum ›Bilderbuch aus meiner Jugend‹ wird sie erwähnt. Eichendorffs Vater Adolph war um die Wende des 18. Jh. Besitzer der gesamten Herrschaft von Tost.

Die Burg wurde 1430 durch die Hussiten zerstört und danach wieder aufgebaut. 1570 durch einen Brand erneut stark beschädigt, wurde an ihrer Stelle 1648–66 eine großzügige Schloßanlage im Renaissancestil, gruppiert um einen Innenhof, errichtet. Von der spätmittelalterlichen Anlage sind bis heute als Ruine ein Wohnblock im Südosten, die Zwingmauer und der Nordwestturm erhalten geblieben. Nach einem Brand 1945 erfolgte der Wiederaufbau in den 60er Jahren. Seither beherbergt das *Torgebäude* ein Museum, eine Bibliothek und ein Café, das *Marstallgebäude* einen Kinosaal und das *Burggrafenhaus* die Verwaltung.

Vor der Burganlage findet sich die Mitte des 15. Jh. errichtete und 1713–15 umgebaute katholische **Pfarrkirche St. Katharina/Kościół Farny Św. Katarzyny**. Das neue **Rathaus/Ratusz**, der alte Bau stammte von 1767, wurde 1836 vollendet, die im Krieg zerstörte *Nepomuksäule* von 1725 auf dem Ring wurde wieder hergestellt.

Das spätbarocke **Schloß/Zamek** von **Kieferstädtel/Sośnicowice**, eine hufeisenförmige Anlage von 1755, hat die Wirren der Zeit und insbesondere den Zweiten Weltkrieg unversehrt überstanden. Heute beherbergt es eine Kranken- und Heilanstalt. Die **Pfarrkirche St. Jakobus/Kościół Farny Św. Jakuba**, 1786–94 erbaut, ist ebenfalls in gutem Zustand.

In **Groß Rauden/Rudy**, südwestlich von Gleiwitz/Gliwice, fand sich einmal die bedeutendste *Zisterzienserabtei* Oberschlesiens, gegründet 1252. Die ersten Mönche kamen aus dem kleinpolnischen Jedrzejow. Erst 1616 wurde das Kloster der damals errichteten schlesischen Ordensprovinz unterstellt. Die Mönche bauten eine einfache frühgotische **Kirche**, deren Chorraum bis heute erhalten blieb. Nachdem man 1671–80 ein neues Konventgebäude errichtet hatte, erfolgte 1696–1716 auch die barocke Umgestaltung der Kirche. 1810 mit der Säkularisierung wurde das Kloster aufgelöst, die Gebäude gingen in Staatsbesitz über und wurden zu einem barocken *Schloß* umgestaltet. Schloß wie Kirche wurden 1945 fast vollständig zerstört. Die Kirche hat man inzwischen in ihrer mittelalterlichen Gestalt sorgfältig rekonstruiert, beim Schloß ist der Wiederaufbau vorgesehen.

□ Ratibor/Racibórz · Lubowitz/Lubowice · Groß Peterwitz/Pietrowice Wielkie · Tworkau/Tworków

Ratibor/Racibórz, bei der Grenzziehung 1922 auf deutscher Seite verblieben und heute ganz im Südwesten der Wojwodschaft Kattowitz gelegen, ist schon für 1155 als Mittelpunkt einer Kastellanei nachgewiesen. 1163 wurde die dortige Burg, die der Sage nach 1241 den Mongolen widerstanden haben soll, Sitz des Piastenherzogs Mieszko I. von Ratibor. 1299 erfolgte die Verleihung des Magdeburger Stadtrechts. 1532 kam Ratibor als Lehen an das Haus Habsburg, 1645–66 wurde die Stadt sogar an die polnische Krone verpfändet. 1821 erhob der preußische König Ratibor zum Herzogtum.

Im Mittelalter war die Stadt ein bedeutender Handelsplatz am Flußübergang der Handelsstraße zwischen Brünn und Krakau: Getreidehandel, Tuchmacherei, Gerbereien, Bierbrauereien. Von den Rückschlägen im Dreißigjährigen Krieg erholte sich Ratibor erst richtig im 19. Jh., insbesondere nach der Eröffnung der Bahnlinie von Wien über Ratibor nach Berlin 1846. In der Folgezeit wurden hier wichtige Industriebetriebe errichtet. Am Ende des Zweiten Weltkriegs wurde die Innenstadt zu 80 % zerstört. Heute dominieren Bekleidungs- und Holzbearbeitungsfabriken sowie eine Kessel-, eine Zucker- und eine Waschmittelfabrik (1991 in Mehrheit übernommen durch einen Düsseldorfer Waschmittelkonzern) die Industrie der Stadt.

Vom alten Schloß, das im 19. Jh. verfiel, ist nur die **Schloßkapelle/Kaplica Zamkowa**, ein Juwel frühgotischer Baukunst aus dem 13. Jh. und eines der ältesten Bauwerke in diesem

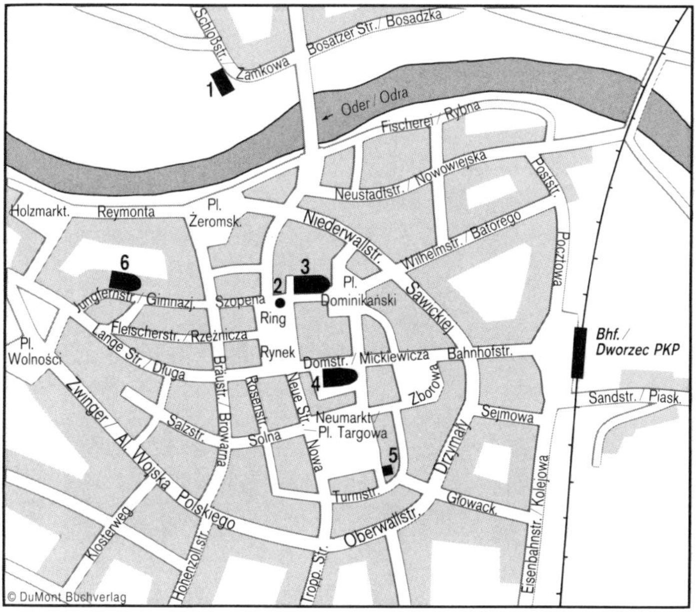

Ratibor/Ratibórz
1 Schloßkapelle/ Kaplica Zamkowa
2 Mariensäule
3 Jakobikirche/Kościół Św. Jakuba und Dominikanerkloster/Klasztor Dominikanek
4 Liebfrauen-Pfarrkirche/Kościół Farny
5 Zuchthausturm
6 Kirche zum Hl. Geist/Kościół Św. Ducha und Kloster der Dominikanerinnen/Klasztor Dominikanek

Gebiet, erhalten geblieben. Am Ring, im Zentrum der Stadt, steht die barocke **Mariensäule** von 1727, gestiftet zur Erinnerung an die Pest von 1715 und gestaltet vom Bildhauer Johann Melchior Österreich. Nicht weit davon an der Nordostecke des Rings die **Jakobikirche/ Kościół Św. Jakuba** samt **Dominikanerkloster/Klasztor Dominikanek.** Die Kirche ist ein frühgotisches Bauwerk mit einem barocken Dachreiter, geweiht 1258. Die barocke Innenausstattung stammt aus der Zeit nach einem Brand 1637. Das Kloster, ebenfalls im 13. Jh. entstanden, wurde 1822 abgebrochen.

Südöstlich des Rings steht die **Liebfrauen-Pfarrkirche/Kościół Farny,** deren fast 70 m hoher Turm sich über die Häuser des Stadtzentrums erhebt. Der Chor als ältester Teil der Kirche ist etwa 1286 entstanden; der dortige barocke Altar und das schöne Chorgestühl sind von 1653 bzw. 1656. Das Kirchenschiff wurde 1574 als Hallenkirche vollendet. Die St. Marzellus-Kapelle an der Westseite des Langhauses von 1426, dem Schutzpatron der Stadt geweiht, hieß im 17. Jh. auch polnische Kapelle, da damals polnische Prediger dort wirken konnten.

Der am südlichen Rand des Stadtzentrums stehende sogenannte **Zuchthausturm,** errichtet im 16. Jh. aus Bruchsteinen auf viereckigem Grundriß, ist als Rest der Stadtbefestigung erhalten geblieben, die erstmals 1299 erwähnt wird.

Westlich des Rings an der ul. Gimnazjalna finden wir die frühgotische **Kirche zum Hl. Geist/Kościół Św. Ducha** von 1306 samt dem zur gleichen Zeit errichteten **Kloster der**

Ratibor/Raciborz, Barockaltar in der Liebfrauen-Pfarrkirche/Kościół Farny

Dominikanerinnen/Klasztor Dominikanek. Kirchen- wie Klostergebäude werden heute als *Regionalmuseum* genutzt.

Vom Schloß der Familie von Eichendorff in **Lubowitz/Łubowice**, nördlich von Ratibor, stehen seit den Zerstörungen im Zweiten Weltkrieg nur noch Ruinen. In dem um 1780 entstandenen Schloß wurde 1788 der Dichter Joseph von Eichendorff geboren, der Lubowitz später in seiner Dichtung als poetisches Element verlorener Heimat verarbeitete.

In **Groß Peterwitz/Pietrowice Wielkie**, westlich von Ratibor, ist eine der schönen oberschlesischen Schrotholzkirchen erhalten geblieben. Das abseits des Dorfes stehende, zwischen hohen Bäumen versteckte Kirchlein stammt von 1667 und wurde 1743 umgebaut.

Tworkau/Tworków, nahe der Grenze zur Tschechoslowakei, beherbergt die wohl wichtigste Barockkirche des Kreises Ratibor, die **Peter und Paul-Kirche/Kościół Św. Piotra i Pawła.** Sie wurde 1691–97 erbaut, Hochaltar, Seitenaltäre und Kanzel stammen aus der Zeit um 1725.

□ Bielitz-Biala/Bielsko-Biała · Teschen/Cieszyn · Auschwitz/Oświęcim

Bielitz-Biala/Bielsko-Biała ist seit 1975 Hauptstadt der gleichnamigen Wojwodschaft und deren Verwaltungsbehörden. Die Stadt gewann an Bedeutung im 16. Jh., als die Tuchmacherei aus Niederschlesien bis auf die oberschlesischen Randgebiete übergriff. Ebenfalls in diesem Zeitraum wurde Bielitz zu einem Brennpunkt der Reformation. Als die protestantischen Bürger der Stadt gegen Ende des Jahrhunderts auf die östliche Seite des Flüßchens Biała ausweichen mußten (unter dem Druck der Gegenreformation), entstand der gleichnamige Ort. 1741 blieb Bielitz bei Österreich. Die beiden Orte verschmolzen in der Folgezeit immer mehr zu einem Gemeinwesen, in dem 1815, bei insgesamt 8000 Einwohnern, etwa 1000 Tuchmacher tätig waren. Bielitz-Biała entwickelte sich dann durch die Aufstellung von Spinnmaschinen zum größten Wollindustriezentrum Schlesiens. 1920 kam die Stadt zu Polen und wurde 1921 in die damals geschaffene polnische Wojwodschaft Oberschlesien eingegliedert. Heute ist sie – nach Łódź – das zweitgrößte Textilindustriezentrum Polens.

Noch sind die beiden unterschiedlichen Entwicklungsstufen der beiden Stadtteile zu erkennen: Bielitz mit dem mittelalterlichen Stadtkern, und Biała, das sich erst ab dem 17. Jh. entwickelte. Das **Schloß/Zamek** an der ul. Zamkowa, erbaut im 15. Jh., beherbergt heute ein Gymnasium und das *Städtische Heimatmuseum.* Schräg gegenüber steht das **Theater/Teatr** aus dem Jahr 1890. Das im Jugendstil errichtete **Rathaus/Ratusz** an der ul. Iwana Koniewa, also auf dem Gebiet von Biała, ist Sitz der Behörden der Doppelstadt. Nicht weit entfernt findet sich die katholische **Stadtpfarrkirche/Kościół Farny**, ein 1760–69 entstandenes Barockbauwerk. In der Altstadt von Bielitz sind Bürgerhäuser aus dem 17., 18. und 19. Jh. erhalten geblieben. Die **St. Nikolaus-Kirche/Kościół Św. Mikołaja** am Südrand der Altstadt besitzt schöne Wandmalereien und ein Altartriptychon. Sie wurde in den Jahren 1443–47 erbaut. Die **Dreifaltigkeitskirche/Kościół Św. Trójcy** von 1608 in westlicher Richtung diente nach ihrer Fertigstellung der damaligen evangelischen Gemeinde und wurde dann im Zuge der Gegenreformation katholisch. Die **Erlöserkirche/Kościół Zbawiciela**

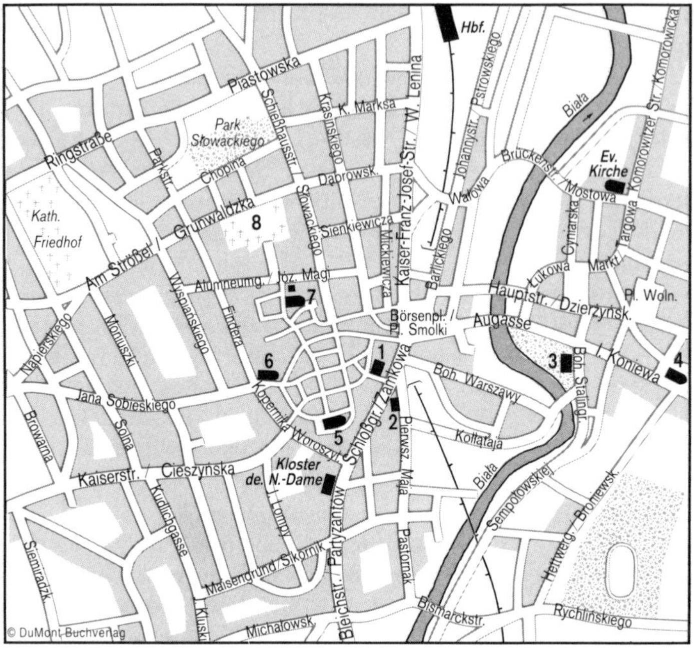

Bielitz-Biala/ Bielsko-Biała
1 *Schloß/Zamek (Städt. Heimatmuseum)*
2 *Theater/Teatr*
3 *Rathaus/Ratusz*
4 *Stadtpfarrkirche/ Kościół Farny*
5 *St. Nikolaus-Kirche/Kościół Św. Mikołaja*
6 *Dreifaltigkeits-Kirche/Kościół Św. Trójcy*
7 *Erlöserkirche/ Kościół Zbawiciela und Lutherdenkmal*
8 *Alter ev. Friedhof*

wiederum, 1792–98 errichtet, gehört heute der evangelisch-augsburgischen Gemeinde. In der anschließenden Grünanlage steht das allen Erkenntnissen nach für Polen wohl einmalige *Lutherdenkmal* von 1900. An der ul. Grunwaldzka besteht auch noch der *alte evangelische Friedhof.*

Seit 1920 teilt der Olsa-Fluß das historische **Teschen** in das polnische **Cieszyn** und das tschechische Český Těšin. Die Teilung geht zurück auf den Beschluß der Siegermächte nach der Niederlage Österreich/Ungarns im Ersten Weltkrieg (Botschafterkonferenz von 1920). Die Besetzung des Olsa-Gebiets durch Polen im Oktober 1938 brachte noch einmal eine kurzfristige Vereinigung der beiden Städte bis 1945.

Die historischen Funde auf dem Schloßberg der Stadt gehen zurück bis ins 9. Jh. Für 1155 ist die Kastellanei Teschen als südlichster Grenzbezirk des Bistums Breslau nachgewiesen. 1374 erhielt Teschen das Magdeburger Stadtrecht. Bemerkenswert in der Stadtgeschichte ist die Bedeutung Teschens für die Reformation; bis 1740 existierte hier die einzige evangelische Pfarrei von Oberschlesien, nach 1742 war Teschen die einzige organisierte protestantische Gemeinde Österreichs, ab 1781 residierte hier das Evangelische Konsistorium des Kaiserreichs, schließlich wurde Teschen nach 1848 auch ein Zentrum des nationalpolnischen Protestantismus.

Auf dem Schloßberg steht auch das älteste erhaltene Bauwerk Schlesiens, die **Nikolauskirche/Kościół Św. Mikołaja**, eine vorromanische Rotunde aus der zweiten Hälfte des 11. Jh. Als Rest der großen Burg der Teschener Piasten ebenfalls auf dem Schloßberg ist ein *Bergfried* vom Ende des 13. Jh. erhalten geblieben. Von hier aus bietet sich ein schöner Rundblick auf beide Städte diesseits und jenseits der Olsa.

Das neue **Schloß/Zamek** am Fuße des Bergs, ein Werk des Wiener Architekten Kornhäusl, stammt aus dem Jahre 1837, das nicht weit entfernte **Theater/Teatr** von 1910. Ebenfalls am Theaterplatz steht die sogenannte ›**Alte Münze**‹, 1790 zu einem Stadtpalais umgebaut, jetzt als Mietshaus genutzt.

Die gotische **St. Magdalenen-Kirche/Kościół Św. Magdaleny** in der Nähe des Markts, errichtet im 13. Jh., wurde nach einem Brand 1789 im spätbarocken Stil umgestaltet. Der große Säulenaltar im Inneren (1794) ist ein Werk von Andreas Kaspar Schweigel. Am Ring selbst steht das **Rathaus/Ratusz**, ursprünglich aus dem 15. Jh., 1836 ebenfalls nach einem Brand umgebaut und erneuert. In nördlicher Richtung finden wir die **Dreifaltigkeitskirche/Kościół Św. Trójcy** von 1595, erneuert 1846, und die **Kirche der Barmherzigen Brüder/Kościół Braci Miłosiernych** von 1697. Die evangelische *Gnadenkirche*, heute **Kościół Ewangelicki**, 1709–59 im Spätbarock erbaut, gehört zu den sechs Gotteshäusern, die den evangelischen Schlesiern im Rahmen der sog. Altranstädter Konvention von 1707 seitens des Kaisers zugestanden wurden. Heute ist sie die einzige dieser Kirchen, die noch den protestantischen Gläubigen zur Verfügung steht. Die barocke **Hl. Kreuz-Kirche/Kościół Św. Krzyża** vom Ende des 17. Jh. wiederum, im Auftrag der Jesuiten errichtet, verweist auf die Gegenreformation.

Ganz im Norden der Wojwodschaft Bielitz-Biala/Bielsko-Biała liegt die Stadt **Auschwitz/Oświęcim**. Während des Mittelalters, in den Jahren 1317–1564, war sie Regierungssitz eines selbständigen Herzogtums. Von der reichen Vergangenheit zeugen die Ruinen des gotischen Schlosses, mit einem Turm auf einer Anhöhe hinter der Stadt. Aber Auschwitz hat noch ein anderes Antlitz. Hier findet man jene Wachtürme, Mauern und Stacheldrahtzäune, Verladerampen, Hinrichtungsmauern und Krematorien, die an den von den Nationalsozialisten begangenen Völkermord erinnern. Zwischen eineinhalb und zweieinhalb (die Recherchen und Debatten der Historiker sind noch nicht beendet) Millionen Menschen aus 28 Nationen (vor allem jüdischer Herkunft) wurden in Auschwitz-Birkenau, dem wohl schrecklichsten aller Konzentrations- und Vernichtungslager, Opfer einer ausgeklügelten Todesmaschinerie. Im Mai 1940 entstand das Stammlager Auschwitz I, das aus Umbauten ehemaliger polnischer Kasernen errichtet wurde und als Musterlager zur Vorführung beim Besuch ausländischer Delegationen diente. »Arbeit macht frei«, lautet die erhaltene Aufschrift am Rundbogen des Eingangs. Seit 1942 führte eine Bahnlinie zum Vernichtungslager Birkenau (Auschwitz II); im Außenlagerkommando Manowitz (Auschwitz III) und in 39 Nebenlagern der Umgebung verrichteten die Häftlinge Sklavenarbeit, u. a. für die IG-Farben und die deutsche Rüstungsindustrie. Bevor die sowjetische Armee Auschwitz einnehmen konnte, vernichteten die Nationalsozialisten vor ihrem Rückzug im Januar 1945 die Krematorien

Auschwitz/Oświęcim, das ehem. Konzentrationslager ist heute Gedenkstätte

und die Gaskammern in dem vergeblichen Versuch, die Spuren ihrer Verbrechen zu verwischen.

Auf dem Gelände des Stammlagers und in Birkenau sind nach dem Krieg Museen und Gedenkstätten eingerichtet worden. Die Fachleute der dortigen Direktion begannen 1990, eine neue Konzeption auszuarbeiten. Sie betonten dabei, daß die neueren Erkenntnisse über die Zahl der Opfer in Auschwitz und die teilweise von Mißverständnissen belastete Diskussion über dieses Thema den grundsätzlichen Charakter des Museums nicht beeinflussen dürften. Die Ungeheuerlichkeit, die Einmaligkeit und das grundsätzliche Ausmaß der Verbrechen von damals werde keinesfalls in Frage gestellt. Aber ebenso gleiche die existierende Ausstellung vielen ständigen Ausstellungen in polnischen Museen, bei denen es um die Erläuterung historischer Vorgänge gehe. Sie seien im wahrsten Sinne des Wortes ›sozialismusgeschädigt‹, schematisch, erstickten unter einer Fülle von Zahlen, Listen und Tabellen und enthielten unzulässige Verallgemeinerungen. Der einzelne Mensch trete völlig in den Hintergrund. Immer sei die Rede von *der* Arbeiterklasse, *den* Deutschen, *den* Juden, *den* Helden. Das wolle man ändern.

1984 wurde in der ehemaligen Lagerhalle direkt an der Mauer des ehemaligen KZ-Geländes in Auschwitz ein Karmeliterinnen-Kloster eingerichtet, das fortan Gegenstand wiederholter Auseinandersetzungen zwischen den polnischen Katholiken und den internationalen jüdischen Vereinigungen war. 1987 dann einigte man sich in Genf auf ein Abkommen, wonach das Kloster verlegt und gleichzeitig in der Nähe des KZ-Geländes ein internationales Begegnungs- und Informationszentrum eingerichtet werden sollte. Im November 1991 erfolgte dann die Grundsteinlegung für das neue Kloster, der Bau des Begegnungszentrums wurde ebenfalls begonnen.

Erläuterung der Fachbegriffe

Akanthus Mittelmeerische Distelart mit großen, gezackten, an den Rändern eingerollten Blättern; seit der Antike ein in stilisierter Form verbreitetes Dekorationsmuster in Baukunst und Kunstgewerbe

Akzise Bis zum 19. Jh. indirekte Verbrauchs- und Verkehrssteuer

Allegorie Anschaulich-sinnbildliche figürliche Darstellung eines abstrakten Begriffs (z. B. Liebe, Gerechtigkeit)

Anna Selbdritt Darstellung der heiligen Anna mit ihrer Tochter Maria und dem Jesuskind

Apsis Meist halbrunder, mit einer Halbkuppel überdeckter Raum, der sich zu einem Hauptraum hin öffnet; in der christlichen Baukunst überwiegend der östliche Abschluß einer Kirche

Archivolte Vom Mauerwerk abgesetzte Einfassung eines Bogens als Fortsetzung der Gewändegliederung; bei romanischen und gotischen Portalen Bezeichnung der Bogenläufe im → Gewände

Arkade Bogenstellung über Säulen oder Pfeilern

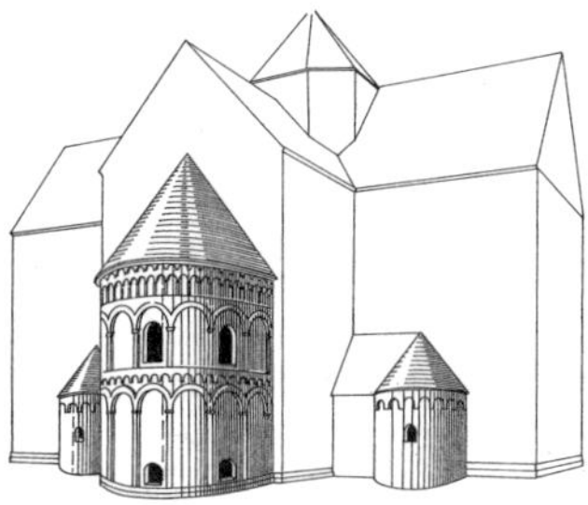

Attika Niedriges Geschoß oder brüstungsartige Aufmauerung über dem Hauptgesims eines Gebäudes

Balustrade Ein aus kleinen, gedrungenen Stützen (Balustern) gebildetes Geländer an Treppen, Balkonen oder als Dachabschluß

Basilika Drei- und mehrschiffige Kirche, deren Mittelschiff höher und breiter ist als die Seitenschiffe, so daß der durchfensterte Obergaden (Licht- oder Fenstergaden) für Lichteinfall sorgt. In der römischen Architektur: Markt- und Gerichtshalle, in der christlichen Baukunst früh bevorzugter Kirchentypus

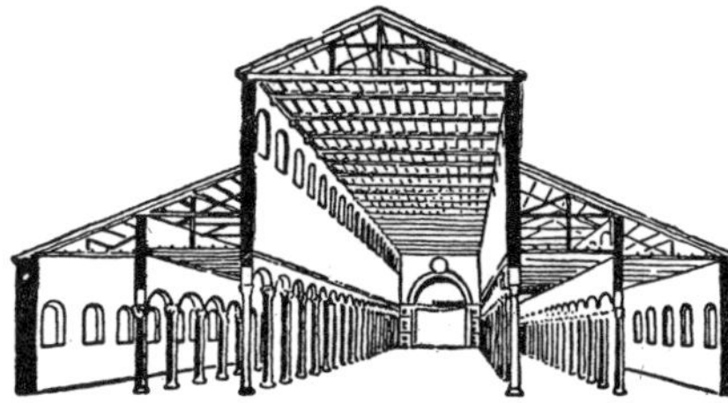

Bastion, Bastei Vorspringendes Verteidigungswerk einer Festung oder Stadtmauer

Baude Einzelnes Haus im Gebirge, meist bewirtschaftet; besonders im Riesengebirge

Belétage (frz.: schönes Stockwerk) Hauptgeschoß eines Gebäudes

Belvedere (ital.: schöne Aussicht) Aussichtsplattform auf dem Dach oder im Dachgeschoß des Wohngebäudes; meist höher angelegter, architektonisch gestalteter Aussichtspunkt in Parks bzw. Bezeichnung schön gelegener Gartenpaläste oder Lustschlösser

Bethaus Kleiner provisorischer Kirchenbau während der preußischen Herrschaft

Christus Salvator Darstellung des frontal thronenden Christus als Herr der Christenheit mit segnend erhobener Rechten und dem Buch des Lebens auf dem linken Knie (= Majestas Domini – ›Herrlichkeit des Herrn‹)

Dachreiter Schlankes Türmchen auf dem First eines Daches

Dorsale Rückwand des Chorgestühls

eklektizistisch, Eklektizismus Übernahme von Stilmitteln vergangener Epochen oder alter Meister mangels eigener schöpferischer Leistung (in der bildenden Kunst und Literatur)

Epitaph Erinnerungsmal (Inschrift, figürliche Darstellung) für einen Verstorbenen, aber kein Grabmal

Exemtion Ausgliederung eines Klosters aus dem kirchlichen Verband und Unterstellung unter einen höheren oder speziell eingesetzten Oberen

Fama Allegorische Bezeichnung für Ruhm, Nachruhm; allgemein Gerücht, Gerede

Fiale Pfeileraufsatz in Form eines spitzen Türmchens als Bekrönung des Strebepfeilers oder seitlich von → Wimpergen; Zierelement in der gotischen Architektur

›Friedenskirche‹ Nach dem Westfälischen Frieden wurde den ev. Fürstentümern Religionsfreiheit zugestanden sowie das Recht auf eigene Gotteshäuser (›Gnadenkirchen‹)

Gewände Schräg geführte, seitliche Mauerfläche (Laibung) einer Fenster- oder Portalöffnung; oftmals profiliert und mit Säulen und Skulpturen geschmückt

Hallenkirche, Hallenkrypta Kirche bzw. Krypta, deren Schiffe gleich (oder fast gleich) hoch sind

Jambus Versfuß aus einer kurzen (bzw. unbetonten) mit folgender langer (bzw. betonter) Silbe

Joch Raumabschnitt, Gewölbefeld in Längsrichtung eines langgestreckten Baus

Kanneluren, kanneliert Senkrechte konkave Rillen (Auskehlung) an Säulen-, Pfeiler- oder Pilasterschäften

Kapitell Oberer Abschluß von Säule, Pfeiler oder Pilaster mit ornamentaler, figürlicher oder pflanzlicher Dekoration

Kartusche Medaillon- oder schildförmiger Zierrahmen für Wappen, Tafeln, Inschriften und dergl.

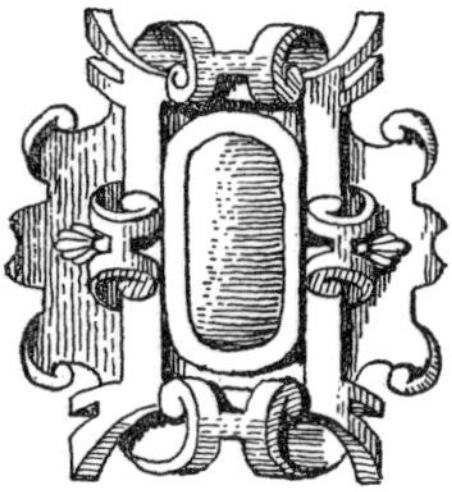

Kastellanei Schloßverwaltung

Kreuzrippengewölbe Die Durchdringung zweier Tonnengewölbe heißt Kreuzgewölbe; sind die diagonal sich kreuzenden Grate von Rippen konstruktiv verstärkt, spricht man von Kreuzrippengewölbe

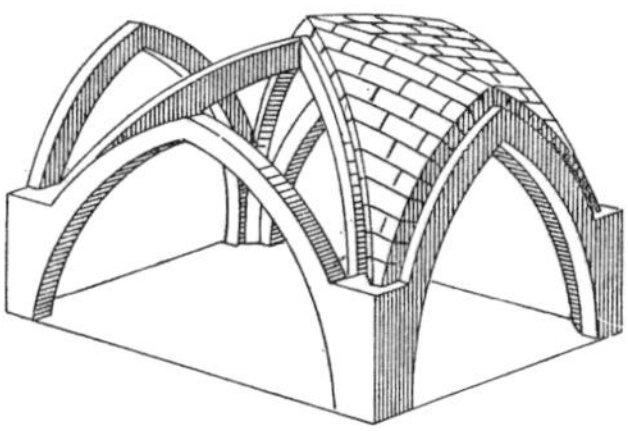

Kontribution In einem besetzten Gebiet zur Unterhaltung der Besatzungstruppen erhobene Abgabe

Laterne Runder oder vieleckiger durchfensterter Aufbau über einer Decken-, Gewölbe- oder Kuppelöffnung

Laube, Laubengang Ein meist überwölbter Gang am Erdgeschoß eines Gebäudes

Loggia Gewölbte, offene Bogenhalle in oder vor einem Gebäude; Laube

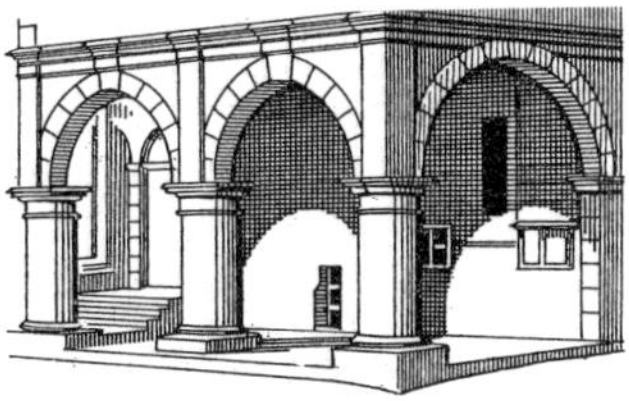

Lünette Halbkreisförmiges, dekoriertes Feld über einer Tür oder einem Fenster

Mansarddach Eine Abart des Walmdachs mit gebrochenen Dachflächen; nach dem französischen Architekten J. H. Mansart (1648–1708)

Obelisk Freistehender, im Grundriß quadratischer, sich nach oben verjüngender Steinpfeiler mit einem pyramidenförmigen Abschluß

Oktogon, oktogonal Achteck, achteckig

Oppidum (lat.) Befestigter Ort; Fliehburg, Ringwall, stadtartige Verteidigungsansiedlung

Orangerie Gewächshaus für exotische und südliche Pflanzen mit großen Südfenstern in barocken Parkanlagen

Pendentif Wandfläche in sphärischer Dreiecksform zur Überleitung von einem quadratischen Grundriß zum Fußkreis einer Kuppel

Pilaster Der Wand oder einem anderen Bauglied vorgelegter flacher, vertikaler Mauerstreifen mit Basis und Kapitell (Wandpfeiler)

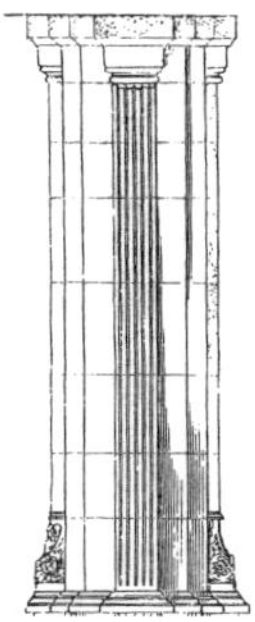

Plafond Meist mit Stuck oder Malerei geschmückte flache Decke

Portikus Eine von Säulen getragene und meist von einem Dreiecksgiebel überfangene Vorhalle, die der Hauptfront eines Gebäudes vorgelagert ist

Presbyterium Der den Priestern vorbehaltene, meist etwas erhöhte Raumteil einer Basilika, in dem sich der Hochaltar befindet (nicht unbedingt mit dem Chor identisch)

Putto (Putten, ital.: Putti, Kinder) Kleine, verspielt dargestellte nackte Knaben. In der Renaissance Fortführtung der gotischen Kinderengel; nach dem Vorbild antiker Eroten

Redoute Ballsaal; Befestigung, allseitig geschlossene Schanze

Refektorium Speisesaal eines Klosters

Remter Speisesaal (Refektorium) in der Ordensburg geistlicher Ritterorden (Deutscher Orden)

Rotunde Rund-, Zentralbau von kreisrundem oder polygonalem Grundriß

Schlußstein Oberster, als letzter eingesetzter Stein eines Bogens oder eines → Kreuzrippengewölbes; oft mit Ornamenten (Wappen, Köpfen, Tieren usw.) geschmückt

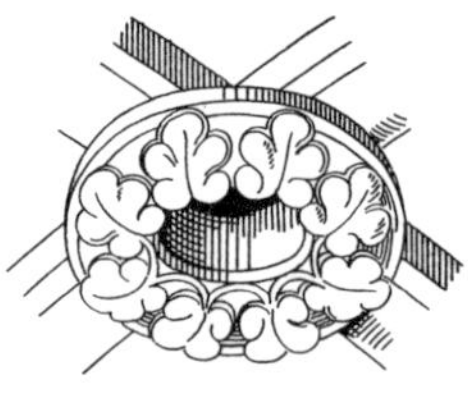

Schrotholzkirchen Rund 100 erhaltene, oft kunstvoll ausgestaltete Holzkirchen (zweite Hälfte 15. Jh. bis 18. Jh.), hauptsächlich westlich von Kattowitz und nordöstlich von Oppeln; die benutzten Stämme wurden vor dem Bau mit Schrotsäge und Axt bearbeitet. Wichtiger Teil der schlesischen Kulturlandschaft (s. auch S. 254 ff.)

Schwibbogen (Schwebebogen) Dem Strebebogen vergleichbar, nimmt er, meist zwischen zwei Gebäuden oder über engen Gassen gespannt, den Horizontalschub auf und leitet ihn ab

Sgraffito (ital. sgraffiare – kratzen) Kratzmalerei; wetterbeständige Art der Wand- und Fassadenmalerei. Auf Rohputz werden zunächst verschiedenfarbige Putzschichten aufgetragen, mit einem Kratzeisen wird danach durch unterschiedlich tiefes Kratzen eine mehrfarbige Darstellung erzielt

Spiegelgewölbe Wölbungsart über rechteckigen Räumen, die mit einer den Wänden aufsitzenden Rundung ansetzt und in eine flache Decke, den Spiegel, ausläuft

Spolien Wiederverwendete Bauteile, z. B. Säulenschäfte, Kapitelle, Gesimse usw., aus einem abgebrochenen, älteren Gebäude

Stabwerkkirche Skandinavische Holzkirche des frühen Mittelalters, deren konstruktives Gerüst aus Masten besteht (Stabbau); Innenraum zumeist klein; steile, über - und ineinandergeschichtete Dächer, Giebel und Portal oft reich geschmückt mit Drachenköpfen und Tierornamenten

Straßenangerdorf Die durchlaufenden Straßen erweitern sich in der Mitte zu einem breiten länglichen Anger, an dem die Häuser liegen

Tabernakel Gehäuse zur Aufbewahrung geweihter Hostien; in der Gotik zum Sakramentshäuschen ausgestaltet

Triptychon Dreiteiliges Altarbild (auch Gemälde), bestehend aus einem Mittelbild und zwei Seitenflügeln

Trochäus Versfuß aus einer langen (bzw. betonten) Silbe mit nachfolgender kurzer (bzw. unbetonter) Silbe

Tympanon Bogenfeld über einem mittelalterlichen Portal, meist mit plastischem Schmuck; Giebelfeld eines antiken Tempels

Vaudeville urspr. französischer Gassenhauer, Volks- und Trinklied, später burleskes oder satirisches Singspiel; Ursprungsform der Operette, der franz. komischen Oper und des deutschen Singspiels

Volute Spiralförmig aufgerolltes Ornament an Kapitellen der ionischen Bauordnung, in Renaissance und Barock auch an Giebeln und Konsolen

Waldhufendorf Reihendorf, meist in Gebirgsgegenden, bei dem die Gehöfte längs eines Bachs oder einer Talstraße liegen und die Hufen in langen parallelen Streifen bis in den Gebirgswald hinaufreichen

weicher Stil (schöner Stil) Stilperiode in der deutschen Kunst – vornehmlich der Plastik – zwischen 1380 und 1430; kennzeichnend sind weiche, fließende Formen und holde, liebliche Gesichtszüge (vor allem Madonnen mit dem Kind)

Wimperg giebelförmiger Aufbau über gotischen Portalen und Fenstern

Westwerk Vorgeschobener, turmartiger Raumkörper (Vorkirche) im Westteil großer romanischer Kloster- oder Bischofskirchen. Meist gestaltet als quadratischer Raumschacht, der an drei Seiten von Emporen umgeben ist. Das Westwerk diente u. a. als Kirche des Kaisers oder eines Herrschers, als Tauf- oder Pfarrkirche, Nonnenchor oder als Tagungsort der Sendgerichte

Zinne Brustwehr an Stadtmauern und Wehrgängen von Burgen; pfeilerartiger Maueraufsatz von Befestigungsbauten zum Schutz der Verteidiger, später nur noch dekorative Mauerbekrönung

Literaturverzeichnis

Hugo Weczerka (Hrsg.): Schlesien, Handbuch der historischen Stätten, Alfred Kröner Verlag, Stuttgart 1977

Konstanty Kalinowski: Barock in Schlesien, Geschichte, Eigenart und heutige Erscheinung, Deutscher Kunstverlag, München 1990

Hans Lutsch: Schlesiens Kunstdenkmäler, Textband, Prisma Verlag, Gütersloh 1986

Josef von Golitschek/Hans Lutsch: Schlesiens Kunstdenkmäler, Bildband, Prisma Verlag, Gütersloh 1985

Wolfgang Halfar: Die oberschlesischen Schrotholzkirchen: ein Beitrag zum Holzbau in Schlesien, Delpsche Verlagsbuchhandlung, München 1990

Ulrich Hutter-Wolandt: Die evangelische Kirche im Wandel der Zeiten, Studien und Quellen zur Geschichte einer Territorialkirche, Veröffentlichung der Forschungsstelle Ostmitteleuropa an der Universität Dortmund, 1991

Peter Maser/Adelheid Weiser (Hrsg.): Beiträge zur Geschichte des Oberschlesischen Judentums, Schrift der Stiftung Haus Oberschlesien, Gebr. Mann Verlag, Berlin 1991

Ders.: Juden und jüdische Gemeinden in Oberschlesien, Berlin 1991

Franz Heiduk: Oberschlesisches Literatur-Lexikon, Biographisch-Bibliographisches Handbuch, Teil A–H, Stiftung Haus Oberschlesien, Gebr. Mann Verlag, Berlin 1990

Ostschlesische Porträts, Biographisch-Bibliographisches Lexikon von Österreich-Ostoberschlesien, bearb. von Karl Walter Neumann, Gebr. Mann Verlag, Berlin 1991

August Scholtis: Ostwind, Ein schlesischer Schelmenroman, Deutscher Taschenbuch Verlag, München 1986

August Scholtis: Briefe, Ausgewählt, herausgegeben und kommentiert von Joachim J. Scholz, Schrift der Stiftung Haus Oberschlesien, Gebr. Mann Verlag, Berlin 1991

Walter Tausk: Breslauer Tagebuch 1933–1940, Wolf Jobst Siedler Verlag, Berlin 1988

Horst Bienek: Reise in die Kindheit, Wiedersehen mit Schlesien, Carl Hanser Verlag, München/Wien 1988

Horst Bienek: Die erste Polka, Deutscher Taschenbuch Verlag, München 1986

Ders.: Septemberlicht, Deutscher Taschenbuch Verlag, München 1984

Ders.: Zeit ohne Glocken, Deutscher Taschenbuch Verlag, München 1984

Ders.: Erde und Feuer, Deutscher Taschenbuchverlag, München 1985

Kurt Lothar Tank: Gerhart Hauptmann – In Selbstzeugnissen und Bilddokumenten, rororo-Bildmonographie, Rowohlt Taschenbuch Verlag, Hamburg 1959

Gösta v. Uexküll: Ferdinand Lassalle – In Selbstzeugnissen und Bilddokumenten, rororo-Bildmonographie, Rowohlt Taschenbuch Verlag, Reinbek bei Hamburg 1974

Paul Stöcklein: Joseph von Eichendorff – In Selbstzeugnissen und Bilddokumenten, rororo-Bildmonographie, Rowohlt Taschenbuch Verlag, Reinbek bei Hamburg 1963

Louis Ferdinand Helbig: Der ungeheure Verlust, Flucht und Vertreibung in der deutschsprachigen Belletristik der Nachkriegszeit, Verlag Otto Harrassowitz, Wiesbaden 1989

Abbildungsnachweis

Farbabbildungen

Ralf Freyer, Freiburg Umschlagvorderseite, Umschlagrückseite; Farbabb. 1, 2, 4, 8

Stanisława Jabłońska, Warschau Farbabb. 18, 20

Krzysztóf Jabłoński, Warschau Farbabb. 14

Jürgens Ost und Europa Photo, Berlin Umschlagklappe vorn; Farbabb. 5, 7, 22, 25

Werner Neumeister, München Farbabb. 12, 16

Gerhard H. Oberzill, Wien Farbabb. 6, 9–11, 13, 21, 23, 24, 27

Jo Scholten, Nettetal Farbabb. 3, 15, 17, 19, 26

Abbildungen im Text

Archiv für Kunst und Geschichte, Berlin Abb. Seite 2/3, 22, 28, 33, 34, 35, 36, 39, 42, 43, 49, 50, 73, 74, 75, 76, 78, 79, 81, 89, 101, 102, 103, 152/53

Bayerische Staatsgemäldesammlungen, Schack-Galerie München Abb. S. 212

Bildarchiv Preußischer Kulturbesitz, Berlin Abb. S. 38, 72

Deutscher Kunstverlag, München (K. Kalinowski, Barock in Schlesien, München 1990, Abb. S. 123, 135, 143, 158, 190, 201, 214, 243

Wolfgang Halfar, München Abb. S. 254, 255, 256, 292

Johann-Gottfried-Herder-Institut, Marburg Abb. S. 133, 187, 224, 226, 288

Stanisława Jabłońska, Warschau Abb. S. 205, 219

Krzysztof Jabłoński, Warschau Abb. S. 145, 159, 198/99, 215, 223, 251, 252, 267, 275, 281

Bernd G. Längin, Winnipeg Abb. S. 203, 204, 231

Werner Neumeister, München Abb. S. 30, 113, 114, 116, 126, 154, 216, 248

Foto Pierzak, Ottmachau/Otmuchów Abb. S. 47, 278

Jo Scholten, Nettetal Abb. S. 13, 14, 27, 46, 54, 55, 58/59, 60, 61, 63, 64, 66, 106, 107, 108, 110, 112, 120, 122, 131, 137, 140, 142, 144, 155, 157, 191, 206, 208/09, 222, 234, 238, 260, 262, 265, 266, 276, 279, 285, 290, 291, 300, 304

Stiftung Haus des Deutschen Ostens, Düsseldorf Abb. S. 81, 202, 207, 210, 211, 218, 221, 241, 246, 250

Ullstein Bilderdienst, Berlin Abb. S. 17, 44, 52, 91

VG Bild-Kunst, Bonn 1992 Abb. S. 35

Karten und Pläne und alle nicht einzeln aufgeführten Abbildungen: DuMont Buchverlag, Köln

Quellenhinweis

Gedicht Seite 91: Tadeusz Różewicz, Formen der Unruhe. Gedichte. Aus dem Polnischen von Karl Dedecius.

Zitate von Konstanty Kalinowski auf den Seiten 123/24 und 152/53 mit freundlicher Genehmigung des Deutschen Kunstverlags, München

Raum für Reisenotizen

Praktische Reiseinformationen

□ Vor Reiseantritt

Informationsstellen

Die polnischen Fremdenverkehrsvertretungen in der Bundesrepublik Deutschland, in Österreich und deren Vertragspartner in der Schweiz erteilen bereitwillig Auskunft und versenden Prospektmaterial.

Bundesrepublik Deutschland
POLORBIS
Hohenzollernring 99–101
5000 Köln 1
✆ 0221/520025

Glockengießerwall 3
2000 Hamburg 1
✆ 040/337686

Rotebühlstraße 51
7000 Stuttgart 1
✆ 0711/612420 und 613711

Warschauer Straße 5
O-1034 Berlin
✆ 00372/589-45-30 und 589-49-67

Reisebüro Darpol
Lassenstraße 25
1000 Berlin 33
✆ 030/8258041

Österreich
Polnisches Informationsbüro für Toustistik ORBIS
Schwedenplatz 5
1010 Wien
✆ 0222/63081

Schweiz
Chrobot-Reisen
Winterthurer Straße 70
8006 Zürich
✆ 01/3620777

Cosmos-Reisebüro AG
Missionsstraße 57
4000 Basel
✆ 061/445656

Kuoni Travel Ltd.
Neugasse 231
8037 Zürich-Neuhard
✆ 01/441261

Diplomatische Vertretungen Polens

Bundesrepublik Deutschland
Botschaften
Lindenallee 7
5000 Köln 51, ✆ 0221/380261

Unter den Linden 72
1000 Berlin 18
✆ 00372/2202551

Konsulate
Leyboldstraße 74
5000 Köln 51
✆ 0221/387013

Poetenweg 51
O-7022 Leipzig
✆ 003741/52763

Stephanstraße 16
O-2500 Rostock 1
✆ 003781/23878

Österreich
Botschaft
Hietzinger Hauptstraße 42c
1130 Wien
✆ 0222/823272

Konsulat (Visum)
Hietzinger Hauptstraße 42b
1130 Wien
✆ 0222/827444–46

Schweiz
Botschaft
Elfenstraße 20a
3006 Bern
✆ 031/440452

Einreisebestimmungen

Reisepapiere und Visum

Seit 1. 1. 1991 ist die Visumspflicht für Bürger der Bundesrepublik Deutschland aufgehoben. Für eine Polenreise bis zu 90 Tagen ist ein Reisepaß erforderlich, der am Tag der Einreise noch für mindestens 6 Monate gültig ist. Kinder und Jugendliche unter 15 Jahren benötigen einen gültigen Kinderausweis. Falls die Aufenthaltsdauer in Polen 90 Tage überschreitet, muß in Polen in den jeweiligen Meldebüros ein Visum beantragt werden.

Bürger Österreichs und der Schweiz benötigen zusätzlich zu einem gültigen Reisepaß ein Einreisevisum.

Anmeldepflicht

In Polen besteht eine Anmeldepflicht, der innerhalb von 48 Stunden nach Überschreiten der Staatsgrenze nachzukommen ist. Bei Reisen in grenznahe Gebiete ist die Meldepflicht innerhalb von 24 Stunden zu erfüllen.

Die Anmeldung wird von der Hotelrezeption oder der Campingplatzverwaltung vorgenommen; bei Aufenthalten in Privatpensionen, bei Bekannten oder Verwandten hat eine Anmeldung zusammen mit dem Unterkunftgeber bei der zuständigen Meldebehörde zu erfolgen.

Pflichtumtausch

Seit dem 1. Januar 1990 besteht bei der Einreise in die Republik Polen kein Pflichtumtausch mehr.

Vorschläge für Kurzaufenthalte

Nach Warschau und Krakau zählt ■**Breslau** heute zu den wichtigsten Städten in Polen: politisch, wirtschaftlich und kulturell. Markantes Wahrzeichen der Stadt ist das gotische *Rathaus.* Viele Breslauer Kirchen gehören zu den bedeutendsten Zeugnissen der Backsteingotik des 14. und 15. Jh. *Universität und Aula Leopoldina* verweisen auf die großen Leistungen schlesischer Barockarchitektur und -malerei.

Die vier *Klöster* ▪**Leubus,** ▪**Trebnitz,** ▪**Heinrichau** und ▪**Grüssau** erinnern an die deutsche Besiedlung und die Ursprünge schlesischer katholischer Kirchengeschichte im späten Mittelalter. Leubus wurde 1175 gestiftet, Trebnitz 1203, Heinrichau 1227 und Grüssau 1292.

Wer sich für die Geschichte des schlesischen Protestantismus und die schwierige Lage der evangelischen Gläubigen während der Gegenreformation interessiert, sollte die erhaltengebliebenen *Friedens- und Gnadenkirchen* in ▪**Schweidnitz,** ▪**Jauer,** ▪**Hirschberg** und ▪**Militsch** besuchen.

Die traditionsreiche schlesische Weinbaustadt ▪**Grünberg** gehört heute zu den wichtigsten kulturellen und wissenschaftlichen Zentren des westlichen Polen. Das historische Bild der *Altstadt* blieb gewahrt, wovon besonders die klassizistischen Bürgerhäuser zeugen. Nach dem Zweiten Weltkrieg wurde Grünberg außerdem zu einem Schwerpunkt staatlicher Wirtschaftsförderung in Polen.

▪**Hirschberg** dient vielen Besuchern als Ausgangspunkt für eine Fahrt ins ▪**Riesengebirge,** nach den Alpen und den Karpaten das dritthöchste Gebirge Mitteleuropas. 1959 wurde diese eindrucksvolle Berglandschaft zum Naturschutzgebiet erklärt, was aber schwere ökologische Schäden nicht verhindern konnte.

Im Norden des Stadtgebiets von Waldenburg liegt ▪**Schloß Fürstenstein,** die größte Schloßanlage Schlesiens. Das dortige Museum verfügt über Exponate aus der Geschichte dieses imposanten Bauwerks. Auch ein kleines Hotel sowie verschiedene Cafés, Gaststätten und ein Kunstgewerbeladen stehen den Besuchern zur Verfügung.

▪**Oppeln,** durch verschiedene Funde schon für das 9. Jh. als altslawischer Siedlungsort ausgewiesen, kann heute für politisch Interessierte als Informationszentrum in Sachen deutsche Minderheit dienen. Der unweit gelegene ▪**St. Anna-Berg** gilt seit langem als wichtigstes Wallfahrtszentrum für deutsche und polnische Katholiken in Oberschlesien.

Wer sich ein realistisches Bild von den ökologischen Problemen ▪**Oberschlesiens** machen will, sollte quer durch das dortige *Industriegebiet* fahren. Schon 1986 wurde es durch die polnische Regierung als ökologische Katastrophenregion klassifiziert.

Authentischer Bestandteil der schlesischen Kulturlandschaft sind die vielen erhaltengebliebenen ▪**Schrotholzkirchen,** insbesondere westlich von Kattowitz und nordöstlich von Oppeln.

Anreise

Mit dem Auto

Für die Ein- und Ausreise nach Polen und speziell nach Schlesien stehen folgende *Grenzübergänge* zur Verfügung:

an der Grenze Bundesrepublik Deutschland – Polen

(wobei sich die fünf erstgenannten für die Fahrt nach Schlesien empfehlen)

Zittau – Sieniawka

Görlitz – Zgorzelec

Bad Muskau – Łęknica
Forst – Olszyna
Guben – Gubin
Frankfurt/Oder – Świecko
Frankfurt/Oder – Słubice
Schwedt – Krajnik Dolny
Pomellen – Kołbaskowo
Ahlbeck – Świnoujście (nur für Fußgänger)

an der Grenze ČSFR – Polen
Harrachov – Jakuszyce
Náchod – Kudowa Słone
Bohumin – Chałupki
Český Těšín – Cieszyn
Trstená – Chyżne
Javorina – Łysa Polana
Mníšek nad Popradom – Piwniczna
Vyšný Komárnik – Barwinek

an der Grenze Weißrußland – Polen
Brest – Terespol (aus Richtung Minsk und Moskau)

an der Grenze Ukraine – Polen
Mostiska – Medyka (aus Richtung Lemberg/Lwow)
Rava-Russkaja – Hrebenne (aus Richtung Lemberg/Lwow)

an der Grenze Litauen – Polen
Ogrodniki (aus Richtung Kaunas/Wilna)
Die bei der Ein- und Ausreise benutzten Grenzübergänge und Transitstrecken müssen nicht identisch sein.

Tanken (Tankstellen mit bleifreiem Benzin s. ›Kurzinformationen von A–Z‹: Autofahren) gegen Barzahlung ist in Polen für Fahrzeuge mit ausländischen Kennzeichen nicht möglich. Die erforderlichen Benzingutscheine erhält man bei den hiesigen Polorbis-Büros (›Kurzinformationen von A–Z‹: Reisebüros), an den Grenzübergängen sowie in den polnischen Orbis- und privaten Reisebüros oder in den Büros des Polnischen Motorsport-Bundes (PZMot). Die Gutscheine können in Polen gegen Devisen bezahlt werden; gegen eine Bearbeitungsgebühr ist auch ein Rücktausch möglich.

Unbedingt mitnehmen sollten Sie *Verschleißteile* wie Glühbirnen, Keilriemen, Sicherungen, Unterbrecherkontakte u. a., da die Beschaffung von Ersatzteilen zumeist lange Wartezeiten erfordert.

Nach und nach wächst allerdings das Netz von *Vertretungen und Reparaturwerkstätten* westlicher Autofirmen wie Mercedes, BMW, VW, Fiat, Opel, Toyota u. a. Ein Anruf bei der entsprechenden Zentrale in Deutschland, Österreich oder der Schweiz kann hier nützliche Informationen ergeben.

Mit der Bahn
Zwischen Berlin, Dresden, Düsseldorf, Frankfurt/Main, Hamburg, Köln, Leipzig, München, dem Ruhrgebiet, Stuttgart, Wien und Polen verkehren täglich *internationale Fernschnellzüge*. Speziell gibt es eine tägliche Verbindung zwischen Köln und Breslau, und von da weiter nach Krakau. Aus der Schweiz existiert bislang keine direkte Bahnverbindung.

Innerhalb Polens ist das Reisen mit der Bahn oft problematisch (überfüllte Züge, Verspätungen, Anschlüsse klappen nicht, Ausfälle im Winter, u. a.). *Rechtzeitige Buchung* (unbedingt Platzreservierung) bei Polorbis ist besonders für die Hauptreisezeit empfehlenswert. Bei den in- und ausländischen Polorbis-Büros erhält man auch den ›Polrail-Paß‹, eine zeitlich begrenzte Fahrkarte für alle in den Fahrplänen der Polnischen Staatsbahn PKP angegebenen Personen-, Schnell- und Expreß-Züge.

Mit dem Flugzeug

Von Deutschland, Österreich und der Schweiz existieren regelmäßige Flugverbindungen nach Polen, wobei die angebotenen Direktflüge mit wenigen Ausnahmen Warschau zum Zielpunkt haben. Zu den Ausnahmen zählen direkte Verbindungen zwischen Hamburg und Danzig sowie zwischen Köln und Krakau. Die beiden schlesischen Städte Kattowitz und Grünberg werden nur im innerpolnischen Flugverkehr aus Warschau angeflogen (Vorsicht: Änderungen und Ausfälle möglich!).

Mit dem Bus

Die Bundesbahn-Tochter Deutsche Touring-Gesellschaft unterhält seit Oktober 1991 eine Fernbuslinie ab München (sonntags) über Nürnberg und Hof nach Breslau, Oppeln und Kattowitz. Die Rückfahrt beginnt jeweils am Freitag. Kosten für Hin- und Rückfahrt etwa 200 Mark.

Auskunft: *Deutsche Touring Gesellschaft*
Postfach 900244
6000 Frankfurt/Main
✆ 069/79030

□ Kurzinformationen von A–Z

Apotheken

Die Apotheken (Sing. poln.: Apteka) sind von 8–20 Uhr geöffnet; Medikamente müssen bar in Złoty bezahlt werden (Quittungen aufbewahren).

Da in Polen *Mangel an Medikamenten* herrscht, ist es ratsam, sich vor der Abreise eine ausreichende Reiseapotheke zusammenzustellen.

Ärztliche Versorgung

Ärztliche Dienstleistungen müssen in der Regel bar in Złoty, teilweise auch in Devisen bezahlt werden (Quittungen aufbewahren). Die Erstattung zu den ortsüblichen Kassensätzen durch hiesige Krankenkassen ist uneinheitlich geregelt. Daher sollte man nach Rücksprache mit der Krankenkasse ggf. eine *Reisekrankenversicherung* bei einem Reisebüro abschließen. Ist der Patient nicht in der Lage, die Behandlungskosten zu verauslagen, hilft die Konsularabteilung der jeweiligen Botschaft in Polen weiter.

Gesundheitsvorsorge s. auch unter ›Reisezeit‹.

Auskünfte

Touristische Informationen erhält man in den örtlichen Reisebüros; darüber hinaus befinden sich an allen Grenzübergängen und touristischen Zentren, in sämtlichen

Wojwodschaftshauptstädten, in größeren Bahnhöfen und in den Empfangshallen größerer Hotels ›it‹-Stellen mit Informationsmaterial, Prospekten, Landkarten etc. des von ihnen betreuten Gebietes.

Autofahren

Polen, insbesondere Schlesien, verfügt über ein ähnlich dichtes Straßennetz wie Deutschland, Österreich und die Schweiz, wobei der Straßenbelag vor allem auf Nebenstraßen meistens schlechter ist. Achten Sie auf Schlaglöcher, ausgefranste Bankette, holprige Übergänge bei Eisenbahnen und Straßenbahnen, auf unbeleuchtete Fahrräder, Pferdefuhrwerke und landwirtschaftliche Nutzfahrzeuge. Die Verkehrsdichte, zumindest in den Städten und auf den Durchgangsstraßen, entspricht mehr und mehr westlichen Verhältnissen.

Denken Sie daran, daß viele Autofahrer in Polen noch nicht in der Lage sind, die Geschwindigkeit, Beschleunigungsfähigkeit und Manövrierbarkeit westlicher Autos richtig einzuschätzen. Auch die Fähigkeit, Stärken und Schwächen des eigenen Wagens richtig zu beurteilen, ist nicht sehr ausgeprägt. Regelrecht gefährlich kann es werden, wenn polnische Bürger im Ausland gelebt und sich dort ein Westmodell gekauft haben, mit dem sie dann auf heimischen Straßen beweisen wollen, wie schlecht ihre nicht westerprobten Landsleute fahren. Das ist ein häufiger Grund für Unfälle.

Fernverkehrsstraßen

E 77 Warszawa – Radom – Kielce – Kraków – Zakopane

E 77 Gdańk – Ostróda – Warszawa

E 30 Frankfurt/Oder – Poznań – Konin – Warszawa – Siedlce – Biała Podlaska

E 67 Walbrzych – Wrocław – Sieradz – Łodź – Warszawa – Białystok

E 65 Świnoujscie – Szczecin – Gorzów – Wielkopolski – Zielona Góra – Jelenia Góra

E 75 Gdańsk – Grudziądz – Toruń – Łodź – Piotrków Trybunalski

E 40 Legnica – Wrocław – Opole – Chorzów – Kraków – Rzeszów – Przemyśl

Abweichende Verkehrsbestimmungen

Als Tempolimits gelten innerorts 60 km/h, außerhalb von Ortschaften 90 km/h, auf Autobahnen für Pkw 110 km/h; für Pkw mit Anhänger außerorts generell 70 km/h. Im Bereich von Kreuzungen ist das Überholen verboten. Straßenbahnen haben an Kreuzungen von gleichrangigen Straßen Vorfahrt.

Halten ist innerhalb von 100 m vor und nach Bahnübergängen untersagt. Außerhalb geschlossener Ortschaften müssen Motorräder auch am Tage mit Abblendlicht fahren. Parken ist bei Dunkelheit nur mit Standlicht gestattet. Die Promillegrenze beträgt 0,2 und sollte sehr genau eingehalten werden.

Kraftfahrzeugpapiere

Autofahrer benötigen neben nationalem Führerschein und Kfz-Schein eine grüne Versicherungskarte.

Verleiht ein Fahrzeughalter sein Auto zur Einreise nach Polen an Dritte, ist eine amtlich beglaubigte Benutzungsvollmacht für den Wagen erforderlich. Formulare hierfür sind bei den Automobilclubs erhältlich und werden für Mitglieder dort auch beglaubigt (für Nichtmitglieder u. a. bei der Polizei). Darüber hinaus erteilen die Clubs Auskünfte über das Mitführen von Wohnwagen und CB-Funkgeräten.

Das eigene Fahrzeug darf in Polen nicht von einer dort wohnhaften Person benutzt werden.

Diebstahl

Hüten Sie sich vor Dieben, die sich ihres Autos oder zumindest Ihres Radios bemächtigen wollen. Parken Sie tagsüber möglichst an belebten Stellen und suchen Sie sich für nachts eine Garage oder einen bewachten Parkplatz.

Angebracht sind transportable Autoradios oder solche mit einem Sicherheitscode. Gerade Polen ist in den letzten Jahren auch zu einem Land der Autodiebstähle geworden.

Tanken

Tanken (Superbenzin, Diesel, bleifreies Benzin) ist *nur gegen Benzingutscheine* möglich, die bei den Orbis-Reisebüros in der Bundesrepublik Deutschland und an den Grenzübergängen erhältlich sind. Das Gros der Tankstellen zählt noch zur CPN (Centrala Produktów Naftowych). Daneben allerdings entwickelt sich ein Netz privater Tankstellen sowohl polnischer als auch ausländischer Firmen.

Die Tankstellen sind in der Regel werktags von 6 bis 22 Uhr, an Sonn- und Feiertagen von 7 bis 17 Uhr, in Großstädten, an Fernstraßenkreuzungen und Autobahnen teilweise durchgehend geöffnet. Denken Sie aber daran, daß die Tankstellen 50 km und mehr auseinanderliegen können.

Bleifreies Tanken

In den CPN-Tankstellen wird bleifreies Motorenbenzin EUROSUPER 95, das den EG-Anforderungen entspricht, verkauft. Die Oktanzahlen dieses Benzins sind wie folgt:

ROZ – min. 95
MOZ – min. 85

Alle übrigen Eigenschaften dieses Benzins entsprechen den Anforderungen für Eurosuper laut EN 228 und Super laut DIN 51607.

›Bleifrei‹-Tankstellen (nur CPN)
E = Bezahlung mit Euroschecks möglich

Będzin, ul. Zawadzkiego (bei Sosnowiec)
Biała Prudnicka, Rynek (bei Prudnik)
Bielsko Biała, ul. Cieszyńska
Bielsko Biała, ul. Górska
Bolesławiec, ul. Sienkiewicza/E
Bytom-Radzionków, ul. Tarnowska (Woj. Katowice)
Chorzów, ul. Katowicka (Woj. Katowice)
Chorzów, ul. Zolnierzy Września
Cieszyn, ul. Armii Ludowej
Cybinka, ul. Słubicka (Woj. Zielona Góra)
Częstochowa, ul. Rocha
Częstochowa, ul. Warszawska
Dobrodzien, ul Opolska (Woj. Częstochowa)
Duszniki Zdr., ul. Dworcowa (Woj. Wałbrzych)/E
Gliwice, ul. Pszczyńska (Woj. Katowice)
Gliwice, ul. Sikorskiego
Głogów, ul. Obronców Pokoju (Woj. Legnica)
Jelenia Góra, ul. Cieplicka
Jelenia Góra, ul. Społdzielcza/E
Katowice, ul. Adamieckiego
Katowice, ul. Roździenskiego

Kędzierzyn, ul. Kozielska (Woj. Opole)
Kluczbork, ul. 22 Lipca (Woj. Opole)
Kłodzko, ul. Lisia (Woj. Walbrzych)/E
Krapkowice, ul. Prudnicka (Woj. Opole)
Krosno-Odrzańskie, ul. Pionierów (Woj. Zielona Góra)
Kudowa Słone, Grenzübergang/E
Kuznica Racibórska, ul. Tartaczna (Woj. Katowice)
Lądek Zdrój, Straße nach Kłodzko (Woj. Wałbrzych)
Legnica, ul. Spokojna/E
Lubin Legnicki, Straße Nr. 3/E
Mikołów b/Tychy, ul. Wyzwolenia (Woj. Katowice)
Mysłowice, ul. Katowicka (Woj. Katowice)
Namysłów, ul. Oleśnicka (Woj. Opole)
Niemodlin, ul. Opolska (Woj. Opole)
Nysa, ul. Kraszewskiego
Opole, ul. Częstochowska
Opole, ul. Wrocławska
Paczków, ul. Kopernika (Woj. Opole)
Piekary Śłąskie, ul. Bytomska (Woj. Katowice)
Pszczyna, ul. Górnośląska (Woj. Katowice)
Pyskowice, ul. Toszecka (Woj. Katowice)
Racibórz, Straße nach Rybnik (Woj. Katowice)
Ruda Śląska, ul. Asfaltowa (Woj. Katowice)
Ruda Śląska, ul. Piastowska
Rybnik, ul. Gliwicka (Woj. Katowice)
Rybnik, ul. Pstrowskiego
Siemianowice Sląskie, ul. Wyzwolenia (Woj. Katowice)
Skoczów, ul. Katowicka (Woj. Bielsko Biala)
Sosnowiec, ul. 11 Listopada (Woj. Katowice)
Sosnowiec, ul. Kresowa
Strzelce Opolskie, ul. Toszecka (Woj. Opole)
Świebodzin, Kreuzung der Straßen 2 und 3 (Woj. Zielona Góra)
Świecko, Grenzübergang/E
Swiętochlowice, ul. Nowowiejska (Woj. Katowice)
Trzebnica, ul. Wrocławska (Woj. Wroclaw)
Wałbrzych, ul. 1 Maja
Wałbrzych, ul. Wieniawskiego/E
Wodzisław Śląski, ul. Marklowicka (Woj. Katowice)
Wrocław, Autobahn/E
Wrocław, ul. Jedności Robotniczej
Wrocław, ul. B. Krzywoustego/E
Wrocław, ul. Ksiecia Witolda/E
Wrocław, ul. Lotnicza
Wrocław, ul. Ślezna/E
Wrocław, ul. Zmigrodzka/E
Zabrze Maciejów, ul. Wolności (Woj. Katowice)/E
Zawidów, ul. Zgorzelecka (Woj. Jelenia Góra)/E
Zawiercie, Stadtviertel: Sosnica (W. Katowice)
Zgorzelec, ul. Słowianska/E
Zgorzelec, ul. Warszawska/E
Zielona Góra, ul. Sulechowska/E
Zielona Góra, ul. Wojska Polskiego/E
Złotoryja, ul. Legnicka (Woj. Legnica)

Werkstätten

Es empfiehlt sich, eine Liste von Vertragswerkstätten Ihrer Automarke mitzuführen. Nicht nur die Besitzer ausgefallener Wagentypen müssen bei diversen Ersatzteilen mit Schwierigkeiten rechnen. Man sollte daher mit einer Grundausstattung an Ersatz- bzw. Verschleißteilen ausgerüstet sein.

Pannenhilfe

Der polnische Partner westlicher Automobilclubs, *PZMot* (Polski Związek Motorowy), ul. Kazimierzowska 66, 02–518 *Warszawa*, ✆ 022/49 91 31, leistet Pannenhilfe. Sein Straßenhilfsdienst kann unter ✆ 981 herbeigerufen werden. Für Mitglieder ausländischer Automobil- und Touringclubs (gültiger Ausweis!) ist Pannenhilfe bis zu 1 Stunde oder 50 km Abschleppen kostenlos.

Weitere Autowerkstätten, die Pannenhilfe leisten:
Brzeg, ul. Sikorskiego 8, ✆ 40–57, (6–14 Uhr), 34–04 (14–6 Uhr)
Jelenia Góra, ul. Wolności 57, ✆ 981 (ganztägig)
Kłodzko, ul. Warty 19, ✆ 981 (7–18 Uhr)
Legnica, ul. Ścinawska 5, ✆ 954 (6–22 Uhr)
Nysa, ul. Swierczewskiego 1a, ✆ 954 (6–22 Uhr)
Opole, ul. Oleska 97, ✆ 262–94, 260–06 (6–22 Uhr), ul. Powstánców Śląskich 18, ✆ 981 (6–22 Uhr)
Świdnica, ul. Bystrzycka, ✆ 954 (6–22 Uhr)
Wałbrzych, ul. Lubelska 3, ✆ 954 (7–16 Uhr)
Wrocław, ›Polmozbyt‹, pl. Grunwaldzki 47, ✆ 954 (6–22 Uhr)

Unfallhilfe
Bei Unfällen ist in jedem Fall die Bürgermiliz zu verständigen. Bei schweren Unfällen sind die polnischen Behörden berechtigt, bis zur Klärung der Unfallursache evtl. die Kfz-Papiere, den Reisepaß sowie den Pkw einzuziehen. Für die Schadensabwicklung mit der Versicherung werden die erforderlichen Daten des Unfallgegners, ein Protokoll der Bürgermiliz sowie ggf. auch die Anschrift des zuständigen Gerichts und das betreffende Aktenzeichen benötigt.

Die hiesigen Automobilclubs halten ein ›Unfallmerkblatt‹ bereit.

Polizei	✆ 997
Rettungsdienst	✆ 999

Autostop
Das Reisen per Anhalter vollzieht sich heute in Polen wie in der Bundesrepublik Deutschland auch. Beachten Sie bitte, daß morgens, nachmittags und an den Wochenenden viele polnische Bürger an den Ausfallstraßen großer Städte zu diesem Mittel greifen, um zur Arbeit oder nach Hause zu kommen.

Autovermietung
Pkw (Fiat 125p, Polonez 1500, Ford Sierra) können in den Städten Warszawa, Gdańsk, Katowice, Łodź, Poznań, Szczecin und Wrocław gemietet werden (bei ORBIS u. a.). Voraussetzungen sind ein Mindestalter von 21 Jahren, ein nationaler Führerschein und eine Vorauszahlung von US $ 100,- bzw. von einem entsprechenden Betrag in jeder konvertierbaren Währung. Kreditkarten von Avis, Hertz und Europcar werden akzeptiert. Die Mietpreise entsprechen dem westlichen Niveau.

Besonders für die Sommermonate empfiehlt sich eine Vorausreservierung. Auskünfte und Buchungen sind bei POLORBIS und Reisebüros möglich.

Campingplätze

Auswahl Kategorie I und II
Bielsko-Biała
ul. Karbowa 15
›Pod Dębowcem‹, ✆ 460–80
15. 03.–30. 09. Kat. I

Bolesławiec
ul. II Armii WP
›Bolek‹, ✆ 23–15
15. 06.–15. 09. Kat. I

Cieszyn
Al. J. Lyska 12
›Olza‹, ✆ 208–33
15. 06.–15. 09. Kat. I

Chorzów
ul. Dzierżyńskiego 10
✆ 41 32 41
01. 06.–30. 09. Kat. I

Czestochowa
ul. Olenki
›Olenka‹, ✆ 474–95
01. 05.–30. 09. Kat. I

Jelenia Góra
ul. Świerczewskiego
✆ 269–42
15. 05.–15. 09. Kat. II

Kamien bei Rybnik
ul. Hotelowa 12
✆ 210–97
01. 06.–30. 09. Kat. I

Katowice
ul. Adamieckiego 6
›Dolina Trzech Stawów‹, ✆ 51 87 84
01. 05.–30. 09. Kat. I

Kłodzko
ul. Sportowa 1
✆ 24–25
01. 05.–30. 09. Kat. II
ul. Nowy Świat 1
✆ 30–31 ganzjährig Kat. I

Łagów
Woj. Zielona Góra
ul. Łazienkowska 20
✆ 30
01. 05.–30. 09. Kat. I

Lubrza bei Świebodzin
✆ Świebodzin Nr. 214–23
01. 06.–30. 09. Kat. I

Pietrowice Głubczyckie (Woj. Opole)
✆ 76–81
01. 06.–30. 09. Kat. I

Szczyrk
ul. Campingowa 4
›Skalite‹¿ ✆ 760
ganzjährig Kat. I

Wisła
ul. Wyzwolenia
›Jonidlo‹, ✆ 28–20
15. 06.–15. 09. Kat. I

Wrocław
Al. Paderewskiego 35
✆ 48–16–51
01. 05.–15. 10. Kat. I

Zgorzelec
ul. Lubańska
✆ 24–36
01. 05.–31. 10 Kat. II

In Polen gibt es Campingplätze der *Kategorien I, II und III.* Die meisten davon sind in Besitz der jeweiligen Gemeinde oder einer der polnischen Touristikorganisationen wie etwa PTTK (Polnische Gesellschaft für Touristik und Landeskunde). Da die Leitungen der Campingplätze in den meisten

Fällen nicht auf Buchung eingestellt sind, bleibt Ihnen in der Regel nichts anderes übrig, als den für Sie in Frage kommenden Platz aufzusuchen und konkret nachzufragen oder kurz vorher anzurufen.

Vor einer Benutzung der Campingplätze der Kategorien II und III ist abzuraten. Diejenigen der Kategorie I sind in der Regel mit fließendem Wasser, sauberen sanitären Einrichtungen und vereinzelt auch mit kleinen Restaurants oder Imbißstuben ausgestattet.

Für die Campingplätze (wie für die Touristik und die gesamte Volkswirtschaft in Polen) gilt, daß sich die Verhältnisse von Tag zu Tag ändern, sowohl in positiver als auch in negativer Richtung. Dabei ist am ehesten von privat geführten Campingplätzen der (relativ) beste Standard zu erwarten.

Campingplätze Kategorie I:

30000,- Złoty pro Person pro Tag
20000,- Złoty für das Auto pro Tag
30000,- Złoty für den Wohnwagen pro Tag
0–30000,- Złoty für das Zelt pro Tag
teilweise 2000,- Złoty pro Tag für Diebstahlversicherung.

(Preise für 1992. 1993 können diese um 50 bis 100 Prozent höher liegen.)

Wechselkurs Herbst 1992: 1 DM – rund 9400 Złoty.

Diplomatische Vertretungen in Polen

Botschaft der Bundesrepublik Deutschland
ul. Dąbrowiecka 30
03–932 Warszawa
✆ 022-173011/173012

Generalkonsulate der Bundesrepublik Deutschland
ul. Stolarska 7
31–43 Krákow
✆ 012-218473/218088

ul. Podwale 76
50–449 Wrocław
✆ 071-442604

ul. Królowej Korony Polskiej 31
70–485 Szczecin
✆ 091-225212/13

Al. Zwycięstwa 23
80-219 Gdánsk
✆ 058-414366

Außenstelle des Generalkonsulats Breslau
ul. Strzelców Bytomskich 11
45–084 Opole
✆ 877-32184/37194

Einkäufe und Souvenirs

In den letzten Jahren (1990–92) ist die Palette der Geschäfte vor allem in den größeren Städten um vieles bunter geworden. Das gilt gerade auch für das Kunsthandwerk, das Kunstgewerbe und die Volkskunst. Besonders ein Spaziergang durch die Innenstadt von Breslau wird viele Anregungen für den Kauf teurer und auch preiswerter Souvenirs vermitteln: Graphiken, Gemälde, Skulpturen, Stoffe, Dekorationsgegenstände, Bücher, Alben u. a. Prüfen Sie auf jeden Fall die Preise genau, stellen Sie Vergleiche an, da die neuen Freiheiten in Polen auch in dieser Branche so manchen Geschäftsmann dazu verleiten, auf unsauberem Wege schnelles Geld zu verdienen.

Was Alkoholika, Zigaretten, Lebensmittel und Kosmetika angeht, haben die staatlichen (1992 bestand die Absicht, sie zu privatisieren) Pewex-Läden (vergleichbar den Intershop-Läden in der früheren DDR) ihre Exklusivität verloren, da inzwischen viele private Geschäfte, teilweise sogar billiger, derartige Waren anbieten.

Elektrizität

Die Elektrizitätsversorgung erfolgt mit 220 Volt Wechselstrom. Da es im Winter immer noch ab und zu Stromausfälle geben kann, empfiehlt sich die Mitnahme einer Taschenlampe.

Essen und Trinken

Die Küche in Schlesien unterscheidet sich kaum von der in ganz Polen. Sie ist in der Regel traditionell, preiswert und sehr deftig. Die meisten Menschen essen gern und viel. Neben äußerst kalorienreichen Schweinefleisch- und Kartoffelgerichten findet man auch leichtere Gemüsegerichte auf den Speisekarten. Die Gemahlin von Zygmunt Stary, Königin Bona Sforza, eine Italienerin, machte viele der heute gern gegessenen Gemüsesorten Anfang des 16. Jh. in Polen populär.

Zu den typischen Gerichten gehören u. a. eine Rote-Rüben-Suppe (barszcz), saure Mehlsuppe mit Wurstscheiben (zurek), gedämpftes Sauerkraut mit verschiedenen Fleischsorten (bigos, das polnische Nationalgericht), Rinderrouladen (zrazy), Schweinekotelett (schab), gefüllte Maultaschen mit Fleisch, Quark-Kartoffelfüllung, Sauerkraut und Pilzfüllung, aber auch mit Obst (pierogi), Kuttelfleck (flaki) und als Beilagen die schon erwähnten Kartoffeln (ziemniaki), Buchweizengrütze und andere Sorten Getreide (kasza), hervorragende Salzgurken (ogórek kiszony) sowie Waldpilze (grzyby, nicht mit Champignons zu verwechseln). Überaus beliebt sind Fischgerichte mit Hering (śledź) oder Karpfen (karp).

Seit ein bis zwei Jahren wächst die Zahl von *Restaurants* in ganz Polen und auch Schlesien, die sich an den Küchen anderer Länder orientieren. Da entstehen Pizzerias, spanische Restaurants und natürlich auch die unverkennbaren Einrichtungen der bekannten internationalen Fast-Food-Ketten. Die Hotelküchen sind bemüht, ihre Speisepläne um westliche Nuancen zu erweitern.

In den mittleren und größeren Städten existieren inzwischen auch *Cafés und Eisdielen*, die neben dem traditionellen Angebot auch Capuccino, westliche Alkoholika und italienisches Eis anbieten. Seien Sie im Sommer vorsichtig bei Eis, das an offenen Ständen in den Straßen angeboten wird.

Fahrradfahren

Verschiedene nieder- und oberschlesische Landschaften, mit Ausnahme natürlich der Mittelgebirgsregionen, bieten sich geradezu an, mit dem Fahrrad erkundet zu werden. Dazu muß man allerdings wissen, daß das Fahrradfahren als touristisches Unternehmen und Freizeitvergnügen in Polen noch nicht so verbreitet ist wie in Deutschland, Österreich und der Schweiz. Das bedeutet auch, daß die Autofahrer hierzulande noch weniger als die im Westen Rücksicht auf Radfahrer nehmen. Besondere Vorsicht ist also geboten. Informieren Sie sich in den Orbis-Büros, ob auch im Falle Schlesiens Angebote für Gruppenreisen per Fahrrad oder sogenannte Fahrrad-Rallyes vorliegen.

Feiertage und Feste

Neujahr	1. Januar
Ostern (Sonntag und Montag)	März/April
Feiertag der Werktätigen	1. Mai
Verfassung von 1791	3. Mai
Pfingsten (Sonntag)	Mai/Juni
Fronleichnam (Donnerstag)	Mai/Juni
Mariä Himmelfahrt	15. August
Allerheiligen (Sonntag)	1. November
Tag der nationalen Unabhängigkeit	11. November
Weihnachten	25./26. Dezember

Festivals

Oppeln/Opole
Festival der polnischen Lieder
20.–26. Juni

Duszniki Zdrój/Bad Reinerz
Internationales Chopin-Festival
6.–10. August

Geldwechsel

Geldwechsel ist über die offiziellen Wechselstellen an den Grenzübergängen, in den Orbis- und den meisten anderen staatlichen oder privaten Hotels, in der Polnischen Nationalbank (Bank Narodowy) oder privaten Banken und Wechselstuben (Kantor wymiany) möglich. Wechselkurs im Herbst 1992: 1 DM – rund 9400 Złoty.

Hotels

Bislang erfolgt die Festlegung von Kategorien bei den Hotels in Polen nicht nach allgemein formulierten und auch akzeptierten Regeln. Vielmehr ist sie uneinheitlich, widersprüchlich und – bei den einzelnen Niveaus – nicht mit den Verhältnissen im Westen vergleichbar. Es besteht der Verdacht, daß einzelne Hoteldirektionen Festlegungen nach eigenem Gutdünken vornehmen. Empfehlenswert für deutsche Touristen (und das entspricht auch der Buchungspraxis von Besuchern aus Deutschland in den letzten Jahren) sind im wesentlichen die Vier-Sterne- und einzelne Drei-Sterne-Hotels. Sie genügen in der Regel soliden, gutbürgerlichen Ansprüchen. Luxushotels existieren bislang nicht. Nur Vier-Sterne-Hotels, und auch die nicht immer, haben Schwimmbad, Sauna, Massageangebot, Friseur und dergleichen.

Zu nennen sind
Breslau: Orbis-Wrocław, Orbis-Panorama und Orbis-Novotel
Hirschberg: Orbis-Jelenia Góra
Krummhübel: Orbis-Skalny
Oppeln: Opole
Bielitz: Orbis-Magura
Teschen: Motel Orbis
Kattowitz: Orbis Warszawa.

Vollständige Liste (Herbst 1992)

Wrocław

*Orbis-Wrocław*****
ul. Powstanców Sląskich 7
53–332 Wrocław
✆ 61 46 51, Tlx 07 15 252, Fax 61 66 17

*Orbis-Panorama*****
Plac Dominikański 8
50–159 Wrocław
✆ 44 36 81, Tlx 07 12 543, Fax 44 11 25

*Orbis-Novotel*****
ul. Wyścigowa 35
53–011 Wrocław
✆ 67 50 51/-4, Tlx 07 15 198, Fax 67 52 75

*Motel Orbis****
ul. Lotnicza
54-132 Wrocław
✆ 51 81 53, Tlx 07 12 281, Fax 51 85 77

*Orbis-Monopol****
ul. Modrzejewskiej 2
50–071 Wrocław
✆ 3 70 41, Tlx 07 12 225, Fax 44 80 33

*Europejski****
ul. Świerczewskiego 88 (Straßenname ist bis 1992 gültig, dann: ul. Marszałka Jozefa Piłsudskiego)
50–017 Wrocław
✆ 3 10-71 bis 78, Tlx 07 12 381

*Grand****
ul. Swierczewskiego 100/102
50–014 Wrocław
✆ 3 60-70, Tlx 07 12 457

*Polonia****
ul. Swierczewskiego 68
50–020 Wrocław
✆ 3 10-21, Tlx 07 12 467

Wojwodschaft Wrocław

Krajków

*Motel Rondo****
Krajków bei Wrocław
55–020 Żorawina
(Entfernung: 10 km südlich von Wrocław, bei der Straße A 4: Wrocław, – Kraków),
✆ 44 60 71, Fax 60 52 90

Oleśnica

*Perla****
ul. Zawadzkiego 12
56–400 Oleśnica
✆ Wrocław 14 35 19, Tlx 07 15 439

Trzebnica

*Motel****
ul. Prusicka (bei der Straße Wrocław – Poznań)
55–100 Trzebnica
✆ Wrocław, 12 00 48, Tlx 07 12 340

Legnica

*Cuprum*****
ul. Skarbowa 7
59–220 Legnica
✆ 2 85 44, Tlx 07 87 405

Wojwodschaft Legnica

Głogów

*Kasztelański****
ul. Brama Brzostowska 1

67–200 Głogów
✆ 33 22 16, Tlx 07 82 695

Lubin
*Kosmos****
ul. Kolejowa 8
59–300 Lubin
✆ 44 10 17, Tlx 07 87 326

Złotoryja
*Pod Baszta****
Pl. Reymonta 4
59–500 Złotoryja
✆ 5 97

Jelenia Góra
*Orbis-Jelenia Góra*****
ul. Świerczewskiego 63
58–560 Jelenia Góra
✆ 2 40 80 bis 89, Tlx 075 344, 075 603
*Cieplice*****
ul. Cervi 11
58–560 Jelenia Góra – Cieplice Zdrój

Wojwodschaft Jelenia Góra

Bolesławiec
*Piast****
ul. Asnyka 1
59–700 Bolesławiec
✆ 32 91, Tlx 075 730

Karpacz
*Orbis-Skalny*****
ul. Obronców 5
58–540 Karpacz
✆ 1 97 21 bis 724, Tlx 075 506

Zgorzelec
*Pod Orłem****
ul. Warszawska 17
59–900 Zgorzelec
✆ 24–53, Tlx 075 182

Zielona Góra
*Orbis-Polan****
ul. Staszica 9a
65–175 Zielona Góra
✆ 7 00 91, Tlx 04 32 290, Fax 7 18 59

Wojwodschaft Zielona Góra

Iłowa
Zajazd **Sarmata** (Rasthaus)***
68–120 Iłowa bei Żagań
✆ 1 94
Łagów
*Zamek****
ul. Kosciuszki 3
66–220 Łagów
✆ 10
Świebodzin
*Lubuski****
ul. Marszałka Jozefa Pisudskiego 20
66–200 Świebodzin
✆ 2 34–24, Tlx 04 32 280

Opole
*Opole****
ul. Krakowska 59
45–075 Opole
✆ 3 86–51, Tlx 07 33 511
*Olimpijski***
ul. Oleska 86
45–231 Opole
✆ 2 63–51, Tlx 07 32 239
Zajazd *Niedźwiednik* (Rasthaus)***
43–432 Opole-Grudzice
✆ 3 91–08

Wojwodschaft Opole

Baków
Zajazd *U Bartnika* (Rasthaus)***
46–233 Baków, ∅ 11–48

Brzeg
*Piast***
ul. Piastowska 14
49–300 Brzeg
∅ 20–27

Domaszowice
*Farma****
46–146 Domaszowice
∅ Namysłow 222

Głuchołazy
*Leśny****
ul. Swierczewskiego 4
48–340 Głuchołazy
∅ 969
Zajazd *Zagroda* (Rasthaus)***
ul. Lompy 5
48–340 Głuchołazy
∅ 383

Kluczbork
*Stobrawa****
ul. Mickiewicza 29
46–200 Kluczbork
∅ 14–51, Tlx 0733482

Krapkowice
*Krapkowice****
ul. Prudnicka 29
47–300 Krapkowice
∅ 877, Tlx 039272

Nysa
*Piast****
ul. Bolesława Krzywoustego 14
48–300 Nysa
∅ 40–84
*Lazurowy***
ul. Świerczewskiego 42
48–300 Nysa
∅ 21–35

Bielsko Biała
*Orbis-Magura*****
ul. Zywiecka 93
43–300 Bielsko-Biała
∅ 465–45, Tlx 035773, Fax 45874
*Prezydent****
ul. 3-Maja
43–300 Bielsko-Biała
∅ 272–11

Wojwodschaft Bielsko Biała

Cieszyn
Motel *Orbis*****
ul. Armii Ludowej 93
43–400 Cieszyn
∅ 204–51, Tlx 038234, Fax 22930
*Pod Jeleniem****
Rynek 20
43–400 Cieszyn
∅ 210–40, 208–40, Tlx 038222

Oświęcim
*Olimpijski***
ul. Chemików 2a
32–600 Oświęcim
∅ 238–41

Szczyrk
Pensjonat *Krystyna* (Orbis)****
ul. Mysliwska 30, 43–370 Szczyrk
∅ 212, 225
Pensjonat *Olimpia* (Orbis)****

ul. Skosna 9
43–370 Szczyrk, ✆ 1 41

Katowice

Orbis-Warszawa ****
ul. Roździenskiego 16
40-202 Katowice
✆ 59 60 11 bis 15, Tlx 03 15 748, Fax 58 70 66
Orbis-Silesia *** ul. Piotra Skargi 2
40-951 Katowice
✆ 59 62 11, Tlx 03 15 674, Fax 59 61 40
Katowice ***
Al. Korfantego 9
40-951 Katowice
✆ 58 82 81, Tlx 03 12 495
Olimpijski ***
Al. Korfantego 35
40-951 Katowice
✆ 58 22 82, Tlx 03 12 590
Senator ***
ul. 1-Maja 3
40-224 Katowice
✆ 58 60 81 bis 5, Tlx 03 12 797
Sportowy ***
ul. Ceglana 67
40-224 Katowice
✆ 51 82 75

Wojwodschaft Katowice

Gliwice
Leśny ***
ul. Toszecka
44-100 Gliwice
✆ 38 22 71, Tlx 036 325

Jastrzebie Zdrój
Diament ****
ul. Leśna 4
44-335 Jastrzębie Zdrój
✆ 6 30 41 bis 49, Tlx 036 506

Kamien bei Rybnik
Olimpia ***
ul. Hotelowa 12
44-213 Kamien
✆ 2 21 40, Tlx 036 657

Mysłowice
Trojak ***
ul. Gwardii Ludowej 22
41-400 Mysłowice
✆ 22 50 91

Sosnowiec
Orbis-Novotel ****
ul. Kresowa 55
41-200 Sosnowiec
✆ 66 04 26 bis 29, Tlx 03 12 516,
Fax 59 53 55
Motel *Orbis* ***
ul. Kresowa 7
41-200 Sosnowiec
✆ 66 00 68, Tlx 03 12 838

Tarnowskie Góry
Sportowy ***
ul. Korczaka 23
42-600 Tarnowskie Góry
✆ 85–45–24

Tychy
Tychy ****
ul. Krasickiego 10
43-100 Tychy
✆ 27 20 31,
Tlx 03 12 931

Zabrze
Sportowy ***
ul. Wolności 402
41-800 Zabrze
✆ 71 44 58

Częstochowa
Orbis-Patria ****
ul. Starucha 2
42-200 Częstochowa
✆ 47001 bis 06, Tlx 037269, Fax 46332
Motel *Orbis* ****
ul. Wojska Polskiego 281-285
42-200 Częstochowa
✆ 57233, 55607, Tlx 037605
Pernik ***
ul. Św. Rocha 224
42-200 Częstochowa
✆ 555–15, 532–30, Tlx 037636
Turysta ***
ul. Makuszynskiego 58
42-200 Częstochowa
✆ 52236, 52280, Tlx 037629

Wałbrzych
Sudety ***
ul. Parkowa 15
58-302 Wałbrzych
✆ 774–31, Tlx 0742968

Wojwodschaft Wałbrzych

Kłodzko
Nad Młynówka **
ul. Daszyńskiego 16
57-300 Kłodzko
✆ 25–63

Kudowa Zdrój
Kosmos ***
ul. Mariana Buczka 8a
57-350 Kudowa Zdrój
✆ 66–15–11

Polanica Zdrój
Polanica **
ul. Warszawska 14
✆ 485, Tlx 0745179
Sana **
ul. Goraska 2
57-320 Polanica Zdrój
✆ 731
Nasz Dom ***
ul. Cicha 1
57-320 Polanica Zdrój, ✆ 212, 406

Karten, Spezialführer

Gute Autokarten, teilweise mit einem zweisprachigen Ortsindex versehen (Maßstab 1:500000 – 1:300000, mit Ausschnitten in größeren Maßstäben), erhalten Sie in den einheimischen Buchhandlungen. Über ein breites Angebot polnisch- und deutschsprachiger Reiseliteratur und Spezialführer verfügt die Versandbuchhandlung Wawel, Stephanstr. 11, 5000 Köln 1, ✆ 0221–246160. Neue Autokarten (ab Anfang 1993) werden auch vom ADAC herausgegeben.

Die jeweiligen it- und ORBIS-Geschäftsstellen und auch einzelne private Reisebüros in Polen halten (meist) detailgenaue Stadtpläne und Karten der von ihnen betreuten Regionen bzw. Wojwodschaften bereit.

Fragen Sie auch in den Buchhandlungen vor Ort: Es wächst die Zahl neuer Autokarten und Stadtpläne (in Polnisch) mit moderner Kartographie (Farben, Generalisierung, Symbole, Register u. a.).

Kurorte und Heilbäder

Die Heileigenschaften schlesischer Quellen sind seit langem bekannt. Man fuhr und fährt dorthin nicht nur aus Gesundheitsgründen, sondern einfach auch, weil es ›zum guten Ton gehört‹. Die wichtigsten Kurorte und Heilbäder sind hier in alphabetischer Reihenfolge aufgeführt.

Cieplice Śląskie Zdrój
(Woj. Jelenia Góra) 340–350 m
Kurindikationen: Krankheiten der Bewegungsorgane, Rheumakrankheiten, Krankheiten der Harnwege, für Kinder – auch Bewegungsorgane- und Rheumakrankheiten.
Direktion ›Uzdrowisko Cieplice‹, 58-560 Jelenia Gora, ul. Piotra Ściegiennego 5/7, ✆ 510–03 bis 05, Tlx 075445
Bedienung ausl. Kurgäste: ul. Cieplicka 7, ✆ 510–03 bis 05

Czerniawa Zdrój
(Woj. Jelenia Góra) 510–550 m
Kurindikationen: Atemwegekrankheiten bei Kindern
Direktion ›Uzdrowisko Świeradów-Czerniawa‹, 59-850 Swieradow Zdrój, ul. B. Bieruta 2, ✆ 307, 308, 309, Tlx 075643.
Bedienung ausl. Kurgäste: Świeradow Zdrój, ul. Zdrojowa 1, ✆ 308 oder 342.

Długopole Zdrój
(Woj. Wałbrzych) 370–390 m
Kurindikationen: Kreislauf- und Verdauungssystemkrankheiten (z. B. Zustände nach epidemischer Gelbsucht), Krankheiten der Bewegungsorgane und Rheumakrankheiten.
Direktion ›Uzdrowisko Ladek – Długopole‹, 57-540 Lądek Zdrój, ul. Wolności 4, ✆ 227, 412, 359, Tlx 074358.
Bedienung ausländischer Kurgäste: ul. Zdrojowa 16, ✆ 51

Duszniki Zdrój
(Woj. Wałbrzych) 525–575 m
Kurindikationen: Krankheiten der Verdauungswege, des Atemsystems, Frauenkrankheiten.
Direktion ›Zespół Uzdrowisk Kłodzkich‹, 57-320 Polanica Zdrój, ul. Zdrojowa 39, ✆ 513
Bedienung ausländischer Kurgäste: Büro für Kurdienstleistungen, ul. Wojska Polskiego 23, ✆ 477
In Duszniki Zdrój findet jedes Jahr im August das Chopin-Musikfestival statt.

Goczalkowice Zdrój
(Woj. Katowice) 250–260 m
Kurindikationen: Erwachsene – Krankheiten des Bewegungsapparats und Rheumakrankheiten, Erkrankungen des Atemsystems; Kinder – Rheuma- und Kreislaufsystemkrankheiten.
Direktion und Büro für Kurdienstleistungen: ›Uzdrowisko Goczalkowice‹, 43-230 Goczalkowice Zdrój, ul. Uzdrowiskowa, ✆ Pszczyna 40–51.

Jastrzębie Zdrój
(Woj. Katowice) 240–260 m
Kurindikationen: Krankheiten der Bewegungsorgane, Rheumakrankheiten.
Direktion und Büro für Kurdienstleistungen: ›Uzdrowisko Ustron-Jastrzębie‹, 44-330 Jastrzębie Zdrój, Al. Tadeusza Kosciuszki 1, ✆ 626–51, Tlx 036596

Kudowa Zdrój
(Woj. Wałbrzych) 380–400 m
Kurindikationen: Erwachsene – Krankheiten des Kreislaufsystems, der inneren Sekretion und Stoffwechselkrankheiten; Kinder – Krankheiten des Verdauungssystems.

Direktion: ›Zespol Uzdrowisk Kłodzkich‹ 56-320 Polanica Z., ul. Zdrojowa 39, ✆ 513. Bedienung ausländischer Kurgäste: Büro für Kurdienstleistungen, Kudowa Zdrój, ul. Zdrojowa 41, ✆ 313.
Veranstaltungen: Moniuszko-Festival.

Lądek Zdrój
(Woj. Wałbrzych) 440–500 m
Kurindikationen: Krankheiten der Bewegungsorgane und Rheumakrankheiten (u. a. Gelenkrheumatismus, Zustände nach der ›Heine-Medina‹-Krankheit), Kreislaufsystem- und Hautkrankheiten.
Direktion: ›Uzdrowisko Lądek-Dlugopole‹, 57-540 Lądek Zdrój, ul. Wolności 4, ✆ 227, Tlx 074358.
Büro für Kurdienstleistungen: ul. Kosciuszki 17, ✆ 437.

Polanica Zdrój
(Woj. Wałbrzych) 380–410 m
Kurindikationen: Erwachsene – Kreislaufstörungen (u. a. Zustände nach Herzinfarkt), Krankheiten des Verdauungssystems (peptisches Geschwür – Magen und Zwölffingerdarm, Zustände nach der epidemischen Gelbsucht); Kinder – Kreislaufstörungen (z. B. angeborene Herzfehler).
Direktion: ›Zespol Uzdrowisk Kłodzkich‹ 57-320 Polanica Zdrój, ul. Zdrojowa 39, ✆ 513, 8–242, Tlx 0742560.
Bedienung ausländischer Kurgäste: Büro für Kurdienstleistungen – ul. Zdrojowa 16, ✆ 8–370.
Veranstaltungen: Orchesterkonzerte, Theatervorstellungen u. a.

Szczawno Zdrój
(Woj. Wałbrzych) 400–430 m
Kurindikationen: Erwachsene – Atemwege-, Verdauungssystem- und Harnsystemkrankheiten; Kinder – Atemwegekrankheiten (Bronchialasthma).
Direktion: ›Uzdrowisko Szczawno-Jedlina‹, 58-310 Szczawno Zdrój, ul. Kolejowa 14, ✆ Wałbrzych 770-71, Tlx 024687
Büro für Kurdienstleistungen: ul. Kosciuszki 20, ✆ Wałbrzych 770-71 – Hausruf 236, 298.
Veranstaltungen: Juni – Henryk Wieniawski-Geigenfestival, zahlreiche Konzerte und Theatervorstellungen.

Świeradów Zdrój
(Woj. Jelenia Góra) 490–550 m
Kurindikationen: Krankheiten der Bewegungsorgane, Rheumakrankheiten, Kreislaufkrankheiten, Frauenkrankheiten.
Direktion: ›Uzdrowisko Świeradów-Czerniawa‹, 59-850 Świeradó Zdrój, ul. Bieruta 2, ✆ 307, 308, 309, Tlx 075643.
Bedienung ausländischer Kurgäste: Büro für Kurdienstleistungen, ul. Zdrojowa 1, ✆ 342 oder 308.
Veranstaltungen: Orchesterkonzerte.

Ustroń
(Woj. Bielsko Biała) 350–400 m
Kurindikationen: Krankheiten der Bewegungsorgane, Rheumakrankheiten, Atemwegekrankheiten (chronische Krankheiten der oberen Atmungswege, Bronchien und Lungen), Kreislaufstörungen (Zustände nach Herzinfarkt), Frauenkrankheiten.
Direktion: ›Uzdrowisko Ustroń-Jastrzębie, 43-450 Ustroń, ul. Sanatoryjna 5, ✆ 32–78, 24–58, Tlx 038408.
Büro für Kurdienstleistungen: ul. Sanatoryjna 5, ✆ 28–98
Veranstaltungen: Juli – Festival des Tschechischen und Slowakischen Liedes.

Museen

(s. auch Kapitel ›Kultur und Wissenschaft heute‹)
In der Regel sind die Museen täglich von 10 bis 16 Uhr geöffnet, Galerien bis 18 Uhr; montags und am Tag nach einem Feiertag geschlossen. An einem Tag der Woche ist der Eintritt frei oder zumindest ermäßigt.

Wie überall in Polen, besonders in den größeren Städten, wächst die Zahl privater Galerien, so auch in Breslau. Eine Auswahl:

Breslau/Wrocław
Muzeum Archeologiczne – Muzeum Etnograficzne/Archäologie- und Volkskundemuseum
ul. Kazimierza Wielkiego
Biblioteka im. Ossolińskich/Ossolinski-Bibliothek
ul. Szewska 37
Biblioteka Uniwersytecka/Universitätsbibliothek
ul. Piaskowa
Muzeum Narorodowe/Nationalmuseum
Pl. Powstanców Warszawy 5
Muzeum Architekture/Architekturmuseum
ul. Bernardyńska 5
Muzeum Archidiecezjalne/Diözesanmuseum
ul. Kanonia 12
Muzeum Poczty i Telekomunikacji/Post- und Fernmeldemuseum
ul. Krasińskiego 1

Oppeln/Opole
Muzeum Śląska Opolskiego/Museum des Oppelner Schlesiens
ul. Św. Wojciecha
Muzeum Archidiecezjalne/Diözesanmuseum ul. Buczka/ul. Książat Opolskich

Cieszyn/Teschen
Muzeum Cieszyński/Teschener Museum
Ring (Rynek), Ecke ul. Regera

Naturschutzgebiete

In Polen gibt es 17 Naturschutzgebiete, davon eines in Schlesien, mit einer Gesamtfläche von 165 000 ha.

Riesengebirge-Nationalpark
Der im Jahre 1959 gegründete Park umfaßt eine Fläche von 5563 ha. Im Park befindet sich ein Naturmuseum.
Karkonoski Park Narodowy
ul. Chałubinskiego 23
58-570 Jelenia Góra
✆ Jelenia Góra 533–48, 537–26

Notfälle

■ Wichtige Telefonnummern

997	Polizei
998	Feuerwehr
999	Rettungsdienst
981	Straßenhilfsdienst (Polnischer Motorverband)
954	Straßenhilfsdienst (Polmozbyt)
900	Ferngespräche innerhalb Polens – Bestellung
901	Auslandsgespräche – Bestellung
905	Telegrammaufgabe
919	Taxi-Bestellung
926	Zeitangabe (auf Polnisch)

Öffnungszeiten

Apotheken
Mo–sa 8–20 Uhr

Banken
Mo–fr 9–12 Uhr, in größeren Städten und auf Flughäfen teilweise auch nachmittags

Lebensmittelgeschäfte
Mo–sa 6–19 Uhr (in der Regel die traditionell polnischen), auch ab 9, 10 oder 11 Uhr (neuere private)

Museen
10–16 Uhr

Orbis-Büros
Mo–sa 11–16/18 Uhr

Postämter
Mo–fr 8–20 Uhr, Hauptpostämter in größeren Städten sogar durchgehend

Restaurants
Mittagessen nicht vor 13 Uhr, Abendessen nicht vor 19 Uhr

Warenhäuser, Supermärkte
Mo–sa 8–19/20 Uhr

Photographieren

Nehmen Sie ausreichend Photo- und Filmmaterial mit (10 Filme pro Kamera dürfen zollfrei eingeführt werden).

Militär- und bestimmte Verkehrseinrichtungen sowie Grenz- und bestimmte Industriebauten dürfen nicht photographiert werden. Achten Sie auf die am jeweiligen Objekt angebrachten Schilder mit dem weißen Adler auf rotem Grund. Lassen Sie sich allerdings nicht abschrecken, wenn alte derartige Schilder noch aus sozialistischen Zeiten an nicht gerade wichtigen Objekten wie Straßen- oder Eisenbahnbrücken, uralten Fabrikanlagen oder Sendemasten angebracht sind. Deren Beachtung kontrolliert wirklich niemand.

Post

Die Postämter (Poczta) sind in den Städten von 8 bis 20 Uhr geöffnet, außer samstags und sonntags. Die Hauptpostämter in den größeren Städten auch durchgehend, Fernmeldeämter teilweise bis 24 Uhr.

Ein Brief nach Deutschland benötigt eine 2000-Zloty-Briefmarke, eine Postkarte 1500 Zloty. Briefmarken erhält man in der Regel auch in den Hotels, an den Verkaufsstellen für Ansichtskarten und an Zeitungskiosken.

Reisebüros

ORBIS AG ist das größte und älteste Reisebüro in Polen mit fast 70jähriger Tradition in der Bedienung von Touristen und Reisenden.

Wenn Sie Polen besuchen wollen, nehmen Sie bitte Kontakt mit ORBIS-Handelsgesellschaften in Deutschland auf:

Reiseunternehmen GmbH ›Polorbis‹
Hohenzollernring 99–101
5000 Köln 1
✆ 0221/520025, Tlx 8883989 pol d

Zweigstellen in *Hamburg, Berlin* und *Stuttgart.* In Polen verfügt ORBIS über 180 Büros (Warszawa am Ende der Liste).

ORBIS-Büros im Bezirk Katowice

43-300 Bielsko Biała
ul. 3-Maja 9a
✆ 297–06, Tlx 035282

49-300 Brzeg
ul. Staromiejska 14
✆ 23–42, Tlx 0733525

41–902 Bytom
ul. 1-Maja 23
✆ 81–70–30, Tlx 033343

41-500 Chorzów
ul. Wolności 16
✆ 41–17–84, Tlx 033442

43-400 Cieszyn
ul. Rynek 19
✆ 21–896, Tlx 038261

42-200 Częstochowa
II Aleja 40/42
✆ 479–87, Tlx 037331

41-300 Dąbrowa Górnicza
ul. Kościuszki 19
✆ 62–40–28, Tlx 312696

44-100 Gliwice
ul. Zwycięstwa 65
✆ 31–67–42, Tlx 036122

44-333 Jastrzębie
ul. Śląska 17
✆ 71–92–04, Tlx 036231

32-510 Jaworzno
ul. Matejki 4
✆ 630–69, Tlx 312604

40-005 Katowice
Al. Korfantego 2
✆ 58–64–84, Tlx 312336

47-220 Kędzierzyn Kozle
ul. Świerczewskiego 4
✆ 343–56, Tlx 039526

46-200 Kluczbork
ul. Niepodległości 10
✆ 14–34, Tlx 0733523

48-300 Nysa
ul. Wrocławska 2
✆ 41–69, Tlx 039524

45-951 Opole
ul. Krakowska 30/32
✆ 397–30, Tlx 0732353

32-600 Oświęcim
ul. Jagiełły 15
✆ 235–44, Tlx 035718

47-400 Racibórz
ul. Nowa 7
✆ 30–65, Tlx 036362

44-220 Rybnik
Pl. Armii Krajowej 3
✆ 262–84, Tlx 036412

41-200 Sosnowiec
ul. 3-Maja 17
✆ 66–30–93, Tlx 0315597

47-100 Strzelce Opolskie
Rynek 10/13
✆ 26–86, Tlx 073 3484

42-600 Tarnowskie Góry
Rynek 15
✆ 85–49–48, Tlx 033441

43-100 Tychy
ul. Zawadzkiego 7a
✆ 27–01–22, Tlx 0312689

43-460 Wisła
ul. 1-Maja 59
✆ 29–33, Tlx 038482

44-300 Wodzisław
ul. plk. ks. W. Kubsza 24a
✆ 55–46–07, Tlx 036639

41-800 Zabrze
ul. Wolności 274/276
✆ 71-80-10, Tlx 036504

ORBIS-Büros im Bezirk Wrocław

59-700 Bolesławiec
ul. Sierpnia 80, Nr. 10/11
✆ 23–05, Tlx 075149

58-200 Dzerzoniów
Pl. Wolności 3
✆ 31–24–11, Tlx 0745116

67-200 Głogów
Pl. Tysiąclecia 23
✆ 33–35–97, Tlx 0782497

58-500 Jelenia Góra
ul. 1-Maja 1
✆ 265–21, Tlx 075307

57-300 Kłodzko
ul. Grottgera 1
✆ 3388, Tlx 0742383

59-220 Legnica
ul. Wrocławska 10/18
✆ 238–80, Tlx 0782282

59-300 Lubin
ul. Odrodzenia 3a
✆ 44–28–02, Tlx 0782446

57-320 Polanica Zdrój
ul. Zdrojowa 5
✆ 412

58-100 Świdnica
Rynek 31
✆ 226–68, Tlx 0742302

58-300 Wałbrzych
ul. Slowackiego 16
✆ 259–12, Tlx 0782282

Büro für Einreisetouristik
50-116 Wrocław
Rynek 45
✆ 44–39–58, Tlx 0712717,
Fax 447946

Büro für Bedienung der Reisenden
50-020 Wrocław
ul. Świerczewskiego 62
✆ 314–38, Tlx 0712546

Büro für Touristenbedienung
50-102 Wrocław

Rynek 29
✆ 44–72–25, Tlx 0715374

59-900 Zgorzelec
ul. Wolności 4
✆ 63–88, Tlx 075722, 075687

65-958 Zielona Góra
ul. Kupiecka 28
✆ 703–51, 729–85, 717–11, Tlx 0433171

68-200 Żary
ul. Osadników Wojskowych 1/2
✆ 2321, Tlx 0432584

Warszawa
Orbis SA, Büro für Ausländische Einreisetouristik
Direktion
00-193 Warszawa, ul. Stawki 2
✆ 635–71–23, Tlx 0814757, Fax 6355621 (Vorwahl: 2)
Deutsche Abteilung (Einzel- und Gruppenreisen)
00-061 Warszawa
ul. Marszałkowska 142/Ecke ul. Królewska
✆ 27–36–73, 26–75–01, Tlx 0815371, 0814661, Fax 27–11–23 (Vorwahl: 22)
direkte Kundenbedienung: Schalter Nr. 1

Reisezeit

Das Klima in den polnischen Westgebieten, das heißt auch in schlesischen Wojwodschaften, unterscheidet sich nicht von dem in Deutschland, zumindest in der allgemeinen Charakteristik. Es kann vorkommen, daß die Sommermonate heißer und die Wintermonate kälter ausfallen.

Reisende, die mit dem Pkw unterwegs sind, sollten bedenken, daß die Straßenverhältnisse in Polen schlechter sind (Schlaglöcher, Zustand des Banketts), daß man bei Dunkelheit unliebsame Überraschungen erleben kann (Radfahrer ohne Schlußlicht, unbeleuchtete landwirtschaftliche Fahrzeuge) und daß im Winter der Räumungs- und Streudienst nur ungenügend funktioniert.

Gesundheitsvorsorge
Für Reisende aus Deutschland, Österreich und der Schweiz sind bislang keine Impfungen vorgeschrieben. Wer regelmäßig bestimmte Medikamente einnehmen muß, sollte diese unbedingt in ausreichenden Mengen mitnehmen. Hilfeleistungen von Ärzten und in Krankenhäusern müssen in der Regel bar, nicht selten sogar in Devisen bezahlt werden.

Da diese Kosten meistens nicht von den hiesigen Krankenkassen übernommen werden, empfiehlt es sich, eine Reise-Krankenversicherung abzuschließen. Erkundigen Sie sich aber vorher bei Ihrer Krankenkasse.

Auch wenn diesbezüglich weniger offizielle Erkenntnisse vorliegen, sollten Sie davon ausgehen, daß sich die AIDS-Problematik in Polen ähnlich darstellt wie in Deutschland, der Schweiz und Österreich.

Sprache

(s. auch Kapitel ›Oberschlesien als typische Grenzregion‹)
Natürlich ist in Schlesien das Polnische heute die eindeutig dominierende Sprache. Und das hat ja auch seine Richtigkeit. Vielfach können Sie dort sogar ein östlich geprägtes

Polnisch hören, was mit der Tatsache zusammenhängt, daß viele polnische Familien aus den ehemaligen polnischen Ostgebieten (vor allem aus dem Gebiet um Lemberg/Lwów) nach 1945 hier angesiedelt wurden.

Gleichzeitig werden Sie gerade in Schlesien, eben nicht nur unter der dortigen deutschen Minderheit, ein überdurchschnittlich großes Interesse für die deutsche Sprache und deutsches Sprachvermögen vorfinden. Die deutsche Minderheit bemüht sich um Ausdehnung des Unterrichts der deutschen Sprache, und auch die Behörden haben in den vergangenen Jahren diesbezüglich verstärkt Anstrengungen unternommen.

Die Beschriftung auf Orts- und Straßenschildern, auf Namensschildern öffentlicher Einrichtungen und von Kulturdenkmälern, auf sonstigen Hinweistafeln ist fast ausnahmslos auf polnisch. Zu den wenigen Ausnahmen zählen beispielsweise Orts- und Straßenschilder in verschiedenen Ortschaften der Wojwodschaft Oppeln, die dort auf Initiative von Kulturvereinigungen der deutschen Minderheit angebracht wurden. Eine offizielle, zwischenstaatliche Lösung dieses Problems, wie ausgehend von den deutsch-polnischen Verträgen 1990/91 angepeilt, steht bislang (Ende 1992) aus.

Das Polnische gehört wie das Tschechische, Slowakische und Sorbische zu den westslawischen Sprachen und benutzt wie diese das lateinische Alphabet.

Charakteristisch für das Polnische sind zum einen die *Nasale*, wie wir sie aus dem Französischen kennen, zum anderen die *›erweichten‹ Konsonanten*, die etwa so ähnlich klingen, als würde man sie in Kombination mit einem flüchtigen ›j‹ sprechen (ähnlich wie in ›Tanja‹).

Darüber hinaus benutzt das Polnische wie alle anderen slawischen Sprachen ein differenziertes System von *Zwischenlauten*.

Die Nasallaute werden im Schriftbild durch das Zeichen [˛] (ą, ę), die erweichten Konsonanten durch das Zeichen [´] (ń, ć) oder durch nachfolgendes ›i‹, das meist nicht mitgesprochen wird, gekennzeichnet.

Die polnischen Laute werden in der nachfolgenden schematischen Übersicht so weit wie möglich anhand deutscher Schreibung und deutscher Beispiele dargestellt.

Vokale		
Buchstabe	Laut	Beispiel
a	a	d*a*nn
ą	nasales o	Flak*on*, Sal*on*
e	e	*E*cke
ę	Nasallaut	wie in T*ei*nt
i	i	w*i*r
o	o	*o*ffen
ó	u	*U*nion
u	u	*U*nion
y	kurzes i	b*i*n
	oder unbetontes e	Sonn*e*

Konsonanten und Konsonantenpaare		
Buchstabe	Laut	Beispiel
b	b	*B*ach
c	z	Zeit
ć	flüchtig gesprochenes *tsch*, mehr zu *tch* tendierend	–
d	d	*D*ach
f	f	*f*ort
g	g	gelb
h	(hartes) ch	a*ch*
j	j	*j*a
k	k	*k*alt
l	l	*l*aut
ł	ähnlich dem engl. *w*, das mit nicht ganz geschlossenen Lippen gesprochen wird.	wie in engl. *wh*at
m	m	*M*al
n	n	*n*ein
ń	nj	Ca*ñ*on, In*j*ektion
p	p	*P*aket
r	(gerolltes) r	*R*ille
s	s	Ku*ß*, was
ś	flüchtig gesprochenes *sch*, mehr zu ch tendierend	–
t	t	*T*al
w	w	*W*ind
z	stimmhaftes s	*s*ausen
ź	stimmhaftes s mit kurzem j	–
ż	stimmhaftes sch (sh)	*J*alousie, Gendarm
ch	ch	a*ch*
cz	tsch	Quat*sch*
dz	weiches, stimmhaftes *dz*	–
dź	wie *dz* mit ganz kurzem j	–
dż	stimmhaftes dsch	(engl.) *J*ohn
rz	stimmhaftes sch	*J*alousie, *G*endarm
sz	sch	*sch*on
szcz	schtsch	Chru*schtsch*ow

Kleiner Sprachführer Deutsch-Polnisch

bitte	proszę	Speisekarte	jadłospis
danke	dziękuję	Tee	herbata
Guten Tag	dzień dobry	Kaffee	kawa
Auf Wiedersehen	do widzenia	Bier	piwo
Guten Abend	dobry wieczór	Wein	wino
ja	tak	Vorspeise	przekąska
nein	nie	Hauptgericht	drugie danie
gut	dobry, -a, -e	Nachspeise	deser
schlecht	złoy, -a, -e	Suppe	zupa
groß	duży, -a, -e	Fleisch	mięso
klein	mały, -a, -e	Gemüse	jarzyna, warzywo
wann	kiedy	Geflügel	drób
wie	jak	Fisch	ryba
woher	skąd	Lachs	łosoś
wohin	dokąd	Kaviar	kawior
hier	tu, tutaj	Brot	chleb
dort	tam	Butter	masło
Straße	ulica	Salz	sól
Gasse	uliczka	Pfeffer	pieprz
Allee	aleja	Zucker	cukier
Platz	plac	Sahne	śmietana
Stadt	miasto	Milch	mleko
Wojwodschaft	województwo	Bierglas	kufel
Kirche	kościół	Weinglas	kieliszek
Kathedrale	katedra	Teller	talerz
Museum	muzeum	Gabel	widelec
Rathaus	ratusz	Messer	nóż
Reisebüro	biuro podróży	Löffel	łyżka
Hotel	hotel	Serviette	serwetka
Bahnhof	dworzec	Rechnung	rachunek
Restaurant	restauracja	Kellner	kelner
Café	kawiarnia	Taxi	taksówka
Toilette	toaleta	Autobus	autobus
Garderobe	szatnia	Straßenbahn	tramwaj
geschlossen	zamknięty, -a, -e	eins–zehn	jeden, dwa, trzy,
geöffnet	otwarty, -a, -e		cztery, pięć, sześć,
Eingang	wejście		siedem, osiem,
Ausgang	wyście		dziewięć, dziesięć

Taxi

Taxis stehen zumeist an den zentral gelegenen Haltepunkten, an den Bahnhöfen, Hotels und größeren Restaurants. Orientierungshilfen können nicht gegeben werden, da die Preise ständig steigen. Es kommt oft vor, daß Taxifahrer sich weigern, den Preis in Złoty entgegenzunehmen und statt dessen Devisen verlangen. Es empfiehlt sich, dies vor Antritt der Fahrt zu klären. In der Regel findet sich auch ein Fahrer, der für Złoty seinen Dienst tut.

Allerdings ist auch zu beobachten, wie sich – sehr zum Ärger vieler seriöser Fahrer – im Taxigewerbe eine regelrechte Mafia herausbildet, die bemüht ist, bestimmte Bereiche zu monopolisieren, etwa Fahrten von einem bestimmten Hotel oder von einem Flughafen aus. Versuchen Sie also, sich vorher zu erkundigen. Von mehreren Warschauer Hotels ist bekannt, daß einzelne Mitarbeiter an der Rezeption und auch Portiers mit dieser Mafia gemeinsame Sache machen.

Telefonieren

Von öffentlichen Fernsprechern können nur Inlandsgespräche geführt werden. Auslandsgespräche von Hotels und Postämtern müssen in der Regel über das Fernamt angemeldet werden. Erkundigen Sie sich nach den Wartezeiten. Größere Hotels installieren Satellitenanlagen, um vom normalen Telefonnetz unabhängig zu sein.

Von Privatanschlüssen aus lassen sich *Deutschland* (0–049 plus die Vorwahl der Stadt ohne die erste 0), die *Schweiz* (0-041) und *Österreich* (0-043) direkt anwählen, was in der Regel (außer vormittags) auch ganz gut geht.

Trinkgeld

In den Hotels und Restaurants ist es üblich, Trinkgeld nach westlichen Gepflogenheiten zu geben.

Verhalten im Alltag

Wie in anderen Urlaubsländern, werden sich auch in Polen die Verhältnisse von denen in Ihrem Heimatland unterscheiden, z. B. beim Standard der Hotels, beim Dienstleistungsservice und bei den Eßgewohnheiten. Sie sollten deshalb Geduld, Toleranz und Humor mitbringen. Polen steckt in einem schwierigen Reformprozeß, der vielen Bürgern harte Entbehrungen und Schwierigkeiten auferlegt. Erst eine Minderheit in der Bevölkerung erfreut sich aufgrund dieser Reform gehobener Lebensbedingungen.

Für viele Menschen ist es nicht einfach, sich von heute auf morgen an die in westlichen Gesellschaften herrschende Schnelligkeit, Effektivität und an das Konkurrenzdenken zu gewöhnen. Für auftretende Schwierigkeiten entschädigen Sie gleichzeitig die allgemein zu beobachtende Gastfreundschaft und Herzlichkeit. Wenn Sie private Einladungen annehmen, und das sollten Sie tun, vergessen Sie bitte nicht den Blumenstrauß.

Zollbestimmungen und Devisenvorschriften

Zollbestimmungen

Touristen, die nach Polen kommen, sind verpflichtet, dem Zollbeamten alle mitgeführten Gegenstände mündlich zu melden.

Gegenstände des persönlichen Bedarfs sind zollfrei z. B.: zwei Fotoapparate und eine Schmalfilmkamera mit entsprechender Menge Filmmaterial (jeweils 10 Stück), je ein elektronisches Gerät, z. B. Videokamera, Videorekorder, Wiedergabegerät, Sportausrüstung, zwei Jagd- oder Sportwaffen sowie eine kurze Handfeuerwaffe oder eine Gaspistole und zu der Art der mitgeführten Waffe je 100 Stück Patronen. Zur Einfuhr von Waffen ist eine Genehmigung des polnischen Konsularamts notwendig.

Lebensmittel, die während der Reise zum Zielort benötigt werden, sind ebenfalls zollfrei.

Touristen ab 18 Jahre können zollfrei einführen: alkoholische Getränke bis ½ Liter, Weinerzeugnisse bis 2 Liter, Bier bis 5 Liter, Tabakwaren bis 250 Stück Zigaretten oder 50 Stück Zigarren oder 250 Gramm Tabak.

Zollfrei bei der Einfuhr sind Andenken von einem Wert bis zu 100,– US-Dollar.

Fahrzeuge mit ständiger ausländischer Registrierung unterliegen der Zollabfertigung für eine bestimmte Zeit, d. h., solange der Reisende in Polen weilt. Falls der Reisende dieses Fahrzeug nicht wieder aus Polen ausführt, ist er verpflichtet, Zoll zu bezahlen oder das Fahrzeug unter Aufsicht des Zollamtes zu lassen.

Begrenzter Einfuhr nach Polen unterliegen: Waffen, Munition, Sprengstoff und radioaktive Stoffe, Pornographie, Rauschgifte, Gifte, Betäubungsmittel, Tiere (außer typischen Haustieren für die Wohnung) und Tierprodukte, Pflanzen und manche pflanzlichen Produkte.

Aus Polen können *Andenken* von einem Gesamtwert bis 100,– US-Dollar ausgeführt werden. Dabei gilt der Wechselkurs, der von der polnischen Nationalbank am Tag der Zollabfertigung ausgegeben wurde.

Zollfrei sind alle Gegenstände, die bei der Einreise nach Polen als persönliche Gegenstände gemeldet wurden.

Lebensmittel, alkoholische und Tabakerzeugnisse können in denselben Mengen ausgeführt werden wie bei der Einfuhr.

Alle Gegenstände, die vor dem 9. Mai 1945 hergestellt wurden, können nur mit Erlaubnis des Ministeriums für Kultur und Kunst ins Ausland ausgeführt werden.

Devisenvorschriften

Ohne entsprechende offizielle Erlaubnis ist die Ein- oder Ausfuhr der Landeswährung Złoty oder auf Złoty ausgestellter Wertpapiere verboten.

Die Einfuhr fremder Währungen oder in solchen ausgestellter Wertpapiere ist dagegen unbegrenzt möglich. Reisende müssen beides bei der Einreise durch den Zoll registrieren lassen. Das Vorlegen dieser Devisenerklärung bei der Ausreise ermöglicht auch wieder deren Ausfuhr.

Ausländer können aus Polen ausführen: ausländische Währungen, die in Polen durch Realisierung von Bank- und Postüberweisungen, von Schecks, Wechseln und Kreditbriefen erworben wurden; Schecks und Reiseschecks, die in ausländischer Währung im Ausland ausgestellt wurden; ausländische Währung, die sich auf Devisenkonten in polnischen Banken befindet.

Ausländische Touristen sind nicht mehr verpflichtet, einen bestimmten Betrag ausländischer Währung in Złoty umzutauschen.

Da sich die Zoll- und Devisenvorschriften oft ändern, sollten Sie im Zweifelsfall genaue Informationen einholen bei:
Hauptzollamt in Warschau
ul. Świętokrzyska 12
✆ 6943587, 6945596 (nur polnisch)
261456 oder 6945839 (englisch, französisch, deutsch)

Zollamt auf dem internationalen Flughafen in Warschau
✆ 469873
oder bei den Reisebüros.

Alle in diesem Buch enthaltenen Angaben wurden vom Autor nach bestem Wissen erstellt und von ihm und dem Verlag mit größtmöglicher Sorgfalt überprüft. Gleichwohl sind – wie wir im Sinne des Produkthaftungsrechts betonen müssen – inhaltliche Fehler nicht vollständig auszuschließen. Daher erfolgen die Angaben ohne jegliche Verpflichtung oder Garantie des Verlags oder des Autors. Beide übernehmen **keinerlei Verantwortung und Haftung** für etwaige inhaltliche Unstimmigkeiten. Wir bitten dafür um Verständnis und werden Korrekturhinweise gern aufgreifen (DuMont Buchverlag, Postfach 100468, 5000 Köln 1).

Register

Personen

Orte

Breslau/Wrocław

1 Rathaus/Ratusz (Historisches Museum/ Muzeum Historyczne)
2 Denkmal Aleksander Fredro
3 Alte Börse/Stara Giełda
4 Elisabethkirche/ Kościół Św. Elżbiety
5 Kathedrale der hl. Maria Magdalena/Katedra Św. Marii Magdaleny
6 St. Adalbert-Kirche/ Kościół Św. Wojciecha
7 Kirche der hl. Katharina/ Kościół Św. Katarzyny
8 Architekturmuseum/ Muzeum Architektury
9 Universität/Uniwersytet
10 Fechterbrunnen/Rzeźba szermierza
11 Kirche des Namens Jesu/Kościół Imienia Jezus
12 Ehem. Josephskonvikt; Anthropologisches Institut der Polnischen Akademie der Wissenschaften/Polska Akademia Nauk Zakład Antropologii, Uniwersytet Wrocławski Zakład Antropologii
13 Ehem. Matthiasstift; Bibliothek des Ossolinski-Instituts/Biblioteka Zakładu Narodowego Imienia Ossolińskich
14 St. Matthias-Kirche der Jesuitenpatres/Kościół Św. Macieja Księży Jezuitów und Nepomuksäule/Kolumna Nepomucena
15 Ursulinenkloster und Ursulinenkirche der hl. Klara und der hl. Hedwig/Kościół Urszulanek Św. Klary i Św. Jadwigi
16 St. Vinzenz-Kirche/Kościół Św. Wincentego und Ehem. St. Vinzenz-Kloster, Philologische Abteilung der Breslauer Universität (Wydział Filologiczny)
17 Markthalle/ Hala Targowa
18 Ehem. Sandstift, Universitätsbibliothek
19 Kirche St. Maria auf dem Sande/Kościół Najświętszej Marii Panny na Piasku
20 Orthodoxe Kirche der hll. Cyryl, Metod und Anna/ Cerkiew Świętych Cyryla, Metodego i Anny
21 St. Annen-Kapelle/ Kaplica Św. Anny
22 St. Martins-Kirche/ Kościół Św. Marcina
23 Denkmal Papst Johannes' XXIII.
24 Peter-und-Pauls-Kirche/ Kościół Św. Piotra i Pawła und Kloster, ehem. Kurfürstliches Waisenhaus
25 Kirche zum hl. Kreuz und zum hl. Bartholomäus/ Kościół Św. Krzyża i Św. Bartłomieja
26 Nepomuksäule/ Kolumna Nepomucena
27 Ehem. Fürstbischöfliches Palais
28 Kathedrale des hl. Johannes des Täufers/ Katedra Św. Jana Chrzciciela
29 Kirche des hl. Ägidius/ Kościół Św. Idziego
30 Diözesanmuseum/ Muzeum Archidiecezjalne
31 Mauritiuskirche/Kościół Św. Maurycego
32 Lazarus-Kirche/ Kościół Św. Łazarza
33 Dreifaltigkeitskirche/ Kościół Bonifratów pod wezwaniem Św. Trójcy
34 Ehem. Websky-Schlößchen; Haus der Künstler/Dom Artystów
35 Hauptpostamt: Postmuseum/Muzeum Pocztowe
36 Ehem. Barbarakirche; Kathedrale der Polnischen Orthodoxen Kirche/Katedra Polskiego Autokefalicznego Kościóła Prawosławnego
37 Arsenal/Arsenał Miejski
38 Antoniuskirche/Kościół Św. Antoniego
39 Synagoge zum Weißen Storch/ Synagoga Pod Białym Bocianem
40 Kirche der Vorsehung Gottes/Kościół Opatrzności Bożej
41 Archäologisches Museum und Ethnographisches Museum/ Muzeum Archeologiczne, Muzeum Etnograficzne
42 Kirche der hl. Dorothea/ Kościół Św. Doroty
43 Staatliche Oper/ Opera Państwowa
44 Corpus-Christi-Kirche/ Kościół Bożego Ciała
45 St. Christophorus-Kirche/Kościół Św. Krzysztofa
46 Nationalmuseum/ Muzeum Narodowe
47 Jüdischer Friedhof/ Cmentarz Żydowski